Richard Muther

Ein Jahrhundert französischer Malerei

Verlag
der
Wissenschaften

Richard Muther

Ein Jahrhundert französischer Malerei

ISBN/EAN: 9783957003546

Auflage: 1

Erscheinungsjahr: 2015

Erscheinungsort: Norderstedt, Deutschland

Hergestellt in Europa, USA, Kanada, Australien, Japan
Verlag der Wissenschaften in Hansebooks GmbH, Norderstedt

Cover: Claude Monet "Die Terrasse von Sainte-Adresse" (1867)

EIN JAHRHUNDERT FRANZÖSISCHER MALEREI

VON

RICHARD MUTHER

MIT EINHUNDERTSECHSUNDZWANZIG ERLÄUTERNDEN TEXTABBILDUNGEN

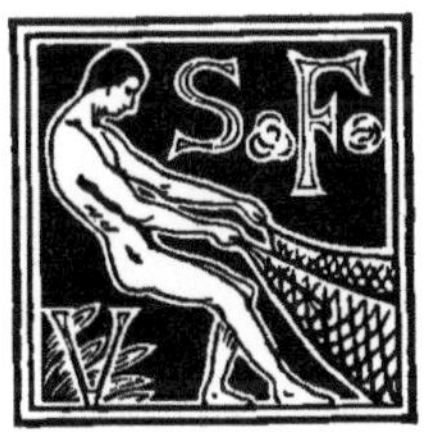

BERLIN

S. FISCHER VERLAG

1901

INHALT

Einleitung.

Die Zeit der Weltausstellungen ist vorbei. Lehrreich waren solche monumentalen Konversationslexika, solange das Reisen etwas Aussergewöhnliches war. Sie sind zwecklos geworden, seitdem Spezialausstellungen aller Art den Fachmann besser, als es im Durcheinander eines Weltjahrmarkts möglich ist, über das, was er wissen will, unterrichten. Von den Kunstbestrebungen der Gegenwart haben wir durch die Ausstellung fast nichts erfahren. Jenes grosse Streben nach einer neuen Baukunst, das 1889 im Eiffelturm und in der gewaltigen Maschinenhalle seinen Ausdruck fand — es war vergessen, verleugnet, verhöhnt. Keine neuen Formen aus neuen Bedürfnissen heraus waren geschaffen. Sinnlose Ornamente waren auf Gerüste gesetzt, die aus grösseren Zeiten stammten. Den Weg, den damals als mutige Rekognoszierungspatrouille die Architektur betrat, unternimmt heute, weniger kühn, aber planvoller, das Kunstgewerbe. Hier keimt es und sprosst es. Hier ist neues Leben. Wir wollen uns nicht mehr mit dem Flitter von einst umgeben, nicht mit erborgter Vornehmheit unsere Blösse decken. Was wir benutzen, was wir um uns haben, soll das Gepräge unserer Zeit tragen, soll ein Stück unserer selbst sein. Auch von diesem Sehnen unseres Zeitalters, von all dem Grossen, das schon geleistet wurde, gab die Ausstellung kein richtiges Bild. Denn manche der führenden Meister, wie van de Velde, fehlten gänzlich. Statt der Claude Lantier triumphierten die Fagerolles. Noch weniger konnte man vom Stande der Malerei im Jahre 1900 erfahren. Nicht das sich Vorbereitende, nur das Alte, längst Sanktionierte kam zu Wort. Man repetierte lediglich, was man ohnehin wusste. Und darin liegt überhaupt die einzige Bedeutung, die solche Veranstaltungen noch haben. Sie unterrichten nicht über das, was kommen will; aber sie geben einen Ueberblick über das, was war.

Die „Centennale" war daher — für den Kunsthistoriker wenigstens — der wichtigste Teil der Ausstellung. Auch sie war nicht vollständig. Denn alle Hauptwerke, die in den pariser öffentlichen Sammlungen hängen, all die Stücke, die 1889 gezeigt wurden, fehlten. Nur Entlegenes, in Provinzmuseen und Privatgalerien Vergrabenes war beigezogen. Und naturgemäss ist solches Ergänzungsmaterial mit grosser Vorsicht zu benutzen. Denn eine Ausstellung ist um so interessanter, je mehr sie verblüfft. Also sind besonders solche Werke hervorgesucht, die aus dem allgemeinen Entwicklungsgang herausfallen. Es wurden von Meistern, die aus ihren Hauptwerken als langweilige Akademiker bekannt sind, Skizzen ausgestellt, in denen sie das Allerneueste anticipieren. Durch solche Dinge, die scheinbar die ganze Kunstgeschichte auf den Kopf stellen, darf man sich nicht verwirren lassen, darf nicht vergessen, dass alle Kämpfe des Jahrhunderts unnötig gewesen wären, wenn etwa David oder Ingres immer so gemalt hätten, wie sich im Grand Palais ihr Schaffen darstellt. Aber mit Vorsicht benutzt, ist das Ergänzungsmaterial wichtig. Mit alexandrinischem Eifer zusammengetragen, gestattet es in wichtigen Punkten das zu berichtigen, was bisher über die französische Malerei des 19. Jahrhunderts gesagt wurde. Viele Meister, die gar nicht bekannt waren, wurden neu entdeckt. Andere, die man kannte, erschienen in neuem Licht. In diesem Sinne möchte ich versuchen, den Entwicklungsgang der französischen Malerei des 19. Jahrhunderts zu schildern, wie er nach dem Material der Ausstellung und unter steter Berücksichtigung der bekannten, in den grossen Museen befindlichen Hauptwerke sich darstellt.

Das Ende des Rokoko.

Zunächst ist man Zeuge eines grossen Sterbens. Im ersten Zimmer sind die alten Herren vereinigt, die als Phantome eines versunkenen Zeitalters in das neue Jahrhundert herüberlebten, so wie heute die Kaiserin Eugenie gleichsam als Spirit unter den Lebenden weilt. In vielen Werken klingt überhaupt nur das Rokoko aus. Graziös und fein, von aristokratischer Noblesse, bezeichnen sie ein Ende, keinen Anfang. Frau Vigée-Lebrun malt die neue Gesellschaft noch mit derselben Distinktion wie vorher die des Ancien Régime. Bürgerinnen haben die Bewegungen der grossen Dame. Klardenkende Frauen träumen wie in den Tagen der Marie Antoinette noch von einem theokritischen Zeitalter. Greuze bleibt der moralisch-unmoralische Schüler Diderots, lässt junge Mädchen in pikantem Negligée am Bette ihr Morgengebet verrichten oder giebt antiken Scenen, wie sie in den letzten Jahren der Marie Antoinette beliebt wurden, einen tugendhaft-perversen Hautgout. Hubert Robert nennt ein Bild „Die Ankunft der Fischer" und stellt in einem andern biwakierende republikanische Truppen dar. Doch in Wahrheit ist das eine nur ein Stück Ruinensentimentalität, das andere eine Variante van der Meulens. Fragonard vergisst die rosigen Fata Morgana-Gestalten seiner Jugend nicht, lässt junge Damen, rosengeschmückt, die Guitarre spielen, träumt in dem Bilde „Das Maleratelier" sich in die Jahre zurück, als seine stille Werkstatt der Sammelpunkt der pariser Lebewelt war, all jener zierlichen Balletteusen, die nun brotlose alte Damen geworden waren, und jener galanten Marquis, die längst ihre Verbeugung vor der Guillotine gemacht hatten. Mlle. Gérard,

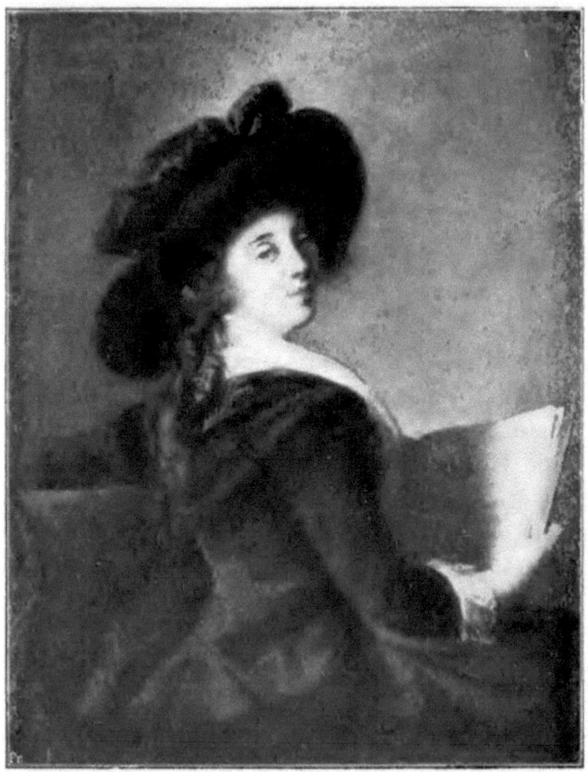

Elisabeth Vigée-Lebrun.   Porträt der Baronin Crussol.

seine Freundin, hat zwar eine neue Zimmereinrichtung im Empirestil gekauft. Doch die Damen, die in diesen Räumen leben, passen nicht zu dem Stil der Möbel. Wehmütig erinnern sie sich der grossen Federhüte und der gepufften weissseidenen Kleider, die sie in ihrer Jugend getragen, wenn sie am Sonntag ihre ländlichen Ausflüge machten. Es ist ein romantisches Spielen mit lieben Erinnerungen, mit verschossenen grünen Schleifen und mit vergilbten Billets-doux. Oder das alte Madonnenmotiv giebt Anlass, im Sinne Rousseaus noch ein paar übrig gebliebene Lebemänner zu erfreuen. Man sieht von Lemonnier junge Mütter und niedliche Ammen, die ein Stück ihres rosigen Busens in feiner Dekolletierung zeigen, von Leroy

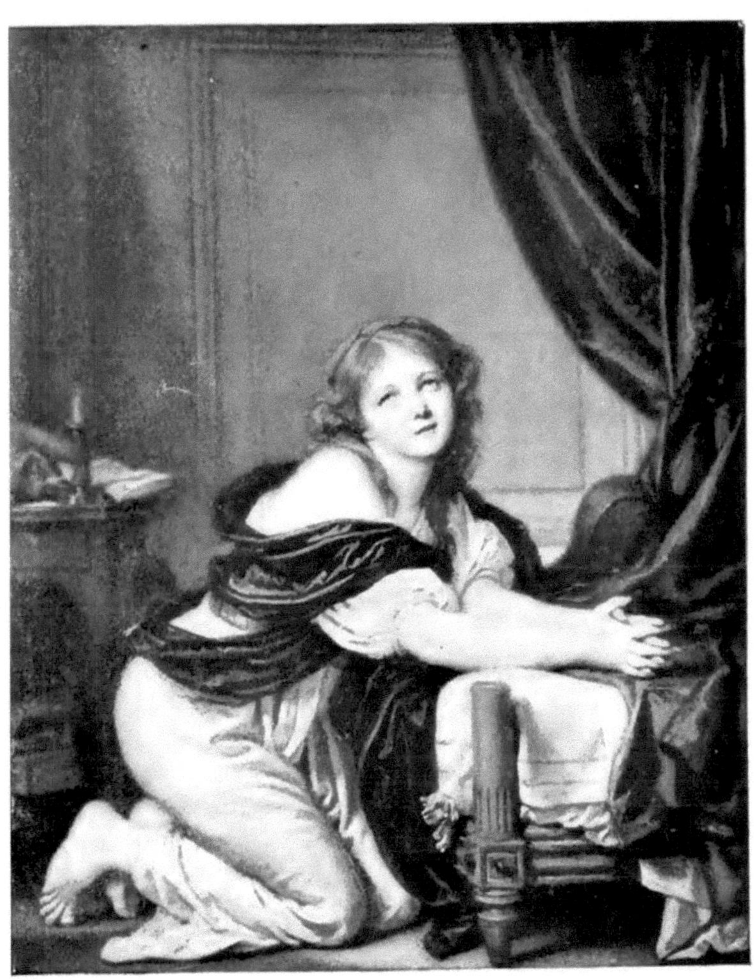

J. B. GREUZE.
DAS MORGENGEBET.

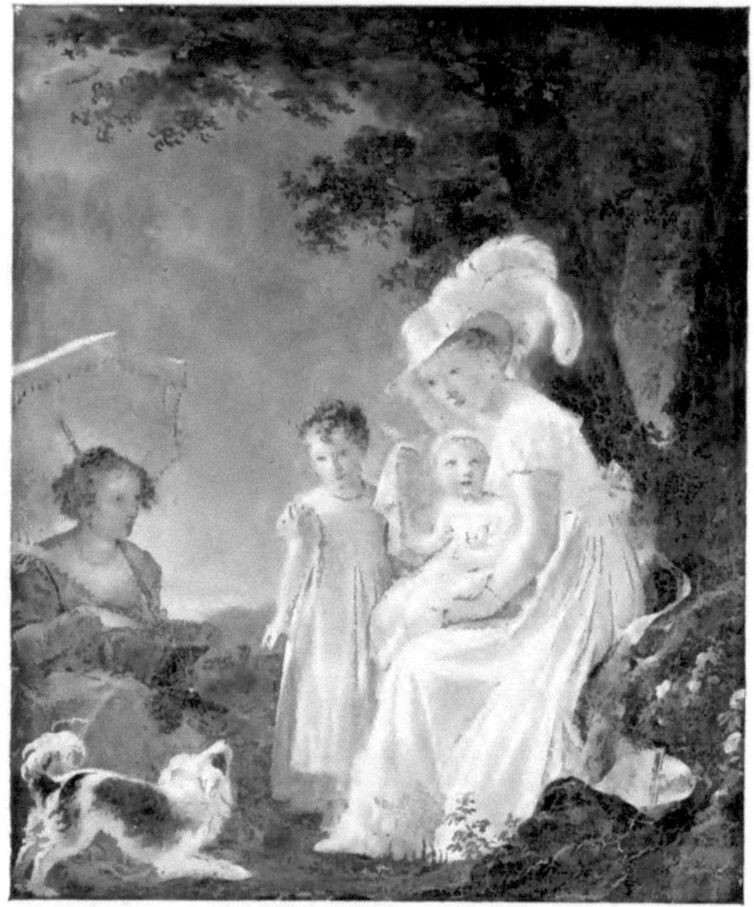

Margarethe Gérard. Der Sommer.

und Vestier dieselben vollbrüstigen jungen Damen, wie sie zur
Abwechslung das noch leichtere Kostüm einer Bacchantin
tragen. Weiter Amoretten und olympisches Schäferspiel.
Mallet, der bis 1835 lebte, malt in einem säbelklirrenden Zeitalter noch Dinge, deren Titel anmuten, als ob sie aus einem
Illustrationswerk Eisens stammten: „L'Hymen va unir deux
adolescents", „Les Parques, de concert avec les Amours, filent
à l'Hymen des jours embellis de fleurs" Und ein François-

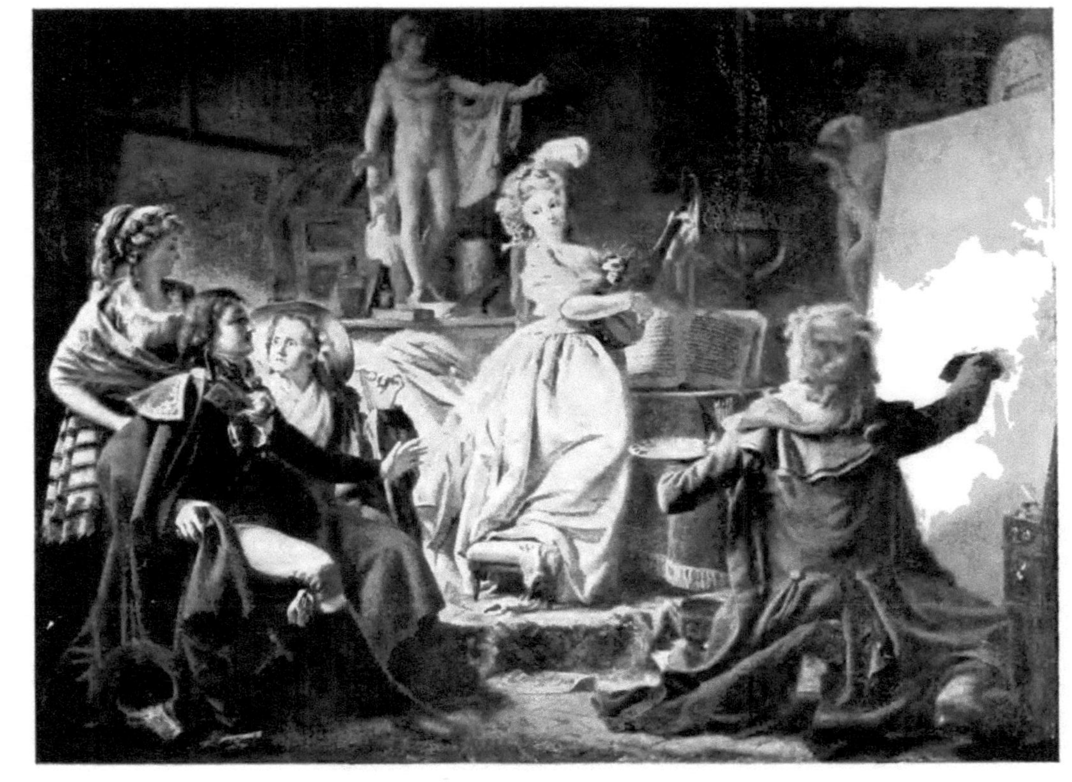

J. H. FRAGONARD und Mlle. M. GÉRARD.
DAS ATELIER DES MALERS.

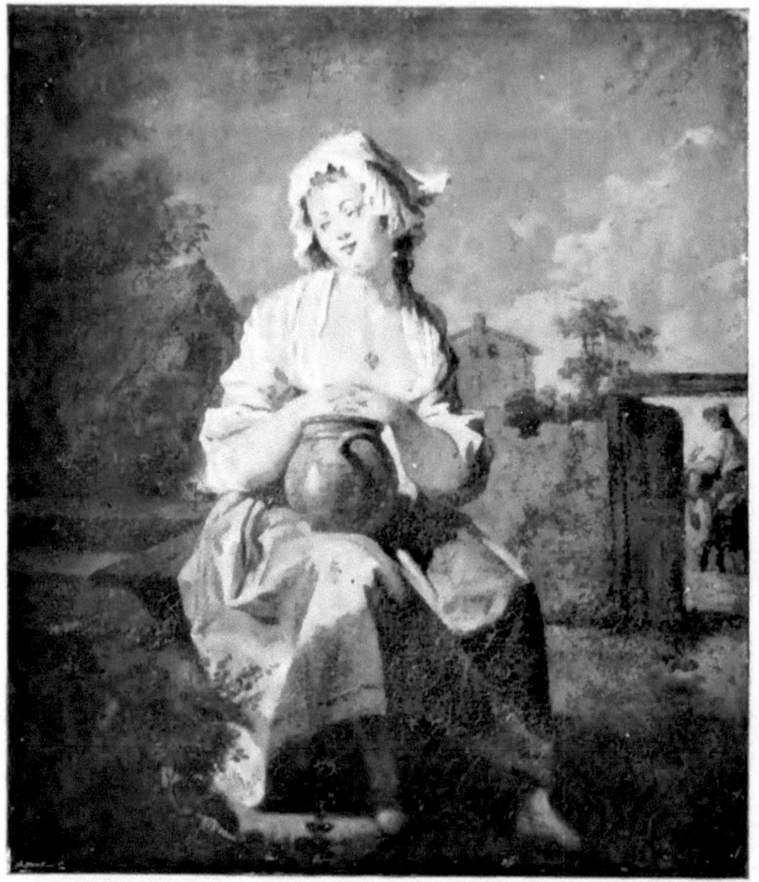

Martin Drolling. Das Milchmädchen.

Louis-Joseph Watteau war schon durch seinen Namen berufen,
bis 1823 Menuettscenen zu schildern, die wie Kopieen von
Werken seines grossen Namensvetters aussehen. Es ist eine
Kunst, die keinen Zusammenhang mehr mit dem Leben hat,
nur dem Enkel erzählt, wie schön und lustig es einst, als der
Grossvater die Grossmutter nahm, auf der Erde war.

Zugleich wendet sich die Malerei in dem Vorgefühl, dass
jetzt eine bürgerliche Aera für sie beginne, der bürgerlichen

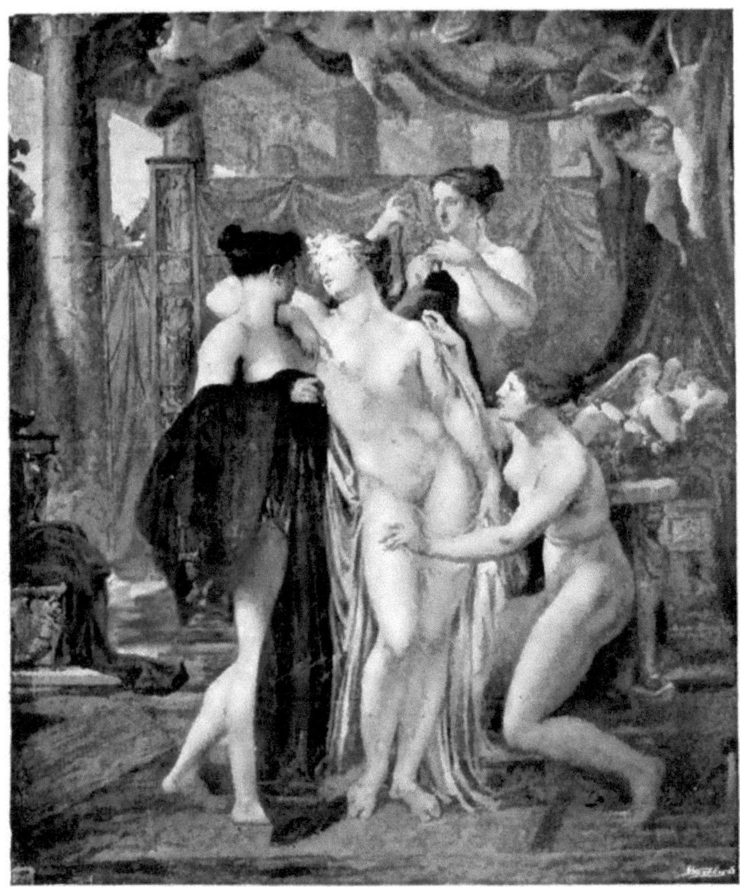

Jacques Réattu.   Die Toilette der Psyche.

Kunst der Holländer zu. Man malt in Frankreich das, was
in Deutschland Chodowiecki zeichnete. Drolling giebt Scenen
aus dem Volksleben. Doch es ist nicht das Volk, das die
Guillotinen errichtete, es ist dasjenige, das in der Phantasie
der alten Aristokraten lebte. Aus hübschen jungen Damen,
die im Atelier musizieren, aus Milchmädchen, die kokett ihren
Busen zeigen, aus Vogelbauern, Mausefallen, Hündchen, Kätzchen und irdenen Krügen, aus strohgedeckten Hütten, Häub-

chen und blauen Seidenbändern setzt seine kleine Welt sich zusammen. Demarne malt Scenen vor ländlichen Wirtshäusern, wie sie Isaak Ostade, oder Kanalscenen, wie sie Goyen gemalt hatte, Swebach Jagdscenen, Rennen und Kavalkaden, wie sie ähnlich Wouwerman darstellt. Gamelin, thätig bis 1803. wirkt wie ein verspäteter Nachfolger Jan Steens. Aus dessen Bildern stammen diese ohnmächtigen Damen und diese verliebten Kavaliere, diese Aerzte und Uringläser, diese Hunde und Heringe, diese schreienden Kinder und lachenden Mütter. Maurin ist der bedeutendste dieser Genremaler. In seinen Bildern scheint das Volk die Flitterwochen seiner neuerrungenen Freiheit zu feiern. Nur erinnert man sich rechtzeitig, dass ähnliche Dorfkirmessen mit tanzenden und kartenspielenden Bauern auch schon Teniers gemalt hatte, und zweifelt an der Echtheit der Schilderung, weil alle Posen, alle Bewegungen mit den von Teniers erfundenen übereinstimmen. Die Werke geben nichts, was nicht schon die Holländer gaben. Es bleibt eine Dissonanz zwischen dem Wesen des neuen Zeitalters und der von den alten Meistern überkommenen Anschauung.

Dasselbe gilt von den Werken, in denen der kriegerische, litterarische oder freidenkerische Geist des neuen Zeitalters sich ausspricht. Es werden Darstellungen beliebt, wie Mars sich von Venus trennt. Es werden ganz im Sinne Goyas die alten kirchlichen Stoffe verspottet. Es wird, in Erinnerung an die Ereignisse von 1793, immer wieder der Tod Cäsars geschildert, oder im Sinne von Carstens die Vermählung der Malerei mit der Dichtkunst gefeiert. Und das technische Niveau der Werke ist überaus hoch. Namentlich Jacques Réattu hat in seiner Toilette der Psyche und seinem Triumphe der Freiheit noch Farben, die ganz des Rubens würdig wären. Trotzdem zünden die Bilder nicht. Vallin, in seiner Versuchung des heiligen Antonius, wirkt geistig wie ein Vorahner Offenbachs und technisch doch nur wie ein Nachfolger Poelenburghs oder des Adriaen van der Werff. Réattu schildert den Triumph der Freiheit in der rosig spielerischen Art des Boucher: „Kleine Blumen, kleine Blätter streuen mir mit leichter Hand gute junge Frühlingsgötter tändelnd auf ein luftig Band" Es ist immer

das Gleiche. Die Maler verarbeiten entweder noch Stoffe des 18. Jahrhunderts,
oder wenn sie solche der neuen Zeit be-
handeln, thun sie es mit der Empfindung
des Rokoko.

Auch Prud'hon hat man in dieses
Zimmer gehängt. Mit Recht. Denn er
ist ebenfalls ein Elegiker des Rokoko.
Wohl hat er formal nichts mit den Aelteren gemein. Statt der knitterigen Caprice
des Rokoko herrscht bei ihm die ruhige
Schönheit antiker Kameen. Und erstaunlich ist, wie sehr sich seine Antike oft
mit ganz modernen Bestrebungen berührt.
Seine pompejanischen Frauengestalten
wie die Studie zu einer Ceres lassen an
Böcklin denken. Mag es um eine Ball-
einladung oder eine Tischkarte sich handeln, alles wird unter seinen Händen ein
Ding von ewiger Schönheit. Namentlich
seine Akte zeigen den Féminin, den
Troubadour der Frau, der in zarten,
schmelzenden Tönen das Hohelied weiblicher Grazie singt. Und wie er als Zeichner rein malerisch empfindet, nie den
spitzen Bleistift, nur weiche schwarze und
weisse Kreide verwendet, ist er als Maler
von einer koloristischen Delikatesse, die
ganz einzig in jenem Zeitalter ist. Ein
Damenporträt war da — Harmonie grau
und grün —, das in seiner diskreten
Tonschönheit an die Werke Dewings
und Whistlers streifte. Sein sich schau-
kelnder Zephyr ist ein Wunderwerk
von Grazie und feinem Sfumato. Gleichwohl versteht man, weshalb nicht er
der führende Mann des neuen Zeit-

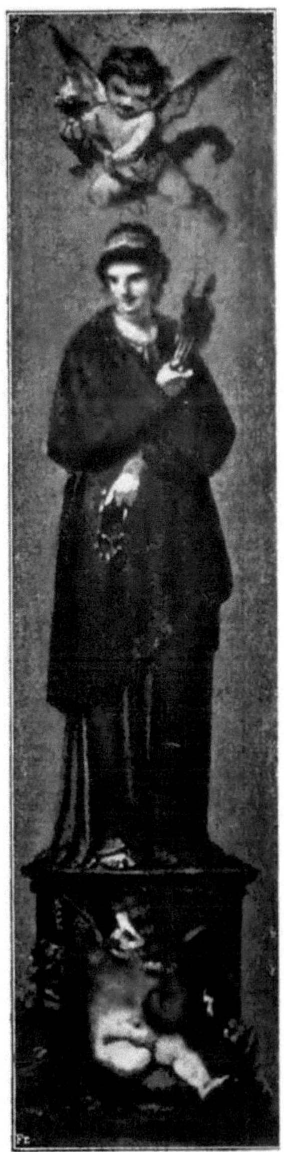

P. Prud'hon. Allegorie.

Muther, Französ. Malerei.

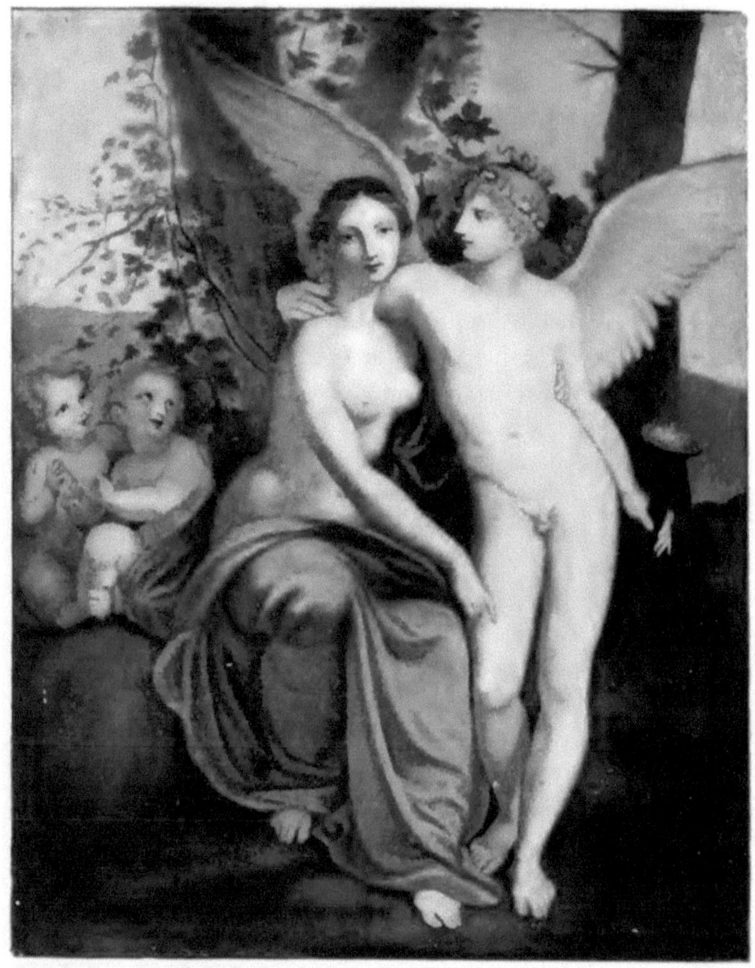

P. Prud'hon. Liebe und Freundschaft.

alters werden konnte. Süssen, melancholischen Erinnerungen
hängen in seinen Bildnissen die Damen nach. In die
Vergangenheit, nicht in das rauhe Leben blicken ihre Augen.
Prud'hon war der Schützling von Greuze, und in den Bildnissen
Greuzes tritt besonders hervor, durch welch unübersteigliche
Schranken diese älteren Meister von denen der neuen Zeit
getrennt sind. Er malte Saint-Just. Der wurde der „sanfte

Teufel" genannt. Doch so zart mädchenhaft wie auf dem
Bildnisse Greuzes sah er sicher nicht aus. Er malte Napoleon
als ersten Konsul, und der korsische Löwe blickt schüchtern
wie ein verfolgtes Reh, scheint ein Bruder des Mädchens mit
dem zerbrochenen Krug. Es ist noch immer „Herkules am

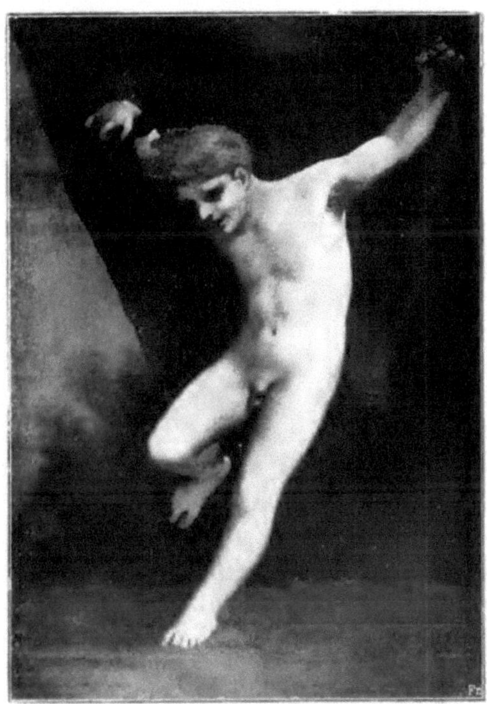

P. Prud'hon. Zephyr.

Spinnrocken der Omphale" Die Menschen eines neuen Welt-
alters sind dargestellt, doch gesehen durch das Temperament
des Rokokomalers. Auch in der Kunst musste das neue Zeitalter Körper und Seele bekommen. All jene Kraftmenschen,
jene gigantisch himmelstürmenden, reckenhaft gewaltigen Gestalten, wie die Zeit sie hervorgebracht, mussten auf den Bildern
erscheinen. Der Castagno dieser neuen Zeit wurde David.

Revolution und Empire.

Wir müssen endlich aufhören mit dem thörichten Wort Klassizismus zu operieren. Denn in der Kunst, selbst wenn sie die Alten zu imitieren glaubt, spricht doch immer nur der Geist ihres eigenen Zeitalters sich aus. Für die Meister des Quattro-Cento war die Antike ein versunkenes Märchenreich, wo die verzauberten heidnischen Götter hausten. Correggio projizierte auf sie das zitternd erotische Empfinden der Leonardozeit. Ribera, selbst in seinen hellenischen Bildern, blieb der Maler der Inquisition. Seine Antike ist eine spanische Folterkammer, so wie die des Rubens ein vlämischer Fleischerladen ist, oder die des Boucher ein pariser Ballett unter Louis XV Und ganz ebenso wie diese älteren Werke sind die der Revolutions- und Empirezeit vom Geist ihres eigenen Zeitalters durchtränkt. Der Beginn unseres Jahrhunderts war keine „Verfallzeit", keine Zeit müden Rückwärtsschauens, sondern eine Epoche zielbewusster, vorwärtsstrebender Kraft. Namentlich die Plastik und das Kunstgewerbe haben unsterbliche Leistungen hinterlassen, Werke, die nicht nur die Signatur ihrer Epoche tragen, sondern auch die Keime zu allem Folgenden bergen. Beispiele waren in der Ausstellung etwa die Büsten Chinards, die so heroisch machtvoll den Geist dieser gewaltigen Aera spiegeln. Beispiele waren all jene Stühle und Tische, Uhren und Vasen, Fauteuils und Schränke, die daneben in den Sälen verstreut standen. In diesen steifen, unerbittlich herben Linien, die auf die weiche Grazie des Rokoko folgten, liegt nicht nur die ganze katonische Strenge der Zeit. Man fühlt auch, wie damals ein neues Geschlecht sich einrichtete und aus neuen Bedürfnissen

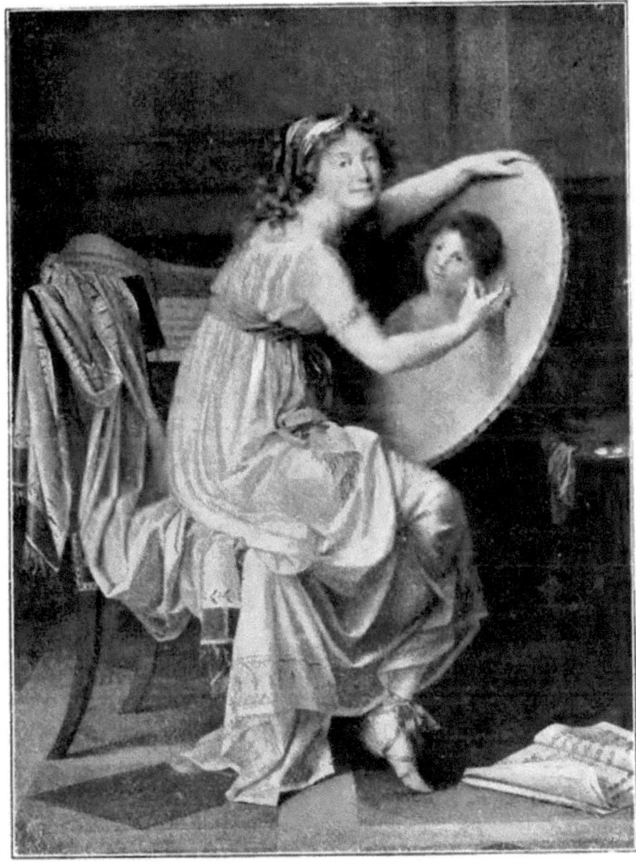

Jacques-Louis David. Bildnis der Frau Vigée_Le Brun.

heraus mit genialer Sicherheit all jene neuen Formen erzeugte, an die erst heute, nach einer Periode planlosen Suchens, unser Kunstgewerbe wieder anknüpft. Ebenso selbstschöpferisch war die Malerei. Wenn man in der Revolutionszeit die Antike liebte, so war es nur, weil man sich ihr wahlverwandt glaubte. Beispiele römischen Heldentums, des Mannesmutes, der Entsagung, der sich aufopfernden Vaterlandsliebe wurden geschildert. Und sie wurden geschildert in dem Stil, den solche Stoffe verlangen. Keine weichen Posen, keine sanften Linien

giebt es. Alles ist starr, straff, militärisch. Die Menschen
liegen nicht, denn der Exerzierplatz duldet kein Rührt-Euch.
Selbst wenn sie sitzen, ist es, als ob sie aufspringen wollten.
Ihr ganzer Körper ist in Spannung wie der Pfeil auf der Bogen-
sehne. Und eine so herbe Liniensprache ergab weitere Konsequenzen für die Farbe. Man redet viel von einem Abbrechen
der Tradition, von einem Hinsiechen des alten Kolorismus.
Das ist wahr und unwahr. Wohl wirken die Bilder kalt,
blechern, asketisch gegenüber denen des Rokoko. Aber stillos
würden sie sein, wenn sie spartanisches Eisen in der Schlag-
sahne eines süssen Kolorismus servierten. Ganz abgesehen davon, dass die Plastik als herrschende Kunst des Zeitalters auch
der Malerei ihren Stempel aufdrückte — die Farbe durfte nicht
weich, nicht verschwommen und schmeichelnd sein; sie
musste hart sein, stählern, metallisch, sollte sie zum Inhalt der
Bilder passen. Dieses feine Stilgefühl haben die Meister des
Klassizismus gehabt. Sie malten so hart, nicht weil sie nicht
anders konnten, sondern nicht anders wollten. Ihre Farbenanschauung ist nicht schlechter als die der Rokokomaler, so
wie die Farbenanschauung Mantegnas nicht schlechter ist als
die Rembrandts.

Jacques-Louis David war der Kraftmensch, der als Erster
die Kunst dem Heroismus des Tages anpasste. Und wer sein
Selbstporträt sieht, fühlt, wie sehr bei ihm Kunst und Persönlichkeit sich deckten. Er war kein schöner Mann. Seine Wange
ist geschwollen. Sein Auge schielt. Neben dem aristokratisch
feinen Prud'hon erscheint er als derbknochiger Plebejer. Das
Haar ist struppig. Nicht den Malerblick hat er. Er gleicht den
fanatischen Volkstribunen, die damals von der Tribüne ihre
Philippiken hernieder donnerten. Und ein Seitenstück dieser
grossen Agitatoren war er auch als Künstler. David gehört
zu denen, die die Revolution gemacht haben. Was für jene
Andern das Wort, war für ihn der Pinsel. Schon lange bevor
die Ereignisse von 1793 kamen, predigte er, feuerte er an
und verfluchte, stellte in gewaltigen Bildern dem Volk seinen
römischen Beruf vor Augen. Nicht nur im Bildermuseum. Er
führte die Kunst in das Leben hinaus. Alles, das Kostüm,

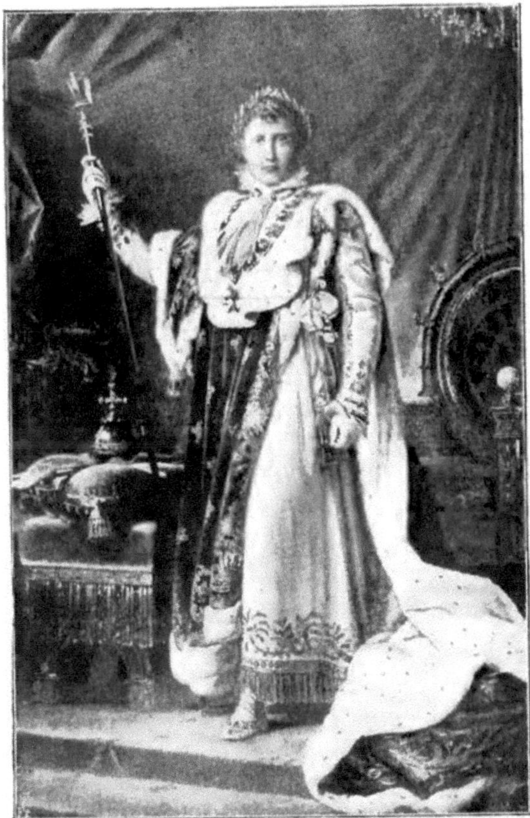

Jacques-Louis David. Napoleon I. im Krönungsornat.

die Tischkarten, die Vignetten der Briefbogen, gestaltete er
römisch - antik. Seine Theatervorhänge sind Riesenaffichen, die
durch Vorführung römischen Heldentums und heiliger Königs-
morde Propaganda für die Ideen der Freiheit und Gleichheit
machen. Nicht einmal in der Formgebung lässt sich von einer
Nachahmung der Antike reden. Denn in dem Bilde Cochereaus,
wie im Atelier Davids nach dem nackten Modell gemalt wird,
sieht der Mann selber, der den Schülern Modell sitzt, wie eine
griechische Statue aus. Im Leben selber gingen die antik stili-
sierten Gestalten umher, die man auf den Bildern Davids
findet. Im Leben selber sah er die Stellungen und Gebärden,

die er auf dem Schwur der Horatier malte. Indem er das Schöne dem Exerzierreglement unterordnete, rauhe pathetische Männer an die Stelle empfindsamer Träumer setzte, gab er der Kunst die martialische Attitude, die das Zeitalter forderte.

Und er beschränkte sich nicht darauf, in diesem Sinne das Moderne ins Antike zu transponieren, seine eigene Zeit darzustellen, indem er ähnliche Dinge der Antike malte. Er hat auch ohne Transposition die Geschichte seines Zeitalters geschrieben. Sein Marat, sein Lepelletier waren nicht auf der Ausstellung. Doch man weiss, dass sie an unerschrockener Naturbeobachtung den Anbruch einer neuen Zeit bedeuten. In dem Porträt, das er von sich selbst gemalt hat, beobachtet er sein Modell, wie ein Tiger, der auf der Lauer liegt. Und dieser sprungbereite, selbstsichere Naturalismus stellt alle seine Bildnisse den grössten Werken der alten Meister zur Seite. Da giebt es nichts Liebliches, Weiches mehr, wie es noch Greuze diesen Menschen eines neuen Zeitalters lieh. Aus den Capuanern sind Spartaner geworden, aus den Tauben Adler. Da giebt es keine schönen Posen, nichts Kokettes, Weibliches mehr. Er malt das Hässliche, Plebejische ohne Verschönerung. Die Männer sind streng und ernst, viel zu stolz, um durch Liebenswürdigkeit um Beifall zu buhlen. Die Frau ist nicht mehr die niedliche Konkubine des Rokoko. Sie hat ihren Schmuck auf dem Altar des Vaterlandes geopfert. Als Römerin gekleidet, fühlt sie sich als Mutter der Gracchen. Und namentlich der ganze Enthusiasmus der Zeit liegt in diesen Köpfen. Diese Menschen träumen nicht mehr. Sie schauen nicht mehr wie die der Rokokomaler in eine schöne Vergangenheit zurück. Sie haben alle Brücken hinter sich abgebrochen, aus Blut und Eisen eine neue Welt geformt. In diese neue Welt, deren Pforte sich vor ihnen aufthut, blicken sie mit klarem, weitgeöffnetem, hoffnungsfreudigem Auge.

Auch das Auftreten Napoleons enttäuscht noch nicht. Wohl ist jetzt die Republik durch ein Kaisertum abgelöst. Aber der neue Herr hat nichts mit dem Königtum von Gottes Gnaden zu thun. Er gleicht den Condottieren der Renaissance, ist ein Plebejer, der aus eigener Kraft vom Advokatensohn sich zum

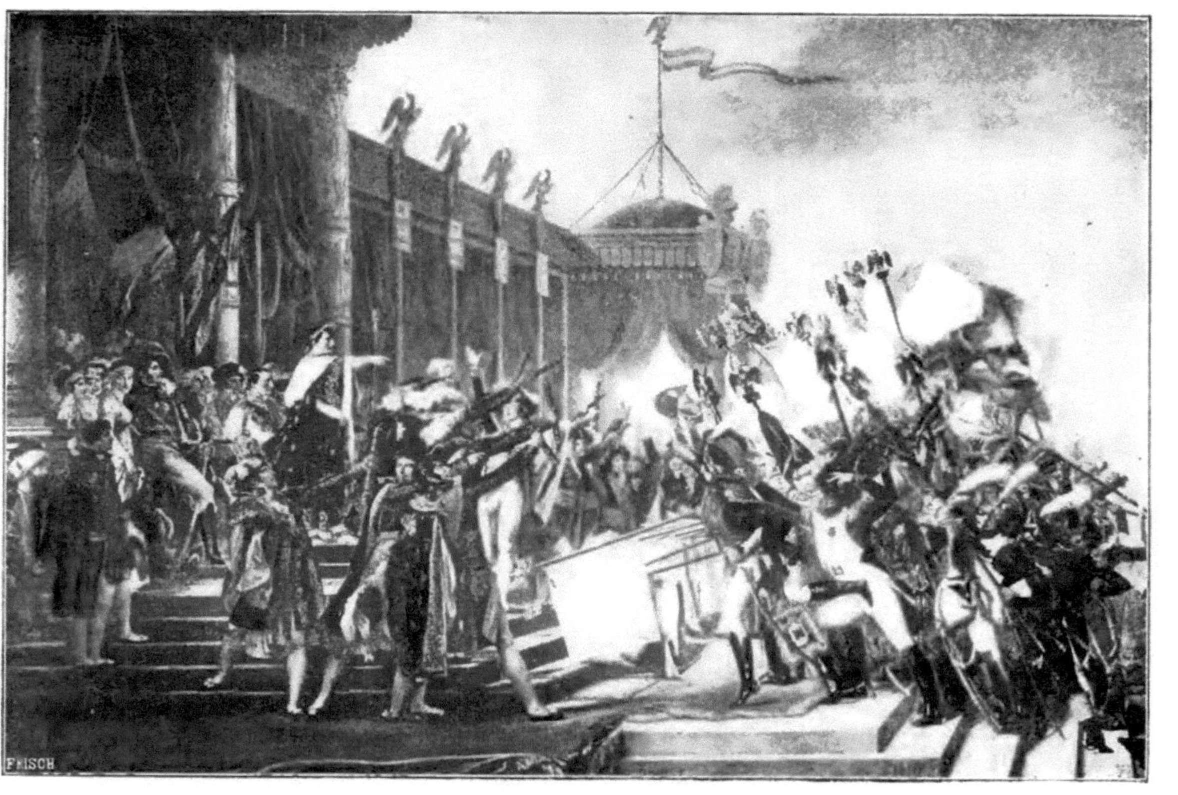

JACQUES-LOUIS DAVID.
DER FAHNENEID AM   DEZEMBER 1804.

Diktator des Weltalls aufschwang. Obendrein erfolgte die Ueberleitung der Republik in das Cäsarentum ganz allmählich. Es wurden damals Fünffrancstücke geprägt, die auf der einen Seite das Bildnis Buonapartes mit der Aufschrift Napoléon Empereur, auf der Rückseite die Inschrift République Française tragen. David, der Republikaner, konnte also der Hofmaler des ersten Kaisers sein, ohne künstlerisch seine Prinzipien zu verleugnen. Und auch in diesen späteren Werken ist er der grosse Geschichtschreiber seiner Epoche. Man muss sein kleines Bildnis des Imperators mit dem vergleichen, das kurz vorher Greuze vom ersten Konsul malte, so fühlt man deutlich, wie hier zwei Weltalter aufeinanderprallen. Dort der Rokokomaler, der den Männern der neuen Zeit noch das Empfindsame, Sentimentale, Verzärtelte einer sterbenden Kultur giebt. Hier der Castagnomensch, der sie in ihrer ganzen trotzigen Kraft und elementaren Grösse hinstellt. Und welch gewaltige Dokumente eines gewaltigen Zeitalters hat er in seinen Repräsentationsbildern geschaffen! Namentlich die Krönung Josephinens ist das Vorbild für alle folgenden Maler geworden: von starrer feierlicher Würde in der Anordnung, ganz bestrickend in der würzigen Herbigkeit der Farbe. Später kam in solche Werke viel Pathos. Der „Schwur der Armee bei der Verteilung der Adler am 5. Dezember 1804" wirkte befremdend wegen der theatralischen Posen. Augen blicken zum Himmel, Arme strecken sich empor, Hände legen sich aufs Herz. Auch die Art, wie David die Standartenträger zu einem Knäuel zusammendrängt, nur damit sich eine Pyramide ergiebt, ist gezwungen. Doch selbst bei solchen Dingen darf nicht vergessen werden, dass dieses Pathos im Sinne der Zeit lag, damals ebenso natürlich wirkte, wie es uns heute gemacht erscheint. Napoleon selber arbeitete mit diesen Mitteln. Seine bekannten Worte bei den Pyramiden oder bei der Besichtigung des Davidschen Krönungsbildes zeigen, wie sehr er die Theatereffekte liebte. Und die Elemente des Lebens vergewaltigen, wie es David in der Gruppe der Standartenträger thut, entspricht schliesslich auch dem Wesen dieser Zeit, als auf die Verteidigung der Menschenrechte die Weltdespotie gefolgt war.

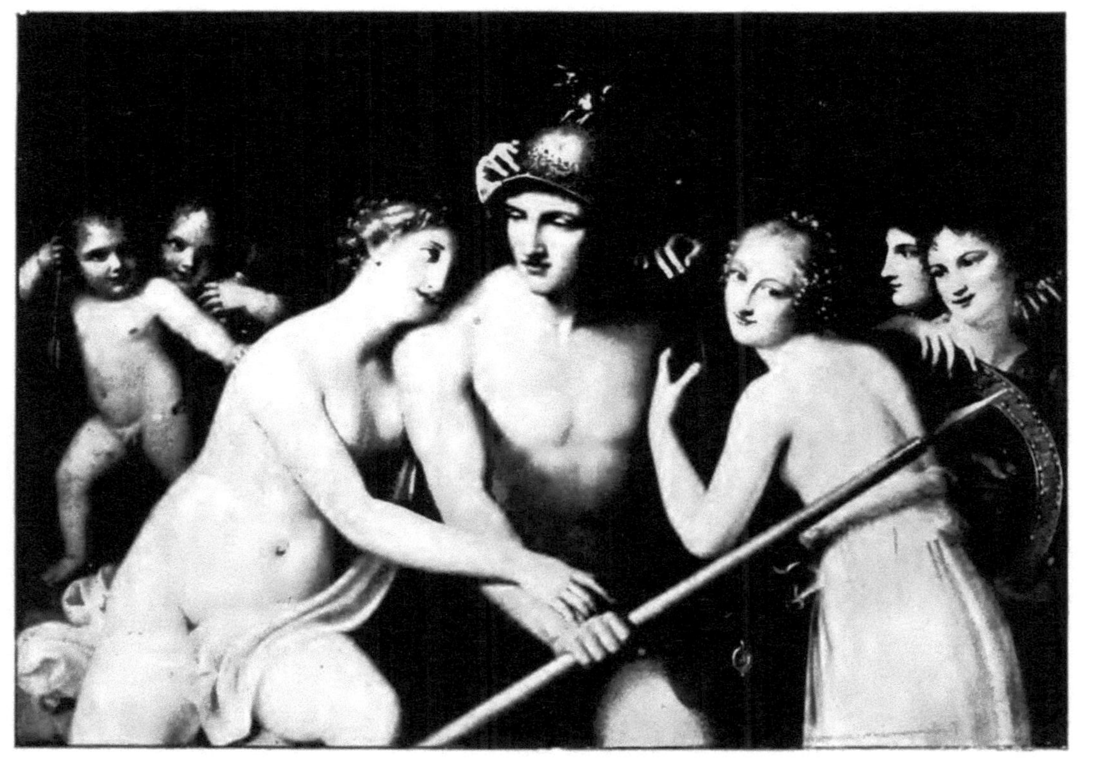

SCHULE DAVID
MARS DURCH VENUS UND DIE GRAZIEN ENTWAFFNET

So ist in Davids Werken eigentlich alles enthalten, was die Darauffolgenden malten. Das antike Geschichtsbild macht die Wandlung durch, die schon in Davids „Raub der Sabinerinnen" sich anbahnte. Ein zierliches Empire-Tanagra tritt an die Stelle des strengen Römertums. Nachdem man vorher nur den Mars gefeiert, feiert man jetzt wieder die Venus, malt die berühmten Liebespaare der Antike: rauhe Männer, die von zarten Frauenhänden gezähmt werden, schöne Frauen, die sich für das Vaterland opfern. Etwas Kokettes, Liebliches kommt in die Werke, die sich zu den ersten Manifesten der Revolution verhalten wie die Gigerl des Directoire zu den puritanischen Jakobinern. Auch ein gewisses Nachlassen der Kraft steht ausser Zweifel. Die Themen aus der antiken Geschichte erschöpften sich. Der Zusammenhang mit dem Leben ging verloren. Doch selbst diese Maler — Regnault und Vincent, Guérin und Girodet —, die früher immer als so öde Akademiker geschildert wurden, erscheinen uns Nachgeborenen, die den Aiglon der Sarah Bernhardt gesehen und die Kunst nicht kritisieren, sondern als Zeitausdruck begreifen wollen, nicht so schlecht wie einst den Romantikern, die sie als Söhne eines andern Zeitalters bekämpften. Regnault hat in seinem Pygmalion ein feines Dokument jener Zeit geschaffen, die sich anschickte, die Schönheit in das bürgerliche Leben herabzuführen. Vincents David mit dem Haupte des Goliath ist meilenweit entfernt von allem akademischen Klassizismus. Und namentlich erkennt man, dass auch bei diesen Meistern die malerische Tradition nie unterbrochen war, dass bei den Franzosen niemals wie in Deutschland Nichtmalenkönnen als Kennzeichen des echten Malers gepriesen wurde.

Neben diesen antiken Stoffen gewinnt das zeitgenössische Geschichtsbild immer mehr Raum. Ein gewisser Lafond, der von 1774 bis 1835 lebte, malte Scenen aus dem Leben der Kaiserin Josephine: wie sie Almosen verteilt oder die Spitäler besucht, stark im Sinne von Greuze mit viel schönen Gesten und viel Theaterpathos. Gros übernahm die Aufgabe, die Kriege und Siege Napoleons zu verherrlichen. Auch er hatte mit antiken Bildern begonnen. In der Ausstellung war ein

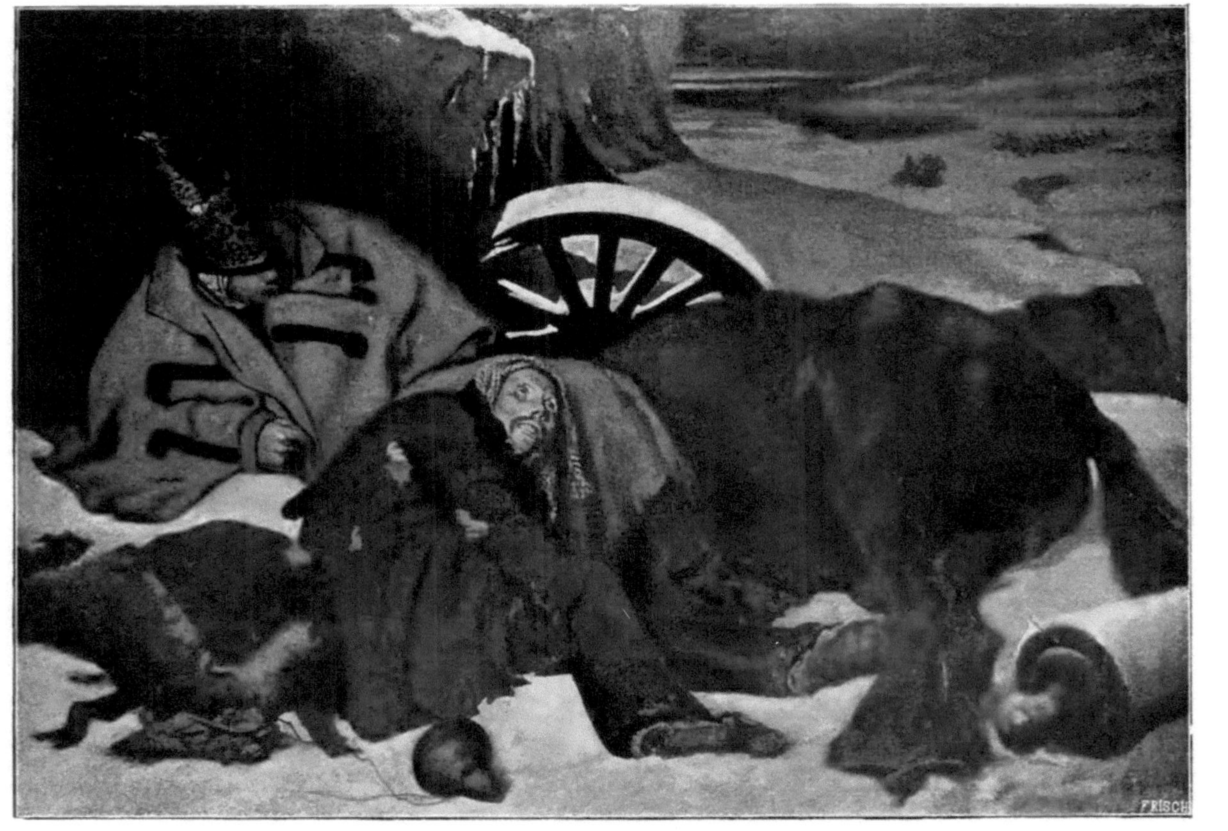

BOISSARD DE BOISDENIER.
EPISODE AUS DEM RÜCKZUG VON MOSKAU.

Werk, womit er im Alter von 17 Jahren um den Prix de Rome sich bewarb: „Eléazar préfère la mort au crime de violer la loi en mangeant des viandes défendues" — ein echtes Thema aus jener Zeit, als der altersschwach gewordene Klassizismus nach den entlegensten Stoffen suchte. Und er endete mit solchen Bildern. Dass er das Zeitgenössische nicht mit dem absoluten Schönen vereinen konnte, wurde die Tragödie seines Lebens, die grosse Schicksalsfrage, die ihn in den Tod trieb. Doch in der Geschichte lebt er als der Sänger des napoleonischen Epos fort. Seine Bilder der Pestkranken von Jaffa, der Schlacht von Eylau und des Napoleon vor den Pyramiden sind als Werke eines Zeitgenossen für die Geschichtsmalerei des 19. Jahrhunderts so wichtig wie für die des 17. Velasquez' Uebergabe von Breda oder Terborgs Frieden von Münster. Immerhin scheint es ein Irrtum gewesen zu sein, wenn man Gros früher als Vorläufer der Romantiker pries. David in seinem Krönungsbild hat die nämlichen bunten leuchtenden Farben. Und neben der herben Strenge dieses alten Römers erscheint Gros doch nur als schwächlicher Epigone. Er ist sehr fein in seinen Offizierporträts, in denen das ganze Kriegerische, Selbstbewusste, Herausfordernde des Zeitalters lebt. Er ist fein in seinen Skizzen. Zehn kleine Bildchen aus dem Museum von Montpellier waren auf der Ausstellung in einem Rahmen vereinigt, die sehr chevaleresk das Familienleben der Empirezeit schilderten. Als Damenporträtist hat er die ganze Rokokofeinheit und weiche Melancholie Prud'hons, besonders in dem Bildnis der Prinzessin Lucien Bonaparte, die wie eine Marie Antoinette des Empire träumerisch am rieselnden Wasserfall steht. Und diese Abkunft von Greuze, das Weiche, Weibliche seines Wesens mag ihn verhindert haben, die blutigen Schauspiele, die er um sich sah, mit der unerbittlichen Wahrheitsliebe Davids zu schildern. In den Pestkranken von Jaffa nähert er sich am meisten der herben Strenge seines Meisters. In seinen andern Bildern steckt sehr viel Theater. Selbst wenn Napoleon auf dem Schlachtfeld von Eylau sagte: Si les rois pouvaient contempler ce spectacle, ils seraient moins avides de conquêtes, ist doch kaum anzunehmen, dass dabei so viele Menschen die

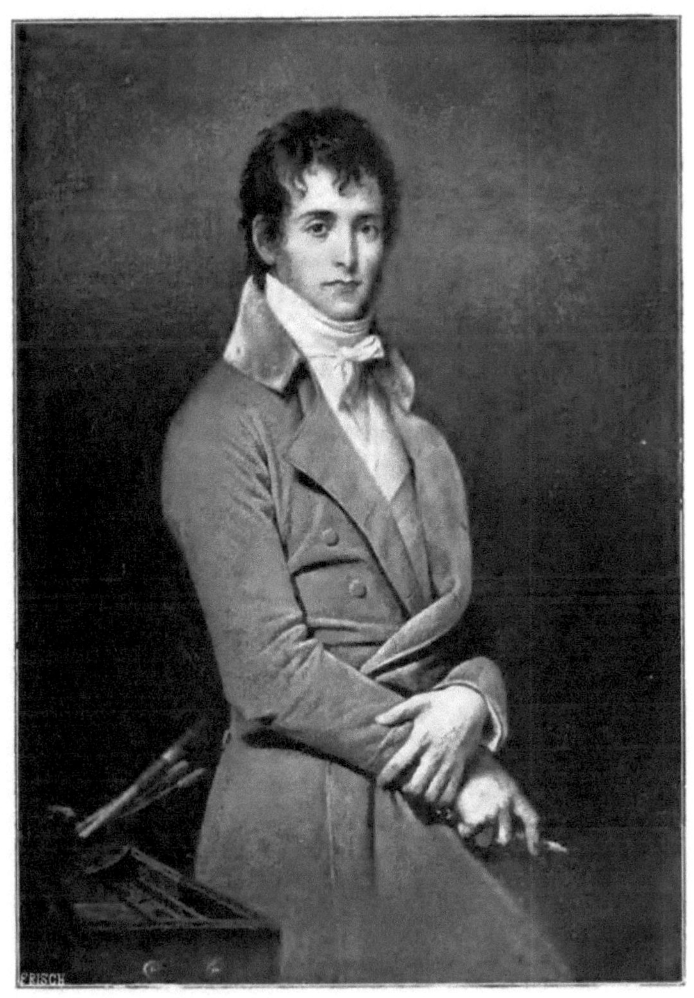

ROBERT LEFÈVRE.
PORTRÄT DES PIERRE GUÉDIN.

Kniebeuge machten, jammerten, das Pferd küssten und zu dem
Eroberer wie zu einem Friedensgenius aufblickten. Ueber
Bühnenheroismus kam Gros nicht hinaus. Und dieses Streben
sich einen guten Scenenabgang zu sichern, macht ihn dem
modernen Auge fremd. Man denkt an Greuze, wenn in seinem
grossen Bild, wie Napoleon nach der Schlacht von Marengo
Parade abnimmt, die Grenadiere in Bewunderung ersterbend
auf ihn blicken. Sein anderes Bild, die „Einschiffung der Herzogin von Angoulème" ist das reine Melodrama. Wie eine
Heroine steht sie in der Mitte. Hände erheben sich. Würden-
träger sinken ins Knie. Die Schiffer — worin ein Rest Klassizismus sich zeigt — sind nackt als antike Statuen gegeben.
Seine Schlacht von Nazareth baut sich nach dem Schema des
bethlehemitischen Kindermordes auf. Alle möglichen Episoden
persönlichen Heldentums werden vorgeführt. Alles was in
einer Schlacht vorkommen kann: Bestialität, Ritterlichkeit,
Barmherzigkeit, Mitleid wird aufgezählt. Gros addiert wie
Menzel zuviel kleine Ziffern und zerstört dadurch die Gesamtwirkung seiner Bilder. Gleichwohl fühlt man, wie aus diesen
Werken die moderne Schlachtenmalerei herauswuchs.

Die Ausstellung brachte als Soldatenmaler eine Anzahl
Künstler, deren Namen bisher wenig bekannt waren. Charles
Meynier, 1768—1832, erscheint in seinem Bild, wie die Soldaten
des 76. Regiments vom Marschall Ney ihre Standarten wieder-
erhalten, ebenso pathetisch wie Gros. Einer küsst die Fahne,
einer öffnet seine Brust, einer weint, einer sinkt in die Knie.
Doch von einem andern, Nicolas-Antoine Taunay, sah man den
„Einzug der kaiserlichen Garde in Paris nach dem preussischen
Feldzug am 25. November 1807". Hier war nichts Pathetisches,
Heroisierendes mehr. Alles war mit jener kühlen, ein wenig
ledernen Sachlichkeit gegeben, wie sie bei uns der alte Krüger
hatte. Und ein Bild von Boissard „Episode aus dem russischen
Feldzug" klang an das Maratbildnis Davids an. Der halb-
verhungerte sterbende Soldat, der neben seinem Pferde liegt,
ist ein Wunderwerk des Naturalismus. Die farbige Haltung
ist so, dass alle Unterscheidungsmerkmale zwischen Klassik
und Romantismus in nichts versinken.

Die ersten Scenen aus dem Volksleben wurden von Léopold Boilly ernst im Sinne der neuen Zeit gemalt. Er war ein merkwürdiger Meister, der eigentliche Chronist der Revolution und des Empire. Wenn er schildert, wie Wein und Brot an das Volk verteilt werden oder wie die Menge am Eingang der Theater sich drängt, so haben solche Bilder jene Stimmung, wie sie Schnitzler im „Grünen Kakadu" traf. Auch die Farbe berührt heute wieder sympathisch. Alles ist zeichnerisch streng. Doch die frische Helligkeit konnte unkünstlerisch nur denen erscheinen, die von jedem Bilde verlangten, dass es in braune Sauce getaucht sei.

Als Porträtmaler fand David eine Legion beinahe ebenbürtiger Nachfolger. Auch vor den Werken dieser Meister vergisst man das Wort Klassizismus, bewundert nur, wie überzeugend wahr sie die Menschen ihres Zeitalters schilderten. Robert Lefèvre in seinem Napoleonporträt von 1804 giebt den ganzen Mann und zeigt in anderen Werken von knorriger Eckigkeit kraftvoll und stolz jenes starke Geschlecht, das die bürgerliche Gesellschaft des 19. Jahrhunderts begründete. Das Porträt einer alten Dame von Pagnest ist ein Meisterwerk des Naturalismus, hingestellt in einer posenlosen Schlichtheit, wie erst die modernen Impressionisten sie wieder haben. In dem Bild eines Generals von Riesener lebt die ganze Ritterlichkeit der napoleonischen Zeit. Larivière, ein gänzlich unbekannter Meister, der 1823 im Alter von 23 Jahren starb, überrascht in dem Bildnis einer jungen Dame durch eine koloristische Sensibilität, die unerhört in jenen Tagen des Klassizismus ist. Die Bildnisse Gérards kommentieren dann die Wandlung, die sich unterdessen politisch vollzog. Man sieht, wie das Kaisertum allmählich in die Bahnen des Königtums von Gottes Gnaden einlenkte. Mme Laetitia, die Mutter Napoleons, ist auf einem seiner Bildnisse dargestellt. Säulenkolonnaden öffnen sich, Vorhänge wallen hernieder. Die Büste ihres Sohnes steht im Hintergrund. Ein Mann, der dermassen im Sinne Rigauds arbeitete, war berufen, nach dem Sturze Napoleons der Porträtmaler der Bourbonen zu werden. Und da diese „nichts gelernt und nichts vergessen hatten", trat mit der Restauration auch der alte höfische Porträtstil des 17. Jahrhunderts wieder hervor. Waren in der Revolutionszeit die Bildnisse von spartanischer Einfachheit, so wurde durch Gérard das Ausstattungsporträt mit der prunkvollen Säulencoulisse wieder eingeführt. Alle Menschen scheinen Königsschlösser zu bewohnen. Die verschiedensten Insignien, die ihnen in die Hand gegeben werden, weisen wieder auf die soziale Stellung, auf die persönliche Bedeutung des Dargestellten hin. Die beiden Porträts der Mme Récamier, wie sie David und wie sie Gérard malte, verdeutlichen die Verschiedenheit der Zeitalter. Bei David war sie eine strenge Muse, von einer harten, puritanischen Grazie. Hier ist sie die freundliche Maitresse eines Prinzen, die in einem königlichen Schlosse wohnt. Der alte royalistische van Dyckstil ist auf das 19. Jahrhundert projiziert.

Romantik und Klassizismus.

Im übrigen hatte diese Zeit der monarchischen Restauration bekanntlich für die Kunst zur Folge, dass aus dem Klassizismus der Romantismus wurde. Auf die Revolution war die Reaktion gefolgt. Klöster wurden wieder errichtet, mittelalterliche Gesetze gegeben, die Lehren vom Gottesgnadentum neu verkündet. Das musste die Litteratur und die Kunst in die Opposition gegen alles Bestehende treiben. Alles, was man um sich sah, war grau. Alles war Stillstand. Also liebte man Farbe und Bewegung, suchte Sturm und lodernde Flammen in die Grauheit des Tages zu tragen, Feuerbrände in die verächtliche Welt zu schleudern. Aus allem spricht der titanische Trotz des Prometheus. „Throne bersten, Reiche zittern" Blitz und Donner, Mord und Totschlag, Kampf und Brand sind die Schlagworte der Zeit. Die Leidenschaft ist die grosse Göttin, zu der man betet. Der Gemessenheit und Spiessbürgerlichkeit des Alltagslebens wird das Grausige, Schauerliche, fieberhaft Erregte gegenübergestellt. Alfred de Musset tritt auf, der „Dichter mit dem flammenden Herzen", der so wild das Leben durchstürmt. George Sand schreibt ihre weltumstürzenden, leidenschaftbebenden Romane. Prosper Mérimée verherrlicht die gewaltthätigsten, verwegensten Charaktere der Geschichte. Victor Hugo bringt seine buntbewegten pathetischen Dramen. Dem entspricht eine Malerei, die, glühend und sprühend in der Farbe, gleichfalls das Evangelium der Leidenschaft kündet. Janitscharenmusik erklingt. In züngelnden, flackernden, lodernden Feuerbuchstaben schreiben die Maler ihre Manifeste nieder. Von Purpur und Scharlach träumen sie, von Blut und

Flammen, von Schwertergetöse und Kriegsgeschrei, führen
gigantische Legenden, verzerrte schreckliche Gesichter unter
Finsternis und Blitzen vor. Gewöhnlich wird die Wandlung
so erklärt, dass an Stelle der antiken Bildhauer jetzt Rubens

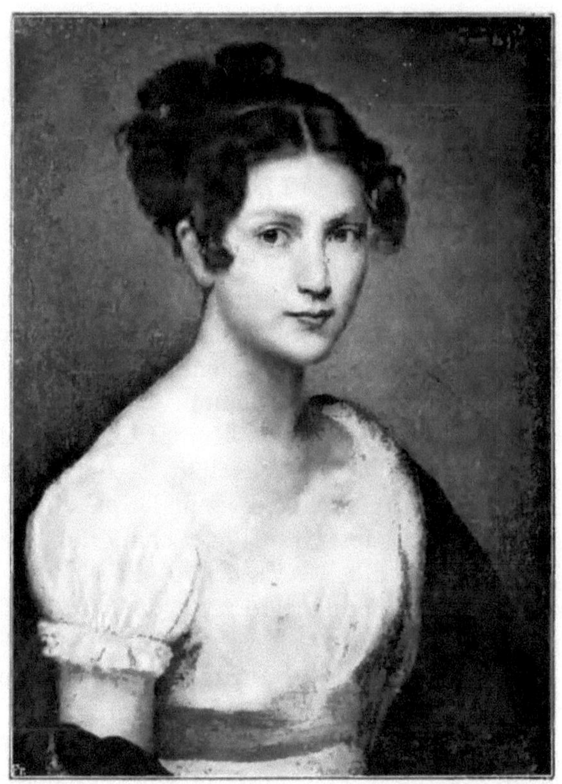

Eugène Larivière. Bildnis seiner Schwester.

mit seinen himmelstürmenden Bewegungen und leuchtend pol-
ternden Farben das Ideal der Geister geworden sei. Doch im
Grunde sind solche Beeinflussungstheorien müssig. Eher wäre
auf Nietzsches Lehre von der Wiederkunft des Gleichen zu
verweisen. Wie Rubens sich aufbäumte gegen das Eunuchen-
tum der spanischen Gegenreformation, so bäumen diese Meister

sich auf gegen die Macht der Finsternis, gegen Stagnation und reaktionäre Gewalt. Und aus ähnlichen Ursachen ergeben sich ähnliche Wirkungen.

Théodore Géricault war das eigentliche Genie der Schule.

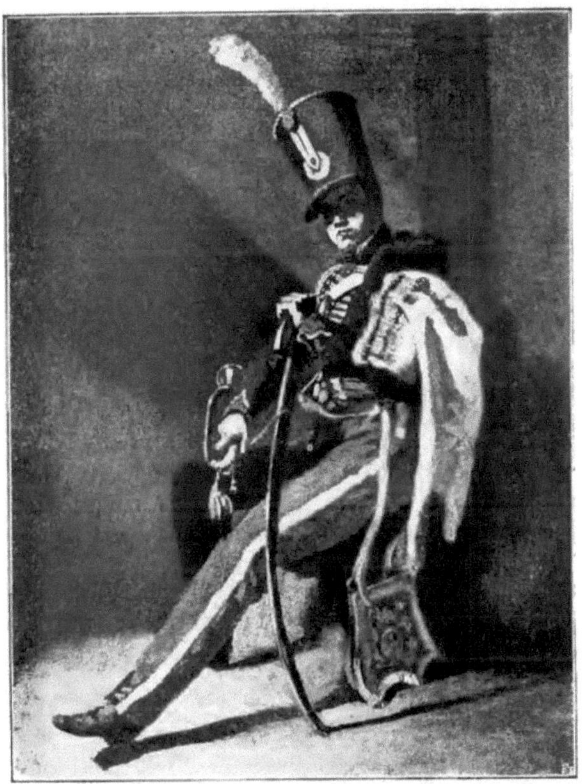

Théodore Géricault. Der Trompeter.

Alles malte er, was Farbe und Kraft, Bewegung und Leiden-schaft hatte. Weil sie so farbig waren, liebte er die Uniformen der Offiziere. Weil sie so kräftig und ungebändigt waren, liebte er die wild dahinstürmenden Pferde. Weil sie so drohen, rollen und wüten, liebte er die tosenden, spritzenden, sich über-schlagenden Wogen. Weil das ganze Wesen des Romantismus

Kampf und Leidenschaft war, liebte er den kämpfenden, leidenden Menschen. Das Bild, an das man gewöhnlich denkt, wenn Géricaults Name genannt wird, das Floss der Medusa, ist für alle diese Dinge wenig bezeichnend. Wohl wüten die Elemente. Schäumende graue Wogen rollen heran. Von Todesangst sind die Gesichter der Menschen verzerrt. Aber der Rest von Klassizismus, der in dem Ganzen steckt, schädigt die Unmittelbarkeit der Wirkung. Man fühlt zu sehr den anatomischen Aktsaal. Die Komposition ist nach dem Pyramidalprinzip angeordnet. Die Farbe wagt noch nicht mit dem Rechte des Absolutismus hervorzutreten, sondern ordnet einem eintönigen Braun sich unter. Géricault war nicht der Mann für umfangreiche Maschinen. Sobald er ins Grosse geht, wie in dem verwundeten Kürassier, kommt in seine Werke etwas Leeres, Sentimentales, das er von Gros übernahm. Aber erstaunlich ist er in den kleinen Bildern, die er für sich selber, nicht für Ausstellungen malte. Hier sind alle chronologischen Grenzen verwischt. Seine Jockeys, die über die Landschaft sprengen, seine kämpfenden Pferde, an denen jede Fiber in nervöser Bewegung zuckt, seine Pferde im Stall, seine Pferde k ö p f e gehören an Ausdruck und Lebendigkeit zum Gewaltigsten, was der junge Romantismus schuf. Auch malerisch haben sie nichts mit dem monoton braungefärbten, grossen Schiffbruchbilde gemein. Wie er in seinen Gewitterstimmungen das dunkle Firmament und die zuckenden Blitze malt, in seinen Kürassieren die glitzernden Pallasche, die weissen Uniformen, die roten Epauletten zusammenstimmt, das ist ohne Zusammenhang mit jeder älteren Tradition. Géricault nimmt nach alledem eine sonderbare Mittelstellung ein. Die Skizze zum Floss der Medusa, die in der Ausstellung war und alle Menschen des Bildes nackt, ins Antik - Statuenhafte transponiert zeigte, verriet seine Herkunft aus der Guérinschule. Andernteils ist er in der Art, wie er Bewegungen fixiert, ganz Impressionist. Manche seiner Jockeybilder könnten von Degas herrühren. Und als Romantiker reinsten Wassers erscheint er in seinen Bildnissen. Herausfordernd, als wären sie auf Widerstand gefasst und zur Verteidigung bereit, stehen auf seinen und Gigoux' Werken die

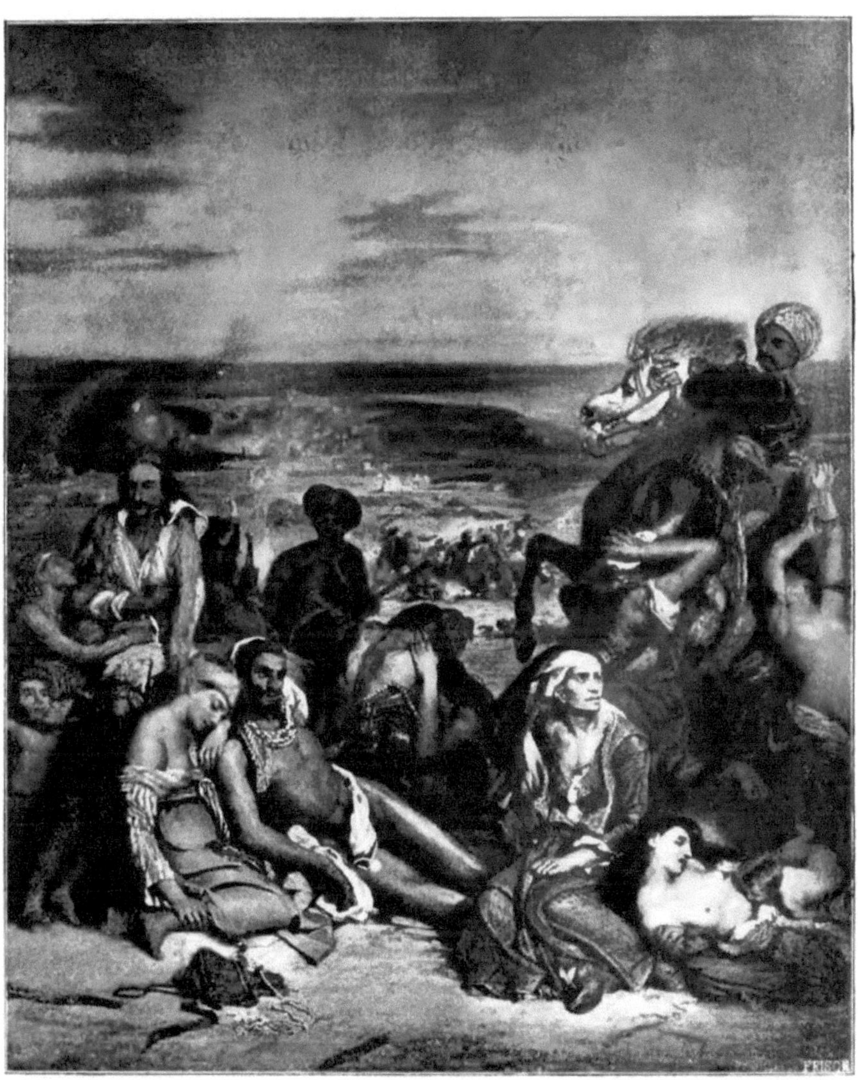

EUGÈNE DELACROIX.
DAS GEMETZEL AUF CHIOS.

Menschen da. In wilde, einsame, unwirtliche Felsgegenden mit verwitterten Ruinen sind sie gestellt. Düster, gewitterschwer, von gespenstischen Lichtern durchzuckt ist der Himmel.

Delacroix verhält sich zu Géricault wie Tizian zu Giorgione. Dort der junge himmelstürmende früh gefällte Titan, der eine ganze Entwickelung vorausnimmt. Hier der Meister, der in einem langen, arbeitvollen Leben das vollendet, was jener angebahnt. Auch Delacroix wie Géricault hat alles gemalt, wo es um Kampf und grosse Leidenschaften, um Feuer und Farbe sich handelt. Aus Blut und Purpur, kämpfenden Menschen und verwesten Körpern, aus Schädelstätten und glühenden Wüsten setzt er die Dramen seiner Phantasie zusammen. Die Dichtung ist seine hauptsächlichste Quelle. Nicht aus den Klassikern seines Vaterlandes, die ihm in ihrer frostigen Korrektheit nichts sagen, sondern aus Dante und Shakespeare, aus Goethe und Byron greift er die bewegtesten, wildesten Scenen heraus. Die Bibel und Heiligenlegende ist ihm ebenfalls lieb, weil sie Gelegenheit giebt, urtümlich grosse Leidenschaften und blutige Grausamkeit zu schildern. Dann begeistert er sich für den Befreiungskampf Griechenlands. Ein kleines Heldenvolk, von barbarischen Massen unterjocht, das war ein Thema für diese byronischen Geister. Und von Griechenland wird er zum Orient geführt, der nun die eigentliche Domäne der Romantiker wird. Denn dieses Untertauchen in eine uralte Kultur entsprach romantischem Fühlen. Es war, wenn nach kurzer Fahrt das Schiff in Algier oder Tunis landete, als sei man durch den Golf der Jahrtausende gefahren. Menschen sah man, die noch in denselben bunten Gewändern in der Sonne sassen, die ihre Vorfahren vor tausend Jahren getragen. Eine Landschaft sah man, aus deren ärmlichem Schmutz noch der Märchenglanz versunkener Herrlichkeit strahlte. Trunken ruhte das Auge auf der ungebändigten Fülle der Vegetation, auf diesen mächtigen, ragenden Bäumen, von denen jeder eine riesige Einzelpersönlichkeit, ein gewaltiger Uebermensch zu sein schien. Für Delacroix wurde der Orient die geistige Heimat. Er liebte diese Menschen wegen ihrer heisslodernden Leidenschaft und wegen ihrer leuchtenden Kleider. Mit Wollust

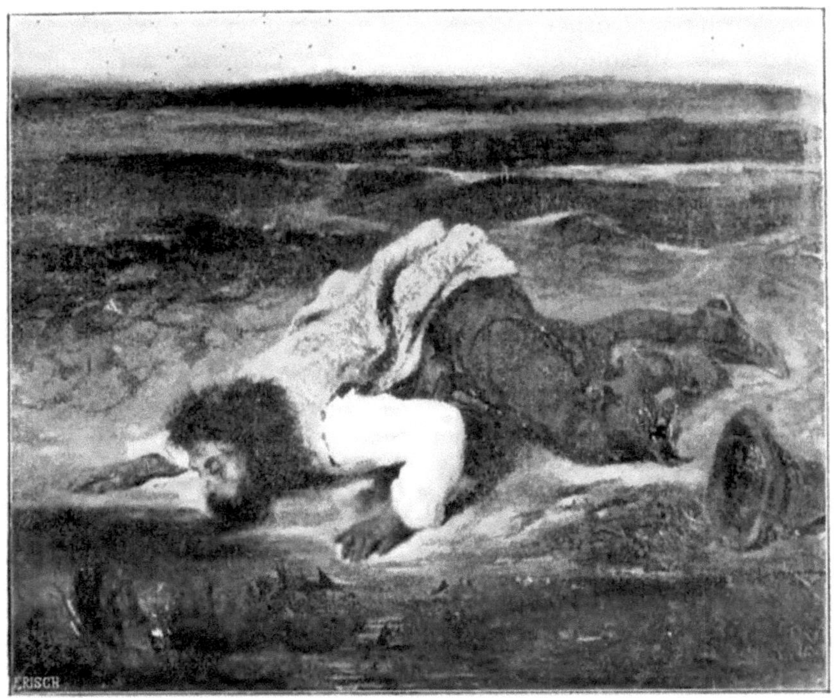

Eugène Delacroix. Ein römischer Hirte.

kostete er ihnen die überschäumendsten Empfindungen nach:
Hass, Wut, Fanatismus und Sinnlichkeit, wie sie die Polizei-
moral Europas nicht mehr duldet. Doch auch hiermit ist sein
Stoffgebiet noch nicht umschrieben. Es ist ihm gleichgültig,
ob es um den Orient oder die Heimat, um das Mittelalter oder
die Antike, ob es um Menschen, Landschaften oder Tiere sich
handelt. Er zeigt die schnaubende Wut kämpfender Pferde,
Löwen und Tiger, zeigt das wilde Toben der Elemente: schäumende, spritzende, vom Winde gepeitschte Wogen. So viel
er gemalt hat — das Band, das alles zusammenhält, ist das
wilde Feuer, das seine Werke durchglüht.

Die Ausstellung gab von Delacroix' Schaffen ein fast er-
schöpfendes Bild. Sein heiliger Sebastian liegt stöhnend auf
dem Boden. Klagende Frauen ziehen die Pfeile aus dem blut-

überströmten Körper heraus. „La Grèce expirante sur les ruines de Missolonghi" ist neben dem „Gemetzel auf Chios" das Hauptwerk, das er dem Befreiungskampf Griechenlands widmete: ein schönes Weib, in öder blitzdurchzuckter Felsenlandschaft stehend, wird von einem türkischen Barbaren verfolgt. Und ein anderes Bild, „Episode aus dem griechischen Krieg" — ein Offizier, der von feuernden Soldaten verfolgt auf weissem Zelter über das Schlachtfeld sprengt — zeigt, wie er von Griechenland zum Orient kam. Der Einzug der Kreuzfahrer in Konstantinopel, die Attacke arabischer Reiter, die arabischen Komödianten, die Frauen von Algier waren in der Ausstellung Proben aus diesem Stoffgebiet und ermöglichten, der Entwickelung nachzugehen, die er als Maler durchmachte. In seinem ersten Bilde, der Dantebarke, wagte er noch nicht alles zu sagen. Wohl durchzucken Blitze den dunklen Himmel. Wohl leuchtet die Farbe in tiefer sonorer Glut. Doch die Anordnung ist noch streng symmetrisch, der Kolorismus durch zeichnerische Straffheit gezähmt. Dann wirkte Rubens auf ihn ein. Besonders die „Schlacht von Taillebourg" mit dem weissen Zelter im Mittelpunkt liess deutlich den Zusammenhang mit der Amazonenschlacht des grossen Vlaamen erkennen. Und nun wird er der Maler schlechthin. Sein Stoffgebiet kennt keine Grenzen mehr. Alles malt er, was aus irgend welchem Grunde ihn farbig reizt. Nicht aus dem Stoff, nur koloristisch ergiebt sich die Stimmung. Das Bild entwickelt sich aus der ersten Farbe heraus, die er auf die Leinwand gesetzt hat und die als Schlüssel für das Uebrige dient. Namentlich ein flammendes Scharlachrot ist die Note, auf die seine Werke gestimmt sind. Den barmherzigen Samariter hat er nur deshalb gemalt, weil das Rot eines Mantels, ein heller von Blut bespritzter Menschenkörper, das Braun eines Pferdes und das Dunkelblau einer Felsenschlucht ihn als Farbenharmonie reizte; den heiligen Georg, der gegen den Drachen ansprengt, nur deshalb, um ein buntgekleidetes, schillerndes Figürchen von einer finsteren Schlucht sich abheben zu lassen, die phantastisch blauschwarz wie die Märchenlandschaft in Leonardos Mona Lisa sich ausdehnt. Einen italienischen Hirten, der im Flusse trinkt, malte

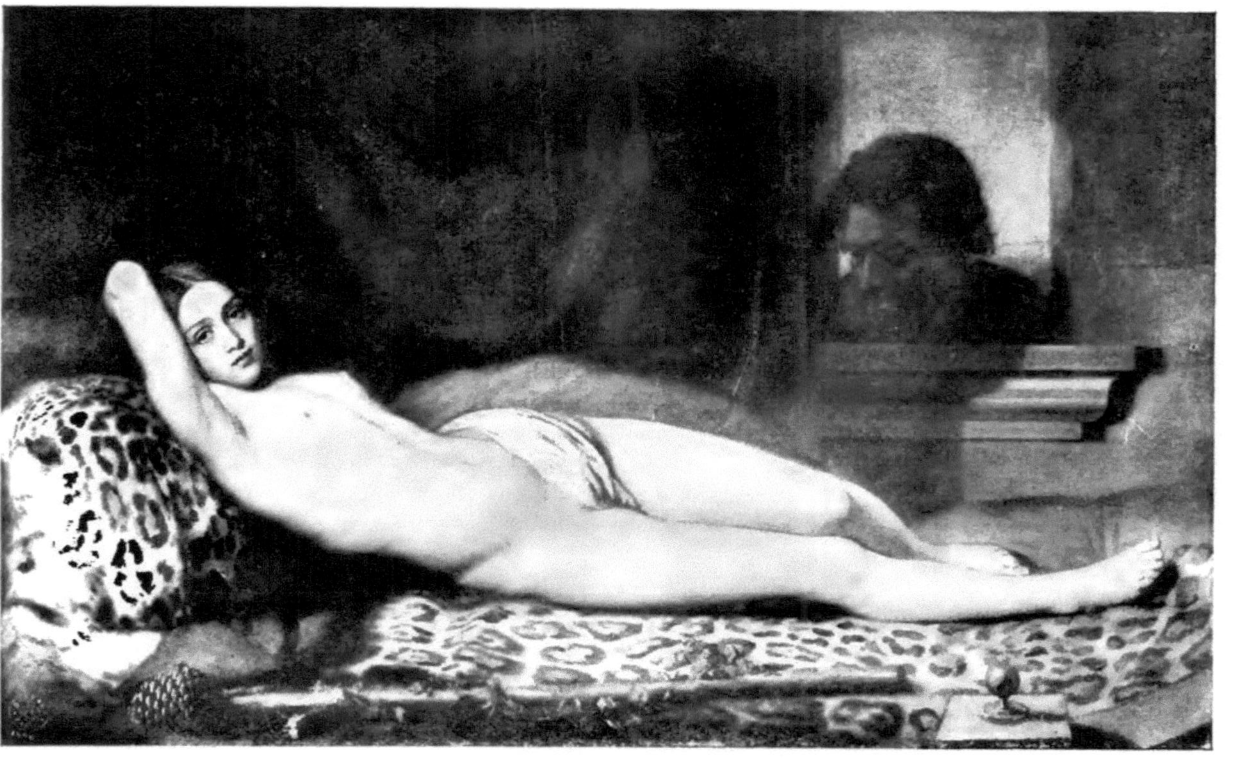

FÉLIX TRUTAT.
WEIBLICHER AKT.

er nur, weil sein gelbes Ziegenfell einen so wunderbaren Gegensatz zu dem tiefblauen Himmel bildet; zwei Inder nur, weil das
weisse Gewand, der rote Hut und die tiefbraune Gesichtsfarbe
einen so wundervollen Accord ergeben; einen Löwen, der eine
Schlange verschlingt, nur deshalb, weil es ihn reizte, das Braun
und Grau der beiden Tiere, dahinter den in Abendröte glühen-

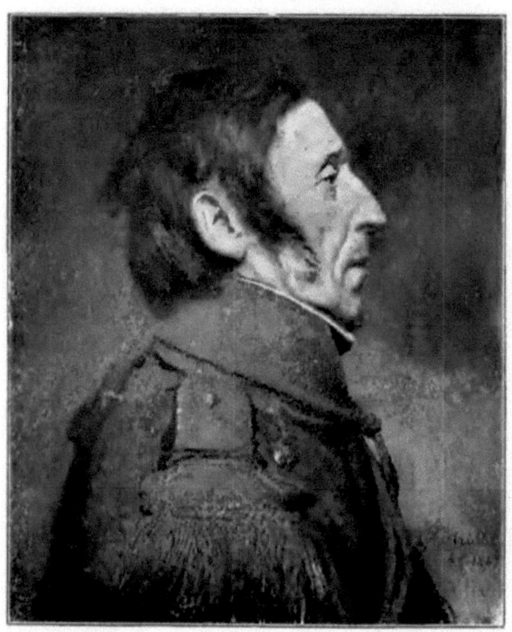

Félix Trutat. Der Vater des Künstlers.

den Himmel zu einem sprühenden Farbenbouquet zu vereinen.
Ganz aus der nämlichen rein malerischen Freude heraus stellt
er aber auch Hummern, ein weissbraunes Hasenfell und den
blau-weiss-schwarz schillernden Schwanz eines Auerhahns zu
einem leuchtenden Stillleben zusammen oder malt einen Atelier-
winkel, weil der glühende Ofen, der schwarze Schrank und die
weisse Thür eine so feine Harmonie ergeben. Delacroix war
nicht nur Painterpoet. Er war reiner Farbenmensch. Jedes Bild

ging ihm als Farbenrausch auf der Palette auf. Das Wort ist
zu abgegriffen, sonst könnte man von ihm sagen: le peintre
le plus peintre qui fût jamais. Wenn man Werke wie den
römischen Hirten oder das Hummerbild sieht, meint man,
Delacroix hätte schon alles gehabt, was später an den Schotten
als neu bewundert wurde.

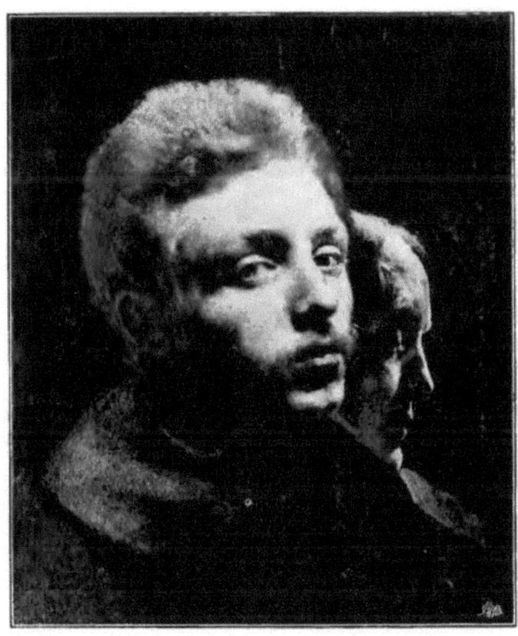

Félix Trutat. Bildnis des Künstlers und seiner Mutter.

Und um die Sonne Delacroix' bewegte sich ein Planeten-
kreis kleinerer Künstler. Wie David für die vorausgegangene
Zeit, so ist Delacroix für diese Zeit des Romantismus das Cen-
trum. Gerade in jenen Jahren brachte Frankreich eine grosse
bewunderungswürdige Kunst hervor. Allenthalben wachsen die
Talente aus dem Boden. Nur an allumfassender Kraft reicht
keiner an den Riesen von Charenton. Sie teilen sich in sein
Stoffgebiet. Jeder malt ein Teilchen dessen, was Delacroix malte.

Delacroix' Kunst, nacktes Fleisch als Fleisch, nicht als Marmor zu malen, erbte Félix Trutat. Das ist ein ganz unbekannter Name, den erst die Ausstellung ans Licht zog. Trutat ist nur 24 Jahre alt geworden. Er hat von 1824—48 gelebt, und seine Werke könnten statt in den 40er auch in den 90er Jahren gemalt sein. Der ganze Henner steckt in dieser „Femme nue", deren Körper sich in schneeiger Weisse auf einem braunschwarz gefleckten Tigerfell ausstreckt. Ein blaues Kissen liegt unter ihrem Kopf. Ueber ihren Schoss ist ein orangefarbenes Tuch gebreitet. Alles ist fest in den Linien und doch weich, vibrierend. Ebenso moderne, kühle Akkorde schlägt er in seinen Bildnissen an dem seines Vaters, eines alten Feldwebels und dem, worauf er sich selbst mit seiner Mutter darstellt. Auch hier ist alles hingesetzt in ganz grossen breiten Strichen. Wunderbar, an Carrière anklingend sind die ernsten Harmonien von braun, schwarz und weiss. Und gerade dieser Meister, der zum Höchsten berufen war, musste als Jüngling sterben.

Den Orient übernahm Decamps. Nachdem Delacroix von Grausamkeit und blutigen Kriegen erzählt, schilderte Decamps das bunte Volksgewühl, die schwarzen Sklaven und kostbar gesattelten Pferde, die Bazare, Harems und Minarets, malte die sengende Glut der Sonne, das schwüle Brüten des Himmels, die tropische Farbenpracht der Vegetation. Auch er war ein Maler von echter Rasse, und deshalb lässt sich sein Stoffgebiet nicht pedantisch umgrenzen. Als biblischer Maler betrat er zuerst den Weg, auf dem Cazin folgte, versuchte der Gegenwart die alten Legenden dadurch näher zu bringen, dass er sie ganz als landschaftliche Stimmungsbilder gestaltete. In dem Bilde „Jesus auf dem See Genezareth" sieht man also die Figürchen kaum. Man sieht nur düster schwarze Berge, dunkles spiegeln des Wasser und einen Himmel, der bleischwer gelb über der Landschaft lastet. Aber diese Landschaft allein ist so urtümlich ernst, dass schon durch sie eine patriarchalisch-biblische Stimmung geweckt wird. Zu diesen biblischen Werken kommen seine Tierbilder. Im Schnee sterbende Rehe hat er gerne gemalt, weil es ihn freute, ein braunes Tierfell und eine rote Blutlache, eine weisse Schneelandschaft und einen tiefblauen

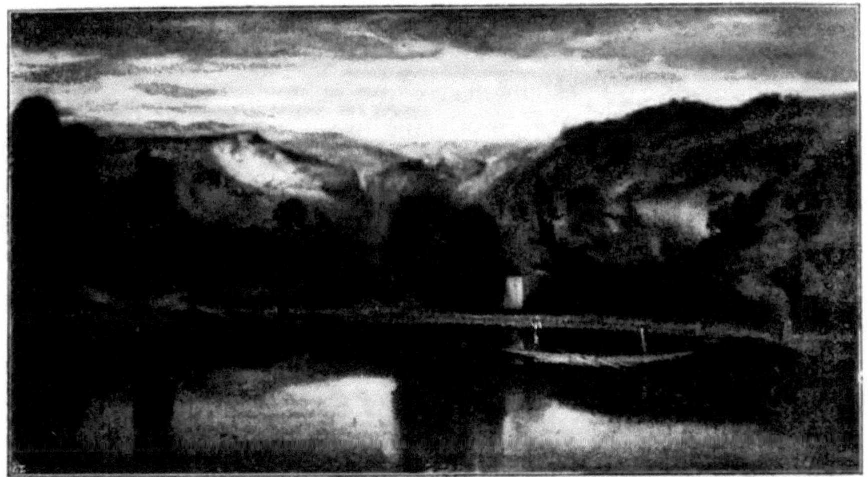

Alexandre Decamps. Christus auf dem See Genezareth.

Himmel zu feinschmeckerisch saftigen Harmonien zusammen-
zustimmen. Decamps hat in diesen koloristischen Dingen von
den Holländern und Vlaamen sehr viel gelernt. Figuren in
Rot reiten wie bei Lodewyk de Vadder durch dunkle Hohlwege,
über denen in der Ferne dunkelblaue Berge schimmern. Von
leuchtenden feuerroten und gelben Wolken ist wie bei Cuyp
der Himmel durchzogen. Und der Romantiker verrät sich darin, dass er die starken Farbengegensätze, die schon auf den
Bildern dieser alten Meister herrschen, noch mehr accentuiert.
Wie die Figuren, die in den Romanen der Romantiker vorkommen, entweder Engel oder Teufel sind, so kennt auch die Malerei
nur hellstes Licht oder tiefsten Schatten. Dunkle Karawanen
ziehen in blendendem Mittagslicht dahin. Ein weissgekleideter
Sultan reitet, von vollem Sonnenlicht bestrahlt, auf weissem
Zelter an dunklen, im Schatten verschwimmenden Gestalten
vorbei durch eine schwarze Landschaft, über der ein gewitter-
schwüler Himmel tiefblau, karmoisinrot und citrongelb leuchtet.
Selbst Decamps' Hundeporträts sind für das Wesen der Romantik bezeichnend. Denn er malt keine gutartigen eleganten Tiere,
nie das Windspiel, das seiner ornamentalen Linien wegen der

Lieblingshund der Gegenwart ist. Er malt knurrende, kläffende, auf dem Sprung liegende Bulldoggen, die wie der heilige Marcus auf Dürers Vier Aposteln nervös aufschauen, ob von weitem eine Gefahr sich zeigt. Kampflustig, bissig, immer bereit einem Gegner in die Beine zu fahren, sind sie ein Symbol des ganzen französischen Romantismus.

Delacroix' Art rein malerisch zu denken erbte Isabey. Etwas Ernstes und Grosses hat er nicht. Er verhält sich zu Delacroix ähnlich wie Girodet zu David. Der Romantismus, erst so wutschnaubend, ist bei ihm ein lustiges Spiel mit schönen Farben geworden. Aber er hat etwas sehr Feines in der Art diese Farbenbouquets zu winden. Descente d'escalier hiess das Bild, das ihn in der Ausstellung vertrat. Er hatte keinen historischen Titel gesucht, hatte lediglich die Treppe eines Barockschlosses gemalt mit alten Bildern, alten Statuen und buntgekleideten Herren und Damen, die in feierlichem Cortège die Stufen heruntergehen. Aus solchen Werken spricht kein Anekdotensammler. Es spricht ein Künstler, der sich an knisternder Seide und gleissender Farbe berauscht. Dieselbe Freude an schönen Farben macht seine Landschaften zu koketten Bijoux. Die bunten Kleider hübscher Wäscherinnen und die glitzernden Wogen des Ozeans windet er zu feinen Farbensträussen zusammen.

Monticellis Werke bezeichnen den Moment, wo dieses Spielen mit schönen Farben zur reinen Palettenkunst wird, wo das Bild aufhört und der persische Teppich beginnt. „Landschaft mit drei Frauen und einem Pfau" lautete sehr bezeichnend der Titel eines seiner Bilder. Und er hätte auch sagen können „Harmonie blau, rot und grün" Denn die Figürchen haben nur koloristischen Wert. Die Linien dienen ihm nur dazu, die rauschenden Farben zu trennen, die er in kindlicher Freude durcheinandermischt. Man sieht Haine, verwitterte Marmorbänke und bunte Rokokomenschen, die sich im Tanze drehen; sieht schöne Damen in roten, blauen und weissen Gewändern durch exotische Landschaften schreiten. Doch auf alle diese Dinge kommt es nicht an. Bei Monticelli Gedanken suchen wäre verlorene Liebesmühe. Seine meisten Bilder be-

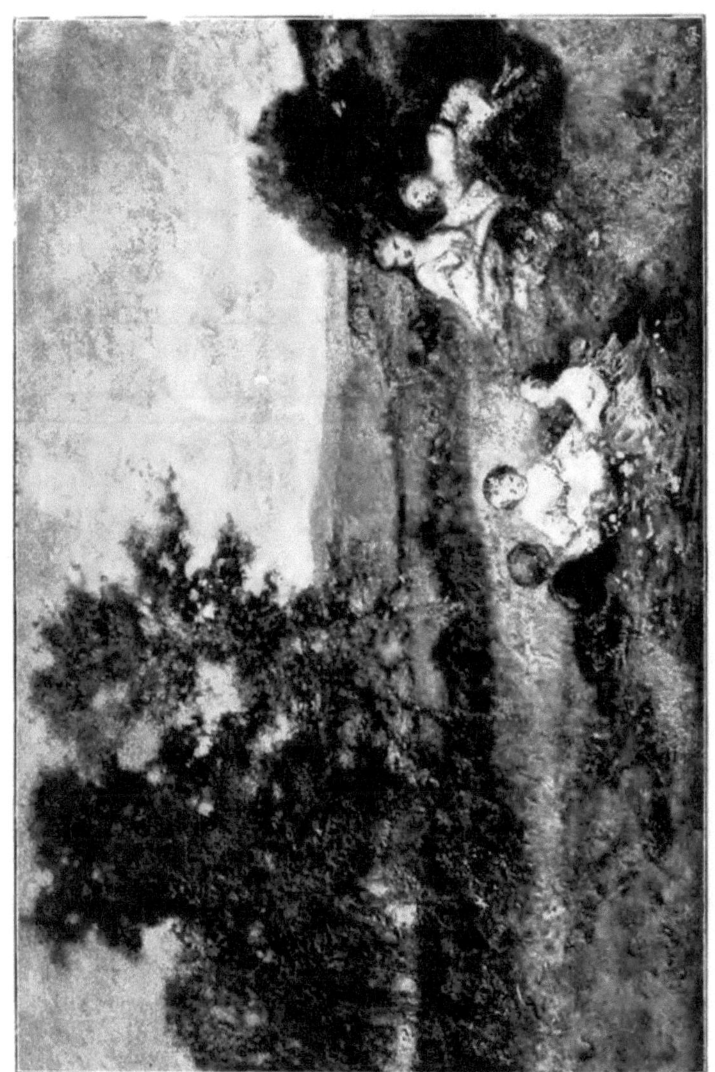

ADOLPHE MONTICELLI.
LANDSCHAFT.

trachtet man wie Polonius im Hamlet die Wolke: „Sie sieht
beinahe aus wie ein Kamel. Ja wahrhaftig, sie gleicht einem
Kamel. Mir scheint, sie gleicht einem Wiesel. Hinten sieht sie
aus wie ein Wiesel. Oder wie ein Walfisch. Ganz wie ein
Walfisch." Monticelli ist rein animalisch, ein hübsches strah-
lendes Tier, ohne psychischen Reiz, die lebendig gewordene
Palette. Aber den Absolutismus der Farbe hatte kein Früherer
mit so jauchzender Freude verkündet.

Welche engen Fäden Monticelli mit der modernen schotti-
schen Malerei verbinden, habe ich schon früher   in meiner
Geschichte der Malerei   betont. Aber in der Ausstellung
zeigte sich überhaupt, dass der Baum der Romantik, der heute
blüht, noch derselbe ist, den jene alten Meister in die Erde
senkten. Alles was wir heute verehren — Moreau, Puvis de
Chavannes und Böcklin, Ludwig von Hofmann und Klinger
steht in Zusammenhang mit dem, was damals sich anbahnte.

Gleyre, der Ahne Böcklins, war als französischer Schweizer
in der Ausstellung nicht vertreten. Man sieht nur im Louvre,
dass von den „Illusions perdues" eine gerade Linie zum „Vita
somnium breve" führt, und kann im Museum von Lausanne dem
interessanten Zusammenhang weiter nachgehen, der zwischen
Gleyre und dem Grössten unserer Tage besteht. Desto impo-
santer trat Glaize hervor. Vor sieben Jahren, als meine Geschichte der Malerei erschien, war ich mir über die Bedeutung
dieses Malers nicht klar. Seine Bilder „Was man mit 20 Jahren
sieht" — ein Jüngling und ein Mädchen, denen die lockenden
Traumgestalten der Jugend erscheinen   — und „Die Märtyrer
der Idee" — Christus, Sokrates und Buddha, über den allegori-
schen Gestalten der Unwissenheit, der Heuchelei und des Des-
potismus thronend   verfolgten mich ihres seltsamen Inhaltes
wegen. Aber ich kannte weder die Originale noch Nach-
bildungen und zog es deshalb vor, gar nichts über Glaize zu
sagen. Das Bild, das er in der Ausstellung hat, ist aller-
modernste Gedankenmalerei und allermodernstes Variété. Man
sieht eine Bühne. Der Vorhang ist aufgegangen. Ein Herr in
Schwarz und mit weisser Krause, ein gealterter Pierrot, ist hervor-
getreten und lädt zum Besuch des Theaters ein. „Spectacle de la

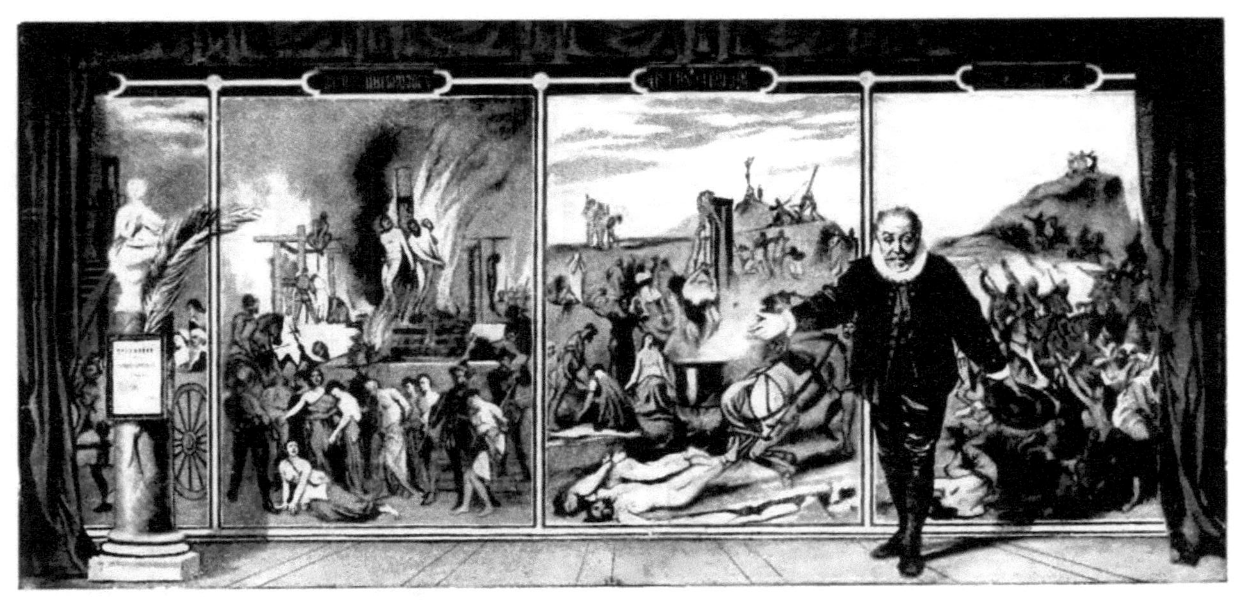

A. B. GLAIZE.

SPECTACLE DE LA FOLIE HUMAINE.

folie humaine depuis les temps les plus reculés jusqu'à nos jours. Incessamment de nouveaux tableaux" verkündet das Plakat nebenan, über dem, mit einem Palmzweig geschmückt, die Statue der Friedensgöttin thront. Auf der Bühne selbst aber — das Ganze ist als Triptychon gedacht — spielen die liebenswürdigsten Ereignisse der heidnischen, biblischen und christlichen Geschichte sich ab: die Fackeln des Nero, der bethlehemitische Kindermord, die Siedung des Laurentius und dergleichen. Nach der Beschreibung könnte man an Wiertz oder einen anderen Agitator der 40er Jahre denken. Doch das Allermerkwürdigste ist, dass Glaize für das, was er sagen wollte, auch den passenden künstlerischen Stil fand.

Wer Gabriel Tyr war, ist mir nicht bekannt. Vielleicht ist es nur Zufall, dass sein kleines Bildchen mit Bacchus und Amor wie eine Vorahnung des Puvis de Chavannes anmutet. Aber der Vorläufer Moreaus und unseres Ludwig von Hofmann, Théodore Chassériau trat in seiner ganzen Bedeutung hervor. Auch Chassériau, wie alle diese Meister, hat das Verschiedenste gemalt. Sein Porträt „Les deux sœurs" von 1843 könnte Antigone und Ismene heissen, ein so träumerisches Hellenentum ist über die beiden Gestalten gebreitet. Seine Gruppe „Der Friede", das Fragment einer Dekoration, die er 1848 für den obersten Rechnungshof schuf, fiel auf durch jene ruhigen lotrechten Linien, die den Fresken des Puvis de Chavannes etwas so festlich Feierliches geben. Mehr im Sinne des frühen Romantismus sind eine Reihe anderer Werke gehalten, in denen er Scenen aus Shakespeare und aus dem orientalischen Leben schildert. Es war auf der Ausstellung ein Bild „Macbeth und die Hexen", ein wildes Farbensymposion, aus karmoisinroten, scharlachroten und grünen Kleidern, schnaubenden, arabischen Hengsten, flatternden blauen Mänteln und düster gewitterschwangeren Wolken zusammengesetzt. Man sah das Innere eines Harems und den Kampf arabischer Reiter gegen Spahis — Werke, die fast wie Delacroix', nur ein wenig feiner, blutloser wirkten. Doch Chassériaus eigentlicher Ruhm liegt in seinen Frauenbildern. Er soll von faszinierender, dämonischer Hässlichkeit gewesen sein, von einer Hässlichkeit, die ihn zum Abgott der Frauen

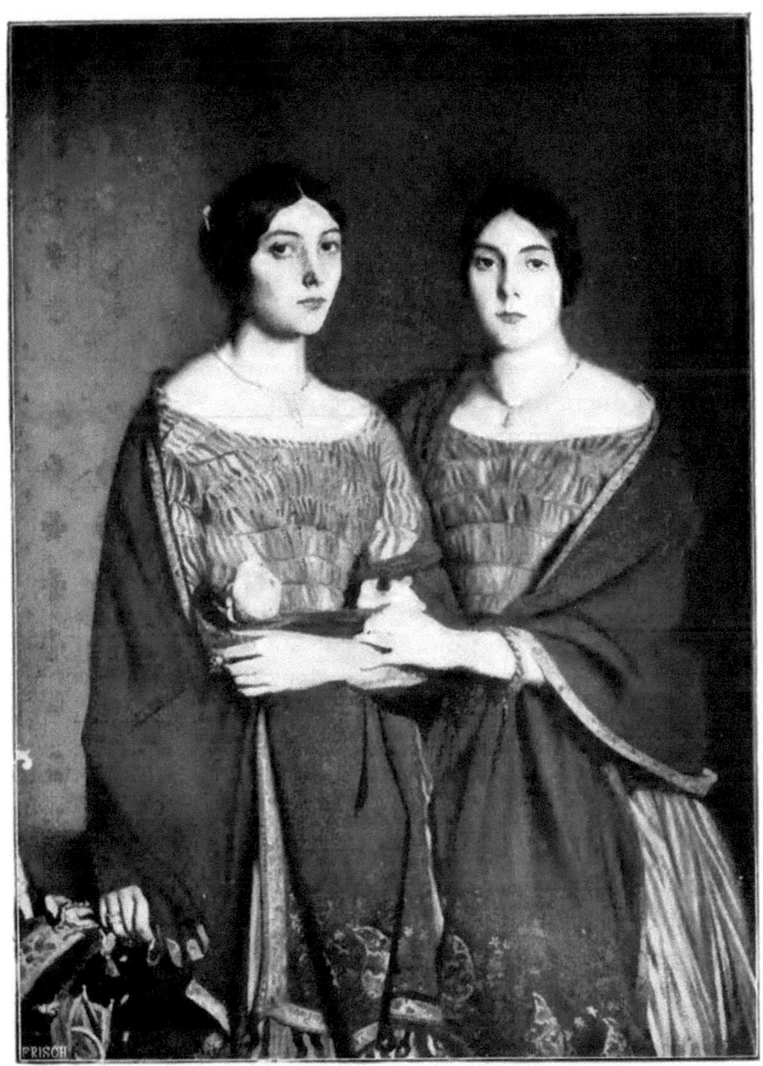

THÉODORE CHASSÉRIAU.
ZWEI SCHWESTERN.

machte. Wild durchstürmte er das Leben. Müde brach er mit
36 Jahren zusammen. Und das Weib, das sein Denken beherrschte, ist auch die Göttin seiner Kunst. Bald zeigt er sie
als Daphne von Apollo verfolgt, bald als Esther, wie sie sich
schmückt, um zu Ahasver zu gehen, bald als Venus, wie sie
dem Meere entsteigt. Und es ist immer derselbe Typus, dieselbe
hochgestreckte Gestalt mit dem schlanken, ephebenhaften
Körper und dem langwallenden, goldblonden Haar. Es sind
immer dieselben weichen, sinnlichen Arme, dieselben müden
Bewegungen. In seinem Tepidarium hat er eine ganze Galerie
solcher Bewegungsmotive zusammengestellt, so wie Burne Jones
in der goldenen Treppe es that. Frauen sitzen da, die weich
und müde die Arme emporheben, weich und müde das wallende
Haar sich ordnen, müde und träumerisch das Köpfchen auf den
weichen Oberarm legen oder feierlich schön ihre Hand der
Flamme entgegenstrecken. Es ist ganz seltsam, wie sehr sich
Chassériau in dieser Freude an zarten, linden Bewegungen mit
Ludwig von Hofmann berührt. Aber auch die Fäden, die ihn
mit den Satanisten unserer Tage, mit Rops und Beardsley, verbinden, sind kenntlich. Er malt die im Weiher badende Susanna
als Odaliske. Das Florgewand fällt so feierlich, wie bei der
schönsten antiken Statue oder bei dem thracischen Mädchen
Moreaus. Aus ernsten, schwarz umränderten Augen blickt sie
träumerisch still hernieder. Und doch hat sie etwas von einem
Todesengel, von den Gestalten der Fleurs du mal. In der Reihe
der Meister, die den Typus des modernen dämonischen Weibes
schufen, darf Chassériau nicht vergessen werden. Was er im
Leben erfahren, hat er als Künstler gemalt: die bezaubernde
Schönheit und die todbringende Macht des Weibes. Sie ist
ihm Armida und Loreley, Aphrodite und Circe.

Alle diese Meister gingen von Delacroix aus. Sie sind Ver-
ehrer der Leidenschaft, Verehrer der Farbe. Doch zur selben
Zeit, als sie das bunte barbarische Mittelalter und den farben-
glühenden Orient, die sieghafte Macht des Weibes und das
Tosen des Sturmes feierten, schuf auch der Klassizismus noch
Grosses. Er war niemals in Frankreich tot. Das Land, das
Poussin hervorbrachte, konnte in Delacroix nicht den einzigen

Ausdruck seines Wesens sehen. Der Kunst, die den Absolutismus der Farbe kündet, steht zu allen Zeiten eine andere
gegenüber, der die edle Form und die edle Linie alles bedeuten.

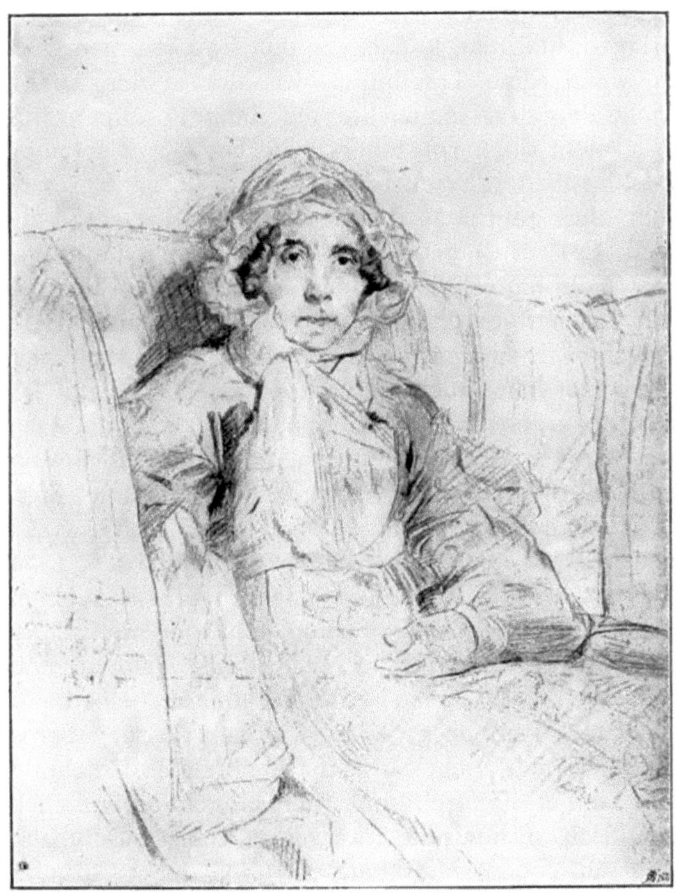

Théodore Chassériau. Mme Hennet.

Was für die Romantiker der Orient geworden, war für
diese Meister noch immer Italien, wo einst die Schüler Davids
ihre Erleuchtung suchten. In den Kirchen und Museen von
Florenz und Rom waren sie zu Hause, fertigten Skizzen an,

kopierten die Klassiker des 15. und 16. Jahrhunderts und
suchten, gestützt auf diese Studien, zu Hause die grossen monumentalen Aufgaben zu erledigen, die das Zeitalter stellte. Hippo-
lyte Flandrin dekorierte die Pariser Kirchen im Sinne der
primitiven Florentiner. Fra Angelico namentlich lieferte ihm
die Vorlagen, und man könnte ihn den französischen Overbeck
nennen, wenn seine Tafelbilder, wie der in der Ausstellung
befindliche Polytes — ein nackter auf einem Postament sitzender
Junge —, nicht doch von einer Sicherheit der Zeichnung und
ehernen Plastik der Erscheinung wären, die an Naturstudium
weit über alles geht, was der deutsche Nazarener geschaffen.

Auch für Paul Chenavard trifft der Vergleich mit Cornelius
nicht zu. Wohl hat er mit dem deutschen Meister den gelehrten
Zug seines Schaffens gemein. In weiten tiefsinnigen Dekorationen suchte er ein ganzes philosophisches System niederzu-
legen. Aber er hatte auch die Kraft, diesem Inhalt die künstlerische Form zu geben. Die Riesenkartons, die den Chenavard-
saal des Lyoner Museums füllen, enthalten an Bewegungs-
motiven wohl nichts, was nicht schon bei Pollajuolo, Signorelli
oder Michelangelo vorkommt. Doch auch nichts, was diese
Grossen als elementare Zeichenfehler getadelt hätten. Es spricht
ein Künstler, der die Formensprache der Klassiker beherrscht
und in diesem altmeisterlichen Idiom sehr moderne, sehr selbst-
ständige Gedanken ausspricht. Selbst als Kolorist stellte er
seinen Mann. Wohl haben seine Tafelbilder, wie die Divina
tragedia des Luxembourg, keine farbigen Reize. Aber solche
Reize hätten auch nicht zu dem machtvollen Zeichnungsstil
gepasst. Wie bei Signorelli und Michelangelo musste alles starr
und metallisch, düster und grau sein. Keine Geschmacklosigkeit, kein schreiender Missklang stört. Was bei Cornelius Im-
potenz war, ist hier Stilgefühl.

Bei Giotto holte Victor Mottez sich Rat. Seine Fresken
in der Kirche St. Germain-l'Auxerrois sind ein interessanter Versuch, den Stil der Dekoration genau dem altgotischen Stil des
Bauwerks anzupassen, und in der Ausstellung blieb man vor
einem in Rom 1840 al fresco gemalten Frauenporträt voll Bewunderung stehen, weil es so gross und ernst stilisiert war, so

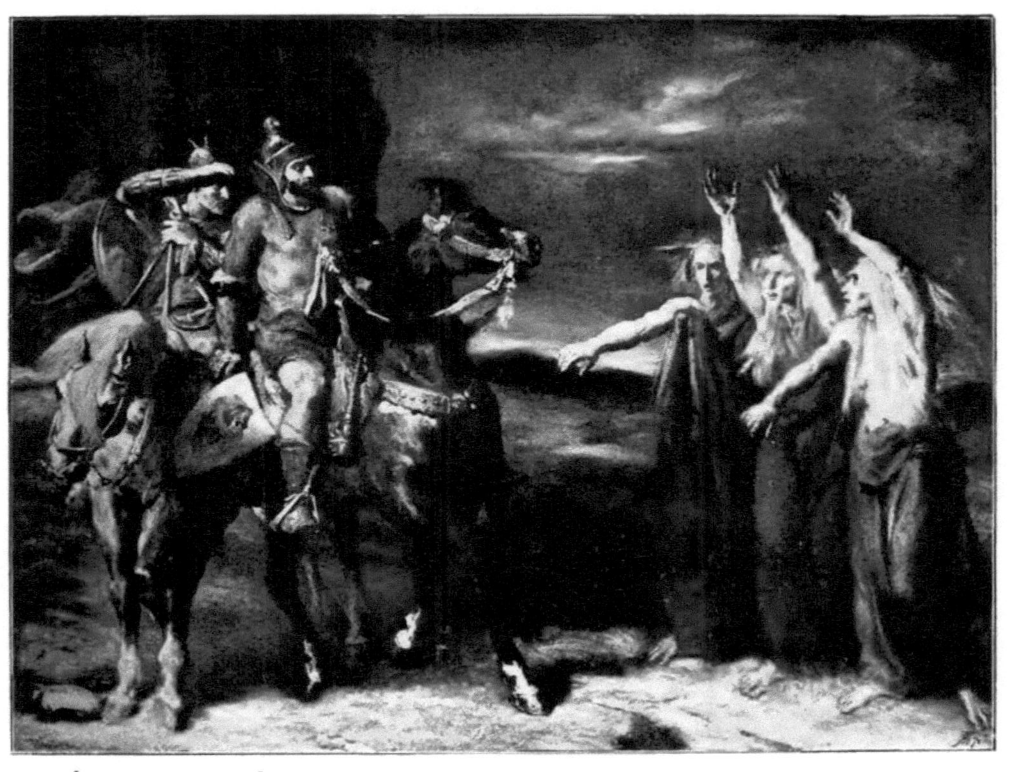

THÉODORE CHASSÉRIAU.
MACBETH UND DIE DREI HEXEN.

düster und feierlich in der Farbe, dass der Name Feuerbach auf die Lippen kam.

Andere begannen in Italien ausser den alten Meistern auch das Leben zu betrachten. Léon Bénouville, wie die meisten dieser Generation jung gestorben, mutet in seinen Mönchsbildern wie ein kunstliebender Klosterbruder an, wie ein Nachkomme des Eustache Le Sueur. Seine Kunst hat etwas Weltscheues, Stilles. Man atmet die Luft der Klosterzelle, sieht ernste Menschen in braunen und weissen Kutten durch einsame, asketisch arme Landschaften schreiten.

Das Volksleben war unterdessen von Léopold Robert entdeckt worden, der als Schweizer im Grand Palais fehlte. Und seine Abwesenheit war kaum zu bedauern. Denn gerade jene grossen Bilder, die seinen Namen berühmt gemacht, die „Rückkehr von der Pilgerfahrt zur Madonna dell' Arco“ und die „Ankunft der Schnitter in den Pontinischen Sümpfen“ sind in der Anordnung das Gequälteste, was in der Zeit des Klassizismus die Stilsucht erzwang. Wenn David antike Stoffe behandelte, war es nicht unlogisch, dass er den Menschen die Bewegungsmotive griechischer Statuen gab. Erklügelt und unwahr aber wirken diese Motive bei Robert, der sie auf Gestalten des modernen Volkslebens projizierte. Man glaubt immer den Maler zu sehen, wie er in seiner Werkstatt die armen Bauern vor den Gipsabguss einer alten Statue stellt und ihnen mühevoll die Pose einübt. Man findet es seltsam, dass er nie ein Volksfest, keine Prozession oder Heuernte sah, die sich nicht streng nach dem Schema der Pyramidalkomposition vollzog. Auch die Farbe beleidigt durch ihren kalten, blechernen Glanz. Erträglich, da das Erzwungene der Komposition hier wegfällt, sind seine kleinen Bildnisse römischer Bäuerinnen. Fein sind seine Skizzen in ihren hellgrauen, frischen Tönen. Und sein Hauptruhm ist, der Kunst ein Gebiet erschlossen zu haben, wo bald eine ganze Anzahl französischer Maler sich ansiedelte. Victor Schnetz ist der älteste von ihnen. Er war beim Tode Greuzes schon 18 Jahre alt. Und das erklärt wohl, weshalb seine Bilder in Gebärden und Blicken noch so viel Greuzesches Pathos und Greuzesche Thränenseligkeit haben. Später

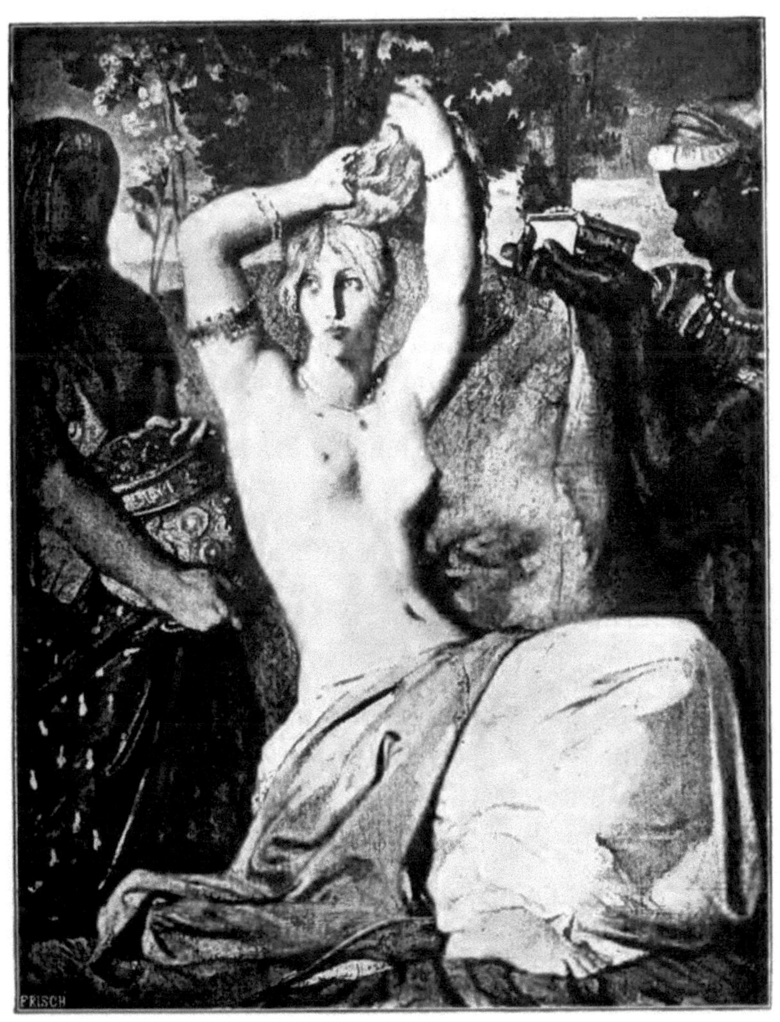

THEODORE CHASSÉRIAU.
ESTHER, SICH SCHMÜCKEND FÜR DEN KÖNIG AHASVER.

schlugen François Montessuy und Benjamin Ulmann an der spanischen Treppe und in den Pontinischen Sümpfen ihr Zelt auf. Das italienische Volksleben, das Schnetz zur Erzählung von Melodramen, Robert zur Anfertigung lebender Bilder verwendete, wurde von ihnen in schlichter Sachlichkeit geschildert.

Alle diese Fäden fasst Ingres in seiner Hand zusammen. Was die Ausstellung von diesem Meister enthielt, wirkte wie eine Offenbarung. Man verstand, weshalb Degas ein so glühender Bewunderer Ingres' ist; verstand, weshalb Ingres' Name noch von den Jüngsten mit so ehrfurchtsvoller Scheu genannt wird. Gewiss wollen wir uns nicht darüber täuschen, dass eine solche Ausstellung eine Fälschung ist. Indem sie nur Dinge vorführt, die dem Geschmack der Gegenwart zusagen und in schroffstem Kontrast zu Ingres' Hauptwerken stehen, erweckt sie die Vorstellung, als wäre Ingres gar nicht der steife Akademiker gewesen, den Géricault und Delacroix bekämpften. Das war er. Seine Apotheose des Homer im Louvre ist der Typus eines öden Historienbildes, auch koloristisch so unangenehm wie nur je ein Bild, das in farbenblinden Zeiten gemalt wurde. Auch über andere Grenzen von Ingres' Begabung vermochte selbst die Ausstellung nicht hinwegzutäuschen. Ingres war kein Genie, er war ein Arbeiter. Göttliche Augenblicke hat es in seinem Leben nicht gegeben. Er folgt keiner Inspiration. Er setzt zusammen. Er ist der echte Landsmann des Descartes in der Art, wie er mittels des Verstandes sich in das Wesen der Kunst versetzt, durch Reflexion Wirkungen zu erzielen sucht, die bei den Alten das Ergebnis unbewusster Empfindung waren. Auch im Entlehnen ist er Meister. In seinem „Gelübde Ludwigs XIII." stammt ein Stück von Raffael, ein anderes von Agostino Carracci. Die Komposition ist so berechnet, als wollte er einen mathematischen Lehrsatz beweisen. Bei seinem Bild, wie Christus dem Petrus die Schlüssel zum Himmelreich übergiebt, verfuhr er im Kopieren so ungeniert, als ob er den Raffaelschen Karton nicht in Rom nur gesehen, sondern selber gemalt hätte. Freilich, wenn ein Kupferstecher ein klassisches Meisterwerk so reproduziert, dass nichts verloren geht, jede Feinheit gewahrt bleibt, so gehört dazu

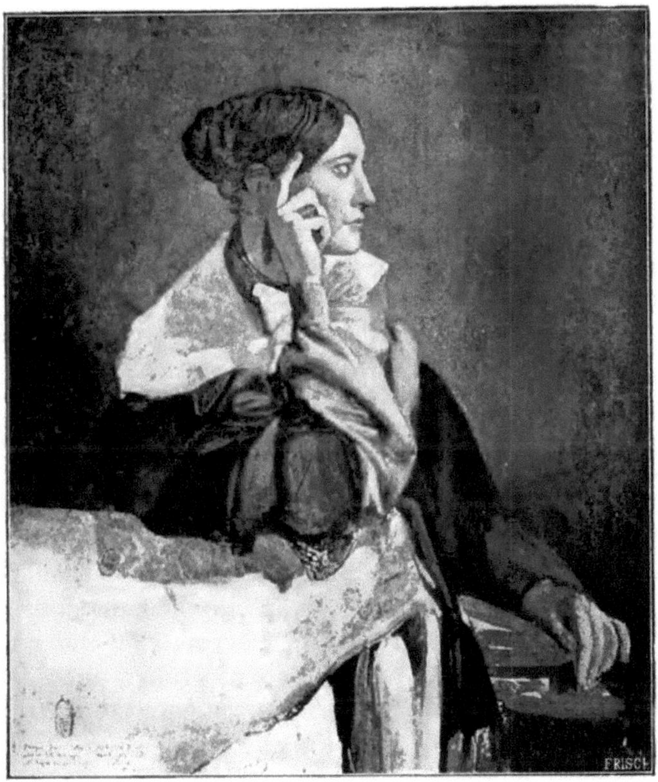

Victor Mottez. Bildnis (Fresco).

ebenfalls Können. Ueber dieses gewaltige Können verfügte
Ingres. Als Schüler der griechischen Bildhauer und der italienischen Klassiker ward er einer der ersten Zeichner des Jahrhunderts, ein Meister von jener skulpturalen Mache, die an
Poussin bewundert wird. Es geht etwas Bronzenes, Eisernes
durch seine wie Statuen herausgearbeiteten Werke. Namentlich
seine weiblichen Akte sind erstaunlich, sowohl in der strengen
Linie wie in der plastischen Modellierung. Man muss, um
das zu fühlen, etwa die „Quelle" oder die „Angelika" mit ähnlichen, süsslich weichlichen Werken Leightons vergleichen. Bei
dem Engländer ist alles fad und verschwommen, bei Ingres so
scharf und klar wie bei Mantegna. In der Art, wie er die

Rückenpartie oder die Brust eines weiblichen Körpers durchmodelliert, hat er kaum seinesgleichen in der Kunstgeschichte. Noch Manet, als er die Olympia malte, hat von ihm gelernt.

Den Pulsschlag des Lebens, das weiche Vibrieren des Körpers wiederzugeben ist natürlich nicht seine Sache. Nicht wie lebendig, sondern hart wie aus Elfenbein geschnitten sehen die Körper seiner Frauen aus. Ingres war viel zu sehr Anatom, viel zu sehr Zeichner, als dass er sich hätte entschliessen können, der Farbigkeit und Lebendigkeit etwas von der Strenge der Form zu opfern. Immerhin erreicht er, wenn er das Gelb eines Kissens, die Fleischfarbe eines Körpers und das kalte Blau einer Portière zusammenstimmt, zuweilen Wirkungen, die in ihrer würzigen Herbe nicht ohne Reiz sind. Ueberhaupt muss das Urteil über Ingres als Koloristen sehr vorsichtig sein. Wenn man gewöhnlich sagt, er hätte die Stimmungskraft der Farbe nicht gefühlt, nur starre Linien und plastische Form gekannt, so wird der Gegenbeweis durch eine Anzahl Bilder erbracht, die lediglich auf den Ton hin gemalt sind — auf einen Ton natürlich, der nichts mit Delacroix' glühender Leidenschaftlichkeit gemein hat, sondern ebenso ruhig, ebenso streng und ernst ist, wie Ingres selber auf seinem Bildnis aussieht. Die „Ansicht der Sixtinischen Kapelle" würde z. B. kaum entstanden sein, wenn ihn die strenge Farbenharmonie — das rote Podium auf 'dem grünen Teppich, darauf die weiss-schwarzen Gestalten der Priester und dahinter die bunten Fresken der Quattrocentisten nicht aus rein malerischen Gründen gereizt hätte. Sein Bild Karls V., der nach der Kapitulation des Herzogs von Burgund in Paris einzieht, verbindet die schärfste Delikatesse der Zeichnung mit einer wunderbaren Leuchtkraft der Farbe. Obendrein ist man erstaunt, Ingres, den Klassiker, hier als italienischen Primitiven oder als holländischen Kleinmeister kennen zu lernen. Pisanello, Leys, Meissonier, Eduard von Gebhardt — alle diese Namen kommen eher auf die Lippen als der des römischen Akademiedirektors. In seiner Angelika ist die Leonardolandschaft ebenso merkwürdig, wie in der preciösen Rüstung und der Bewegung des Ritters der Zusammenhang mit Moreau. Und seine Skizze zu Francesca von

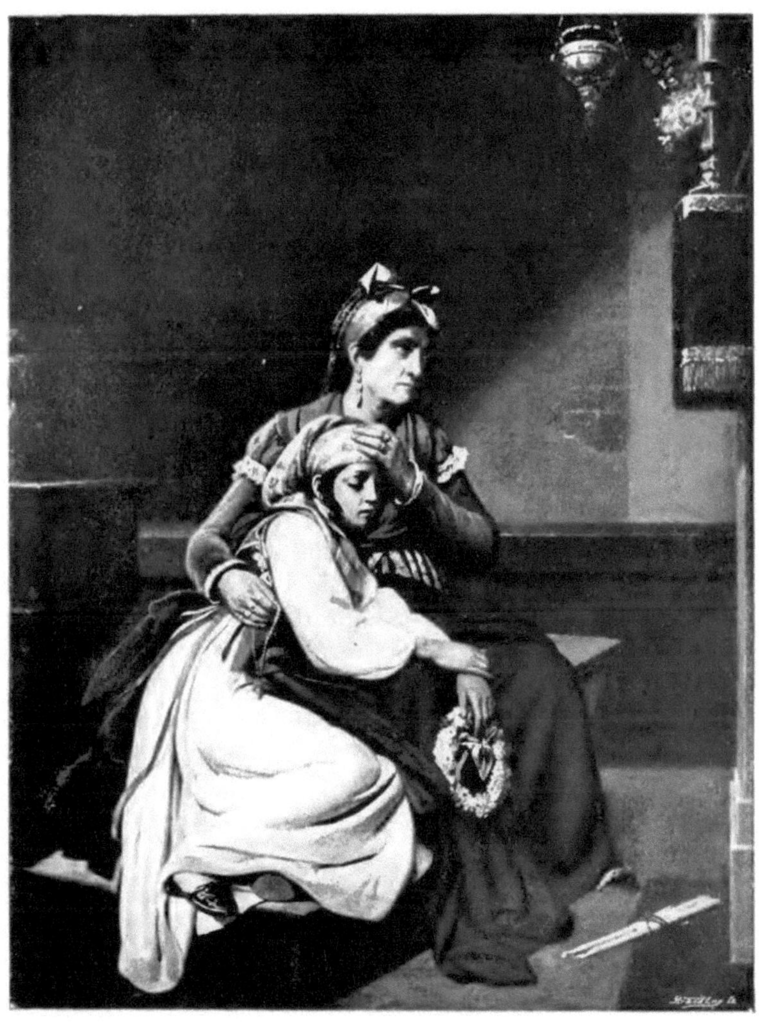

VICTOR SCHNETZ.
DAS GEBET VOR DER MADONNA.

Rimini ist überhaupt ein kunstgeschichtliches Wunder. Denn in diesem Werke steckt alles: das ganze englische Präraffaelitentum, Rossetti, Millais, auch ein Stück Maeterlinck und ein Stück unseres Feuerbach. Sogar Klinger und Willumsen hat er vorgeahnt in der Art, wie er die Darstellung in den alten Rahmen hineinkomponierte, Bild und Rahmen zu einem dekorativen Ensemble machte.

Ueber Ingres' Bedeutung als Porträtmaler brauchte die Ausstellung nicht erst zu belehren. Man weiss längst, dass er einer der grössten war, die jemals Menschenköpfe analysierten. Sein Porträt Karls X. ist so bronzen und scharf wie das Napoleonporträt Davids, sein Bertin ainé so durchciseliert wie eine Medaille Pisanellos oder wie der Giese Holbeins. Dort der König, der vergeblich versucht, sich noch mit dem Nimbus des Gottesgnadentums zu umgeben. Hier der Herausgeber einer Zeitung, ein Vertreter der Presse, die unterdessen die neue Grossmacht geworden war: stolz und selbstbewusst wie ein König in seinem Reich. Diese Gesellschaft der 30er Jahre, der neuemporgekommene „tiers état" lebt in den Bildnissen Ingres' mit derselben Lebendigkeit fort, wie in denen Holbeins das Patriziertum des 16. Jahrhunderts. Und mit Holbein hat Ingres wohl überhaupt die meiste Verwandtschaft. Das Temperament, das Seelenleben der Leute ist ihm gänzlich gleichgültig. Wie er den nackten Frauenkörper ganz ungeschlechtlich, nur als lebendigen Kadaver empfindet, bleibt er auch als Porträtmaler kühl bis ans Herz hinan, stellt die Menschen hin und malt sie, reflektiert ihr Bild mit der toten Gleichgültigkeit des Objektivs. Aber als lebendige Camera obscura reflektiert er auch alles mit der gleichen Sicherheit. Es giebt keine Köpfe, die ihm liegen, und andere, denen er hilflos gegenübersteht. Alte Herren und junge Stutzer, Prinzessinnen und protzige Charcutiersfrauen — allen blickt er gleich durchdringend ins Auge und zeigt sie ohne Retouchen, ohne Posen, so wie sie sind. Kein liebenswürdiges Lächeln, kein sinnendes Träumen, kein renommierendes Beiwerk giebt es. Ingres wirkt durch die Einfachheit. Mit welcher Natürlichkeit er die Personen hinstellt, ist ebenso erstaunlich wie die Meisterschaft, mit der er einen Busen oder eine Hand modelliert. Selbst als Kolorist bringt er es fertig, ganz unwiderstehlich zu wirken. Wohl ist alles so hart, als ob die Kleider nicht aus weichen Stoffen,

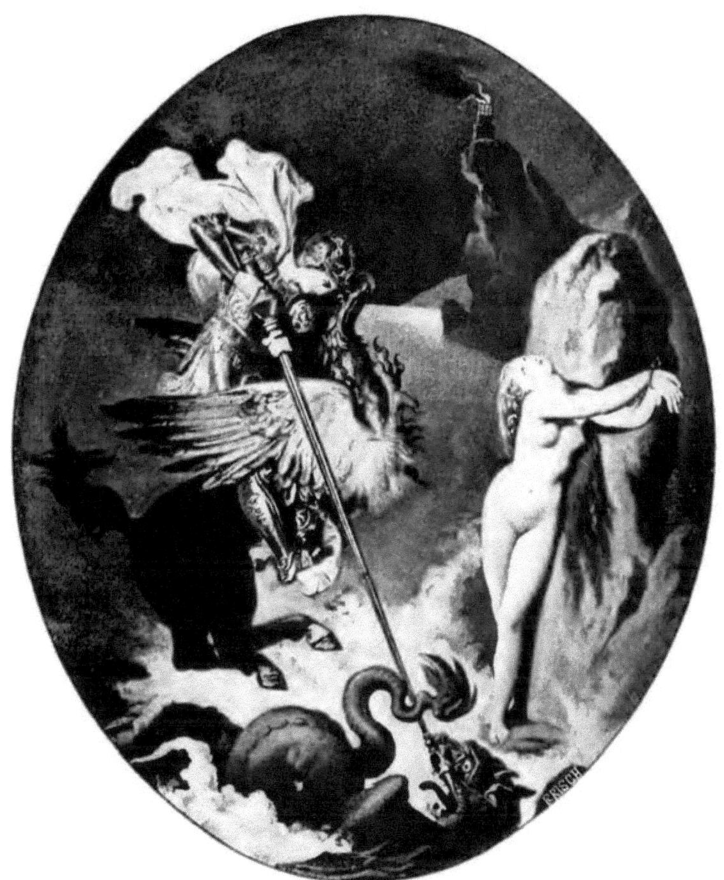

Ingres.   Die Befreiung der Angelika.

sondern aus Blech oder Stahl beständen. Aber in dieser Härte liegt zugleich ein herber, würziger Reiz. Namentlich ganz kühle Farben — hellblaue Seidenkleider, schwarze Sammetbänder und hellgelbe Sessel — stimmt er zu eisigen aber sehr feinen Harmonien zusammen.

Muther, Französ. Malerei.

Am allergrössten ist er in seinen Zeichnungen. Amateur-photographien von Menschenhand möchte man sie nennen. In ihnen giebt er die Quintessenz seines Könnens. Denn hier brauchte er nicht durch die Farbe die Form zu verschleiern. Die Linie konnte rein, in ihrer ganzen Unmittelbarkeit sprechen. Nur ausnahmsweise hat er weiche Kreide verwendet und erscheint in solchen Blättern, wo er auf tonige Wirkung ausgeht, sehr schwach. Sein Werkzeug ist der harte, scharfgespitzte Bleistift. Nur die Umrisslinien, haarscharf, setzt er mit unfehlbarer Sicherheit hin. Und wie er es versteht, diese Linien sprechen zu lassen, mit ein paar feinen Strichen einen Charakter festzuhalten und den Eindruck der Körperlichkeit hervorzurufen, darin hat er nur in Holbein oder Clouet seinesgleichen. Die deutschen Maler von damals, die sich Zeichner nannten, erscheinen wie unbeholfene Kinder neben diesem Schwarzweissstil. Selbst eines der schönsten Werke, das im nämlichen Saale hing, Grangers Porträt seiner Frau, konnte demjenigen nichts mehr sagen, der von der Betrachtung der Ingres-schen Handzeichnungen kam.

Die Biedermaierzeit.

Fast alle diese Meister gehören zu der stolzen Generation, die Théophile Gautier les vaillants de dix-huit-cent-trente genannt hat. Mochten sie Romantiker oder Klassizisten sein, sie sind Vollnaturen, scharf umrissene Charaktere, wunderbare, aus ganzem Holz geschnitzte Persönlichkeiten. Auf solche Eroberer pflegen die Erben, auf die Starken die Schwachen, auf die Schroffen die Kompromissmänner zu folgen. Die Malerei machte den Gang, den auch das politische Leben ging. Die Zeit der klerikalen Reaktion war durch das Bürgerkönigtum abgelöst worden, das alle Schroffheiten zu vermeiden, verständig nüchtern mit dem Liberalismus zu paktieren, dem Volk das Trugbild einer „geordneten Freiheit" vorzutäuschen suchte. Täglich zur selben Stunde ging Louis - Philipp mit schäbigem Cylinder und leinenem Regenschirm durch die Strassen von Paris und erwiderte jedes Vive le roi mit dankbarem Händedruck. So lief in der Zeit des Bourgeois - Liberalismus auch die Kunst aus dem himmelstürmenden Titanentum der Romantik und aus der kalt abgeschlossenen Welt des Klassizismus in den Hafen eines bürgerlich gemächlichen Daseins ein. Das Wort von der goldenen Mittelstrasse, das Louis - Philipp in seinem Regierungsprogramm gebraucht hatte, wurde auch für die Künstler massgebend. Vorher Antiphilister, wurden sie nun selber Philister.

Heute lieben wir wieder diese Biedermaierzeit, diese Zeit unserer Grossväter. Gaskin, Beardsley, Boutet de Monvel, Th. Th. Heine, Vogeler, Paul Rieth und andere haben sie uns nahe gebracht, indem sie sie so zeigten, wie wir wünschen möchten, dass sie gewesen wäre. Und es ist kein Zweifel, dass auch die

Zeit selber viel Sympathisches, viel Liebes hervorbrachte. Namentlich vor den Bildnissen weilt man mit Entzücken. Wir sehen so viel von uns selbst in diesen Herren mit dem langen braunen Gehrock und der breiten schwarzseidenen Halsbinde. Wir lieben diese artigen jungen Mädchen, denen ein Gänseblümchen oder eine Kornblume die Quelle sittsamer Träumereien ist oder die mit einem Buch in der Hand auf einem unsäglich geschmacklosen Mahagonistuhl so sinnig und so ungeschickt dasitzen, wie man es heute auf den Bildern der Dorfphotographen sieht. Auch die Akte wirken anziehend durch den niedlichen Biedermaierzuschnitt, der ihnen gegeben wird. Es ist kein Unterschied, ob das junge Mädchen in Kleidern ist oder zur Abwechslung ohne Hemdchen erscheint. Sie bleibt immer das schämige Bürgertöchterchen der Biedermaierzeit mit der enggeflochtenen, pomadisierten Frisur und dem Strauss Bauernblumen in der Hand.

Die Ausstellung brachte für alles das sehr anmutige Beispiele. Namentlich ein Mädchenporträt von Claude-Marie Dubufe enthielt alles, was wir an der Biedermaierzeit lieben. Billig, sehr kleinstädtisch wirkt die weisse Ballrobe. Das Haar ist à la Mérode gescheitelt, der Blick so, wie die jungen Mädchen blicken, wenn in der Tanzstunde zum ersten Male ihr Herzchen pocht. Das Gegenstück dazu bildete ein Herrenporträt von Joseph Court: schneidige Gavarni-Eleganz, langer Gehrock, Cylinder und Reitpeitsche. Der Biedermaier als Kavalier und Knicker von Grisettenherzchen kostümiert. Und von demselben Joseph Court war auch ein niedliches Stück Biedermaierantike zu sehen. Seine „jeune fille venant trouver le fleuve Scamandre“ ist rührend in der ängstlichen Befangenheit, mit der sie, einen Kornblumenkranz im Haar, schüchtern in die Fluten des Stromes steigt. In ähnlichem Sinne hat Hamon die Antike in einen porzellanenen Biedermaierstil übersetzt. Er steckt dem jungen Mädchen ein Vergissmeinnicht ins Haar, windet ihr eine gelbe Schärpe um, und dann ist sie eine Muse. Ziegler in seiner altväterlichen Kleinstädterei streift fast an Cranach. Sie sieht aus wie ein Goldschmiedstöchterlein, diese Flora mit den kleinen festen knospenhaften Formen, den

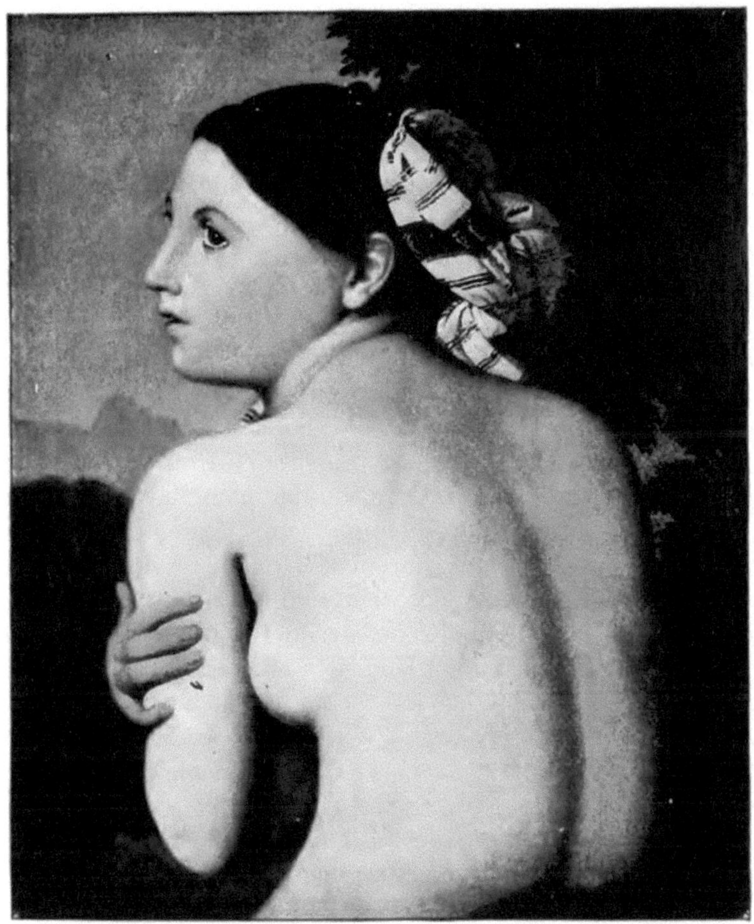

Ingres. Baigneuse.

straffen feinen Gliederchen, der Goldkette, dem Armband und
dem grossen Hut, von denen sie trotz ihres Evakostüms sich
nicht trennt. Selbst manche Arbeiten Ary Scheffers berühren
nicht unsympathisch wegen dieser Biedermaiernote, die durch
alles geht. Sämtliche junge Mädchen, die er porträtiert hat,
sind Varianten des Gretchentypus. Das feine Kinn in die feine
Hand gestützt, blicken sie so lieb, so träumerisch nichtssagend
drein, als hätten sie zeitlebens nichts anderes zu thun gehabt

als nachzudenken „wer heut der Herr gewesen ist" Ophelia
bleibt noch in dem Moment, wo sie ins Wasser geht, der wohl-
erzogene Backfisch, der darüber nachsinnt, ob's die Mama auch
erlaubt. Aber im allgemeinen ist Scheffer doch ein unange-
nehmer Künstler. Man braucht, um die Décadence zu fühlen,
nur seine Hauptwerke, die bekannten Bilder zu Goethe, mit
ähnlichen Werken Delacroix' zu vergleichen. Bei Delacroix
Neuschaffen und innerliches Erleben. In Scheffers „Erlkönig"
ein mühsames Umschreiben des in den Versen gegebenen
Textes, der Anfang jener barbarischen Illustrationskunst, die
später in den „Prachtwerken" sich festnistete und das, was
die Phantasie sich in verschwommenen Nebelbildern viel
schöner denkt, in eine blöde Wirklichkeit umsetzt. Scheffer
hat viel gekonnt. Der milden, sentimentalen Empfindung seiner
Werke entspricht eine weiche, matte, nicht unsympathische
Farbe. Auch ein zarter kontemplativer Zug, eine stille feine
Traurigkeit erhebt seine Clärchen, Gretchen und Eleonoren
weit über die gleichzeitigen rein kommerziellen Erzeugnisse
Kaulbachs. Aber schliesslich ist er doch nur der französische
Düsseldorfer. Seine heilige Monica mit ihrem Niobeaugenauf-
schlag könnte von Bendemann, seine Versuchung Christi von
Heinrich Hofmann herrühren. Was Delacroix künstlerisch ge-
sagt, machte Scheffer durch weiche Retouchen der Menge
mundgerecht.

Damit ist überhaupt die Signatur des Zeitalters gegeben.
Die Künstler sind lediglich Epigonen, Popularisierer dessen,
was die grossen Anfänger gesagt hatten. Jenen Aelteren, die
den Philistergeist des Zeitalters bekämpften, stehen sie als die
bereitwilligen Diener des p. t. Publikums gegenüber. Delacroix
war diesem Publikum zu sprühend und ausfahrend, Ingres zu
streng und herb. Also servierte man eine Zwitterkunst, suchte
die wilde Genialität des einen mit den Anforderungen des gesunden Menschenverstandes zu versöhnen und die vornehme
Kälte des andern durch einen gefälligen Kolorismus zu mildern.
Es ist dieselbe Thätigkeit, der sich im 17 Jahrhundert Ferdinand Bol und Bartholomäus van der Helst widmeten, als sie
den kühnen Stil des Frans Hals und die „Bizarrerien" Rem-

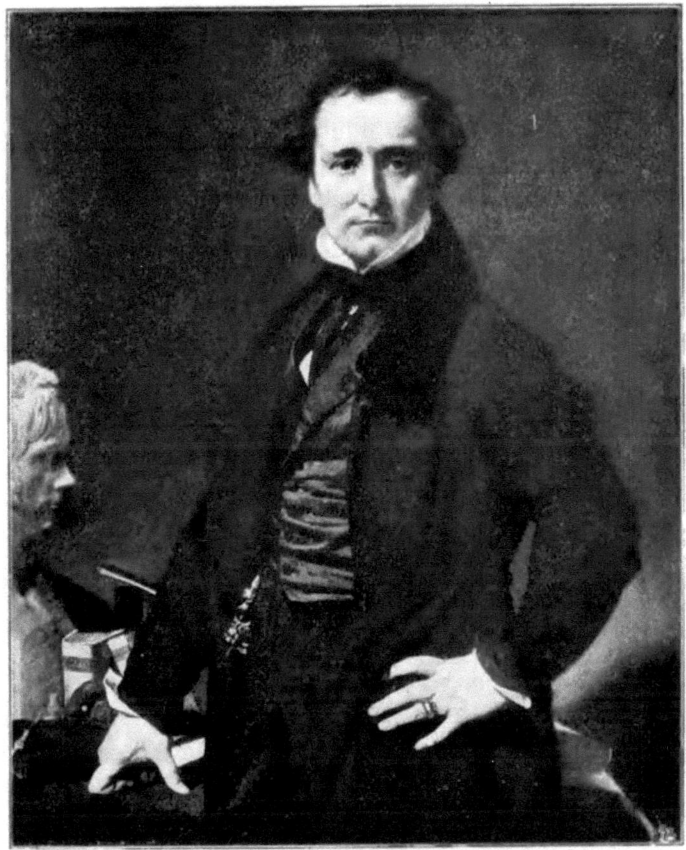

Ingres. Bildnis des Bildhauers Bartolini.

brandts in eine ansprechende Publikumskunst umsetzten. Als
Faktoren in der kunstgeschichtlichen Entwicklung spielen die
Maler demnach keine Rolle. Von Interesse sind sie nur für
denjenigen, der sie als Zeitausdruck zu verstehen sucht. Als
Ausdruck einer sehr ärmlichen, sehr erbärmlichen Zeit.

Namentlich die Werke von Heim und Déveria zeigen, wie
kleinlich und arm das Leben nach dem Heroenzeitalter von
früher geworden war. Sie haben die wenigen Haupt- und
Staatsaktionen gemalt, die sich unter der Regierung Louis-
Philipps vollzogen: wie er Deputierte empfängt, wie er die

Preise des Salons verteilt oder den Meineid leistet, von der Verfassung nicht abzuweichen. Ein Bild von Jean-Baptiste Mauzaisse zeigt ihn sogar auf dem Schlachtfeld. Auf einem Hügel neben einer Windmühle hat er an der Spitze seines Generalstabes Halt gemacht. Das ganze Volk der Umgegend — Hökerinnen und Pastoren, Bräute, Mägde und Strassenjungen — ist herbeigeströmt, das Wunder zu sehen. Der Bürgermeister hat eine Ansprache gehalten. Und Louis-Philipp hat zum Dank für das Sprüchlein einen Orden von seiner Brust genommen, der von einem Wachtmeister auf dem Frack des Dorfschulzen befestigt wird. In diesem Schlachtenbild der Biedermaierzeit zeigt sich deutlich die Wandlung, die sich seit Napoleon vollzogen hatte. Aeusserlich ist in den Werken an dem Typus der Davidschen Repräsentationsbilder festgehalten. Aber den grossen Formen fehlt der Inhalt. Die kleinsten Ereignisse — etwa wie irgend jemand zum Maire von Paris proklamiert wird — werden mit einem Riesenaufwand von Pathos und Rührseligkeit verewigt.

In einer so armen Epoche musste sich die Kunst ein anderes Schaffensgebiet suchen. Denn sie ist nicht nur — nach Shakespeare — Spiegel und Chronik ihres Zeitalters. Sie ist namentlich auch Spiegel desjenigen, was das Zeitalter ersehnt. Man hatte keine grosse Erscheinung, zu der man mit Bewunderung aufblicken, auch keinen reaktionären König wie Karl X., den man bekämpfen konnte. Man hatte die „geordnete Freiheit" hatte den Bürgerkönig, dem man mit lauwarmer Gleichgültigkeit gegenüberstand. Darum sucht man Helden, und zunächst ist es natürlich die jüngste Vergangenheit, zu der man mit wehmütigem Schauer aufblickt. Die Romantik des Napoleonismus, die heute im Aiglon neu aufflammt, beginnt. Raffet und Charlet sind die posthumen Sänger dieses napoleonischen Epos. Was Gros als Zeitgenosse malte, stellten sie in jener Umgestaltung dar, die Verrocchio im Colleoni einer sporenklingenden Vergangenheit gab. Raffet hat in seinen Lithographien die ganze Geschichte Napoleons, von Ajaccio bis St. Helena geschrieben. Von ihm stammt jenes Blatt der nächtlichen Heerschau, das den Kaiser als gespenstischen Dämon zeigt, wie er um Mitternacht die Revue der grossen Armee abnimmt. Für Charlet ist der kleine Hut Napoleons überhaupt ein Symbol, eine heilige Reliquie, vor der man kniet. Er zeigt Buonaparte als Kriegsgott, als den grossen Hypnotiseur, der durch den Blick seines Auges Sterbenden neue Lebenskraft einflösst, zeigt ihn als den Atlas, der die Erde trägt, als Riesenschatten, der über den Boden Frankreichs schreitet, und als „le dernier rayon", dessen Abglanz in die Grauheit des Tages fällt. Es ist derselbe Napoleonkultus, der in Heines Gedichten sich ausspricht.

Und interessant ist nun, wie der Bourgeoisgeist sich allmählich auch dieser Dinge bemächtigt. Man bemerkt zunächst, wie sich die Schlachtenmalerei ins Unendliche ausdehnt. Louis-

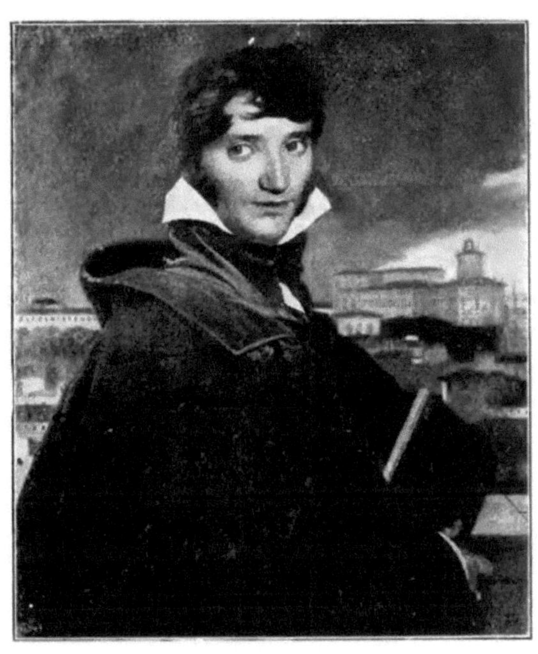

Ingres. Bildnis des Malers Granet.

Philipp selber entdeckt in der Sehnsucht des Zeitalters nach kriegerischem Waffenglanz ein Mittel, um als bürgerlicher Kunstmäcen aufzutreten. Gerade weil er — von dem zweifelhaften afrikanischen Feldzug abgesehen — nur den Regenschirm, nie den Degen trug, gründete er das Museum von Versailles mit den zahllosen Riesenbildern, die alle Bravourarien der französischen Geschichte von Karl dem Grossen bis zur Biedermaierzeit vortragen. Und um zu sehen, auf welchem Tiefstand die Malerei plötzlich unter der Herrschaft des

Philistergeistes angelangt war, giebt es nichts Lehrreicheres als
den Besuch dieser Schreckenskammer. Die Bilder verhalten
sich zur Kunst wie das Exerzierreglement zur Poesie. Ja, sie
verstossen sogar gegen die Logik des Exerzierreglements, da
sie Taktik mit pathetischem Drauflosstürmen, Strategie mit
Hurrarufen verwechseln. Gerade weil man von den Schrecken
des Krieges nichts mehr wusste, erzählte man davon in bramar-
basierenden Tiraden. Die Werke sind Kriegsberichte, hinter
der Ofenbank geschrieben, obendrein von einer technischen
Roheit, dass sie schon deshalb aus dem Rahmen der Kunst
herausfallen. Die Ausstellung hatte daher diese Dinge mit dem
Mantel der christlichen Liebe bedeckt. Horace Vernet, Bouchot,
Lami, Dedreux, die schrecklichen Maulhelden des Julikönig-
tums, waren nur mit kleineren Bildern vertreten, in denen sie
entweder unschuldige Genrescenen aus dem Soldatenleben erzählten oder von ihren Studien in der Manège berichteten. Man
sah von Vernet den Mazeppa, von Bouchot eine Skizze, die ihres
unvollendeten Zustandes wegen künstlerischer als die grossen
Maschinen des Malers wirkte. Von Lami waren Wettrennbilder
da, in denen er die elastischen Bewegungen der Jockeys und
die Geheimnisse der hohen Schule mit dem Verständnis des
Oberstallmeisters schilderte. Und auch ein anderes Bild, der
Einzug der Herzogin von Orléans in die Tuilerien, erhob sich
vom Niveau des gemalten Zeitungsberichtes wenigstens einiger-
massen zu dem des Kunstwerks.

Eine ähnliche Umgestaltung wie die Schlachtenmalerei,
erlebte das Geschichtsbild. Auch hier ist die Wandlung die,
dass der Bourgeoisgeist sich dienstbar macht, was ursprüng-
lich gegen ihn gerichtet war. Schon die Romantiker hatten
Geschichtsbilder gemalt. Aber sie benutzten die alten Kostüme
nur, um rauschende Farbenorgien zu erzielen. Sie malten die
grossen Gestalten der Geschichte nur deshalb, um ihrer eigenen
kleinen und grauen Zeit eine gewaltige, Vergangenheit, ein, gross-
artig bewegtes Leben gegenüberzustellen. Für stolzes Rittertum
schwärmten sie und für blitzende Degen, für Scharlachmäntel
und schwülen Weihrauch. Die Geschichtsmalerei war für sie
eine Waffe, mit der sie den Philistergeist des Zeitalters be-

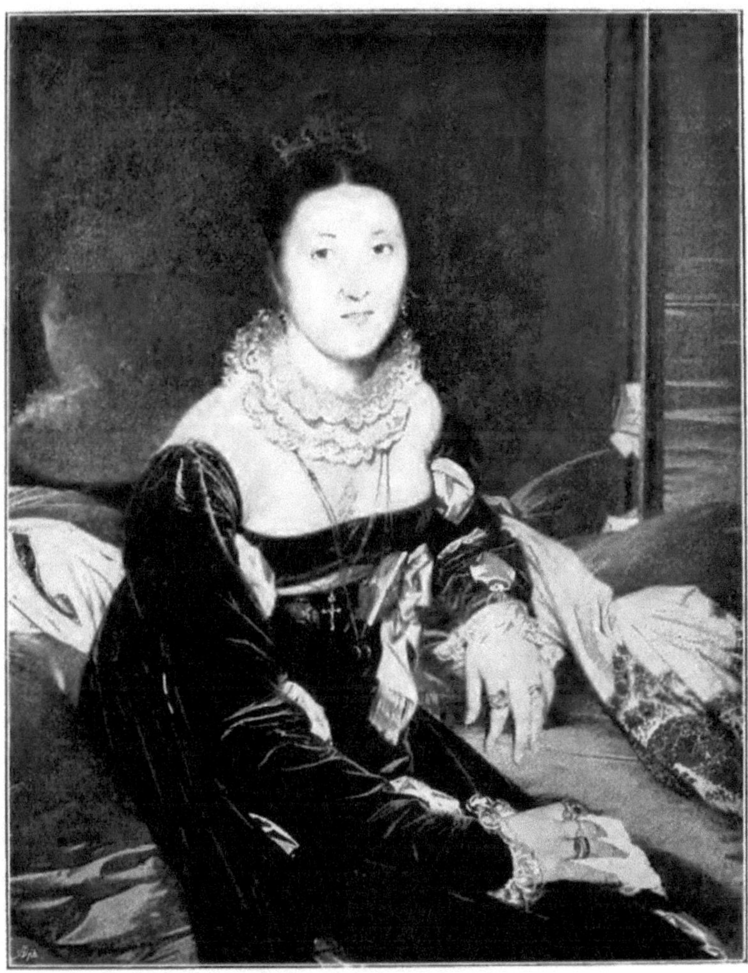

Ingres. Bildnis der Mme. de Senones.

kämpften. Jetzt kommt der Philister und benutzt das, was ihn hatte beschämen und aufrütteln sollen, als Unterrichtsstoff, entdeckt, dass die Geschichtsmalerei eine sehr nützliche Sache sei, weil sie Gelegenheit gebe, in Kunstausstellungen die im Gymnasium erworbenen geschichtlichen Kenntnisse aufzufrischen. Und die Maler, dienstbereit, selbst Philister geworden, steigen

zur Menge hernieder, suchen als Reptile der Regierung das
Publikum dadurch über die traurige Gegenwart zu trösten, dass
sie ihm sagen, auch schon in früheren Zeiten sei vieles Traurige
passiert. Zugleich bestreben sie sich, durch die wissenschaft-
lichen Anmerkungen, die sie ihren Bildern geben, den Wünschen des Bourgeois entgegenzukommen. Statt des Künstlerischen tritt der inhaltliche Gesichtspunkt und die Genauigkeit
der Textinterpretation in den Vordergrund. Auf die Poesie
und Romantik folgt Rationalismus und Prosa, auf die Malerei
das gemalte Geschichtspensum, durch dessen Lektüre der
Staatsbürger seine Bildung vertieft.

Wie viele Talente dieser Moloch der Geschichtsmalerei ver-
schlang, ist bekannt. Man verfolgt im Louvre, wie aus Künst-
lern, die bei ihrem ersten Auftreten echte Maler gewesen waren,
im Handumdrehen Kostümschneider und historische Zettel-
sammler wurden. Eugène Déveria machte als erster die Wandlung durch. Ueber sein Louvrebild der Geburt Heinrichs IV
ist noch eine gewisse Rubensstimmung gebreitet. Seidene Roben
knistern, bauschig barocke Baldachine erheben sich. Aber in
späteren Werken, wie dem Columbus, der nach der Entdeckung
Amerikas durch Ferdinand und Isabella empfangen wird, ist er
ganz zum französischen Piloty geworden. Die Kostüme sind ebenso echt wie die Empfindungen erlogen und die Gesten gespreizt.
Im Kolorit tritt eine flaue Glätte hervor, nicht weil das Können
in Frankreich versiecht war, sondern weil der Oeldruck dem
Philister lieber ist als Handarbeit. Nicolas Robert-Fleury ging
in dem Streben nach historischer Exaktheit noch weiter. Nur
wenige seiner Bilder, wie die „Jane Shore, die, des Ehebruchs
angeklagt, in den Strassen Londons verfolgt wird“, tragen das
Gepräge der 40er Jahre. Andere wie Karl der V. im Kloster
von San Yuste, die Bartholomäusnacht, das Religionsgespräch
von Poissy, Galilei vor der Inquisition u. dergl., könnten aus
einem früheren Jahrhundert stammen. So sehr hat Robert-
Fleury sich bemüht, durch direkte Entlehnungen aus altmeisterlichen Bildern seinen eigenen eine archaische Wirkung, den
Kostümen und Zimmereinrichtungen grösstmögliche Richtigkeit
zu geben. Tony Johannots „Tod des Duqueslin“ und Emile

Signols „Wahnsinn der Lucia von Lammermoor" — man braucht nur die Namen, die Titel zu nennen, und eine ganze Zeit zwitterhafter Unkunst taucht in der Erinnerung auf.

Paul Delaroche war der Heros der Epoche. Denn er sorgte für die Bildung ebensosehr wie für die Empfindsamkeit. Die

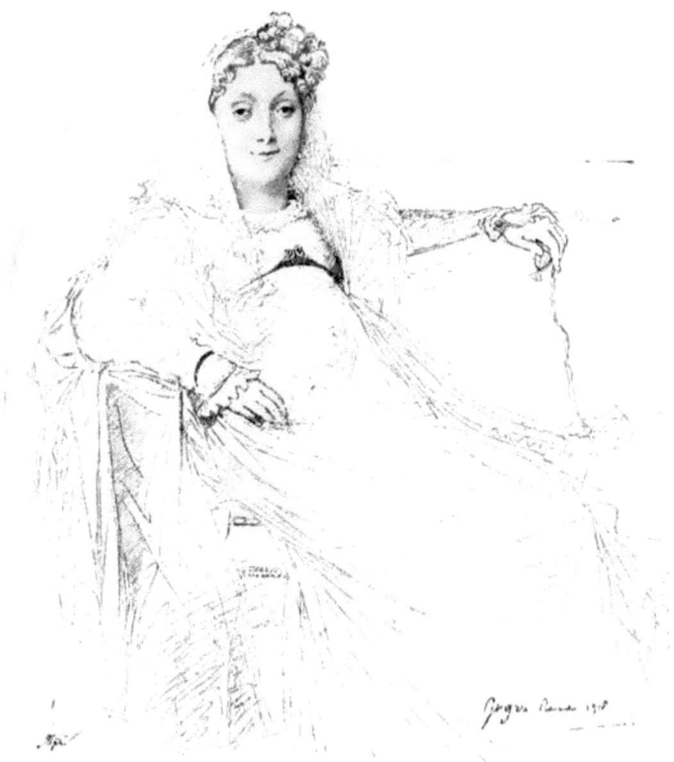

Ingres. Bildniszeichnung.

Echtheit der Zimmereinrichtungen und der Gewänder machte seine Bilder ebenso beliebt wie ihr sentimental-melodramatischer Inhalt. Wie eunuchenhaft, wie wohlerzogen war im Laufe eines Jahrzehnts die Kunst geworden. Wie tief hatte sie sich erniedrigt, indem sie als pädagogische Hilfswissenschaft auftrat. Bei Delacroix das Lodern allgewaltiger Leidenschaft, hier die Freude an der historischen Anekdote. Dort alles Farbenrausch, hier alles gefällig zurechtgestellt. Keinen schnaubenden Zorn giebt es und keine wütende Liebe, nur grimassierendes Mienenspiel und theatralische Umarmung. Simili-Leidenschaften, glatt, zahm und leer, sind an die Stelle der echten getreten. Gesten, hinter denen kein warmes Leben steckt,

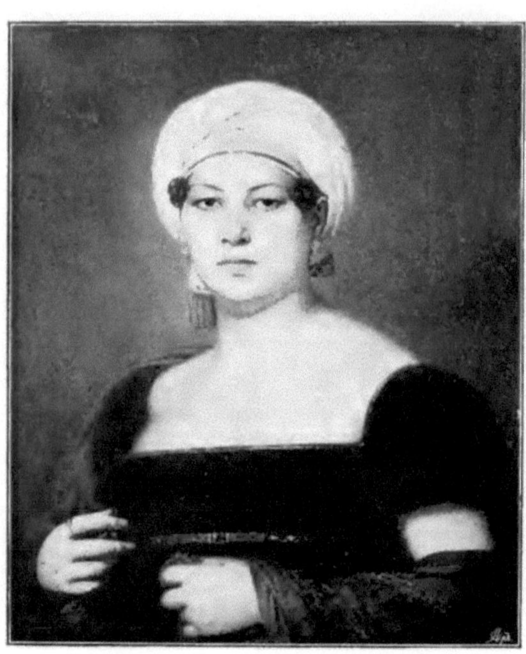

J. P. Granger.   Bildnis seiner Frau.

werden schematisch wiederholt. Dazu kommt sein gänzliches Unvermögen, die Grösse weltgeschichtlicher Ereignisse zu fühlen. Er erneuert die Vergangenheit nicht aus dem Geiste Conrad Ferdinand Meyers, sondern aus dem Geiste Raupachs heraus, macht aus den Gestalten der Geschichte geistlose Statisten, lässt das Heldenhafte in ein mattes Philisterium auslaufen. Auch über seine wenigen nicht geschichtlichen Werke ist eine unangenehme Marlittstimmung gebreitet. Namentlich seine Bilder junger Märtyrerinnen sind noch weicher und flauer, noch fader und charakterloser als die Ary Scheffers. Gerade deshalb waren sie im Frankreich der 40er Jahre ebenso beliebt wie bei uns später die „Königin Luise“ oder die Puppen Sichels und Beischlags. Aber dass die Ausstellung von Delaroche nur ein Bildnis vorführte, zeigt, wie schnell solche Publikumserfolge verrauschen.

Wenn das Leben der Vergangenheit nicht im „Zusammen-platzen von Gegensätzen", sondern in der Ruhe dargestellt wurde und das Format der Bilder nicht lebensgross, sondern klein war, so nannte man das „geschichtliches Sittenbild". Man suchte noch immer mit Byron nach Helden, und da die grossen entdeckt waren, mussten allmählich auch die kleinen mit der Laterne des Diogenes ge-sucht werden. Léon Cogniet, Alexandre Hesse und Charles Comte hatten in diesen archivalischen Studien besonderes Glück. Sie malten die verliebten Schäferstunden der grossen Herren oder geflügelte Worte der Weltgeschichte, wie das Heinrichs IV. vom Huhn und vom Rebhuhn. Sie durchsuchten aber auch die Biographien der be-rühmten Gelehrten und Künstler nach allen irgend-wie malbaren Episoden, blickten wehmütig auf die Zeit zurück, als

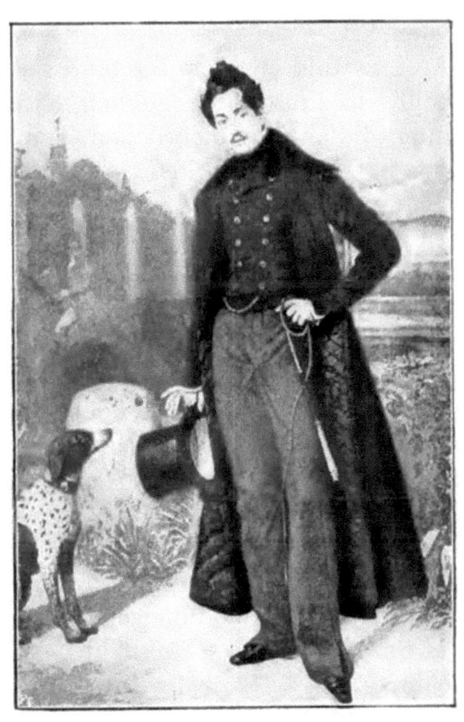

J. D. Court. Bildnis.

noch „der Künstler mit dem König ging" und dieser König noch nicht der Alliierte des Bourgeois war. Die berühmte Pinselanekdote von Dürer und Maximilian oder von Karl V und Tizian, Giotto als Hirtenjunge, Bellini in seinem Atelier, Raffael, der auf dem Wege zum Vatikan der Fornarina be-gegnet, Michelangelo, der seinen Diener pflegt, Tintoretto, der seine tote Tochter zeichnet, der junge Ribera, der von einem Kardinal „entdeckt" wird, sind die bekannten Stoffe, die damals in Frankreich zuerst gemalt wurden und von da ihre Runde

durch Europa machten. Selbst wenn neben diesen anekdotischen Bildern ausnahmsweise ein Kircheninterieur auftaucht,
ist es nicht seiner schummerigen Lichtreize, sondern des geschichtlichen Interesses halber gemalt, das eine berühmte, in
den Reisehandbüchern verzeichnete Kirche für den Gebildeten hat.

Das Bild aus dem zeitgenössischen Leben, das mit Léopold
Boilly so kraftvoll begonnen hatte, musste selbstverständlich
unter diesen geschichtlichen Tendenzen verkümmern. Junge
Pagen mit dem Falken auf der Faust, Edelfräulein „vêtues
à la manière du XVI. siècle", wie sie Schwäne füttern oder
mit unechten Rittern promenieren, werden schockweise, ganz
wie in Düsseldorf, angefertigt. Wird ausnahmsweise ein Stoff
aus dem modernen Leben herausgegriffen, so wird ihm durch
anekdotischen Inhalt die stoffliche Anziehungskraft gesichert.
Denn die Leute, die so viel Geschichtsmalerei gesehen hatten,
waren unfähig geworden noch Bilder zu geniessen, denen ein
erzählender, ablesbarer Inhalt fehlte. Vigneron zeigt Duellscenen
im Stile Greuzes, mit den bekannten Gefühlsgrimassen und der
bekannten Gebärdensprache, wie sie auf den Akademien gelehrt
wird. Biard wurde der französische Hasenclever, malte Liebespaare, die von Kartenschlägerinnen dupiert werden, Hunde, die
in Malerwerkstätten komische Verheerungen anrichten, Töchter,
die den Eltern ihren Fehltritt bekennen, und andere Lach- und
Rührscenen, wie sie in Scribes Komödien vorkommen.

Damit der Bann des Philisteriums gebrochen wurde, damit
die Kunst, als Dienstmädchen bei der Geschichtswissenschaft
verdingt, wieder Herrin in ihrem Hause ward, mussten Maler
anfangen, ohne Rücksicht auf die rohen Bedürfnisse der Menge,
fern auch vom Getriebe des Tages, nur sich selber, ihr eigenes
Innenleben in Formen und Farben auszusprechen. Und diese
Wiedereroberung des rein Künstlerischen ist den Landschaftern
zu danken. Gerade weil die Zeit des Bourgeois-Liberalismus so
klein und verächtlich war; um nichts mehr zu sehen von Akademien und Ausstellungen, nichts mehr zu hören von der politischen Misère, trieb es die Maler aus der Stadt in die Wälder

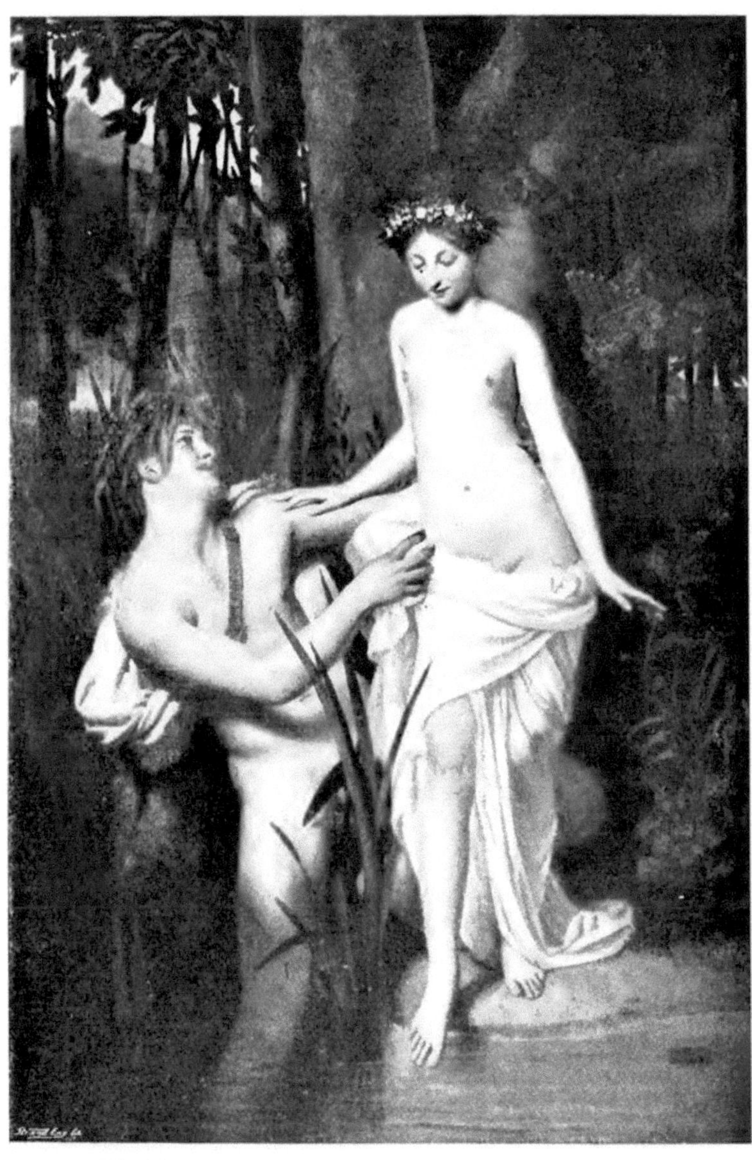

J. D. COURT.
UNE JEUNE FILLE VENANT TROUVER LE FLEUVE SCAMANDRE.

und Felder, in die ewig schöne, ewig grosse Natur hinaus.
So ist dasselbe Zeitalter, das die illustrative Geschichtsmalerei
erzeugte, auch die Blütezeit der Landschaftsmalerei geworden.

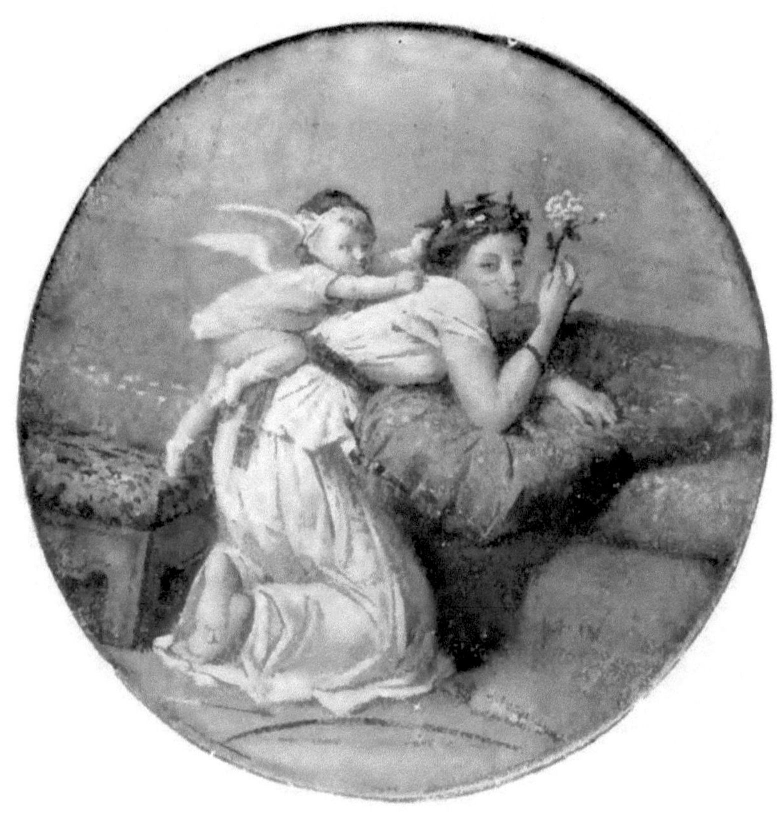

J. L. Hamon.   L'Envie.

Fontainebleau.

Bisher hatte die Landschaftsmalerei innerhalb der französischen Kunst eine geringe Rolle gespielt. Sie hatte einen ähnlichen Weg gemacht, wie ihn die Figurenmalerei zurücklegte.
Mit Hubert Robert klingt die alte Rokokolandschaft aus. Ueber
griechische Statuen und zerbröckelnde Mauern spannen sich
die zarten, in silbergrauem Aether vibrierenden Bäume Watteaus.
Bei Alexandre Dunouy ist dieses Rokoko-Element mehr ins
zopfig Strenge übergeleitet. Seine schlank aufragenden Bäume
und seine grünen Wiesen, auf denen so kerzengerade junge
Mädchen spielen, gleichen gemalten Kupferstichen Chodo-
wieckis. Dann beginnt der Klassizismus. Die Landschaft hat
nur noch Wert, wenn sie den Hintergrund antiker Geschehnisse
bildet. Besonders Henri Valenciennes hat, parallel mit unserem
Koch, diese historische Landschaftsmalerei geübt. „Belisar auf
der Landstrasse bettelnd wird von römischen Soldaten erkannt"
lautete die Unterschrift eines seiner Bilder, das mit seinen edlen
Bergzügen, seinen klassischen Gebäuden und den mächtigen in
den Vordergrund geschobenen Baumriesen von weitem wie ein
Claude Lorrain wirkte, nur nicht dessen strahlende Sonnigkeit
hatte. Mehr an Poussin erinnert Théodore Aligny. Man sah
von ihm eine grosse Federzeichnung mit hochaufragendem
Felsen, an dessen Gipfel Prometheus geschmiedet war, und ein
kleineres Bild mit der Jugend des Bacchus — Poelenburgh-
figürchen in eine klassische Scenerie gesetzt.

Die weitere Entwicklung war die, dass an die Stelle der
historischen Figuren italienische Fischer, Eseltreiber und Land-
leute traten. Man malt noch immer die edlen Linien der italieni-

schen Landschaft — römische Klostergärten, Aquädukte, Ruinen —, setzt aber in diese Natur keine Götter, sondern Landmädchen mit rotem Kopftuch oder Mönche in brauner Kutte hinein. Die Namen Bidault, Bertin, Louis Gabriel Moreau, Jean Pillement sind für diese Phase bezeichnend. Und bei ihnen lässt sich nicht von Claude oder Poussin sprechen. Ihre Bildchen ähneln mehr denjenigen der italienisierenden Holländer Dujardin, Berghem, van der Lisse. Die Vorliebe für Italien erklärt sich auch aus dem nämlichen Grund. Wie die holländischen Bürger des 17. Jahrhunderts von den Landschaftern über die Sehenswürdigkeiten eines fernen Landes unterrichtet sein wollten, so verlangten die französischen vor 100 Jahren nach Bildern, die mit dem landschaftlichen ein archäologisches oder ethnographisches Interesse verbanden. Doch diese Werke blieben nicht die einzigen. Wie im 17. Jahrhundert neben Berghem und Dujardin Meister wie Goyen, Ruysdael und Waterloo standen, die ihr eigenes Vaterland feierten, folgten zu Beginn des 19. Jahrhunderts auf die Italienmaler solche, die in der Heimat sich einnisteten.

Diese Besitzergreifung des französischen Bodens erfolgte zur selben Zeit, als in Paris Géricault und Delacroix ihre ersten Manifeste erliessen und in Deutschland Lessing seine ersten elegischen Bilder malte. Und da ist seltsam zu sehen, dass die französischen Landschafter weder etwas von dem himmelstürmenden Pathos Delacroix' noch von der Ruinensentimentalität Lessings haben. Mit wenigen Ausnahmen. Victor Hugo, der litterarische Vater des Romantismus, bleibt natürlich auch als Zeichner Romantiker. Grelle Lichter liebt er und schwarze Schatten, lässt ein ganzes phantastisches Mittelalter auferstehen. Namentlich verwitterte Türme hat er gern gezeichnet und die alten gotischen Kathedralen, die mit ihren Pfeilern und Spitzbogen so gigantisch gegen den Himmel anstürmen. Ausserdem war von Jean Rémond ein Bildchen da, das eine Urwaldlandschaft mit morschen, geborstenen Bäumen, Rittern und einer gotischen Kapelle im Sinne unseres Lessing darstellte. Jean-Antoine Constantin malt Felsenschluchten, in denen Eremiten vor dem Kruzifix knieen, und Elegien auf alte Bergschlösser:

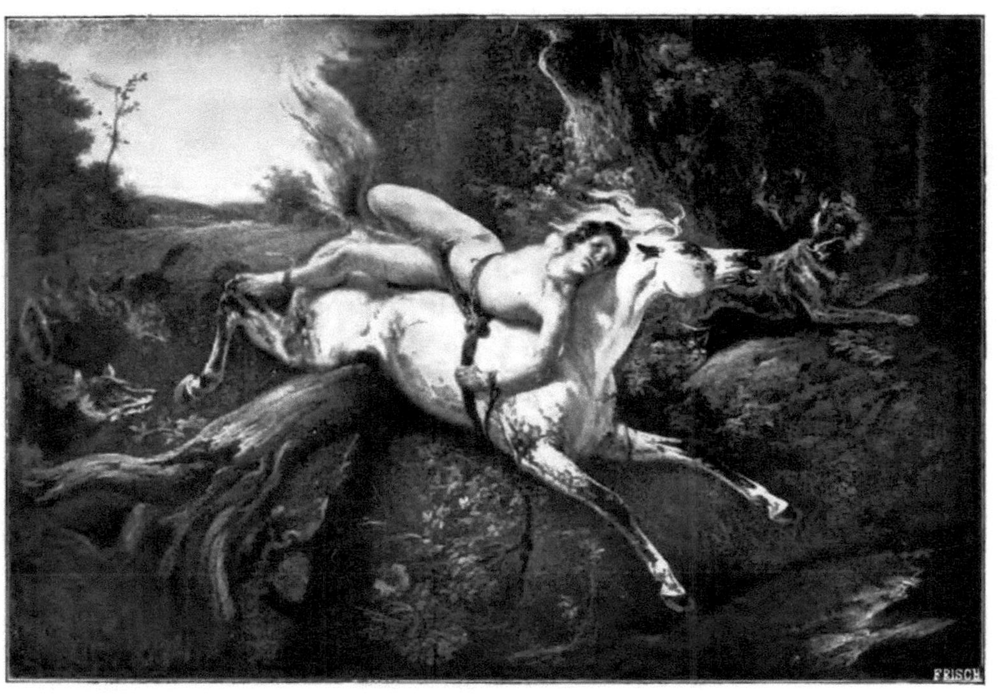

HORACE VERNET.
MAZEPPA.

epheuumwucherte Ruinen, vor denen Hirten neben ihrer Herde rasten und Edelfräulein den Worten ihres Knappen lauschen.

Alle übrigen Franzosen sind klar und nüchtern. Von Elfen und Kobolden, von Nixen und Gnomen, die unsere deutschen Wälder bevölkern, haben sie nie geträumt. Mit scharfen Augen betrachten sie ihre Heimat und malen Veduten von photographischer Treue: Isidore Dagnan eine Ansicht des Boulevard Poissonnière, Bruandet einfache Feldwege, die sich durch sandige Ebenen ziehen, Leprince Ansichten der Küste von Dieppe, de La Berge Windmühlen und alte Dörfchen, in denen Abends die Postkutsche ankommt — alles schlichte, ehrlich einfache Bilder, die in ihrer klaren Helligkeit sehr modern wirken würden, wenn sie nicht doch alle zeichnerischen Härten des Klassizismus hätten.

Das Studium der alten Holländer führte auch darüber hinaus. Zwei Meister — André Jolivard und Georges Michel — scheinen zuerst kopierend vor den Bildern Ruysdaels und Goyens gesessen zu haben und sahen ihnen ihre ganze altmeisterliche Tonschönheit ab. Weite Ebenen, Windmühlen, Küsten sind in ihren Werken dargestellt, und Georges Michel namentlich hat Bilder hinterlassen, deren saftigbraune altmeisterliche Töne kein fremder Klang wären inmitten der vornehmen Harmonien, die Goyen und Ruysdael erklingen liessen. In Louis Cabat, Camille Flers und Camille Roqueplan erstanden ihm Nachfolger, die ebenfalls in alle Palettengeheimnisse der alten Holländer eindrangen. Die Höhen des Montmartre, Saint Cloud und Ville d'Avray waren die Orte, wo sie am liebsten weilten. Barye ging als erster nach dem Wald von Fontainebleau. In seinen Bildern erscheinen zum erstenmal jene dunklen Waldflächen, die seitdem so häufig in den Bildern der französischen Landschafter wiederkehren: einsames Wild und mächtige Bäume, durch deren Kronen leise der Himmel blinkt. Und diese Meister sind bekanntlich die Vorläufer der grossen Klassiker, die nun folgen.

Was ist es, das die moderne Landschaftsmalerei Neues gebracht hat? Was ist nur ihr eigen? Was hatten die alten Holländer noch nicht? Diese Subtraktion ist nicht leicht zu

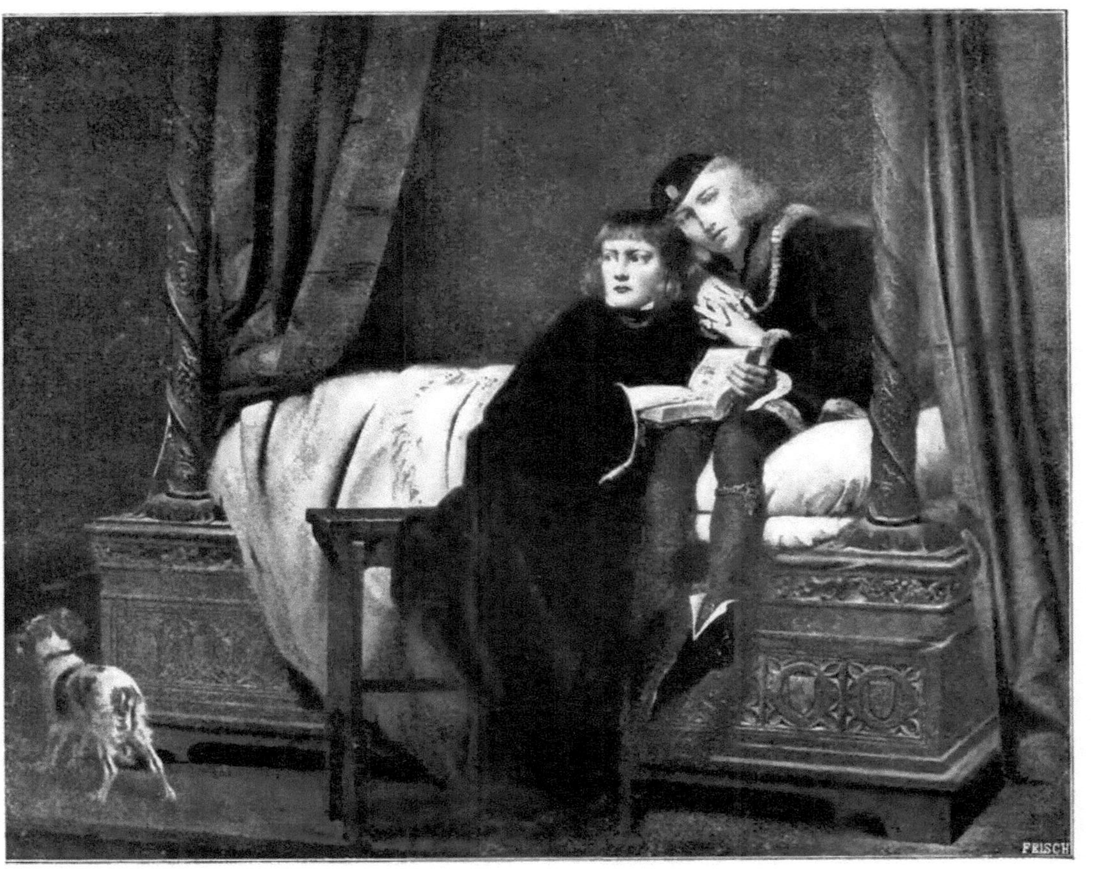

PAUL DELAROCHE.
DIE SÖHNE EDUARDS IV.

vollziehen. Klar ist mir in der Ausstellung geworden, dass in der Farbenanschauung kein Unterschied zwischen den Holländern und den Fontainebleauern herrscht. Wenn sie als die Vorläufer Manets, als die Begründer des Pleinair gepriesen wurden, so verdienen sie diesen Ruhmestitel nicht. Gleich Michel und de La Berge arbeiten sie in den Tönen der alten Meister. Höchstens das Grün wagen sie schärfer zu accentuieren als die Alten, die dem Butzenscheibenstil ihrer dunklen Zimmer entsprechend alles auf eine dunkelbraune Skala stimmten. Aber obwohl sie heller sind — was sich auch aus dem geringeren Alter ihrer Bilder erklärt —, haben sie doch nichts Pleinairistisches. Der Himmel bleibt in ihren Bildern stets im Sinne der Holländer ein schönes Stück blaue, graue oder braune Farbe. Das Rieseln des Aethers, die Bewegung der Luft fühlt man nicht. Selbst nicht bei Corot. In seiner früheren Zeit stehen Claude und Velasquez hinter ihm. Später wiegen sich seine Bäume in dem grauen Aether der Rokokomaler. Rousseau ist der moderne Ruysdael, Corot der moderne Watteau.

Wie immer ist es so, dass die Empfindung der Technik vorauseilt. Das Moderne der Fontainebleauer liegt nicht im technischen Teil, sondern in den einfacheren Motiven ihrer Bilder, in dem feineren Stimmungselement, das sie in die Kunst gebracht haben. Es ist umschrieben in der Bezeichnung Paysage intime. Die alten Holländer malten entweder schöne Dinge in sachlichen Veduten oder, wenn sie Stimmung anstrebten, kamen sie mit dem Einfachen nicht aus. Ruysdael braucht die Ruinen eines Judenkirchhofs, Everdingen die Gletscher Norwegens. Die Modernen wissen sich mit einfacheren Dingen zu begnügen. Sie finden Stimmung in der Natur überall, nicht nur da, wo sie in Donnerlauten redet, auch da, wo sie in leisen, kaum vernehmlichen Worten spricht. Ein Sonnenstrahl, der auf einem alten Baumstamm spielt, ein Stück Weiher, in dem sich der Himmel spiegelt, ein paar gelbe Blätter, die im Herbstwinde zittern, das genügt schon sie anzuziehen. Sie bleiben auch nicht ausserhalb der Landschaft stehen, lassen nicht in die Natur wie in eine Theaterkoulisse blicken, sondern sie stellen sich mitten hinein. Und namentlich — die Land-

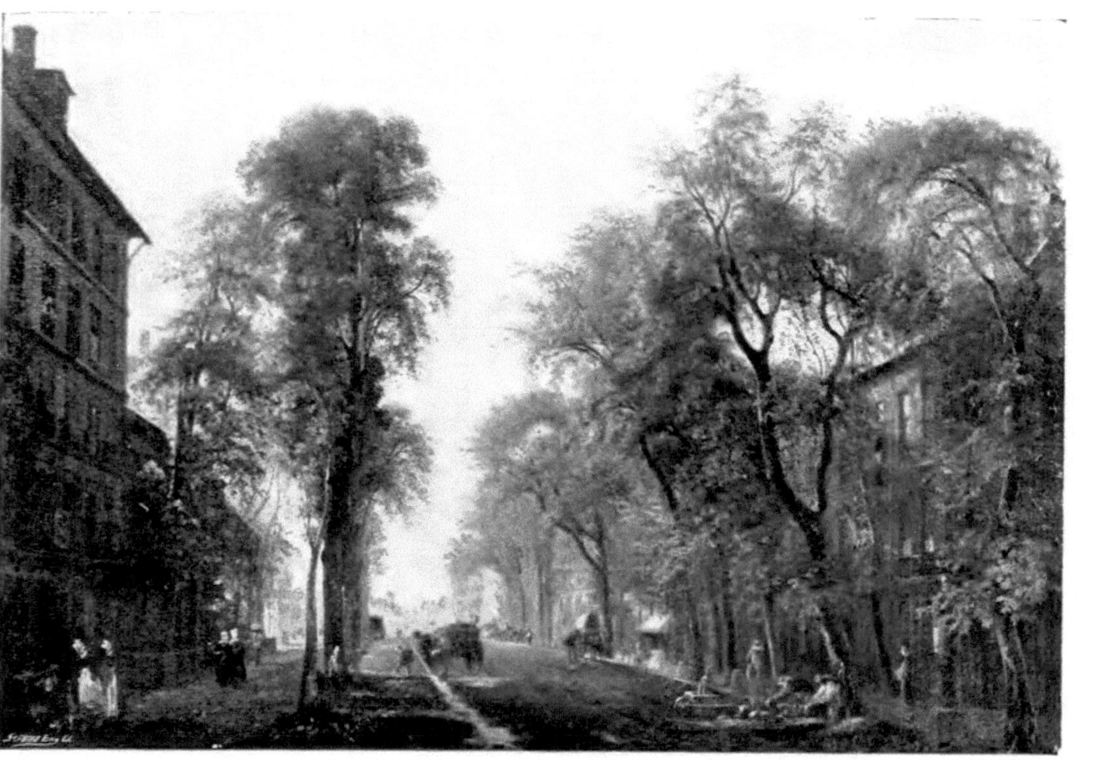

J. DAGNAN.
ANSICHT DES BOULEVARD POISSONNIÈRE.

schaft ist für sie gar keine Scenerie mehr, sie ist ein Seelen-
zustand. All ihre Liebe, all ihr Sehnen malen sie in die Dinge
hinein. Keine Veduten, keine Beschreibungen geben sie, sondern duftige Gedichte über die Stimmungen, die sie während
eines Spazierganges durch den Wald gehabt. Sie sind in den
Stoffen bescheidener, in ihrer Naturliebe nervöser als die Landschafter der früheren Jahrhunderte. Und kein Zweifel ist, dass
erst die Entwicklung des modernen Grossstadtlebens diese neue
Blüte der Landschaftsmalerei ermöglichte. Denn die Sehnsucht
ist die Mutter aller Dinge. Je mehr man die Natur entbehrt,
desto mehr weiss man sie zu schätzen. Je mehr das Grossstadt-
leben den Menschen zusammenpfercht, desto mehr sehnt er
sich hinaus.

„Gedenkst du noch der Zeit, als wir auf den Fenster-
brüstungen unserer Mansarden sassen, die Füsse am Rande des
Daches baumeln liessen, und das Gewinkel der Häuser und
Kamine betrachteten, die du, mit den Augen blinzelnd, Ge-
birgen und Bäumen verglichst? Erinnerst du dich des kleinen
Baumes in Rothschilds Garten, den wir zwischen zwei Haus-
dächern sahen? Es war das einzige Grün, das wir sehen
konnten. Jeder frische Trieb der kleinen Pappel erweckte im
Frühling unsere Teilnahme. Im Herbst zählten wir die fallenden Blätter." Diese bekannte Stelle aus einem Brief, den
Bürger-Thoré 1844 an Théodore Rousseau richtete, enthält wohl
alles. Hundert Jahre vorher würde sie noch kein Schriftsteller
geschrieben haben. Und hundert Jahre vorher wären auch noch
keine Landschaften wie die der Fontainebleauer möglich gewesen. Erst Leute, die in einer Millionenstadt inmitten öden
Häusergewühls geboren wurden, Jünglinge, die mit schwärme-
rischer Liebe an dem ärmlichen Bäumchen hingen, das ihr
Mansardenfenster ihnen zeigte, die aus Mauern, Dachrinnen
und Schornsteinen sich Landschaften aufbauten, vermochten,
als sie hinauskamen aufs Land, mit diesem Auge in die Natur
zu schauen.' Es ist kein Zufall, dass die moderne Landschaftsmalerei in London, der ersten modernen Grossstadt, geboren
wurde und von da erst nach Paris, der zweiten Grossstadt, gelangte./ Dieser geschichtliche Zusammenhang ist oft geschildert

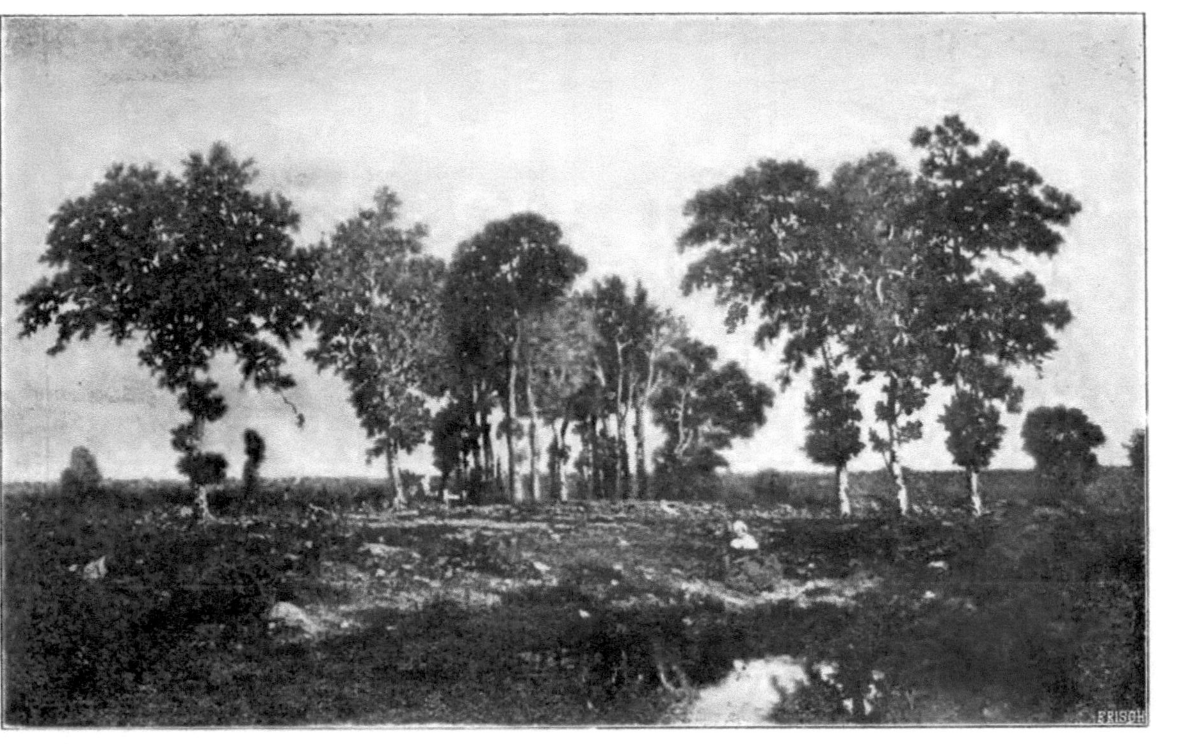

THÉODORE ROUSSEAU.
AM WALDESRAND.

worden. 1826—29 hatte Constable Bilder auf den Pariser Ausstellungen gehabt. 1830 erschienen im Salon all die jungen
Leute, die heute als die Klassiker der modernen Landschaft
verehrt werden. Rousseau und Corot, Dupré, Diaz, Daubigny
betraten den Schauplatz.

In der Ausstellung stand man verblüfft, verwundert vor
ihren Werken. Denn die Leitung hatte, eben um verblüffend
zu wirken, Dinge vorgeführt, die die Meister von möglichst
unbekannter Seite zeigten. Dupré, der Pathetiker, der einzige,
in dem das Fieber des Romantismus lebte, war mit Werken
da, die von Rousseau hätten sein können. Man sah Herden,
Wiesen und spiegelnde Weiher, sah mächtige Baumriesen, die
von keinem Sturm geschüttelt fest, ruhig und selbstsicher in
den hellen wolkenlosen Himmel aufragten. Auch eine Küche
war da, die fast wie ein Chardin aussah: eine alte Frau, die
einem jungen Mädchen ein Stück Brot abschneidet; rings
irdene Krüge und grünes Gemüse vom milden Feuer des Kamins
bestrahlt. Paul Huet wirkte ebenfalls viel stiller und ruhiger als
gewöhnlich. Während die meisten seiner Werke stark an die
Wolfsschlucht im Freischütz streifen, sah man auf der Ausstellung friedliche Hirtenbilder aus der italienischen Campagna,
sah Frühlingsbilder — mit Schwänen, Enten, Weihern, Booten
und buntgekleideten Menschen —, die man eher für Daubigny
hätte halten mögen. Rousseau schien mit Dupré seine Rolle
vertauscht zu haben. Ein Bild aus der Sammlung Jules Beers
war da, wo der klare kühle Meister ganz Romantiker war, mit
gespenstischen, orangerot gefärbten Wolken ein düster gewitter-
schwangeres Firmament bedeckte.

Corot war hauptsächlich als Figurenmaler vertreten.
Man sah, dass dieser merkwürdige Mann eigentlich alles gemalt
hat, Vorläufer und Anreger für eine ganze Reihe späterer
Meister war. Da zeigt er eine junge Malerin im Atelier, dort
eine elegante Dame am Tische lehnend, und die Bilder könnten
Alfred Stevens gezeichnet sein. Oder eine Nymphe, überaus
duftig gemalt, ruht auf abendlicher Wiese. Henner glaubt man
unter dem Bild zu lesen. Oder ein junges Modell in braunem
Shawl und rotem Kopftuch steht wie eine der monumentalen

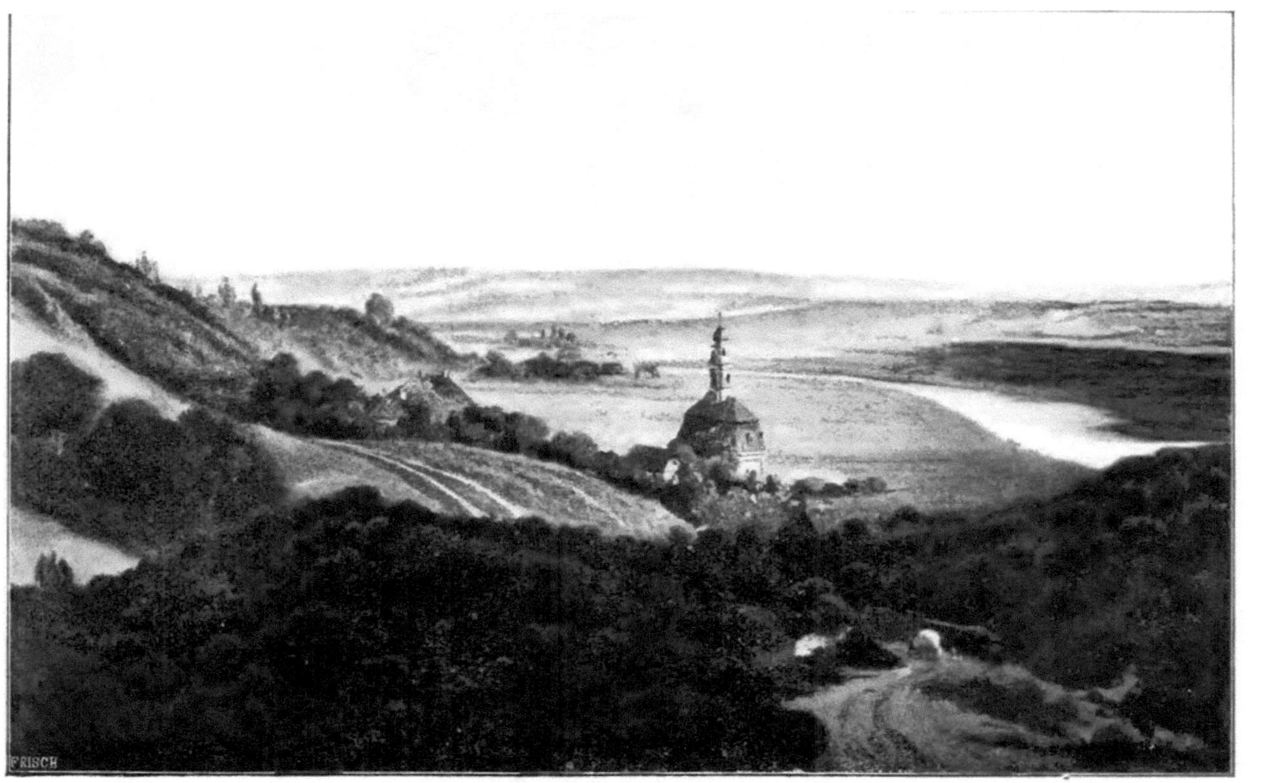

THÉODORE ROUSSEAU.
AUS DER UMGEBUNG VON FREIBURG.

Bäuerinnen Millets da. Oder Hagar setzt in der Wüste den kleinen Ismael aus. An Cazin könnte gedacht werden, wenn nicht ein leichtes Delacroix Pathos den Zusammenhang mit der alten Romantik zeigte. Merkwürdig verschieden ist er auch als Kolorist. Während er in einigen seiner Damenbildnisse kühle hellblaugraue Harmonien liebt, bewegt er in dem Bildnis einer Orientalin sich in einer ganz sonoren rotgelbschwarzen Skala. Sogar als Landschafter erschien er von einer andern Seite. Von jenen zart verschwommenen, silbergrauen Bildern, an die man immer denkt, wenn sein Name genannt wird, waren wenige da. Scharf gezeichnete Bilder aus seiner italienischen Jugendzeit überwogen. Man sah eine Landschaft mit Homer und den Hirten, in der sich deutlich sein Zusammenhang mit Bertin und den andern Klassizisten zeigte; sah eine Ansicht aus Venedig, die wie ein guter Canaletto anmutete; sah einen Mönch mit dem Gebetbuch über die einsame Campagna schreiten — ganz wie ihn Lessing gemalt haben würde, nur koloristisch feiner; sah eine Ansicht von Volterra, der Akademie di San Luca, der Villa d'Este, der Villa Medici dunkle Cypressen, verwitterte Mauern und graublaue Wolken zu feinen weissgrüngrauen Harmonien im Sinne der Velasquezschen Landschaften zusammengestimmt. In die Heimat zurückgekehrt, malt er in ähnlichem Sinn französische Veduten, die Kathedrale von Chartres, den Hafen von Dünkirchen: schlichte, einfache Bilder, denen aber doch jenes unbeschreibliche Etwas fehlt, das die Werke seines Greisenalters haben.

Wie Corot war auch Diaz besonders als Figurenmaler vertreten. Als solcher ging er von Isabey aus, liess seidene Gewänder schillern und Diademe blitzen. Bildchen von ihm, wie die thörichten Jungfrauen oder die Scene aus dem Decameron, haben dieselbe prickelnde Rokokoschönheit wie sie Isabey hat. Selbst wenn seine Figürchen ausnahmsweise das Kopftuch einer Bäuerin tragen, stammen sie aus dem 18. Jahrhundert oder aus dem Rokoko der Antike. Tanagra und Pompeji, Correggio und Parmeggianino, Canova und Prud'hon — alles, was Rokokoelemente birgt klingt bei ihm zu einem lustigen Potpourri zusammen. Als Landschafter erhielt er von Rousseau die An-

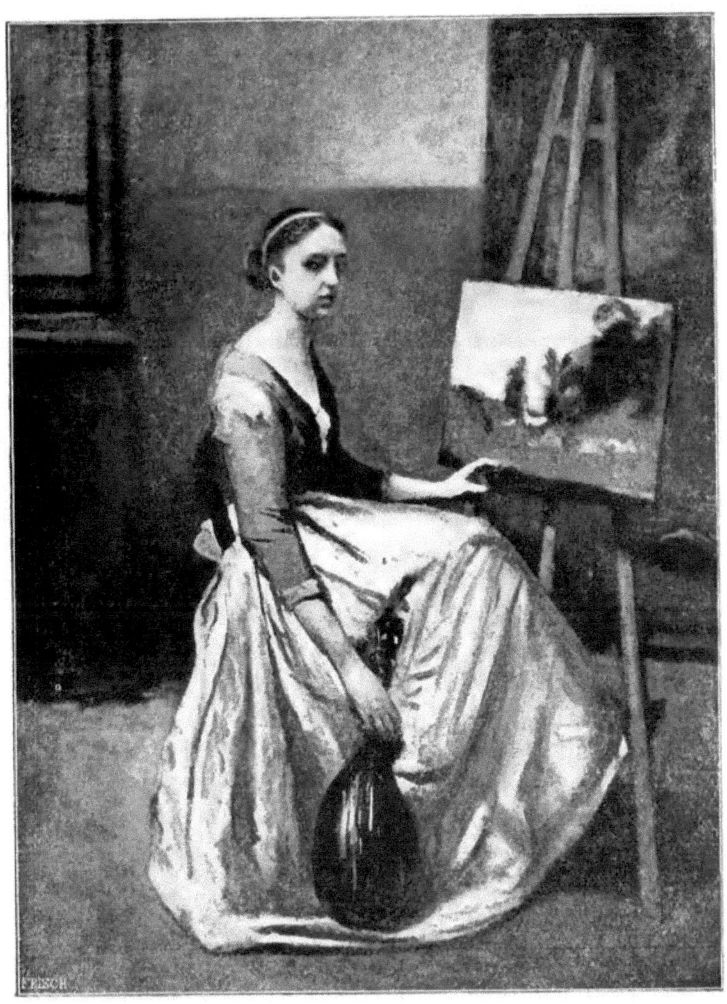

CAMILLE COROT.
IM ATELIER.

regung, nur dass er sich nicht an die ernsten, sondern an die
wenigen heiter bunten Werke des Meisters anschloss. Eine
Farbenharmonie, die bei Rousseau nur ausnahmsweise — in
dem Bildchen der Sammlung Vasnier vorkommt — wo das
zierliche Figürchen einer Bäuerin mit rotem Unterrock und
weissem Kopftuch unter dunkelgrünen Bäumen an einem blauen
Weiher sitzt —, wurde für Diaz die gewöhnliche. Herden,
Wiesen, Weiher und wolkendurchzogenes Firmament — auch
ganz im Sinne Rousseaus, nur koketter und freundlicher —
sah man auf andern Bildern. Die Waldinterieurs, die ihn besonders berühmt gemacht, fehlten gänzlich. Von ebenso ungewohnter Seite zeigte sich Daubigny, der zarte Maler des Frühlings. Es war von ihm eine urweltlich düstere Landschaft da,
über der die Malariastimmung der Campagna zu liegen schien;
auch eine Winterlandschaft mit Krähen und Dohlen, die hungrig
über das Schneefeld flatterten, mit gespenstischen schwarzen
Bäumen, die sich wie Phantome erhoben, und scharlachroten
Wolken, die sich wie blutige Finger vom Himmel hernieder-
streckten.

Alle diese Dinge waren lehrreich. Sie zeigten, dass es
unmöglich ist, Künstler in das Prokrustesbett einer festen Charakteristik zu zwängen. Sie zeigten, dass die Fontainebleauer
viel mehr Proteusnaturen waren, als man meinte. Im wesent-
lichen bleibt das Bild, das man sich früher von ihnen entworfen
hatte, gleichwohl bestehen. Will man überhaupt versuchen, die
Persönlichkeiten abzugrenzen, die Lieblingsmotive jedes Einzelnen anzugeben, so muss man noch immer sagen: Rousseau
ist der Plastiker der Plejade. Alles Feste, Hartbegrenzte hat
er geliebt: Felsschluchten, kahle Gebirge und rauhe Granitblöcke, mächtige uralte Bäume, die wie vorweltliche Riesen
ihre knochigen Aeste zum Himmel recken, altes rostgelbes
Laub, das stahlhart, durch keinen Windhauch bewegbar, an den
Zweigen hängt. Der Ingres der Landschaftsmalerei, sah er nur
auf die Form, legte wie Mantegna den Knochenbau der Erde
und das Skelett der Bäume bloss. All jene nackten, enthäuteten,
von keiner Vegetation bekleideten Berge, all jene Baumstümpfe
und abgebrochenen Aeste, die in seinen Bildern vorkommen,

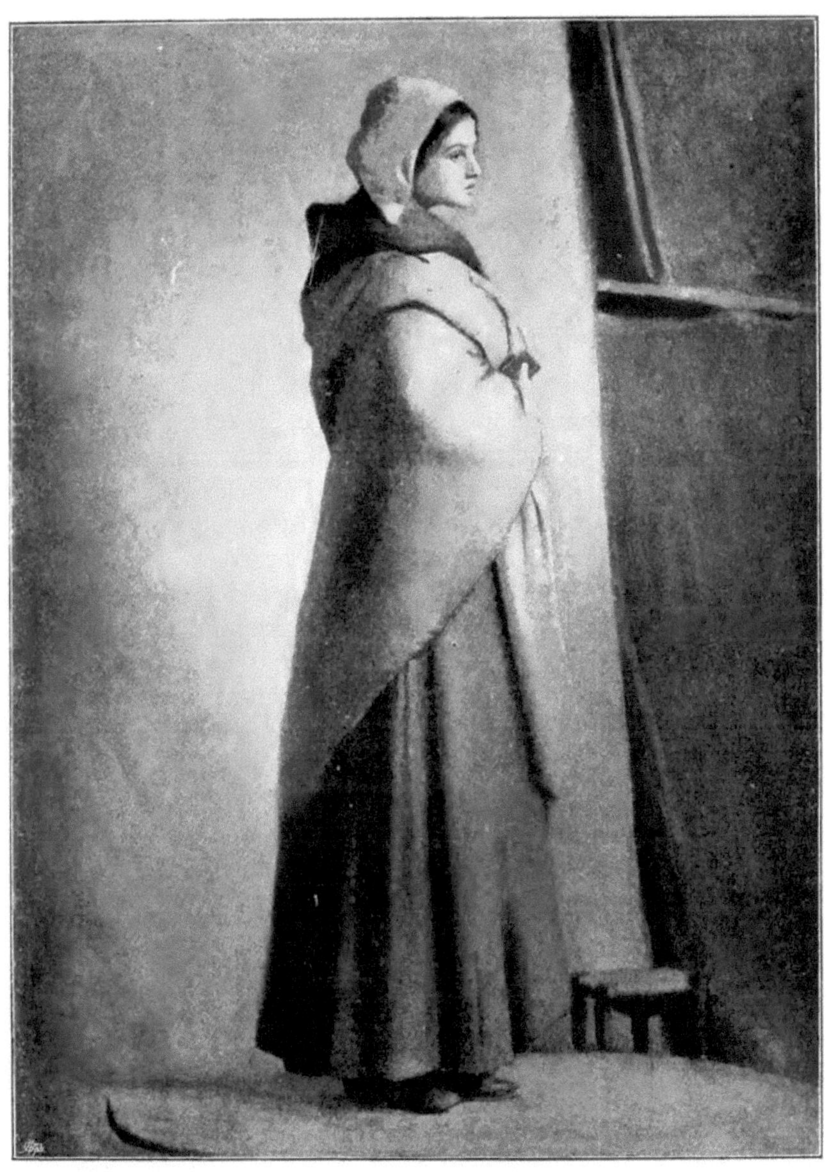

CAMILLE COROT.
DAS MODELL.

sind für diesen anatomischen Geist bezeichnend. Auch die Farbe darf nicht allzusehr das Formengerüst verschleiern. Darum hält er seine Bilder in ganz einfachen dunklen Tönen. Stimmung machen, durch Beleuchtungseffekte frappieren oder das atmosphärische Leben schildern zu wollen, liegt ihm so fern wie möglich. Kalt und stimmungslos, eine graue Stahlkuppel, liegt der Himmel über der Erde. Und am allergrössten ist er, wenn er gar nicht malt, sondern zeichnet, nicht den weichen Pinsel, sondern den harten Bleistift zur Hand nimmt. Eine Kenntnis der Struktur der Erde und des Organismus der Bäume verbindet sich in diesen Blättern mit einer Grösse der Anschauung, die weit über alles hinausgeht, was Ruysdael leistete.

Corot hat sich als Zeichner nie des Bleistifts, nur der weichen Kreide bedient. Oder besser noch: er hat seine Blätter nicht gezeichnet, sondern hingewischt. Damit ist angedeutet, welcher Unterschied überhaupt zwischen beiden herrscht. Corot steht neben Rousseau wie Watteau neben Ruysdael oder wie ein Musiker neben einem Architekten. Nicht klar und fest gebaut sind seine Bilder, sondern verschwimmend und zerfliessend. Nicht die Macht der Linien, die Härte der Formen, nur das Weiche, Wogende zieht ihn an. Darum kommen niemals Felsen, nie Steinblöcke auf seinen Bildern vor. Nicht die Eiche malt er, nicht die Kastanie und Ulme. Er bevorzugt die Espe, die Pappel, die Erle, die Birke mit ihrem weissen dünnen Stamm und den zitternden blassen Blättern, die Weide mit ihrem leichten Laub, das sich träumerisch im Aether wiegt. Seine Lieblingsjahreszeit war nicht der Herbst, wenn die Blätter ausgereift und hart an den Aesten hängen, sondern der Frühling, wenn die jungen Keime leise und ängstlich im Wind erzittern. Er liebte stille Ufer, wo über zartgraue Mauern dünnes Buschwerk sich ins Wasser beugt, den Himmel, der unmerklich mit dem Spiegel eines Sees verschwimmt, die Kähne, die leicht auf den Wellen schaukeln, die Wolken, die ätherisch das Firmament durchziehen. Er malte die Dünste, die duftig über den Weihern lagern, den zarten Florschleier, der sich zur Abendstunde über die Erde senkt. Sein Feld war — ganz im Gegensatz zu Rousseau — nicht die scharfumrissene Deutlichkeit der Dinge, sondern alles

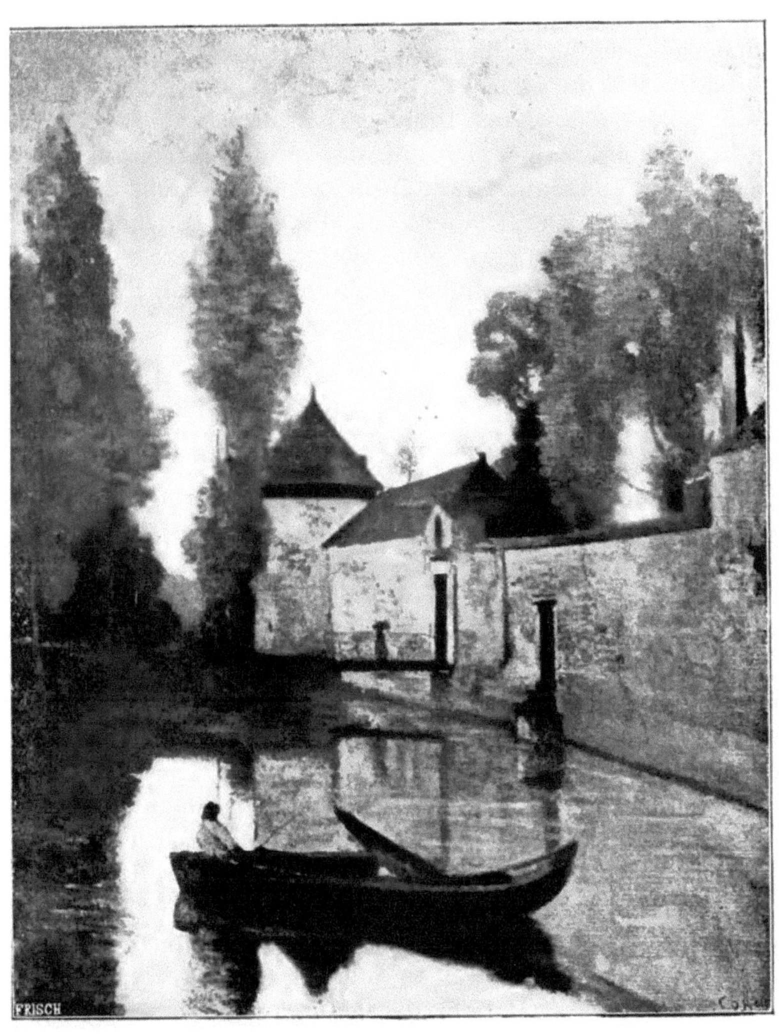

CAMILLE COROT.
SCHLOSS BEAUNE-LA-ROLANDE.

Formlose, Ungreifbare, Verschleierte. Weich wallender Nebel breitet sich aus, leise flüstern die Bächlein, in mildem Abendduft baden sich die Häuser und Bäume. „Flüsterzittern, Säuselschweben" — das ist der Inhalt seiner Kunst.

Jules Dupré verhält sich zu Corot wie Beethoven zu Mozart. Alles ist bei ihm mit Gewitterluft geladen. Nicht die rosenfingerige Eos malt er, sondern das Wüten der Elemente, keine sanften Bächlein, sondern schäumende, tosende Fluten, keine silberne Dämmerung, sondern gelbschwarze Wolken, die wie düster drohende Dämonen das Firmament durchfegen, keine zarten Frühlingsbäume, die sich im Aether wiegen, sondern mächtige Baumriesen, durch deren Wipfel die Windsbraut saust, die der Sturm schüttelt und der Blitz versengt. Das fessellose Toben der Elemente, die dumpfe Schwüle der Natur vor dem Losbrechen des Gewitters oder ihr keuchendes Darniederliegen nach Beendigung des Sturmes sind ihm die liebsten Momente

In den schillernden Werken von Diaz lebt das Temperament des Südfranzosen. Mit seinem Landsmann Monticelli hat er das meiste gemein. Ebenso funkelnd, glitzernd und sprühend wie dessen Figurenbildchen sind die Waldinterieurs von Diaz, mit den weissen Körpern, die wie Alabasterfigürchen auf dem grünen Moose lagern, oder den buntdrapierten Odalisken, die auf goldgelben Sandwegen daherkommen. Sonnenstrahlen rieseln wie der Regen der Danae durch die Kronen der Bäume und an den Stämmen hernieder. Abgefallene Blätter, von der Abendsonne neckisch vergoldet, decken den Boden. Die Farbenwunder des Herbstes, wenn die alten Bäume wie Riesenbouquets in unzähligen Farben schimmern, da dunkelgrün, dort braun, goldgelb und purpurrot, hat er mit prickelnder Verve gemalt.

Daubigny ist der Maler des Frühlings, nur weniger zart, weniger ätherisch, weniger feenhaft als Corot; mehr erdenschwer und dörflich-ländlich. Keine Dryaden und Nymphen, sondern Bauern und Bäuerinnen sind in seine Landschaften gesetzt. Die Natur träumt nicht, sondern sie beginnt im Dienste des Menschen zu arbeiten. Nicht den Wind hört man säuseln, sondern Windmühlen klappern. Heugeruch atmet man. Die Enten schnattern, die Frösche quaken. Getreidefelder mit

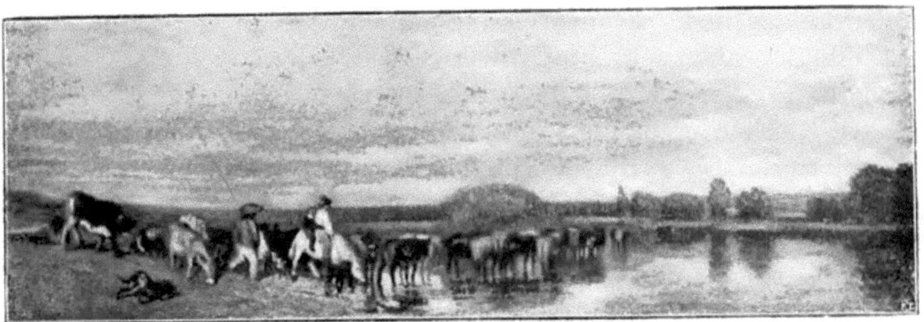

Jules Dupré. Le Passage du Gué.

Korn- und Mohnblumen ziehen sich hin. Butterblumen wachsen
am Rand eines sumpfigen Weihers, auf dem lautlos ein Kahn
sich wiegt. Bächlein schlängeln sich wie blaue Silberbänder
durch idyllische Auen. Apfelbäume blühen, und Mädchen in
roten Kleidern breiten die Wäsche aus. Oder der Mond wirft
sein silbernes Licht über abendliche Wiesen, wo Hirten neben
ihren Herden rasten. Oder das zarte Laub der Erlen beginnt
in den ersten Oktobertagen gelb zu werden. Herbstzeitlosen
blühen, und Heuschrecken hüpfen über die abgemähten Wiesen.

Und neben diesen Meistern arbeiten viele andere, die nur
weniger berühmt, kaum weniger fein sind. Zu den „primis
proximis" gehört Chintreuil. Ja, man findet bei ihm oft Ansätze
zu einer Naturphantastik, die mehr im Wesen der deutschen als
der französischen Kunst liegt. Seine Motive sind sehr verschieden. Oft ähnelt er Daubigny, wenn er schaukelnde Kähne
und die zarten Blumen des Frühlings malt, wenn er Mädchen
und Buben darstellt, die neben duftenden Heuhaufen unter
blühenden Apfelbäumen rasten. Manchmal kommt aber auch
Böcklin, das Schweigen im Walde oder der Ritt des Todes, in
Erinnerung. So wenn auf einem Bild ein Hirsch scheu seinen
Kopf aus dem Dickicht des Waldes hervorstreckt und spähend
über die lichte Ebene blickt, oder wenn in einem andern ein
einsamer Reiter durch eine wilde, sturmgepeitschte Landschaft
daherkommt. Achard weiss in seinen moosigen Waldlichtungen
fein das Gefühl des Sumpfigen, Feuchten zu geben. Lépine
malt schön den zarten Duft, der an stillen Sommerabenden über

der Seine liegt. Français ist noch eine Nüance derber als Daubigny, aber sehr kraftvoll in der Art, wie er den Bauerncharakter der Landschaft trifft. Hervier begann das Innere alter Kirchen nicht mehr unter antiquarischem Gesichtspunkt, sondern der feinen Farbenstimmung halber zu malen.

In fast allen diesen Landschaften spielen Tiere eine wichtige Rolle. Teils sind sie Träger der Stimmung: der stille Friede einer Abendlandschaft klingt in müden, schläfrigen Rindern aus. Teils haben sie malerischen Wert, sollen pikante braune und graue Flecken inmitten des grünen Gesamttons bilden. Die nächsten Maler brachten also nichts Neues. Sie haben nur den Pantheismus der Andern aufgelöst, als Spezialität übernommen, was bei jenen der Teil eines Ganzen war. Im allgemeinen haben sie enttäuscht. Jacques hat Pferde und Schafe sehr hübsch gemalt, aber eigentlich doch nichts gesagt, was nicht Rousseau schon besser gesagt hätte. Rosa Bonheurs Bilder sind im Format sehr gross, aber leer und klein neben Rousseaus ähnlichen im Format viel kleineren Werken. Selbst Troyon wirkte nicht so, wie man hätte annehmen mögen. Die paar Louvrebilder „Bœufs se rendant à labour“ und „Le retour à la ferme“ scheinen doch das Beste zu sein, was er geschaffen hat. Hier ist er wirklich der Lapidarmaler der Ochsen. Etwas Urtümliches, Monumentales liegt in den mächtigen Silhouetten. Auf der Ausstellung trat er mehr als Landschafter hervor. Von Rousseau angeregt, hat er majestätische Baumriesen, Granitblöcke und stehende Gewässer sehr kraftvoll gemalt, und es ist auch malerisch fein, wie in seinen ersten Tierbildern die braunen oder schwarzweissen Fleischmassen von dem Grün oder Grau der Landschaft sich absetzen. Aber wenn er ins Grosse ging, war er selten glücklich. Der Unterschied zwischen ihm und dem verspotteten Brascassat liegt dann nur darin, dass dessen Werke farbig mehr die blecherne Kälte des Klassizismus haben. Die Lust, die Tiere zu striegeln, glatt und salonfähig zu machen, ist beiden gemein. Teutwart Schmitson und Heinrich Zügel sind grösser.

Die Eroberer des Modernen.

Unterdessen war noch von einer andern Seite her der Stoffkreis erweitert worden. Es setzt jene gewaltige Bewegung ein, die auf die Schilderung des modernen Lebens, auf die Eroberung der Gegenwart geht. Schon unter Corots Arbeiten fielen einige auf, in denen er solche Dinge darstellte. Doch er malte sie erst, nachdem andere vorangegangen waren. Der Ausgangspunkt ist anderswo zu suchen.

Bisher war das moderne Leben selten dargestellt worden. Die Klassizisten nahmen Anstoss an der Tracht. Eine Kunst, die nach Schönheit der Formen, nach antiker Einfachheit strebte, konnte mit Cylindern und Reifröcken nichts anfangen. Für die Folgenden aber kam noch etwas anderes hinzu. Ganz abgesehen davon, dass auch ihnen die moderne Kleidung wegen ihrer Farblosigkeit ebenso unmalerisch erscheinen musste, wie sie den Klassizisten unverwendbar wegen ihrer Formlosigkeit erschienen war — auch der romantische Geist des Zeitalters lenkte von der Gegenwart ab. Es gab für die Künstler keine Wirklichkeit, die sie des Abgemaltwerdens für wert hielten. Kahl und armselig erschien alles, trostlos und kleinlich. Die dumpfe Gedrücktheit der politischen Zustände, die Dürftigkeit des Alltagslebens wurde von den Menschen derart empfunden, dass weder der Roman noch die Malerei an diese Dinge rührten. Man hasste die Gegenwart, wollte sich erheben über die beengende Sphäre widerlicher Alltäglichkeit. Also durfte nur das Alte, nur das Ferne gefeiert werden. Der Schönheitsbegriff der Romantiker deckt sich mit der Definition, die Dina Dorph in den „Stützen der Gesellschaft" gibt: „Die Schönheit ist etwas Grosses und Weitentferntes".

Andernteils musste die politische Misère und die Grauheit des Alltags, wie sie die Künstler zur Verherrlichung des grossen Mittelalters und des farbigen Orients führte, doch auch wieder zur Beschäftigung mit der Gegenwart hinleiten. Freilich zunächst im Sinne der Karikatur. Kein Zeitalter forderte mehr als das Louis Philipps den Witz und die Satire heraus. So begannen damals jene illustrierten Blätter zu erscheinen, die ihre Pfeile gegen alles, den Thron, die Bourgeoisie, das Beamtentum richteten, mit Keulenschlägen gegen alles Verächtliche des Zeitalters kämpften. Namentlich Philippon, der geniale Begründer der „Caricature", scharte die bedeutendsten Künstler Frankreichs um seine Fahne. Und das Ergebnis war seltsam. Indem die Künstler überhaupt anfingen, das moderne Leben zu betrachten, lernten sie allmählich da Schönheit sehen, wo die früheren nur lächerliche Komik bemerkten. Hatte man anfangs gezweifelt, aus den Elementen der Wirklichkeit Kunstwerke schaffen zu können, so erfolgte jetzt die Aussöhnung der Schönheit mit dem Leben. Alle Kleidungsstücke, die früher nicht für kunstfähig galten, die Krinoline, der Cylinder und Frack wurden in den Witzblättern mit heiligem Ernste vorgeführt. Die Zeichner haben den Ruhm, als die ersten das moderne Leben sachlich und wahr in den Darstellungskreis gezogen, die frühesten Aktenstücke zum Verständnis des äusserlichen Habitus des 19. Jahrhunderts geliefert zu haben. Und einer dieser Zeichner, als solcher längst den grössten des Jahrhunderts zur Seite gestellt, trat auf der Ausstellung auch als Maler imposant und gebietend hervor: Honoré Daumier.

Daubigny soll bekanntlich, als er die Sixtinische Kapelle betrat, die Worte gesagt haben „Das sieht aus wie von Daumier" Und dieser Vergleich ist nicht willkürlich. Daumier ähnelt Michelangelo in der urtümlichen Wucht und stilvollen Grösse, die durch alle seine Blätter geht, ähnelt ihm in der Art, wie er alles Kleinliche, Anekdotische ausmerzt, jede Bewegung, jede Form sofort in den monumentalen Stil überträgt. Was von dem Zeichner gilt, gilt von dem Maler. Nicht weniger als 18 Bilder, sämtlich aus Privatgalerien stammend, waren in der Ausstellung zu sehen Schachspieler, Amateurs, Advo-

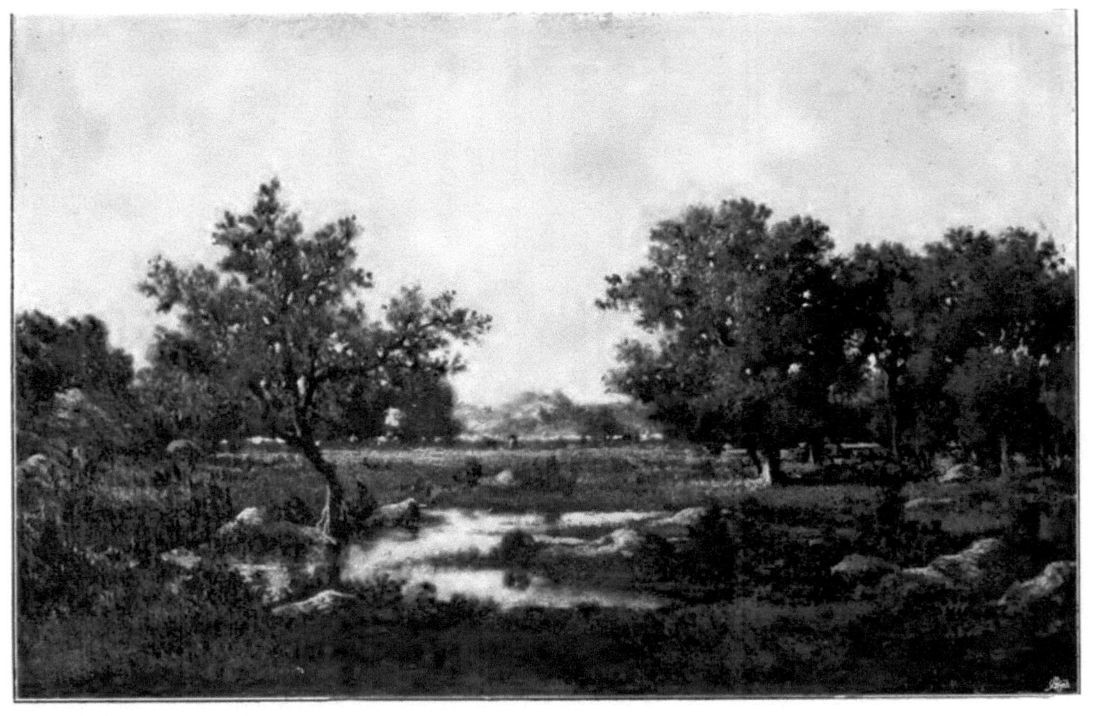

NARCISSE VIRGILE DIAZ.
SUMPFLANDSCHAFT.

katen, Seiltänzer, Strassensänger, Emigranten, Schauspieler,
Kupferstecher, eine Scene aus dem Don Quichote und aus
dem Malade imaginaire. Und in allen Werken war die michelangeleske Linie, die man kannte, mit einer malerischen Delikatesse verbunden, die niemand ahnen konnte. Es machte
in den 70er Jahren bei uns Aufsehen, als Wilhelm Diez und
Harburger mit ihren feintonigen Bildchen auftraten. Daumier
hat viel feinere Harmonien schon ein Menschenalter vorher
gehabt. Er hat ein Hellblau, ein Rosa, ein Schwarz und ein
Weiss, als hätte er die Bilder des Velasquez studiert. Er ge-
mahnt an die allermodernsten Farbenneurastheniker, an
Carrière und Hammershoy, wenn er in seinen Advokaten-,
Kupferstecher- und Schauspielerbildern weisse Hemdärmel,
weisse Bäffchen, weisse Zipfelmützen und weisse Probedrucke
kühn und harmonisch neben die schwarzen Kostüme und die
perlgrauen Wände setzt. Er ist Meister darin, mit ganz wenigen
Strichen einen Charakter festzuhalten. Und namentlich, er hat
eine Psychologie der Linie, neben der alles kleinlich erscheint,
was Forain, Léandre und die Plakatkünstler unserer Tage
leisten. Sein Bild „Das Drama" – Blick von dem Zuschauerraum auf eine Bühne — sieht in der Anordnung wie in der
Unmittelbarkeit der Momentaufnahme wie ein Werk des Degas
aus. In seiner „Volksbewegung auf der Strasse" erfasst er den
Rhythmus der Massenbewegung mit erstaunlicher Wucht. Alle
diese Wesen haben e i n e Seele, von e i n e m elektrischen Strom
sind ihre Körper durchzuckt. Daumier ist ein Phänomen. Intuitiv
hat er das gefunden, wonach wir heute noch suchen den grossen
Stil für die Behandlung des modernen Lebens.

Der Einfluss Daumiers muss ein kolossaler gewesen sein.
Gerade weil seine Zeichnungen in alle Hände kamen, wirkte
er weit mehr, als er es durch Bilder gekonnt hätte. Für alle
jüngeren Maler wurde er der angestaunte Held, zu dem sie
aufblickten, wenn ihnen ein Zweifel an der Unfehlbarkeit ihrer
Akademielehrer kam. Von Millet wissen wir selber, wie hoch
er ihn schätzte und wie viel er ihm dankte. Auch er war in
der Ausstellung mit einigen Werken vertreten, die ihn zwar
nicht von neuer, doch von ungewohnter Seite zeigten. Das

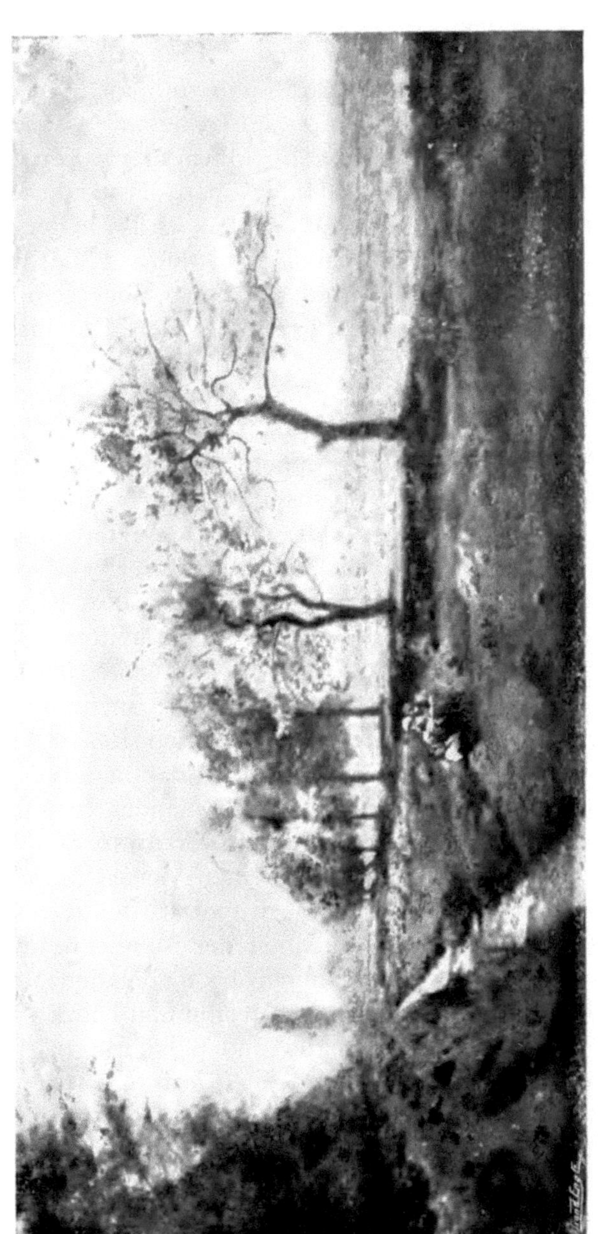

A. CHINTREUIL.

LA RIGOLE D'IGNY.

Porträt eines Marineofficiers vor nächtlich verfinstertem Himmel sah aus wie von Joseph Court. Eine seltsame Todesphantasie liess gleichzeitig an Prud'hon und an Bartholomé denken. Seine Kreidezeichnung „le voyageur" ist aus der Stimmung heraus geschaffen, die Böcklins Abenteurer, Stucks Krieg und der Eroberer Max Halbes hat. Trotz dieser Ansätze zu einer seltsam modernen Phantastik wird er in der Kunstgeschichte als der grosse Bauernmaler fortleben. Man möchte sagen als der Daumier der Bauern. Denn über seinen Stil lässt sich nur das wiederholen, was über den Daumiers gesagt wurde. Sie haben dieselbe Monumentalität, dieselbe michelangeleske Linie, nur dass bei Daumier die Bewegung herrscht, bei Millet die grosse Ruhe.

Millets Bedeutung ist eine doppelte.

In früheren Werken der Kunstgeschichte kam das Wort Arbeit nicht vor. Wie das Altertum den Sklaven nur in Karikaturen verhöhnte, weist die spätere Malerei keine ernsten Arbeiterbilder auf. Die „spinnenden Mädchen" des Francesco Cossa entstanden nur, weil Cossa im Sinne mittelalterlicher Kalenderbilder die Beschäftigungen der Monate illustrieren wollte. Die Spinnerinnen des Velasquez sind nicht um ihrer selbst willen da. Der Maler hat nur einen Besuch Seiner Majestät in der königlichen Teppichmanufaktur geschildert. Und die bürgerliche Kunst der alten Holländer beschäftigte sich mit dem Proletarier auch nur, weil der dritte Stand stolz darauf war, dass es unter ihm noch einen vierten Stand gab. Als betrunkene Tölpel und raufende Rüpel wurden die Bauern dargestellt, damit die Wohlerzogenheit der Mynheers in desto hellerem Lichte strahlte. Dann folgen die tändelnden Maskenscherze des Rokoko. Die vornehmen Herren und Damen ziehen bäuerliche Kostüme an, um Schäfer und Schäferin zu spielen. Boucher führt den Milchmann und die Eierfrau als komische Wesen vor, während Greuze empfindsam von der Güte des Volkes spricht. Den nämlichen Anschauungen blieb die bürgerliche Gesellschaft des 19. Jahrhunderts treu. Entweder die Bauern sind dumme Kerle, über deren Borniertheit der Städter lacht, oder sie sind glückliche Wesen, die in ihrem schönen

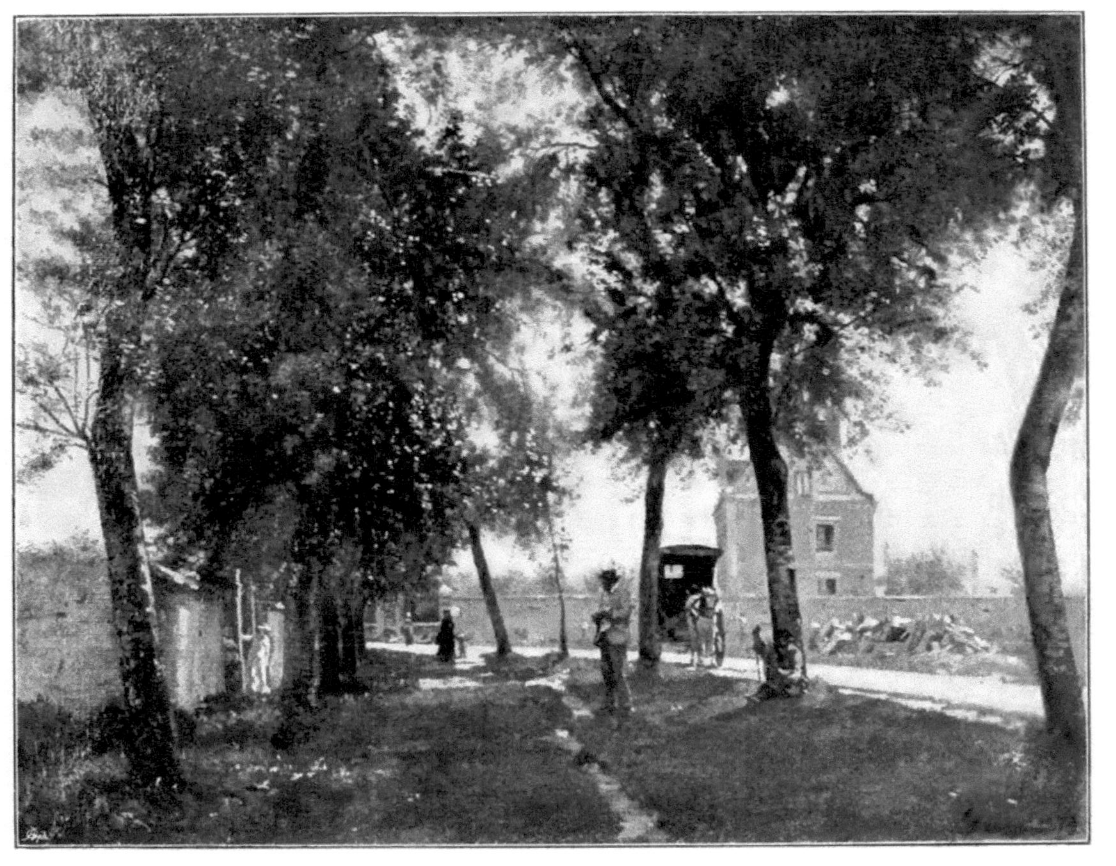

FRANÇOIS LOUIS FRANÇAIS.
DIE STRASSE NACH COMBS-LA-VILLE.

Arkadien nur Frohes erleben, oder sie sind arme hilfebedürftige
Schlucker, über deren Not und Mühe ein philanthropischer
Maler klagt. In allen Fällen aber steht der Künstler ausserhalb der Welt, die er schildert. Millet stammte aus dem Volke.
Bauern waren seine Vorfahren, seine Brüder Knechte. Er selbst
hatte jahrelang als Bauernknecht auf dem Acker gearbeitet.
Beim Hacken und Pflügen ging ihm die Ahnung seines Berufes auf. Der Cri de la terre hatte ihn zum Malen gerufen.
Nicht als Maler der Bourgeoisie, sondern als Bauer unter Bauern
beschloss er sein Leben. So singt er als erster das Hohelied
der Arbeit. Der Bettler von einst hat mächtig und gebietend
sich aufgerichtet. Ein stolzes Bild der Arbeit, steht er wie
ein Fürst in seinem Reich. Und nicht der Mann allein arbeitet,
die Frau steht neben ihm, Schulter an Schulter. Aus dem
Lazarus ist der Heros geworden. Auf das Dolce far niente
ist die Apotheose der Arbeit gefolgt. Darin liegt die kulturgeschichtliche, die ethische Bedeutung von Millets Bildern.

Seine künstlerische Bedeutung liegt darin, dass er als erster
nach Daumier „aus den Elementen des modernen Lebens Erhabenes machte" Denn jede Zeit hat ihren eigenen Typus,
ihre eigenen Bewegungen. Modern konnte die Malerei des
19. Jahrhunderts erst werden, wenn es ihr gelang, das Wesen
des modernen Menschen so auszuprägen, wie sich im Pippo
Spano Castagnos, im Colleoni Verrocchios das Wesen des
Quattrocento ausprägt. Die Genremaler der Louis-Philippzeit
traten an dieses Problem nicht heran, denn die Hauptsache war
für sie nicht das formale, sondern das inhaltliche Element,
die malerische Einkleidung litterarischer Ideen. Sofern überhaupt ein Stil erstrebt wurde, erreichte man ihn dadurch, dass
man den der älteren Epochen auf das 19. Jahrhundert pro-
jicierte. Wie es Robert that, als er seinen Italienern die Bewegungsmotive griechischer Statuen gab. Millet als erster nach
Daumier hat das Heroische im modernen Menschen gesehen.
Von aller herkömmlichen Schönheit hält er sich fern, macht
seine Bauern nicht zu glatten Puppen, sondern malt alle Narben,
all' die Verunstaltungen und Schwielen, die lebenslange Arbeit
dem Körper aufprägt: die gebeugten Rücken, die krummen

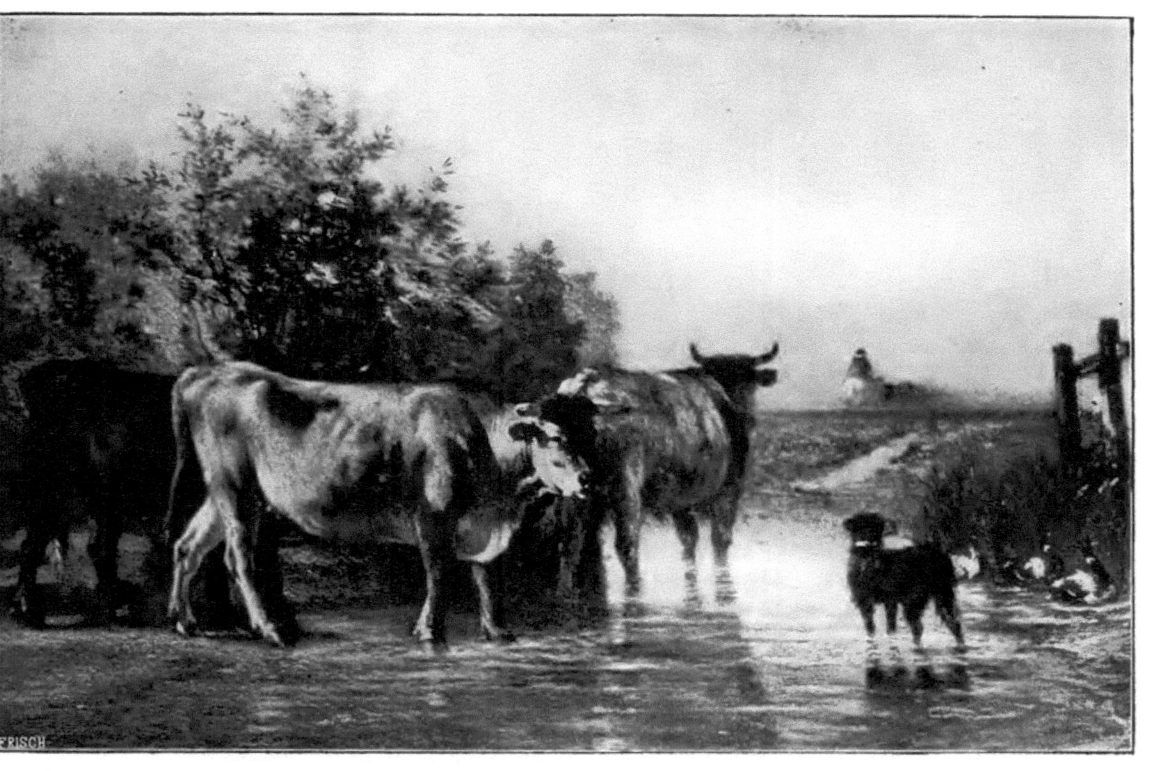

CONSTANT TROYON.
DIE FURT.

Kniee, die breiten grossen Füsse, die rauhen Hände, den Ausdruck vegetierenden Stumpfsinns in den harten, sonnegebräunten Zügen. Auch eine Kostümfrage, wie sie Robert so fürchtete, giebt es nicht. Die grobleinenen Röcke, die dicken Kopftücher, die derben Mäntel — sie sind keine Draperien, kein Atelierfirlefanz, sie sind die Kleider des Arbeiters. Hässlich, ungeschlacht, vom Leben gebeugt, ganz so wie sie sind, stehen die Bauern da. Gleichwohl ist Stil in allem: in diesen Formen, die so machtvoll sich abzeichnen, in diesen Bewegungen von majestätischem Adel. Der moderne Mensch, bisher nur für Anekdoten verwendet, ist für Millet Formenproblem geworden. Und indem er darauf verzichtete, fremde Schönheit in die Dinge hineinzutragen, lernte er die ihnen eigene Schönheit fühlen. Alles Kleinliche, Gleichgültige trat zurück. Alles weitete sich, wurde ruhig, gewaltig. All' die hundert wechselnden Bewegungen des Lebens lernte er auf grosse Linien zurückführen. Vereinfachung und Gefühl für den Rhythmus — darin liegt das Geheimnis von Millets Kunst. Denn verändert er die Gewandung nicht, so gestaltet er sie doch einfacher, ruhiger. Verschönert er die Gesichter nicht, so nähern sie sich doch dem Typus in ihren scharfkantigen, streng und regelmässig geschnittenen Zügen. Giebt er die Bewegungen der Arbeit naturwahr wieder, so sucht er sie doch in ihrer hohen gesetzmässigen Regelmässigkeit zu erfassen. So wurde aus der Prosa der Genremaler Poesie, wie in der Urzeit die ersten Versmasse dadurch entstanden, dass man zum Rhythmus der Hammerschläge sang. Durch seine typische Schlichtheit gab er seinen Werken den Stil der Erhabenheit. Der alltäglichste Vorgang steigert sich zu ernster Monumentalität. In der Ausstellung war z. B. ein Bild mit einem Weib, das auf dem Esel reitend mit ihrem Mann vom Felde zurückkommt. Es wirkte in der feierlichen Getragenheit seiner Linien wie ein Sacralbild, religiöser als alles, was Uhde mit biblischer Etikette versah. Millet ist der Daumier, man könnte noch besser sagen, der Phidias der Bauern. Und diese Grösse als Formenkünstler macht ihn noch heute, nachdem die naturalistische

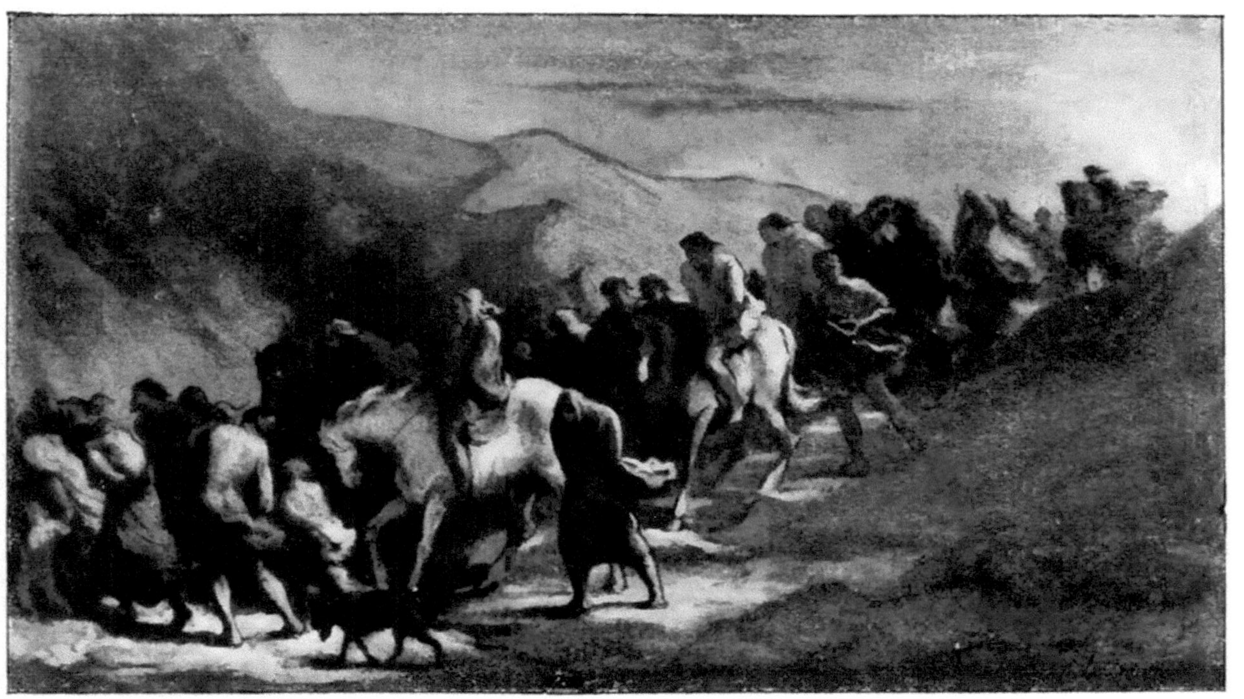

HONORÉ DAUMIER.
DIE EMIGRANTEN.

Bewegung vorübergerauscht ist, zum starken Anknüpfungspunkt der Modernen.

In ihrer ersten Zeit standen sowohl Daumier wie Millet allein. Millet arbeitete in der Einsamkeit des Waldes von Fontainebleau. Daumier war in weiteren Kreisen nur als Zeichner bekannt. Erst durch die Revolution von 1848 wurden auch die Pariser Maler veranlasst, sich wieder die Gegenwart anzusehen, die sie vor lauter Geschichtsmalerei vergessen hatten, und sie begannen nun das zu thun, was die Zeichner — Monnier und Gavarni — seit Jahren thaten: zu fluchen und zu wettern und Pfeile zu schiessen gegen die Schäden der modernen Gesellschaft. Die „geordnete Freiheit" unter Louis Philipp hatte zur Kapitalherrschaft und zur Knechtung des Arbeiters geführt. So erhob sich die sociale Frage. Der Kampf des Proletariats gegen die Bourgeoisie begann. Die Schriftsteller als die ersten traten in die Bewegung ein. Sue führte in die Spelunken und Hinterhäuser. Die Sand durchsuchte die Stätten der Armut und des Elends. Proud'hon forderte von der Kunst, dass auch sie nicht mehr ziellos in der Vergangenheit umherirre, sondern mitkämpfe für die grossen Ziele des Zeitalters. Die Maler hörten seinen Ruf. Schreiend und heulend hält das Proletariat in die Kunst seinen Einzug. Granet, ein alter Herr beginnt noch in seinem 70. Jahr Armenasyle, Bettler, alles Elend der Grossstadt sehr gefühlselig larmoyant zu schildern. Leleux und Antigna legen die Enterbten den Wohlsituierten ans Herz. „Der Armen Schicksal ist beklagenswert" ist der ständige Kehrreim ihrer Bilder.

Die Werke Tassaerts spiegeln am deutlichsten diese volksfreundlich rührselige Stimmung wieder. Tassaert ist ein sehr widerspruchsvoller Künstler. Er hatte auf der Ausstellung ein Bild „Himmel und Hölle" das mit Rubens ebensoviel wie mit Wiertz und Lambeaux gemein hatte. Auf einem andern war die Versuchung des heiligen Hilarion ganz im Sinne Wilhelm Buschs oder Offenbachs dargestellt. Er hat feine Kinderbilder gemalt und Kokotten, deren Posen ein wenig auf die Lüsternheit alter Herren spekulieren. Namentlich liebte er, wie Fragonard, schlafende junge Mädchen zu zeigen, die in ihrer Unschuld

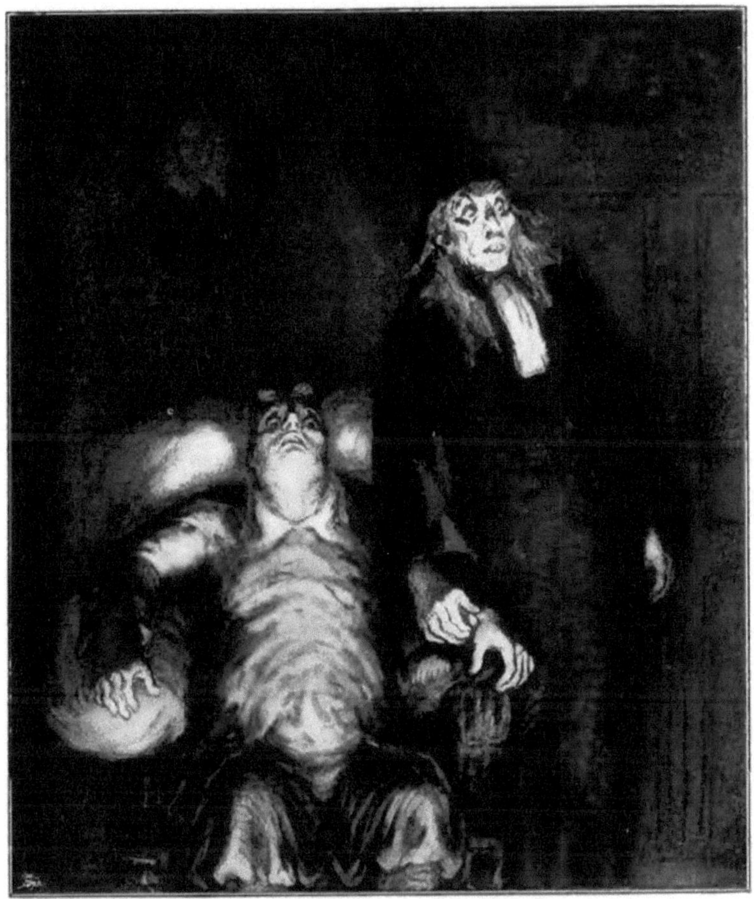

Honoré Daumier.   Der eingebildete Kranke.

nicht ahnen, dass ihr Hemd herniedergeglitten ist und ein
rosiger Busen, ein feiner Schenkel indiskreten Blicken sich dar-
bietet. Doch in der Revolutionszeit wurde aus dem Zotenreisser
ein socialer Künstler. Er malte die Elegie des Elends: Selbst-
morde in kleinen Dachstuben, kranke Kinder, im Schnee
frierende Waisen, verführte Mädchen. Nur Kellerwohnungen
und Mansarden kennt er, alte zerbrochene Möbel, geflickte
Lumpen und bleiche Gesichter, in die Hunger und Not ihre

frühen Spuren geschrieben. Das Bild des Luxembourg „Une famille malheureuse" — Mutter und Tochter, die durch Kohlengas sterben — ist besonders berühmt. Ein Waisenkind, das am Grabe der Eltern betet, war in der Ausstellung ein Beispiel für diese Seite seiner Kunst. Und die Werke sind sicher aus einer echten Empfindung heraus geboren. Es ist sehr stilvoll, dass Tassaert schliesslich denselben Tod sich gab, den auf dem Bilde des Luxembourg die arme Familie stirbt. Aber die Tendenz ist löblicher als die Malerei. Mehr für den Philanthropen als für den Kunstfreund hat Tassaert geschaffen. Es steckt sehr viel Greuze, sehr viel Niobe in seinen Figuren, mit ihren salbungsvollen Gesten und ihrem emporgeschlagenen Blick. Es steckt sehr viel Ary Scheffer in dieser weichen, weinerlichen Sentimentalität. Ueber eine glatte, bunte, kraftlose Koloristik kam er nicht hinaus.

Frankreich hatte überhaupt seit Delacroix kein wirkliches Maleringenium gehabt. Der kleinliche Geist des Zeitalters drückte auch den malerischen Stil auf das Niveau des Philisters herab. Alles musste bieder, ausgefeilt, von jener öldruckmässigen Glätte sein, die ein gutes Sofabild fordert. Die Wenigen aber, die ausserhalb des Publikums standen, hatten ebenfalls für das Malerische wenig Sinn. Es war kein Zufall, dass Millet in der Ausstellung fast nur mit Kreidezeichnungen vertreten war. Denn eigentlich ist er gar kein Maler, sondern ein verkappter Bildhauer. Ausschliesslich mit Raum- und Formproblemen beschäftigt, war er nur gross als Zeichner, wurde plump, lehmig und ungefüg, sobald er statt der Kreide den Pinsel zur Hand nahm. In diese Lücke trat Courbet ein. Er zeigte den Leuten wieder, was Malen heisst. Er verhält sich zu Millet, wie Tizian zu Michelangelo oder wie Grünewald zu Dürer. Einer Gruppe kolorierender Zeichner steht er als Maitrepeintre, als gewaltiger Ouvrier der Palette gegenüber. Die paar Zeichnungen, die man von ihm kennt, verdeutlichen den Gegensatz am schärfsten. Millet und die andern zeichneten, wenn sie malten. Courbets Blätter sind so weich und breit und tonig und malerisch, als hätte er nicht die Kreide, sondern den Pinsel geführt.

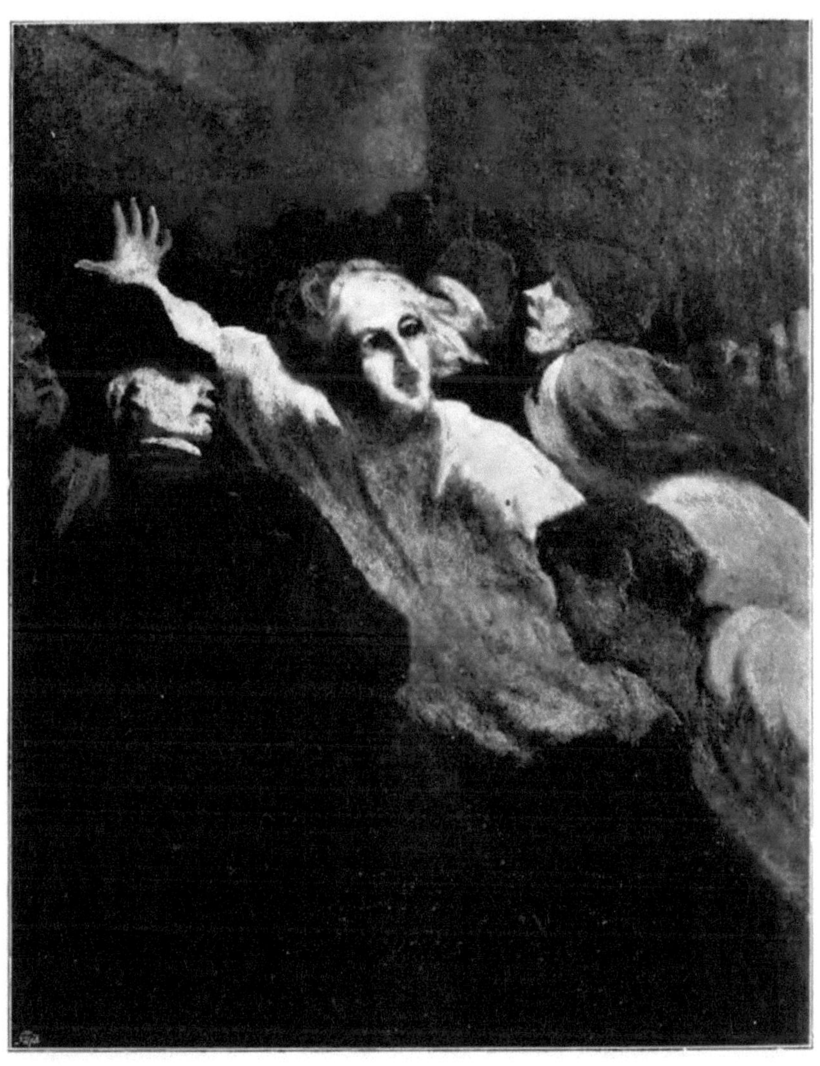

HONORÉ DAUMIER.
VOLKSBEWEGUNG IN DER STRASSE.

Man ist gewöhnt, auch Courbet mit der socialen Bewegung der 50er Jahre in Zusammenhang zu bringen, und er hat selbst durch seine Athletenposen, seine Kneipenphilippiken und gedruckten Manifeste dieser Auffassung eine Stütze gegeben. Doch das sind eben Tiraden, wie sie am Biertisch gehalten werden. In Wahrheit ist Courbet trotz seines Polterns kein Politiker gewesen. Er war nur ein Maler, ein gottbegnadeter Maler, der eigens zur Welt gekommen schien, um zu beweisen, dass ein Künstler nichts als seine fünf Sinne brauche, um unsterbliche Meisterwerke zu schaffen. Zu einer Zeit, als die meisten noch als Litteraten, als Erzähler geschichtlicher oder rührseliger Anekdoten sich fühlten, sah Courbet die einzige Aufgabe des Malers im Malen. Einen Abscheu hatte er vor allem, was nicht die Erde war, die er unter den Füssen hatte, spachtelte in grossem, kühnem Wurf seine Bilder herunter. Ein alter Vlaame, kraftstrotzend wie Jacob Jordaens, ein Bruder der mächtigen Arbeiter der Vergangenheit scheint zu neuem Leben erwacht. Der Saal, der seine Werke enthielt, war ein Glanzpunkt der Centennale. Hoch wie der Eiffelturm erhebt sich Courbet aus der Schar seiner Zeitgenossen. Allen ist er überlegen an Vielseitigkeit wie an robuster Kraft. Und es ist traurig zu denken, dass dieser Feuerkopf und glühende Patriot, neben Delacroix der grösste Maler seines Volkes, vor dreissig Jahren aus dem Vaterlande vertrieben ward und fern von der Heimat in der Fremde starb.

Courbets Auftreten glich dem Losbrechen eines Orkans. Wie Millet war er Bauer, ein ungeschlachter derber Prolet, der mit der Kraft des Naturmenschen in die Kunstwelt eintrat schwer der Körper, plump und breit die Bewegung, kernig und hahnebüchen die Rede. Sein festes, volles gebräuntes Gesicht glänzte wie Bronze, wenn er in der Sonnenglut an seiner Feldstaffel arbeitete. Wie ein Urweltswanderer erschien er 1869 den Münchenern, wenn er in weitem Anzug aus grauem Lodenstoff, die Leinenmütze auf dem Kopf, den Brule-gueule im Mund, zwei wollene Decken mit Lederriemen um den breiten Körper befestigt, derbe dicksohlige Bergschuhe an den Füssen durch die Strassen Münchens daherschritt. Und wie er war,

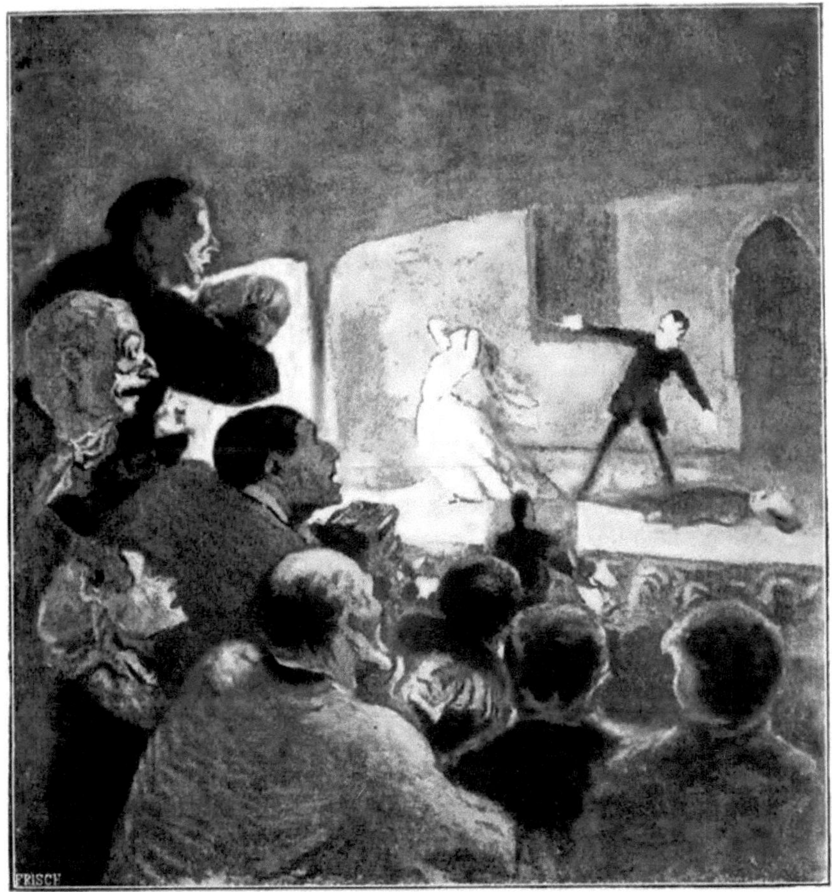

Honoré Daumier. Das Drama.

sind seine Werke. Noch kein französischer Maler des Jahrhunderts war der Natur mit so resoluter Energie gegenüber-
getreten, wie es Courbet 1851 in den „Steinklopfern" that.
Sein „Begräbnis in Ornans" ist eins der gewaltigsten Bilder,
die das 19. Jahrhundert hervorbrachte. Wie posenlos stehen
diese Menschen da. Auf einen wie wundervollen Accord sind
dieser dunkle Himmel, diese ernste, weite, dunkelgrüne Landschaft, diese roten und schwarzen Kleider gestimmt. Mit welch'

unbeschreiblicher Maëstria sind die weissen Hemdärmel des Totengräbers, die weissen Hauben der Bäuerinnen und der weisse Jagdhund in die dunkle Farbenharmonie gesetzt. Man kann sich Don Diego Velasquez, den Meister der Borracchos, vorstellen, wie er lange aufmerksam vor dem Bilde weilt und nach der Betrachtung vornehm aristokratisch dem Proleten Courbet die Hand drückt. Seine Bildnisse von Berlioz, Champfleury, Baudelaire und Proud'hon sind sehr verschieden an Wert. Ein Geist wie der Baudelaires musste dem ungefügen, gesunden Courbet ein Buch mit sieben Siegeln bleiben. Aber gute morceaux, Meisterwerke breit wuchtiger Malerei sind sie alle. Malt er Akte, so liebt er wie Jordaens quammiges festes Fleisch, dicke dralle Busen und schwellende Schenkel. Selbst der Natur gegenüber wird er nicht anders, sondern malt immer sich selbst: nur Dinge, die viel Erdgeruch, viel dickes Blut und viel Nährgehalt haben: frisch gedüngte Aecker und moosige Felsen, fetten Torfboden und schlammiges Schilf, Kartoffeln, Kohlköpfe, reife Garben, Ochsen mit dampfenden Nüstern, die schwerfällig über die Scholle schreiten, Kühe mit dicken strotzenden Eutern, die behäbig die fruchtbare Luft regengetränkter Wiesen atmen. Bilder von Courbet betrachten, heisst ein Moorbad nehmen oder einen schweren Lunch mit Porter, Beefsteak und Ei geniessen. Er ist ein Schlemmer vor der Natur. Seine Kunst ist fett wie sein Körper. Alles ist von breiter Bravour, von Erdenschwere und vollblütiger Derbheit.

Trotzdem muss man sich hüten, Courbet allzusehr auf den Castagnomenschen, auf den Athleten der Palette zu stilisieren. Wie Zola, der Meister von „La terre" auch die zarten Seiten des „Rêve" schrieb, erreicht der Naturalist Courbet vermöge seiner malerischen Feinheit oft Wirkungen, die weit über die handfeste Naturkopie hinausgehen. Seine Kuhbilder geben dafür ein Beispiel. Weder bei Troyon, noch bei der Bonheur heben die mächtigen braungrau-weissen Farbenmassen sich so wunderbar von der tiefgrünen Landschaft und dem graublauen Himmel ab. Weder Troyon, noch die Bonheur erreichen aber auch diese urtümliche homerische Stimmung. Die Scholle dampft. Die fette Behäbigkeit des Bodens und die satte Ruhe

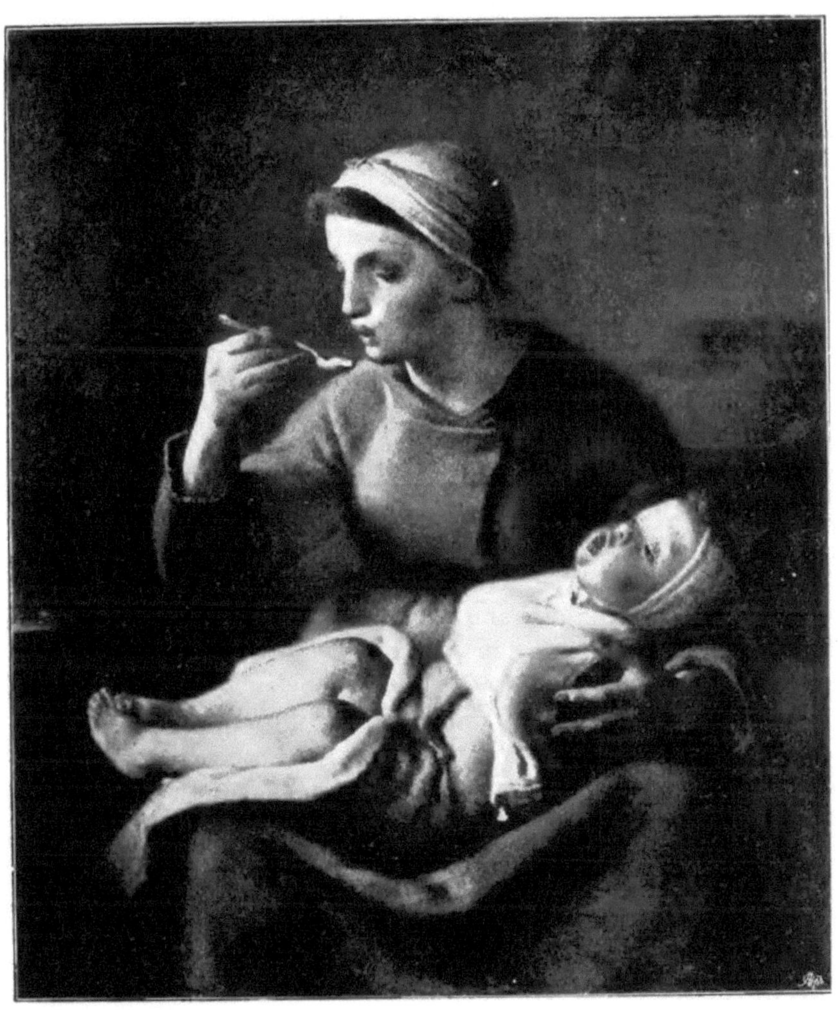

JEAN FRANÇOIS MILLET.
DIE MUTTER.

der Tiere, das Träumerische der Natur und die philosophische Beschaulichkeit der Kinder klingen zu einem einheitlichen grossen Accord zusammen. Ganz impressionistisch ist es, mit welcher Scharfäugigkeit er in seinen Fuchsbildern die flüchtigsten Bewegungen beobachtet; ganz impressionistisch, wie schlagfertig er in den Marinen all' die wechselnden Farbenspiele der schäumenden, rollenden, sich wälzenden Wogen festhält. Und wie weiss er als Landschafter das Waldesweben und die Waldeskühle, die ganze frische Feuchtigkeit der Waldnatur zu geben. Jener wunderbare Accord, der an den Landschaften Trübners entzückt — wenn alte weissgraue Schlösser sich von hellgrünen Wiesen und dunkelgrünen Tannen absetzen — wurde von Courbet zuerst angeschlagen. Erstaunlich ist, wie er das fettig graubraune Fell der Rehe in die saftige Waldnatur stimmt; erstaunlich, wie er in seinen Waldweihern die fetten Sumpfblumen und das feuchte Moos, das üppige Grün der jungen Bäume malt. Man möchte sagen: Courbet hat etwas von der Erdenfreudigkeit der ersten Quattrocentisten. Wie Paolo Uccello damals seine Bilder in terra verde malte, hat Courbet ein Grün, in dem alle Säfte des Alls zu pulsieren scheinen. Ich kann mir nicht helfen: ich halte Courbet für einen der allergrössten französischen Künstler: als Landschafter ebenso fein wie die Fontainebleauer, als Tiermaler grösser denn Troyon, als Pleinairmaler beinahe so gross wie Manet.

Denn hier kommt eine weitere Ueberraschung, die die Ausstellung brachte. Man spricht immer von der braunen Sauce Courbets, nennt ihn einen Caravaggioschüler, einen schwarzen Bolognesen. Und seine Hauptwerke sind auch im Kellerlukenstil gemalt. Nicht in der Mittagsglut, sondern in einer braunen Scheune scheinen seine Steinklopfer zu arbeiten. Schwarz ist im „Begräbnis" der Himmel. Das badende Weib, das er die Quelle nennt, wurde in der Manetzeit wegen der braunen Schmutzkruste bespöttelt, die ihren Körper überzieht. Doch wie er in seinen „Demoiselles au bord de la Seine" oder in dem riesigen Pferdebild, das Durand-Ruel besitzt, grün mit schwarz und weiss auf ganz merkwürdige Velasquez-Accorde

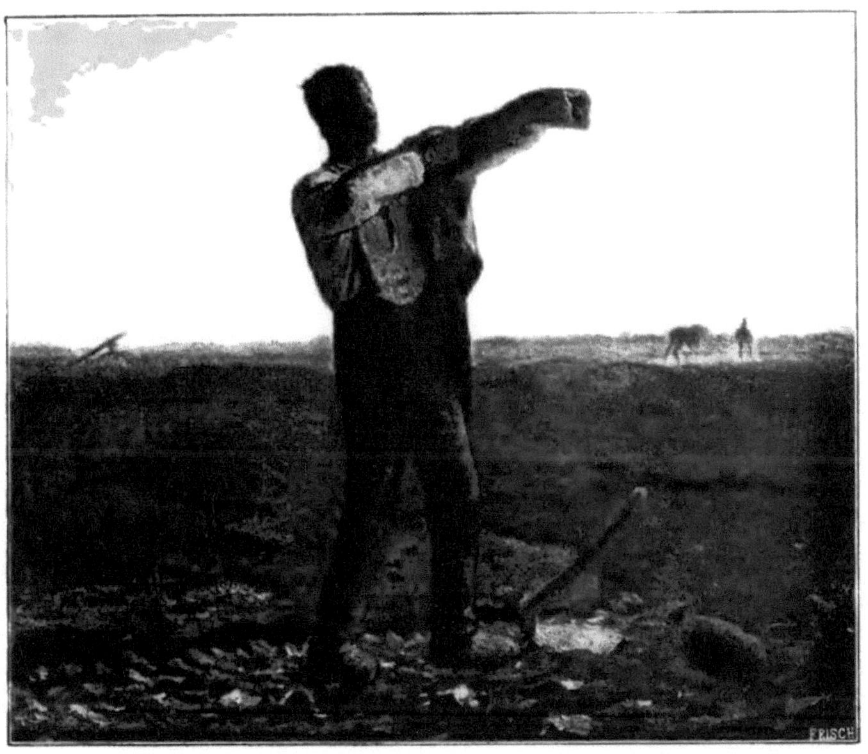

Jean François Millet.   Der Mann mit der Hacke.

zusammenstimmt, so zeigen andere Werke, dass er auch den
Gedanken des Pleinair schon erfasst hatte. Er hat sich 1842
dargestellt als 23jährigen jungen Menschen, einen Hund zur
Seite, wie er als schwarze Masse von einem hellblauen Firmament sich abhebt. Er hat zehn Jahre später das Bild „Bonjour, Monsieur Courbet" gemalt, jene lustige Satire auf alle
Historienmalerei: wie er als Weltenwanderer ceremoniell feierlich von seinem Gönner in Besançon und dessen Diener be-
grüsst wird. Das Bild ist hell wie der hellste Manet. Gleichzeitig
hat er das Bild „Die Getreideschüttlerinnen" geschaffen —
junge Mädchen, graue Säcke, ein weisses Tuch, eine hellgraue
Wand — und man wird an die allermodernsten erinnert, so
wunderbar ist das Ambiante, die Luft zwischen den Dingen

gemalt. Ja, die Kunstgeschichte ist eine grosse Fälscherin. Sie muss komponieren und konstruieren, will sie die Fülle der Erscheinungen zu einem Gesamtbild vereinen, aus dem chaotischen Durcheinander ein festgefügtes Gebäude machen. Courbet ordnet, wie Böcklin und alle Grossen, sich einem solchen Schema nicht ein. Er ist nur typisch für das, was die Folgezeit anstrebte, hat in seiner Person die Entwicklung durchlaufen, die nun erfolgt, durch seine Werke eine solche Fülle von Anregungen ausgestreut, dass ihre Verarbeitung eine ganze Malergeneration beschäftigte.

Die Cinquecentisten der Napoleonzeit.

Bei Courbet wäre es thöricht, von einer Nachahmung der alten Meister zu sprechen. Er war nicht ihr Schüler, sondern ihr Bruder. Wenn er einigen von ihnen ähnelt, so beruht diese Aehnlichkeit nicht auf Imitation, sondern auf Verwandtschaft des Naturells. Jetzt beginnt aber die Zeit, wo überhaupt das systematische Studium der alten Koloristen einsetzt. Plastisch hatte die französische Malerei begonnen. Denn für David und die folgenden war das Massgebende die antike Skulptur. Noch während des nächsten Menschenalters stand dem Koloristen Delacroix Ingres, der Zeichner, gegenüber. Die französische Malerei war gleichsam eine Wage, deren beide Schalen mit ganz gleichen Gewichten belegt waren. Jetzt, nachdem Delacroix noch in dem Maitre-peintre Courbet einen so mächtigen Bundesgenossen erhalten, schnellte die Wagschale Ingres' in die Höhe. Es kommt der Sieg der Farbe über die Linie. Alle grossen Maler der Vergangenheit werden studiert und um ihre Geheimnisse befragt. Alle Stoffe werden im Sinne eines vornehmen altmeisterlichen Kolorismus umgestaltet.

Mehr von diesem maltechnischen als von kulturgeschichtlichem Gesichtspunkt aus ist die Entwicklung der französischen Malerei der 5oer und 6oer Jahre zu verstehen. Gewiss spiegeln die Werke auch die kulturgeschichtliche Wandlung, die sich seit dem Regierungsantritt Napoleons III. vollzogen hatte. Ein neues Geschlecht war, wie die Bildnisse zeigen, auf den Schauplatz getreten. Aus den schämigen jungen Mädchen von früher sind galante Amazonen geworden. Die Frauen, die sich früher so häuslich mit dem Buch auf dem Schosse darstellen liessen, erscheinen nur noch, tief dekolletiert, am Flügel stehend, in der grossen Toilette, die sie bei den kaiserlichen Routs, in der Oper oder im Ballsaal tragen. Die Herren, früher so korrekt in ihrem zugeknöpften Gehrock und der steifen Halsbinde, sind schneidige Lebemänner, gewiegte Roués. Auch der Hintergrund weist eine Veränderung auf. Man fühlt, dass auf die Biedermaierzeit die Gründerzeit folgte. Er hat nichts Kleinstädtisches, altmodisch Trauliches mehr, sondern prunkt in einem Glanz, der an Protzigkeit streift. Dunkelrote Plüschportièren wallen hernieder. Cuivre poli blitzt. Tierfelle und seidene Kissen sind über den Boden und die Sofas verstreut.

Dieselbe Wandlung, die sich bei den Bildnissen zeigt, lässt sich bei den anderen Stoffen bemerken. Das Paris der Napoleonzeit war das Dorado der Demimonde. Kokottenstücke, wie die Cameliendame, Diane de Lys und die Filles de Marbre, beherrschten die Bühne. Also wurde auch die Kunst ein einziger Hymnus auf das Weib. Gleich die Werke Coutures sind die Ouverture des nun folgenden Stückes. Wenn er 1847 seine „Römische Orgie" malte, so ist das eine Vorahnung der Pariser Orgie, die jetzt begann. Wenn er in einer sehr merkwürdigen Skizze, die auf der Ausstellung war, das Weib als Courtisane auf einem Triumphwagen zeigt, der von Königen, Rittern, Pagen und Narren gezogen wird, so steckt darin nicht nur Rops und Henri Martin, es ist auch die Signatur der Napoleonepoche gegeben. Und nicht zufällig ist, dass alle Maler plötzlich wie auf Verabredung die „Geburt der Venus" malen. Denn der Regierungsantritt Napoleons III. bedeutete für Paris die „Geburt der Venus" Die Zahl der Künstler, die sich der Verherrlichung des nackten weiblichen Körpers widmen, ist Legion. Venus, Diana, Leda, die Nymphen und Grazien scheinen plötzlich alle Geister zu beherrschen. Selbst die Historienmalerei wird in diesem Sinne umgestaltet. Denn Tony Robert-Fleurys „letzter Tag von Korinth" ist nur eine Ausstellung weiblicher Nuditäten. Der Orient, den Romantikern eine Bühne der Leidenschaft, ist den folgenden ein grosses Bordell. Haremscenen und Sklavenmärkte geben Gelegenheit, weibliche Nacktheit in Massen auszubreiten. Und die Nacktheit ist nicht mehr

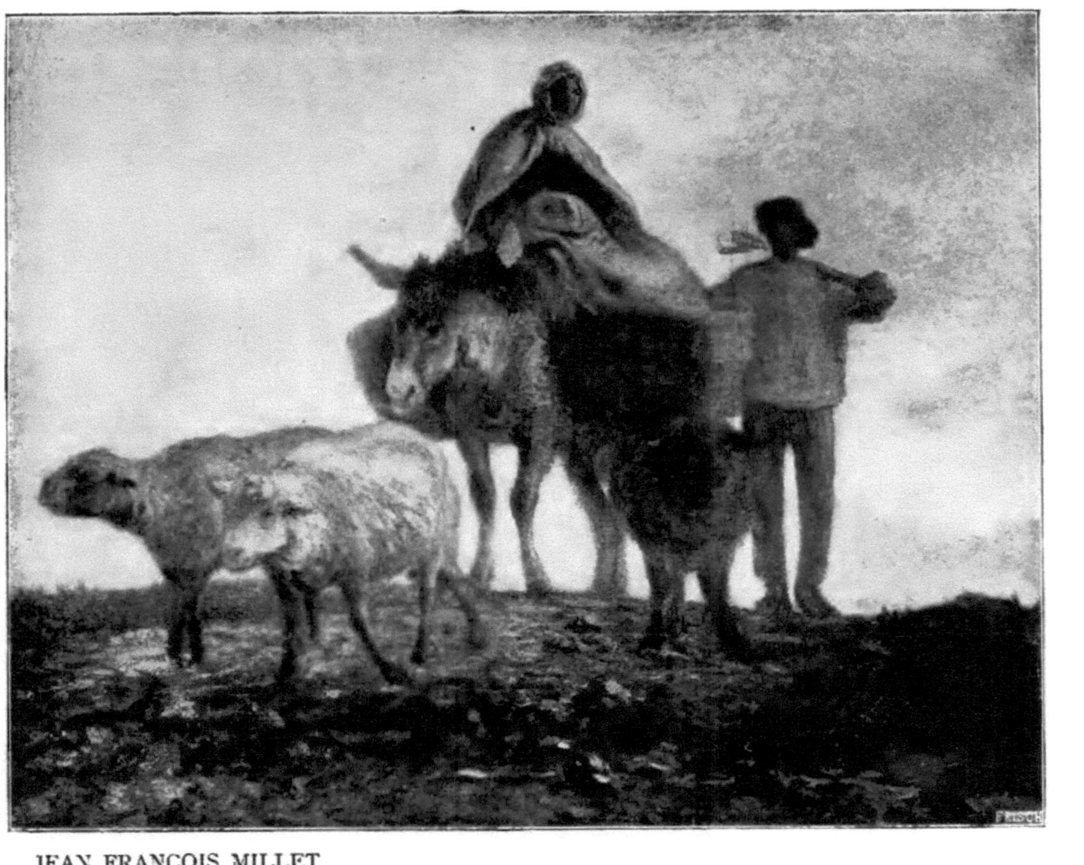

JEAN FRANÇOIS MILLET.
HEIMKEHR VOM FELDE.

diejenige, an der sich die vorausgegangene Epoche freute. Amaury-Duvals Studie eines jungen Mädchens bot dafür in der Ausstellung ein lehrreiches Beispiel. Wie fein ist das gezeichnet. Welche liebenswürdige Biedermaiersinnlichkeit liegt darin, ein elfjähriges Mädchen darzustellen, wie es nackt vor dem Schlafengehen mit ihrer Puppe spielt. Die jungen Mädchen der nächsten Generation sind keine so unschuldigen Backfische mehr. Sie spielen nicht mehr mit Puppen. Sie sind auch nicht schämig mehr wie die Jungfräulein Ary Scheffers, sondern sie haben das Bewusstsein ihrer Schönheit, wissen in allen Fragen der Liebe Bescheid. Blau umränderte Kokottenaugen blicken verständnisvoll, herausfordernd oder hold gewährend uns an. Die Brüste werden üppig, die Hüften ausladend. Statt der edlen Linienrhythmik des Klassizismus herrschen Bewegungsmotive von sehr pikantem Hautgout. Hoch übereinandergeschlagen werden die Beine. Wollüstig strecken und dehnen sich die Glieder. Der Körper, früher der Kanon der schönen Form, ist mit seiner schlanken Wespentaille jetzt derjenige der entkleideten Modedame. Er ist auch nicht mehr marmorn und kalt, denn es soll im Betrachter das Gefühl erweckt werden, dass er Fleisch, warmes atmendes Fleisch berühre. Um diese Wirkung zu erzielen, hat man die grossen Aktmaler der Vergangenheit um Rat gefragt. Die Venezianer und die Meister der Leonardozeit sind die führenden Genien geworden. Und damit komme ich zum Ausgangspunkt zurück: dass die Napoleonepoche den Sieg des Kolorismus über das Zeichnerische, die Zeit des systematischen Malenlernens bedeutet.

Nur Cabanel und Bouguereau weisen in den älteren Klassizismus hinüber. Was sie neues bringen, ist lediglich der Veilchenduft und das Rosenöl, mit dem sie ihre Gestalten besprengen, um ihnen ein zeitgemässes Kokottenparfüm zu geben. Im übrigen steckt der ganze Cabanel in Raffaels Galatea. In seiner Jugend gelang ihm manch glücklicher Wurf. Seine Geburt der Venus mit den niedlichen Boucher-Amoretten und dem wunderbaren Körper, der wogend auf den Wogen des Meeres sich wiegt, erweckte, hell und duftig gemalt, die Meinung, dass in Cabanel echtes Malerblut stecke. Aber es wurde aus

ihm nur ein französischer Riedel. Er hat sehr gut zeichnen
können, aber doch nicht so gut wie Ingres, und als Maler
kommt er nicht über blecherne Glätte hinaus. Bouguereaus Dasein liefert überhaupt nur den Beweis, dass auch in dem
künstlerischen Frankreich zuweilen Leute bewundert werden,
die statt Maler besser Retoucheure geworden wären. Die Ausstellung zeigte von ihm ein Bild Philomene und Prokne, das
auch Antigone und Ismene hätte heissen und von Teschendorff
hätte sein können. Bouguereau ist der Publikumsmaler im aller-
schlechtesten Sinn, von jener charakterlosen Weichheit und
flauen Fadheit, die so lange — sie thut es heute noch — das
Verständnis für wirkliche Kunst erschwerte. Einen Schritt weiter
that Gérôme. In seinem „Hahnenkampf" ist er noch ganz der
Aktmaler der Biedermaierzeit. Das junge Mädchen ist sehr
brav. Aehren und Vergissmeinnicht bringt er ringsum an.
Zeichnerisch streng ist auch das Bild „Innocence". Doch
taucht schon hier der Brunnen aus der „himmlischen und
irdischen Liebe" auf, der seitdem so häufig in den französischen
Bildern vorkommt. Er deutet den „heimlichen Kaiser" an, bei
dem die Maler ihre Anregungen holten. Giorgione und Tizian
schweben als Schutzgeister über dem französischen Schaffen.

Eine sehr feine Art, die duftige Morbidezza des weiblichen
Körpers zur Geltung zu bringen, machte sich mit Hilfe dieser
Meister Henner zurecht. Das Dunkelgrün einer Landschaft,
das Blau des Himmels und das Blau eines Weihers; aus dieser
Umgebung aufleuchtend das schneeige Weiss eines bleichen
Körpers — das ist der Inhalt der vielen Bilder, die er seit
50 Jahren gemalt hat. Giorgione und Tizian würden ihn, wenn
sie heute lebten, wohl des Plagiates bezichtigen. Der eine würde
ihn vor das „Konzert" des Louvre führen und würde ihm
zeigen, dass er diesem Bilde all' die jungen Mädchen entnahm,
die auf seinen Werken sich an Postamente lehnen oder flöten-
spielend auf der Wiese sitzen. Der andere würde ihn vor das
„Bacchanal" und vor „die beiden Mädchen am Brunnen"
schleppen, würde ihm sagen, dass man Brunnen und liegende
Mädchen ohne Quellenangabe nicht so direkt aus älteren Bildern
entlehnen darf. Er würde ihn belehren, dass so blaue Land-

schaften und so tiefblaue Berge nie in Frankreich, sondern nur auf altvenezianischen Bildern vorkommen. Und würde doch vielleicht die feine Delikatesse anerkennen, mit der Henner die fremden Elemente nicht im Sinne des Plagiats, sondern der schönen Neuschöpfung verwendete.

Neben dem Konzert und dem Bacchanal spielt die Felsgrottenmadonna, die a u c h im Louvre hängt, in der Kunst jener Tage eine grosse Rolle. Ganz abgesehen davon, dass die zitternde Erotik Leonardos überhaupt in die Zeitstimmung passte — man bewunderte auch die Art, wie Leonardo hier die Weichheit der hellbeleuchteten Gestalten dadurch steigerte, dass er sie vor eine dunkle Felswand setzte.

Besonders deutlich trat dieser Zusammenhang bei Charles Sellier hervor, einem wenig Bekannten, den die Ausstellung ans Licht zog. Sein Akt der heiligen Magdalena in der Felsgrotte ist von einem wunderbaren, ganz leonardesken Sfumato. Lefebvres „Wahrheit", das bekannte Weib des Luxembourg mit der stolzen Bewegung und der mächtigen Hüfte, würde, zehn Jahre früher gemalt, auch vor hellem Hintergrund, in keiner Felsgrotte stehen. Delaunay in seiner frühen Zeit ist herb und streng. Die Quattrocentisten haben ihm seinen metallischen, zeichnerisch harten Stil gegeben. Fest und sehnig sind seine Akte, bronzen und scharf seine Bildnisse. Doch später segelt er auch in diesem koloristischen Strom. Seine Diana des Luxembourg, herb und streng in der Zeichnung, ähnelt der Felsgrottenmadonna darin, dass hier ebenfalls das Dunkel einer Grotte benutzt wird, um das Hell des Körpers zu steigern. Sein Phantasiekopf einer Ophelia ist eine moderne Mona-Lisa. Meertiefes Schimmern und sphinxhafte Unergründlichkeit sucht er in das Auge zu legen. Das weiche Helldunkel einer phantastischen blauschwarzen Märchenlandschaft dehnt sich ringsum aus. Später, in dem Porträt eines jungen Bauern, geht er sogar zu einer braun-weiss-blau-grünen Harmonie von ganz Courbetscher Wirkung über und lässt in der Skizze zu einer Dekoration, die Bonnat besitzt, leuchtend rote, blaue und grüne Farben kühn durcheinanderklingen.

Das Helldunkel der Mailänder kehrt auch wieder in den

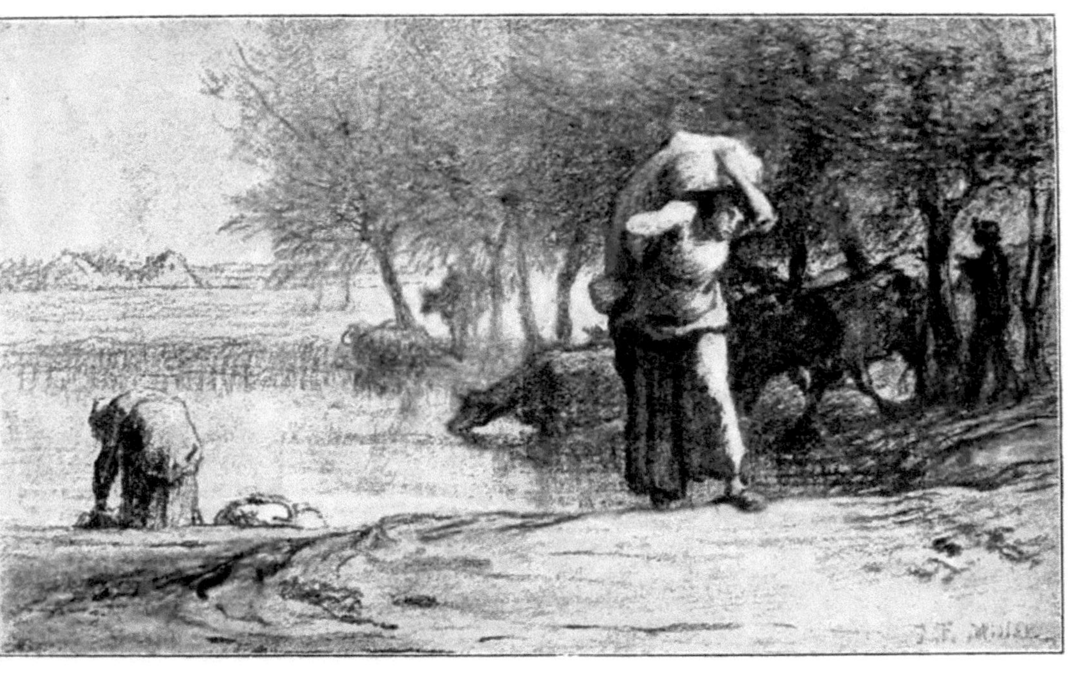

JEAN FRANÇOIS MILLET.
WÄSCHERINNEN (Bleistiftzeichnung).

Bildnissen Dubois' und in den Werken Héberts. Was Schnetz und Robert so zeichnerisch streng gesagt hatten, trug Hébert in einem duftigen, malerisch weichen Stile vor. Das Porträt einer guitarrespielenden Italienerin, „la muse populaire italienne" hat etwas von der milden Anmut Luinis. Sehr zart, an den Aesthetizismus der englischen Neupräraffaeliten anstreifend, sind seine stillen Madonnen, die in dunkeln phantastischen Landschaften träumen.

Alexis Mazerolle in seinen dekorativen Bildern lässt Veronese aufleben, und Paul Baudry bedeutet den Extrakt der ganzen Richtung. Hier klingt alles zusammen. Aus der ganzen oberitalienischen Kunst des Cinquecento ist ein lustiges Potpourri gemacht. Alle berühmten Bilder des 16. Jahrhunderts — natürlich nur als Klang, nicht als Nachahmung — leben auf. In seinen frühen Werken, der „Cybele" oder „Perle und Woge" ist er ganz Venezianer. Dann, in der „Wahrheit" ist auf den Tizianschen Brunnen eine correggeske Frauenfigur gesetzt, und in seiner Magdalena ist er Correggio geworden. In den Opernhausbildern treten noch andere Meister: Parmeggianino, Rosso und Primaticcio, motivgebend sogar Michelangelo hinzu. Die Coiffuren seiner Frauen kennt man aus den Madonnen Parmeggianinos, ihre langgestreckten eleganten Körper aus dem Schlosse von Fontainebleau, ihre gewaltigen Posen aus der Sixtinischen Kapelle und die kühnen Verkürzungen aus der Domkuppel von Parma. Morones Name kommt sofort in Erinnerung, wenn man die feinen Bildnisse sieht, auf denen die Gestalten Ambroise Baudrys und Edmond Abouts sich von blauem oder grünem Hintergrund abheben. Und trotz aller dieser Entlehnungen, trotz all' der verschiedenen Stilelemente, die er durcheinandergemischt hat, bleibt Baudry gross. Mit pariserischem Esprit hat er die schlanken Taillen und die nervösen Beine seiner Damen gemalt. Pariserischer Hautgout umspielt ihre Lippen. Etwas von der Cancanstimmung Carpeaux' ist über alle seine Werke gebreitet.

Agache ist jünger als diese Meister und deshalb noch schwerer zu analysieren. Das Allerverschiedenste klingt hier zusammen. Oft denkt man vor seinen Weibern, die aus schwarz

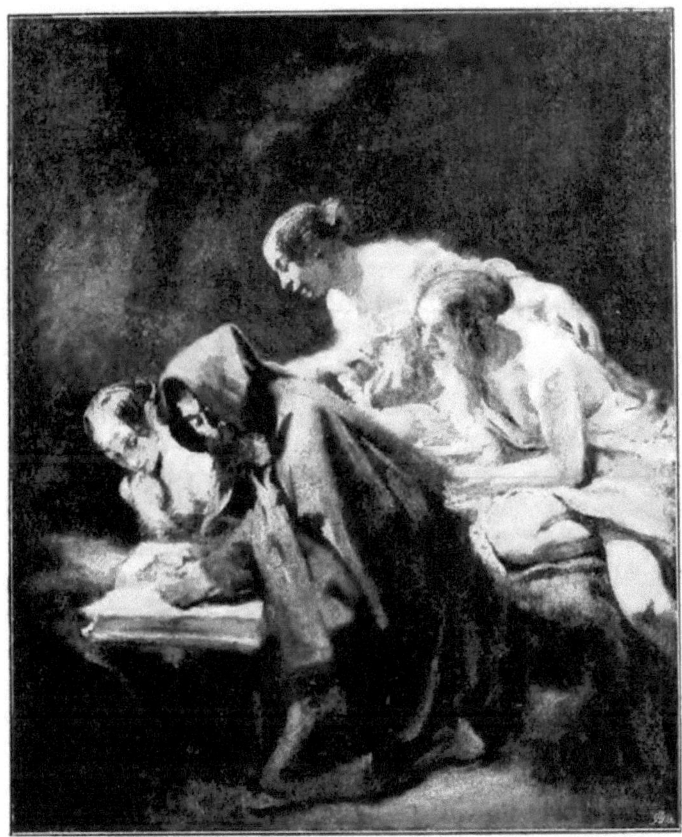

Octave Tassaert. Die Versuchung des heil. Hilarion.

umrändertem Auge so glühend blicken, an die Judith des Christofano Allori. Oft wegen der farbigen Haltung an Tiepolo. Doch der Hauptklang ist cinquecentistisch. Ist es Bronzino, dem er diese bleichen scharfgeschnittenen Köpfe dankt, die aus schwarzem Auge so starr, empfindungslos geradeaus sehen? Hängt er mit Puntormo oder Franciabigio zusammen oder einem andern jener Florentiner Cinquecentisten, deren Feinheit nur den Pariser Malern, nicht den deutschen Kunsthistorikern bekannt ist? Ich glaube, hier ist man auf der richtigen Spur und kann auch das Werk angeben, vor dem ihm die Ahnung seines Berufes aufging: die Caritas des Andrea del Sarto. Dieses in Frankreich gemalte, im Louvre befindliche Bild hat tiefgehenden Einfluss auf die französische Plastik geübt. Ihm scheint Agache die erste Anregung zu seinen Werken zu danken, a u c h Allegorien, die er bald Fortuna oder die Gerechtigkeit, bald die Phantasie oder das Geheimnis nannte. Es sind dieselben dunkeln, tiefglänzenden Augen. dieselben grauen, hellrosaroten, hellgelben und schwarzen Farben. Es ist dieselbe monumentale Haltung der aus dem Nichts herauswachsenden ernsten Figuren. Dass es sich nicht um Entlehnungen, sondern um ganz selbständige Verarbeitung handelt, ist bei einem Geist wie Agache nicht zu betonen.

Auch Tintoretto trat in den Studienkreis der französischen Maler ein. Denn Gustave Ricard ist zwar ebenfalls eine sehr komplizierte Erscheinung. Auf den ersten Blick unterscheiden sich seine Bildnisse von den älteren nur dadurch, dass es gar keine harten zeichnerischen Linien mehr giebt, sondern alles in grossen farbigen Flächen modelliert ist. In einigen sehr delikaten Frauenköpfen glaubt man den Einfluss der Mona-Lisa und der Monaca zu bemerken. Aber Tintoretto ist doch derjenige, dem er den wuchtig einfachen Stil seiner männlichen Bildnisse dankt. Die Art, wie er von allen schönen Posen und von allem dekorativem Beiwerk absieht, die ganze Wirkung auf den Kopf, auf das Auge konzentriert; die Art, wie er als Kolorist nur dunkelbraune, schwarz-weisse Harmonien liebt, in die höchstens ein tiefes Rot hereinklingt; die Art, wie scharfe Glanzlichter auf der Nase oder auf der Stirne spielen, während andere Partien dunkel mit dem dunkeln Hintergrund verschwimmen, das alles entspricht den Prinzipien des altvenezianischen Meisters. Und dieses Auftauchen Tintorettos, des düsteren Malers der Gegenreformation, zeigt überhaupt, wohin die Weiterentwicklung ging. Von dem Kolorismus der Lombarden und Venezianer lenkte man in die Dunkelmalerei des 17 Jahrhunderts ein.

Die Tenebrosi.

Jetzt noch mit kulturgeschichtlichen Gesichtspunkten zu operieren, ist unmöglich. Denn wenn man imstande ist, die vielen Bilder nackter Weiber, die in den ersten Regierungsjahren Napoleons gemalt wurden, aus der Kokottenstimmung des Zeitalters zu erklären, so ist man absolut unfähig zu sagen, weshalb statt der Venus plötzlich ausgemergelte alte Weiber, statt der schönen Jünglinge büssende Eremiten und gehäutete Märtyrer gefeiert wurden. Man muss sich zu der Annahme entschliessen, dass die Kunst ganz unabhängig von den kulturgeschichtlichen Bewegungen ist und dass ihre Wandlungen durch rein technische Gesichtspunkte bestimmt werden.

Die Entwicklung, die zu Beginn des 17 Jahrhunderts die Malerei durchmachte, wird etwa folgendermassen geschildert. Mit der Verherrlichung antiker Stoffe, wie sie das 16. Jahrhundert geliebt hatte, ist es vorbei. Die Kunst sollte nicht mehr auf die Sinne wirken, sondern durch Darstellung der schrecklichen Qualen der Heiligen die Herzen der Gläubigen aufrütteln. Hatte die Renaissance die Schönheit des menschlichen Körpers gepriesen, so feiert die Gegenreformation also seine Kraft, zu leiden. Die Heiligenlegende wird nach den schauderhaftesten Blutthaten durchsucht, über alle Hilfsmittel der Inquisition wird man belehrt. Wie die Darstellung des Leidens war im 16. Jahrhundert alles Missgestaltete ängstlich vermieden worden. Jetzt werden Zwerge, Lahme, Blinde, Aussätzige und Besessene mit frohem Behagen gegeben. Auch die Darstellung des Alters hatte das 16. Jahrhundert nicht geliebt, alle Heiligen zu strahlenden Epheben gemacht. Jetzt kommen

massenhafte Bilder alter Propheten und Eremiten mit welkem,
ausgehungertem Leib, schlaffer, lederartiger Haut und derben,
verwitterten Formen. Damit ist auch der Unterschied gekennzeichnet, der in der Anschauung herrscht: Die Spätrenaissance
hatte unter dem Einfluss der Antike nur den idealisierten Formen
Einlass gegeben. Jetzt tritt derbe Naturwahrheit an die Stelle
der verallgemeinernden Schönheit. Arme alte Bauern mit runz-
lichen welken Gesichtern sitzen für die Heiligen Modell. Die
Märtyrerbilder,   vorher Zusammenstellungen schwungvoller
schöner Körper, bekommen eine brutale metzgerhafte Wahrheit.
Auch die Farbenanschauung macht eine tiefgehende Wandlung
durch. Hatte das Cinquecento, selbst Leonardo und Tizian, das
Hauptgewicht auf die Sprache der Linien gelegt, so entdeckt
das 17. Jahrhundert die eigentliche Stimmungskraft der Farbe.
Man sieht keine Linien mehr, sondern verschwimmende Massen,
keine gleichmässige Metrik des Aufbaus mehr, sondern eine
malerische Komposition, die nur nach hell und dunkel sich
gliedert. Die Meister empfinden eine Wollust darin, fette saftige
Farben zu kneten, mit markigem Pinsel die Lichter aufzusetzen,
malerische Dinge zu toniger Gesamtheit zu ordnen. Vorher
scharf von hellem Grunde sich abhebend, leuchten jetzt die
Figuren gewöhnlich weich aus dunkler Tiefe hervor — in den
Kirchenbildern ebenso wie in den Volksstücken und Landschaften. Denn, nachdem der Bann der Antike gebrochen war,
traten jetzt auch diese und noch andere Kunstzweige hervor,
die das Cinquecento nicht kannte. Damals hatte man zu Gunsten
des Monumentalstils alles Beiwerk zurückgedrängt. Jetzt werden
Früchte, Vögel, Fische, Ziegen, Töpfe, Schüsseln und Stroh-
bündel neben den Heiligenfiguren zu ganzen Stillleben auf-
gehäuft. Ja, das Stillleben sondert sich überhaupt von der
kirchlichen Malerei ab. Gemüse und Wildbret, ganze Küchen
mit blanken Messingmörsern und glänzendem Kupfergeschirr,
mit Tellern und Biergläsern, Kannen und Strohkörben werden
gemalt. Und in diese Scenerie werden die dazu gehörigen
Figuren gesetzt: Fischverkäufer, Hökerinnen, Köchinnen,
Küchenbuben. So führt das Stillleben weiter zum Volksstück.
Dieselben rauhen Gestalten mit den ausgearbeiteten Formen,

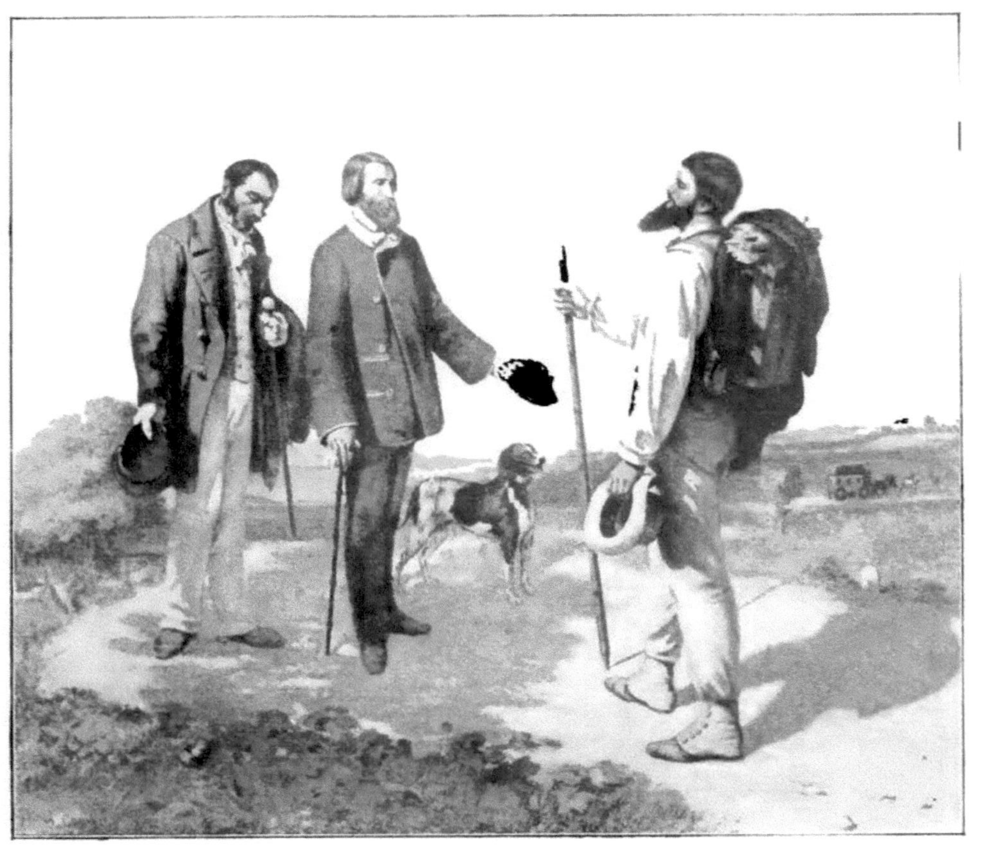

GUSTAVE COURBET.
BONJOUR, MONSIEUR COURBET!

die als Heilige Modell sitzen mussten, begann man auch ohne
religiöse Etikette in lebensgrossen Darstellungen vorzuführen.
Und wie man in den Kirchenbildern mächtige Leidenschaften,
grosse Gebärden liebte, so gab man auch diesen Volksstücken
etwas Urwüchsiges, Wildes. Vagabunden und Landsknechte
sitzen in Winkelkneipen herum, musizieren mit ihren Dirnen,
geraten beim Würfelspiel in Streit. Es war das Jahrhundert
des grossen Krieges, wo die Landsknechte die Geschichte
machten. Also trat auch die Schlachtenmalerei hervor, und
die Bilder wurden auf denselben düster dunkeln Ton wie die
in Innenräumen spielenden Volksstücke gestimmt. Ein
schwarzer, von grellgelben Wolken durchzogener Himmel,
Staub, Pulver und Feuerschein — das ist der Inhalt der Werke.
Selbst die Landschaftsmalerei, die ebenfalls eine neue Blüte
erlebte, lenkte in diese malerischen Bahnen ein. Auf die
grossen Zeichner, die Carracci und Poussin, folgten Elsheimer
und Claude, die dieser Formenplastik die Macht des farbigen
Tones entgegensetzten. Elsheimer malte brennende Häuser und
rauchende Pechfackeln, Wachtfeuer, deren Licht glutrot die
Nacht durchzuckt; Claude den feurigen Sonnenball, der sein
Licht über die Erde giesst. Diese ganze Entwicklung spielte
sich in Italien ab. Erst später trat Spanien in die Bewegung
ein und gab im Kirchenbild dem Naturalismus des 17. Jahrhunderts das klassische Gepräge. In Holland wurde die Kunst
aus der Kirche in das Bürgerheim übertragen. Aus den düster
mächtigen Volksstücken Caravaggios wurden Kabinettbildchen
zierlicher Feinmalerei gemacht.

So ist in meiner Geschichte der älteren Malerei die Kunstentwicklung des 17. Jahrhunderts geschildert, und diese Worte
kennzeichnen auch die Wandlung, die seit Henner und Baudry
die französische Malerei durchmachte. Die Heimat aller
Künstler ist die Abteilung des Louvre, wo die Meister des
17. Jahrhunderts hängen. Jeder führt auf diese Epoche seinen
Stammbaum zurück. Dieselben Epitheta, die bei der
Charakteristik der Alten verwendet werden, sind für die neuen
zutreffend. Dass der Parallelismus noch so wenig beachtet
wurde, erklärt sich nur daraus, dass die Kunsthistoriker, die

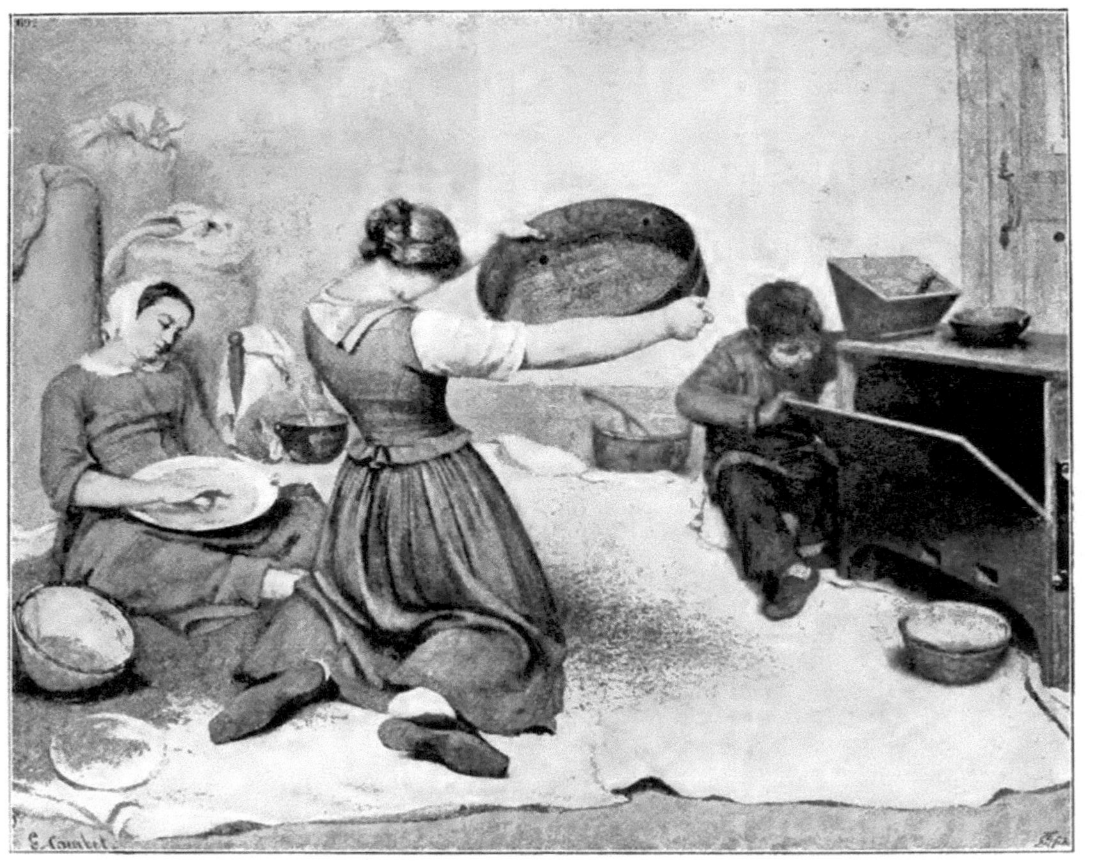

GUSTAVE COURBET.
GETREIDE-SIEBERINNEN.

über alte Kunst schreiben, gewöhnlich die neue, und diejenigen,
die über moderne Kunst schreiben, gewöhnlich die alte nicht
kennen.

Wie ein wiedererstandener Holländer vom Schlage des
Dou oder Frans van Mieris wirkt Meissonier. Von den Malern
geschichtlicher Sittenbilder ist er der erste, der von jeder er-
zählenden Anekdote absah und wieder künstlerische Dinge,
das Schillern von Seide und Sammet, das Glitzern von Metall,
den Glanz polierter Tischplatten und alter Rokokoschränke
malte. Selbst als er von seinen Lesern, Rauchern, Kupfer-
stechern und Landsknechten später zu Schlachtenbildern über-
ging, that er im Grunde nichts anderes, als dass er dem Studium
des Mieris und Dou noch das des Wouwerman gesellte. Was
bei Raffet und Charlet Romantik des Napoleonismus war, ist
bei Meissonier die Freude an Pferdehaaren, an blank ge-
putzten Stiefeln, glänzendem Sattelzeug und funkelnden
Knöpfen. Von den Schrecken, der Raserei des Krieges erfährt
man nichts. Reiterattacken malte er ebenso wie einst Mieris
Hermelinjäckchen und Federhüte, Perlenhalsbänder und
spiegelnde Schüsseln. Und da der Kurs dieser Holländer heute
nicht sehr hoch ist, sank auch Meissonier stark im Preise.
Wie er einerseits der Kunst dadurch nützte, dass er den Bildern
das roh Litterarische nahm, hat er andernteils durch seine pein-
liche Sauberkeit, durch die glatte Sorgfalt seiner Malweise
wieder den unkünstlerischen Instinkten der Masse gedient. Er
gab den Leuten Anleitung, den Kunstkenner zu spielen, mit
der Lupe nach Dingen zu suchen, die das blosse Auge nicht
sieht. Er war Anlass, dass eine Zeitlang Fleiss und Genie ver-
wechselt, die wahre Kunst im handwerklichen Fertigmachen
gesehen wurde. Dem, der in einem Bilde die Handschrift des
Künstlers sucht, hat die Emailmalerei Meissoniers also nichts
zu sagen. Trotzdem lässt sich nicht leugnen, dass er bei aller
Spitzpinselei zuweilen bestrickende koloristische Wirkungen erzielt. Ein Bildchen der Ausstellung — le voyageur: ein Reiter,
der in rotem Mantel durch eine gewitterschwüle Landschaft
kommt - zeigte, dass in Meissonier nicht nur die Porzellan-
seele des Dou, sondern auch ein Stück echtes Malertemperament

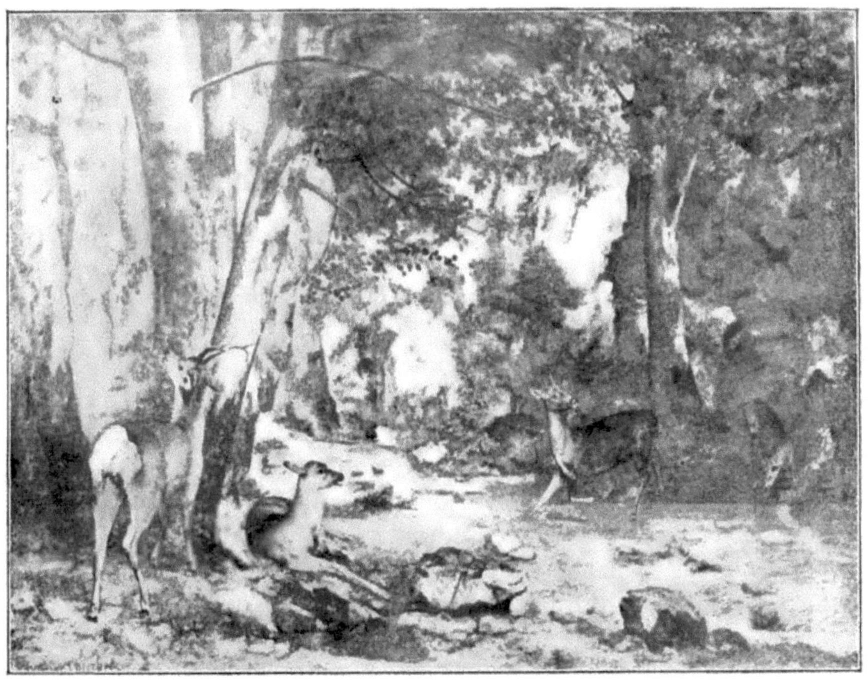

Gustave Courbet.   Rehe im Walde.

lebte. Mit ihm zusammen ist Vibert zu nennen, der rote
Kardinalsmäntel und braune Wallensteinstiefel, graue Lederkoller und weisse Federhüte ebenfalls zu Bildchen im Geschmack des Mieris zusammenstellte.

Claude Lorrain auf das 19. Jahrhundert projiziert ist Breton.
Zunächst klingt das paradox. Denn auf den ersten Blick scheint
Breton überhaupt nur ein parfümierter Millet. Was der grosse
Bauer von Barbizon im patriarchalischen Stil der Bibel gesagt hatte, wurde von Breton in moderne Goldschnittlyrik übersetzt. Auch ein anderer Vergleich liegt nahe. Ich hörte in
der Ausstellung ein kleines Mädchen, als sie unter dem Bilde
„der Feierabend" den Namen Breton gelesen hatte, verwundert
sagen: Ach, Breton, ich glaubte, es wäre Robert. Besser lässt
sich nicht urteilen. Robert und Breton haben dieselben Modell-
stellungen, die heroisch sein sollen und nur affektiert sind.

Beiden gemein ist die Lust an gesucht genrehaften Zügen und
an regelrecht akademischer Anordnung. Anders ist lediglich
die farbige Haltung und die Beleuchtung von Bretons Bildern.
Oft steht der Mond über den Feldern, in der Regel aber
die untergehende Sonne. Mag er Prozessionen, Weinlesen,
Jäterinnen oder betende Bäuerinnen schildern, es ist immer
das Lied „Goldne Abendsonne, wie bist du so schön", das er
in allen Tonarten wiederholt. Und wenn man nach dem
Liede den Glanz dieser Abendsonne nie ohne Wonne sieht,
so betrachtet man die Bilder Bretons mit geringerem Entzücken. Denn das Licht ist hummerfarben wie auf Zwengauers
Werken, und fad wirkt, dass er zeitlebens nur ein einziges
Verslein wusste. Aber dieses Verslein sagt eben auch, was
er zu den Elementen, die schon Robert hatte, Neues hinzu-
brachte: die goldene Abendsonne Claude Lorrains.

Sonst wurde die altholländische und altfranzösische Kunst
damals nicht erneuert. Im Vordergrund des Interesses stand
der italienische Naturalismus des Caravaggio, weil er den denk-
bar schroffsten Gegensatz zu den Tendenzen bedeutete, die
vorher die französische Kunst beherrscht hatten. Also keine
Feinmalerei, sondern breite Bravour, kein kleines, sondern sehr
grosses Format, keine Linie, sondern Malerei, keine Buntheit,
sondern einheitlicher Ton. Das ist die durchgehende Note.
Alle Maler sind echte Maitre-peintres, die mit Wollust die ganze
Schönheit des alten Kolorismus geniessen, in grossem, sicherem
Wurf ihre Bilder herunterfegen. Und keine landläufige Schönheit giebt es. All' jene ungeschlachten struppigen Proleten mit
den schlaffen Muskeln und dem schlotterigen Leib, wie sie
auf den Bildern der Neapolitaner vorkommen, halten auch in
der französischen Malerei ihren Einzug. Wie damals, liebt man
mächtige Leidenschaften und grosse Gebärden, starke Gegensätze von Licht und Schatten. Daher sind die Figuren fast
niemals gegen hellen Himmel gestellt. Es ist immer so ein-
gerichtet, dass sie vor einem dunkeln Berg, einer dunkeln
Mauer, einer dunkeln Baumgruppe stehen, über der, kaum sichtbar, ein Stück dunkler, von gelben Wolken durchzogener
Himmel herabblickt. Und damit die Lichtgegensätze desto

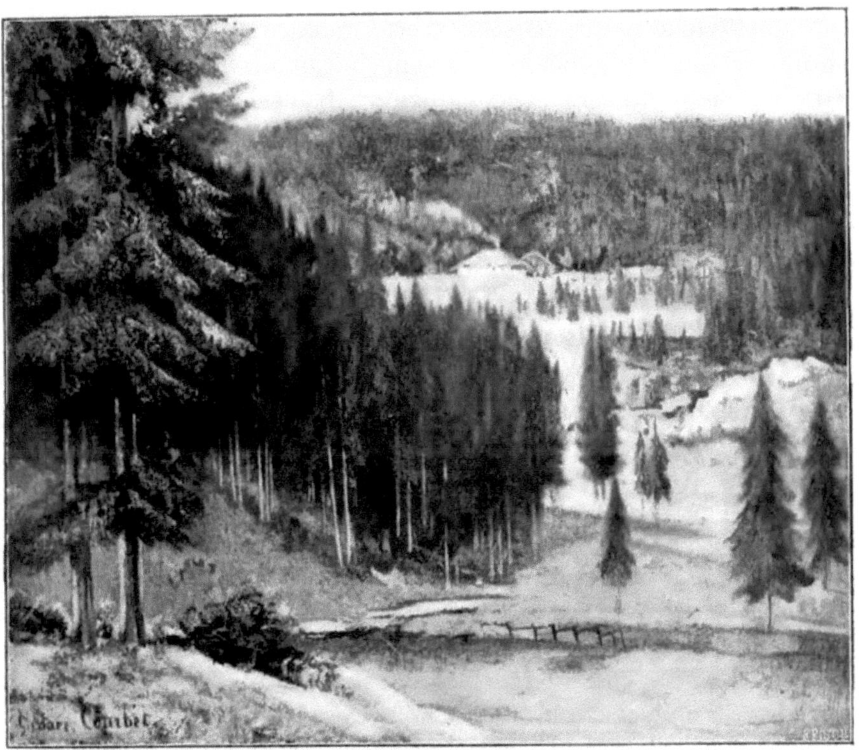

Gustave Courbet. Aus dem Jura.

schärfer wirken, wird oft auch künstliche Beleuchtung verwendet. Grelles Kerzen- und harziges Fackellicht fällt wie bei
Gerhard Honthorst auf einzelne Gestalten, während die andern
Partien des Bildes in nächtlichem Dunkel bleiben. Im Sinne
dieses Caravaggio-Stils erfahren alle Stoffe eine Umgestaltung.

Die religiöse Malerei, durch Bouguereau ganz verwässert,
erwacht zu neuem Leben. Massenhaft werden Grablegungen,
Martyrien und ähnliche Dinge gemalt: Sebastian, Hiob, die
Himmelsleiter, Jacobs Kampf mit dem Engel, Christus unter
den Pharisäern im Tempel: alles Stoffe, die man nur deshalb
wählt, weil sie ermöglichen, alte durchfurchte Gesichter, greises
Haar, verwitterte Körper, Qualen und Schmerzen, ringende
Kräfte, grelle Lichtgegensätze zu schildern.

Aehnliche naturalistische Werte nimmt das Geschichtsbild auf. Die Stoffe, früher zahm und melodramatisch, werden bluttriefend und grausig. Die Gesichter, früher dem Schönheitsideal angenähert, sind von trotziger Lebenskraft. Die Gebärden, früher rund und schön, sind ausfahrend und wild. Die Kostüme, vorher von verdächtiger Neuheit und wie vom Theatergarderobier bezogen, scheinen den Menschen auf den Leib gegossen. Die Farbe, früher glatt und bunt, ist oft eine Symphonie von bestrickender Schönheit. Den Kirchengreueln des 17. Jahrhunderts, das den Malern durch ihre kunsthistorischen Studien nahe gerückt war, werden die wirksamsten Themen entnommen.

Noch enger ist bei den geschichtlichen Sittenbildern der Zusammenhang mit dem 17. Jahrhundert gewahrt. Man malt die breiten Filzhüte jener Landsknechte und die lachenden Gesichter jener Dirnen, wie sie auf den Bildern Caravaggios vorkommen, und fügt dieselben irdenen Krüge, dieselben kupfernen Kessel, dieselben Thonpfeifen hinzu. Man malt Geographen des 17. Jahrhunderts, weil der schwarze Hut, die weisse Krause, die weisse Landkarte, der blaue Globus, die grüne Tischdecke eine so schöne Harmonie im Sinne des Frans Hals ermöglicht; malt musikalische Unterhaltungen, nur um jene braunschillernden Guitarren anbringen zu können, die Caravaggio so gerne malte. Massgebend für die Stoffwahl ist nur der Gesichtspunkt, durch die Nebeneinanderstellung ähnlicher Dinge, wie sie auf den Bildern dieses alten Meisters vorkommen, eine ähnlich tonige Wirkung zu erzielen. Nebenher gehen Bilder, wie Fausts Begegnung mit Gretchen, bei denen — ausser dem Kostüm — das barocke Stadtbild die Maler anzieht.

Durch den Anschluss an die Meister des 17. Jahrhunderts, besonders an Cerquozzi und Salvator Rosa, erreicht auch das Schlachtenbild zuweilen künstlerische Wirkungen. Bei Horace Vernet von barbarischer Rohheit, bei Meissonier ein Uniformen- und Pferde-Stillleben, wird es jetzt mehr zum landschaftlichen Stimmungsbild gestaltet. Häuser brennen. Von finsteren Rauchwolken ist der Himmel durchzogen, dunkelgrüne An-

höhen steigen empor, und von diesem dunkeln Hintergrund
heben sich die roten Käppis der Soldaten, die weissen Schimmel
der Offiziere als pikante helle Farbenflecke ab.

Handelt es sich um Tierbilder, so bleibt das Prinzip das
gleiche. Eine steile Anhöhe, ein Stück schwarzer Himmel und
davor als helle Farbenmassen die Tiere. Selbst die Landschaften
scheinen plötzlich wie in Tinte getaucht. Nie malt man den
weiten hellen Himmel. Das kleine Stück, das unter dem Bild-
rand sichtbar wird, ist von schwarzen Gewitterwolken um-
zogen. Schwarze Berge oder dunkle Baumgruppen erheben
sich, nur auf einen Felskegel fällt grell eine Lichtsäule —
ganz nach dem Prinzip, das Salvator Rosa aus den Figurenbildern Caravaggios übernommen hatte.

Was hier der Felskegel, ist in den Bildnissen die Stirn
oder die Nase. Die Toilette, auch der Damen, ist fast immer
dunkel und verschwimmt mit dem Dunkel des Hintergrundes.
Nur auf einzelne Teile — die Nase, den Stirnknochen, einen
hellbraunen Handschuh oder einen weissen Fächer fällt wie
bei Caravaggio ein grelles Licht. Aller Ausstattungsprunk ist
vermieden. Schöne Posen giebt es nicht, da wie bei Tintoretto
und Rembrandt fast immer nur Brustbilder oder Kniestücke,
fast nie ganze Figuren gemalt werden. Selbst die Hände
sprechen nicht mit, sondern sind dem Kopf und der farbigen
Gesamthaltung untergeordnet.

Der Name Rembrandt (oder Honthorst) erklärt auch die
Wandlung, die das Orientbild durchmachte. Für Delacroix ein
Reich heisslodernder Farbe, für die ersten Meister der Napoleon-
zeit ein grosser Harem, gleicht jetzt der Orient einem düsteren
Keller. Nicht die freie Landschaft, keine üppigen Weiber-
körper malt man. Man malt nur dunkle Hofräume mit einigen
grell beleuchteten und vielen dunkeln Gestalten. Rembrandts
Nachtwache ist auf das orientalische Leben projiziert.

Sonst wurden aus dem modernen Leben fast nur Stoffe
herausgegriffen, die sich ohne allzugrossen Zwang in die An-
schauungsweise und die Farben der Neapolitaner übersetzen
liessen. Man malt in Riesenbildern Ermordete oder zum Tode
Verurteilte, wie sie von ihren Verwandten und Freunden beklagt

werden, weil es hier möglich war, im Sinne der Grablegungen
und Kreuzigungen des 17. Jahrhunderts mächtige Leidenschaften und wilde Gebärden zu schildern oder Kerzenlicht
in dunkle unheimliche Zimmer fallen zu lassen.   Man malt
Kircheninterieurs, teils weil die roten Talare der Kardinäle,
die weissen und braunen Kutten der Mönche vor den mit alten
Fresken geschmückten Wänden so tonige Accorde ermöglichten,
teils weil man indirekt auch durch solche Werke, obwohl sie
Modernes darstellten, wieder dem 17. Jahrhundert, dem Jahrhundert der Priester, in dem man geistig wurzelte, huldigen
konnte. Ausserdem liebte man besonders die Schmieden, weil
es hier möglich war, alle Regeln des Caravaggiostils zu erproben: ein dunkler Arbeitsraum, vorn mächtige muskulöse
Gestalten, seitwärts das Feuer der Esse, dessen Strahlen grell
auf die Arme und die Brust der Männer fallen. Ebenso beliebt
ist das Motiv des Dorfbrandes, weil es ermöglichte, flüchtende
und rettende Menschen mit einer Feuersäule, die lohend in den
nächtlichen Himmel steigt, auf die Töne Salvator Rosas zu-
sammenzustimmen. Oder man malt lebensgrosse Fischverkäufer
und Hökerinnen, weil hier Gelegenheit war, all' die Stilllebenelemente — Hechte und Karpfen, Gemüse und Eier, Aepfel und
Kohlköpfe anzubringen, wie sie auf ähnlichen Werken Aertsens
und Beuckelaers vorkommen.

Ueberhaupt gelangte die Stilllebenmalerei zu ganz neuer
Bedeutung. Nachdem sie in der vorausgegangenen, entweder
litterarisch oder zeichnerisch denkenden Epoche gar keine Vertreter gehabt, hat man jetzt, nachdem man malerisch sehen
gelernt, wieder ganz im Sinne des 17 Jahrhunderts Freude
daran, Wildpret, totes und lebendes Geflügel, Hummern und
Austern, Blumen, Früchte, Fische, kupferne Kessel, Pokale und
Waffen zu schönen tonigen Harmonien anzuordnen, japanische
Porzellanschalen mit Trauben, Quitten und Aprikosen, Metall-
und Elfenbeinarbeiten, Helme und Geigen mit breitem, farben-
frohem Pinsel zu malen. Eine Uebersicht über die hauptsächlichsten Werke der Ausstellung möge das Gesagte illustrieren.

Henri Lévy malt eine Klage um den Leichnam Christi,
und die Wahl des Themas ist ebenso bezeichnend wie die Art

der Behandlung. Eine steil emporragende dunkle Bergwand erhebt sich, über der nur düster ein ganz kleines Stück tiefblauer Himmel herablugt. In nächtlichem Dunkel verschwimmen die Gestalten. Nur auf den Leichnam des Heilandes fällt grell ein gespenstisches Licht.

Als der grösste Geschichtsmaler jener Jahre erschien Laurens, der Klosterarchivar, der die Greuel der Inquisition und die Ritualmorde des Papsttums mit so überzeugender Gewalt gemalt hat. In seinen Bildern decken sich — was so selten in Historien vorkommt — wirklich Thema und Stil. Das Schreckliche ist mit Shakespearescher Wucht gegeben. Man atmet die Atmosphäre barbarisch grausamer Zeiten, bewundert die Unerschrockenheit, mit der er seine Leichen ausgrub, eben so sehr, wie die psychologische Kraft, mit der er

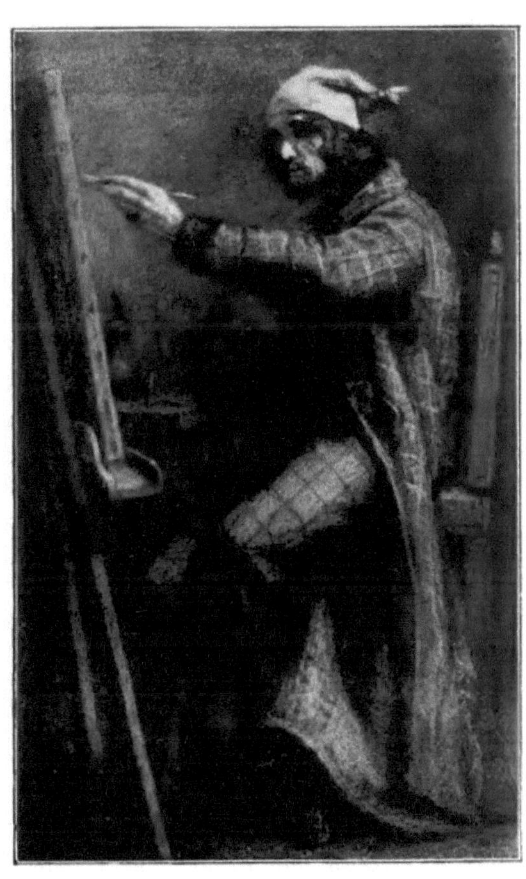

Gustave Courbet. Der Künstler in seinem Atelier.

ihnen neues Lebensblut lieh, sei es, dass er die bleichen galligen Züge fanatischer Bussprediger malt, oder den wollüstigen Schauer, mit dem ein König seinen Mund auf die verwesten Lippen seiner toten Geliebten presst. In seinem Bild, wie Johannes Chrysosthomus- der Kaiserin Theodora predigt, ist das Milieu des alten Byzanz mit so erstaunlicher Sicherheit getroffen, wie man es sonst nur in Pierre Louys' Romanen findet. In seiner „Exkommunikation Roberts des Frommen" erzielt er eine mächtige Wirkung, indem er auf alle Komposition, alle gestikulierenden Statisten verzichtet, das Grausige des Vorgangs nur durch das Beklemmende eines leeren Raumes kommentiert, durch den die schwarzen Gestalten der Busse und der Reue zu schreiten scheinen. Namentlich dem Zurbaran dankt er viel. Von ihm hat er die monumentale Art, wie er die Mönchskutten, die alten Folianten, die einsamen Klosterzellen malt. Und sehr geschickt ist auch, wie er in seinen Fresken des Hôtel de ville moderne Advokatentalare in den Mönchsstil Zurbarans übersetzte.

Roybet verhält sich zu Laurens wie Frans Hals zu Zurbaran. Er hat die rosaroten Schärpen und die hellblauen Fahnen, die Degen, Lederkoller und Federhüte des Frans Hals geliebt. Auch die roten Dogen Tintorettos machten ihm Freude. Und alles stimmte er auf jene kecken, tieftonig jauchzenden Accorde, die man in den ersten Regentenstücken des Harlemer Museums sieht. In seinem Bildnis eines jungen Mädchens ergeben das braune Kleid, die weisse Puppe, das blaue Haarband und der dunkle Hintergrund eine ganz Hals'sche Harmonie. In seinen Astronomenbildnissen sind die nämlichen Dinge, die man aus den Werken der Frans Hals-Zeit kennt — blaue Globen, breite schwarze Filzhüte, weisse Halskrausen und weisse Landkarten — zu schönen Farbenbouquets geordnet. Und sein Riesenbild „Karl der Kühne" mag keine feine Kunst sein. Es imponiert doch durch gewaltige Kraft und durch blühende, sonor leuchtende Farbe. Im Hintergrund eine hochragende Kirche, vorn wilde pathetische Menschen, im Kolorit starke Gegensätze von Dunkel und Licht — das ist ein Paradigma für das Schönheitsideal jener im 17. Jahrhundert lebenden Epoche. Viel Aehnlichkeit mit ihm hat Louis Boulanger, in dessen Bilde „Vive la joie" man ebenfalls Leute der Frans Hals-Zeit zu sehen glaubt. Das Beleuchtungsproblem ist, dass in eine dunkle Halle, wo Falstaffmenschen mit Feder-

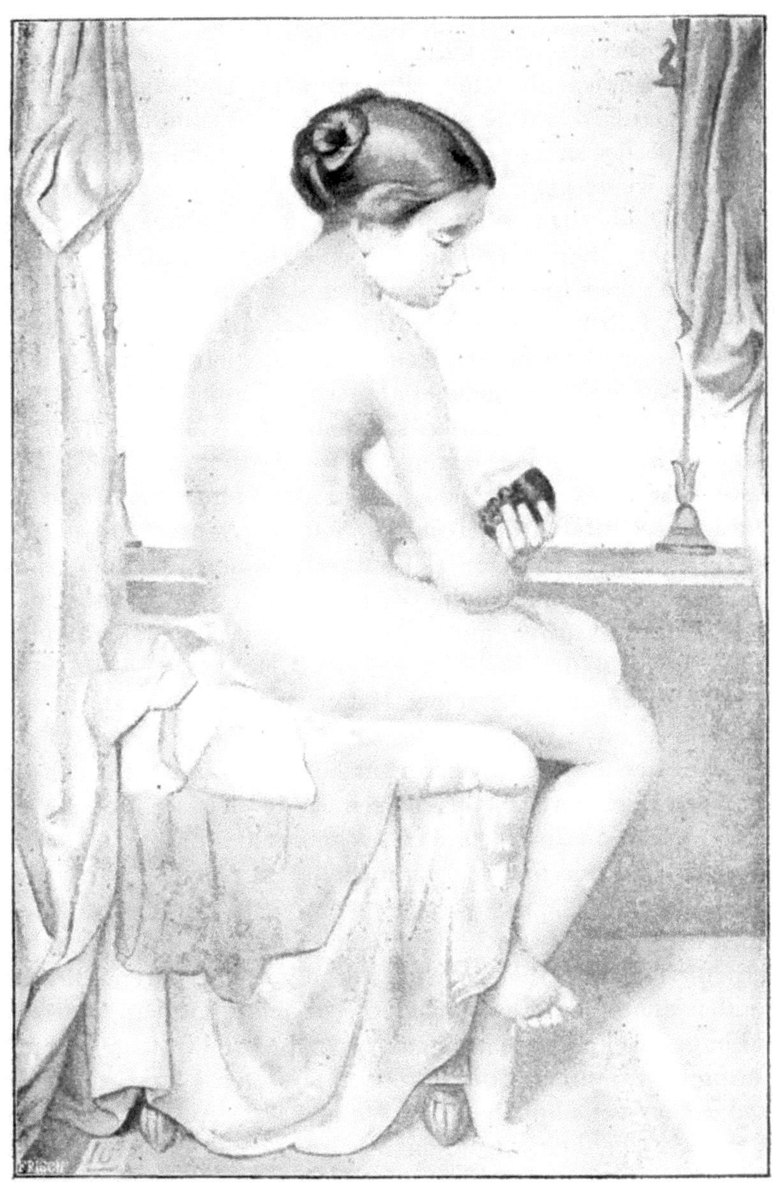

E. AMAURY-DUVAL.
ÉTUDE D'ENFANT.

hüten, Lederkollern und bunten Kniehosen zechen, plötzlich
ein greller Feuerschein fällt.

Die hauptsächlichsten Porträtmaler sind Gaillard und
Bonnat. Gaillard war Kupferstecher, hat die Bildnisse Jan van
Eycks und des jüngeren Holbein mit feinfühliger Gewissen-
haftigkeit wiedergegeben, keine Falte, keine Bartstoppel vergessen, die auf den Werken dieser alten Meister vorkommt.
Desto mehr überrascht die farbige Haltung, die er seinen
eigenen Werken giebt. Als Zeichner das Non plus ultra pein-
licher Sorgfalt, ordnet er als Maler doch alles Einzelne einem
schönen Gesamtton unter. Kein Beiwerk giebt es, auch keine
Hände. Auf den hellbeleuchteten, vom Dunkel sich absetzen-
den Kopf ist alle Wirkung konzentriert. Namentlich einige
Bildnisse alter Frauen lassen an Rembrandt denken in der
Art, wie er jedes Aederchen, jede Falte notiert und doch nie
malerische Wirkung, die Tonschönheit des Ganzen ausser Acht
lässt. Kinderbildnisse von tieftoniger schöner Kraft im Sinne
der Caravaggioschule malte Boulard, und in Bonnat schien,
als er auftrat, Caravaggio selber zu neuem Leben erstanden.
Das Martyrium des heiligen Andreas, Hiob, der gekreuzigte
Christus waren die Titel seiner ersten Werke, und man glaubte
Originale des 17. Jahrhunderts zu sehen. Denn wie er in der
Stoffwahl den Meistern jener Epoche folgte, hatte er auch die
nämlichen, vierschrötig muskulösen Kerle sich als Modelle gesucht, sie in die nämliche Pose gebracht und ihre ungeschlachten Körper mit der nämlichen Kraft gemalt. In seiner
Himmelfahrt der Maria giebt es keine schönen Linien, keine
Schwärmerei und Verzückung. Hauptsache sind ihm die rauhen
ehernen Gestalten der Apostel mit den schwieligen Händen
und den staubigen Fusssohlen, die, mächtig bewegt, um den
Grabhügel sich scharen. Später machte die trotzige Gegen-
reformationsstimmung, die durch seine ersten Werke zu gehen
schien, einer versöhnlicheren Haltung Platz. Ausser dem Alter
und der Hässlichkeit, wird, ganz wie im 17. Jahrhundert, allmählich auch wieder die Jugend und die Schönheit gefeiert. Beispiel
ist jene feine Idylle, auf der ein schwarzer Jüngling mit einem
blonden Mädchen tanzt. Doch der Farbenanschauung der

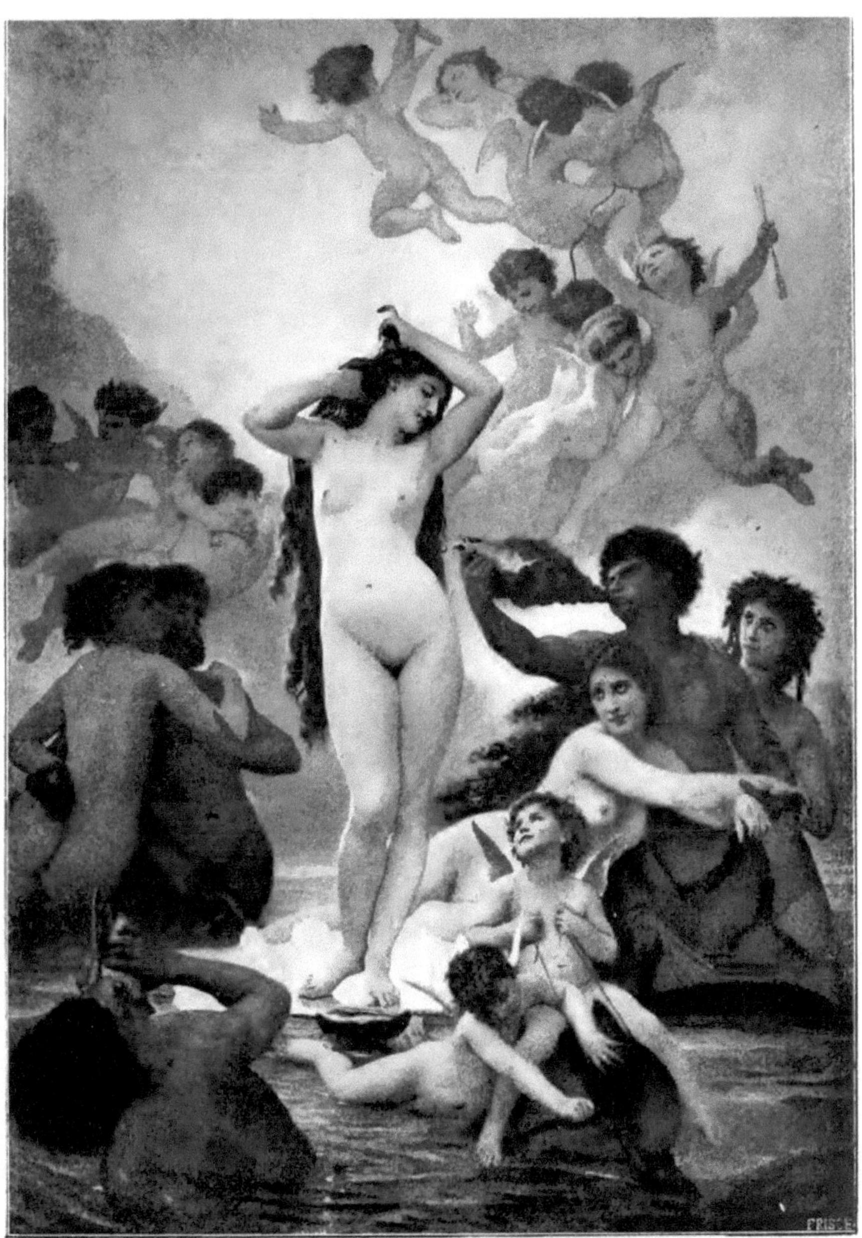

W. BOUGUEREAU.
GEBURT DER VENUS.

Neapolitaner blieb er auch hier treu. Den Hintergrund bildet
eine dunkle Bergwand und ein Stück tiefblauer Himmel. Von
rechts fällt in die Grotte ein scharf grelles Licht und spielt
auf den Schultern, dem Haar und den Armen des Mädchens.
Ernste Barockfarben, grün, rot und schwarz stellt er in seinen
Kircheninterieurs zu tieftonigen Harmonien zusammen. Auf
seine Bildnisse übertrug er die gleichen Prinzipien. Man kann
nicht sagen, dass er ein geistvoller Porträtmaler sei. Seine
Bildnisse haben weder den epischen Zug noch das Durch:
geistigte der Lenbachschen Werke. Dafür bleibt aber das
Schematische, das pilotyhaft Deklamatorische fern, das oft in
den Augen der Lenbachschen Menschen liegt. Auch das
Schluderige, das Lenbachs letzte Bildnisse haben. Jedes Bildnis Bonnats ist eine gediegene, rechtschaffene Arbeit. Alles
ist ehrlich und protokollarisch genau. Schöne Posen giebt es
nicht, da er im Sinne Tintorettos fast nie ganze Figuren,
höchstens Kniestücke malt. Es giebt auch kein Beiwerk,
höchstens einen Stuhl, einen Tisch. Mag es um Taine oder
Renan, um Bertrand oder Hugo, um Dumas oder Thiers, um
Grévy oder Pasteur, um Carnot oder Puvis de Chavannes sich
handeln — das Prinzip ist immer, dass, wie im 17. Jahrhundert,
ein erstaunlich modellierter, von einem grellen Schlaglicht be-
leuchteter Kopf sich hell von einem dunkeln Hintergrund abhebt. Mit den Meistern jener Zeit teilt er auch die Eigen-
tümlichkeit, dass er den Frauen ziemlich hilflos gegenübersteht. Denn jede Epoche hat ihre Typen. Wie die Rokokomaler unfähig waren, schroffe männliche Charaktere wiederzugeben, waren die Barockmeister nur in ihrem Element, wenn
sie durchgearbeitete Köpfe, vom Leben gestählte, vom Leben
gefestete Menschen zu malen hatten. Am Greis, am Manne
von 50 Jahren erprobten sie am liebsten die Kenntnisse, die
sie bei ihren Eremitenbildern sich erworben hatten. Und als
Schüler dieser Meister hat auch Bonnat mehr Sinn für Kraft
als für Grazie. Schelmische Augen, lächelnde Lippen, nach-
lässig müde Bewegungen darf man bei ihm nicht suchen. Der
Mme. Cahen sowohl wie der Schauspielerin Pasca giebt er jene
strenge, feste, unnahbare Pose, mit der die spanischen

Königinnen die Hand auf die Stuhllehne legen. Streng, in den spanischen Hofstil übersetzt ist die Toilette, mag es um schwarze oder um weissseidene, mit schwarzem Pelz besetzte Roben sich handeln. Aehnlich wie auf den Bildnissen des Pantoja de la Cruz ist auch die dunkelbraune Wand, vor der die Gestalten stehen. Aehnlich das Licht, das von oben rechts grell auf die Stirn und die Augen, das Taschentuch oder den Fächer fällt.

Wie die Schlachtenmalerei durch diese koloristischen Bestrebungen allmählich einen Hauch von Künstlerschaft erhielt, zeigen die nächsten Werke. Pils war wohl der erste neben Meissonier, der von dem trockenen oder renommierenden Schlachtenbericht abging, die Einzelheiten zu einem Kunstwerk zu einen suchte. Und dieses Streben nach einheitlicher Tonwirkung wird dann für alle Werke bezeichnend. Bellangé in seinen Kürassieren von Waterloo sieht aus wie ein moderner Cerquozzi. Protais hat sein Bild „En marche" nur gemalt, weil es ihn freute, einen hellen Schimmel, ganz dunkle Röcke und rote Hosen als hübsche Farbenflecke sich von dunklen Baumgruppen absetzen zu lassen. Der grösste Soldatenmaler des modernen Frankreich war Guillaume Regamey. In seinen Bildern ist nicht nur Leben und Nervosität, Feuer und Ritterlichkeit, sie zeigen auch, dass selbst das bunteste Vielerlei sich zur Tonsymphonie gestalten lässt, dass selbst das Exercierreglement die Freiheit des echten Künstlers nicht lähmt. In den Kürassieren des Luxembourg lässt er graue Soldatenmäntel, glitzernde Harnische, rote Käppis und schwarze Pferde sich von dunkelgrüner Wiese und dunkelgrünen Bergen absetzen und stimmt das Ganze in einen goldig braunen Ton zusammen. Seine in Parade aufgestellte Grenadierkompagnie von 1865 hat er nur gemalt, weil die roten Hosen, das weisse Lederzeug, die gelben Trommeln, die schwarzen Helmbüsche und der gewitterschwangere Himmel einen so düster altmeisterlichen Akkord ergaben. Und viel von dem chevaleresken Geiste Regameys, viel von seiner koloristischen Noblesse lebte nach in Neuville. Auch bei ihm giebt es nichts Protokollarisches, nichts Erzählendes, nicht jene vorschriftsmässigen Stiefel und jene reglementmässigen Knöpfe, wie sie der Unteroffizier beim

Appell verlangt. Rotblaue Uniformen, verwitterte graue Mauern, graugrüne Wiesen und nächtliche im Feuerglanz leuchtende Himmel stimmt er zu vornehmen Harmonien im Sinne Salvator Rosas zusammen.

Salvator Rosa, Tempesta und Ribera schweben auch über dem Schaffen der Landschafter und Tiermaler. Denn wenn Jadin Hunde, Herment Schafe malt, deren zottig-wolliges Fell sich hell von dunkelgrünem Bergabhang oder dunkelschwarzem Himmel absetzt, so scheinen solche Bilder aus den Werken Riberas geschnitten. Bei den Landschaftern kann man, wenn man will, auch noch den Einfluss des Aart van der Neer erkennen, denn zuweilen ist das Dunkel ihrer Bilder durch den Mondschein motiviert. Emile Breton hat z. B. solche dunklen, ölig saucigen Landschaften gemalt, über die der Mond nicht silbern, sondern bräunlich sein Licht wirft. In andern Werken sieht er aber von jeder Motivierung des Dunkels ab. Obwohl Tagesstimmung angenommen ist, liegen seine Wälder in schwarzer Finsternis da. Schwarz wie die Hintergrundswand der Figurenbilder ist der Himmel. Und in dieses Dunkel ist — dem Nasenglanzlicht der Bildnisse entsprechend — ein heller Weiher gesetzt, in dem ein paar Wolken sich spiegeln. Ein ähnliches Bild Gustave Dorés ist schon durch die Stoffwahl bezeichnend. Das düstere schottische Hochland, das Land Ossians mit seinen schwarzgrünen Seen und verwitterten Felsen zieht damals die Maler an, und er legt sich das Bild in dem Sinne zurecht, dass nur auf die oberste Spitze des von grünlich schwarzen Fluten und schwarzgrünem Himmel umflossenen Felsens ein greller grünlich bleicher Lichtstrahl fällt. Eine ähnliche Keller- und Morguestimmung haben alle übrigen Bilder. Gustave Colin malt Landschaften, die ganz schwarz sind. Boulard sucht den dunkelbraunen Ton von Goyens zu übertrumpfen. Narcisse Berchère giebt ägyptische Bilder, nur weil es ihn freut, im Sinne des Frans Post die schärfsten Schatten und das schärfste Licht in schroffem Gegensatz nebeneinander zu stellen. Woher die Farbenanschauung der Ziemschen Marinen stammt, weiss jeder, der Salvators im Louvre und der Uffiziengalerie befindliche Werke kennt. Paul

Flandrins Bilder sind lehrreich, weil sie sogar die klassizistische
Landschaft durch die Lichtkomposition der Neapolitaner zersetzt zeigen. Anfangs ein Verehrer des reinen Poussinstils,
sucht er jetzt die edle Linienschönheit mit tieftonigem Kolorismus zu einen. Die Bäume und Gebäude setzen sich als mächtige

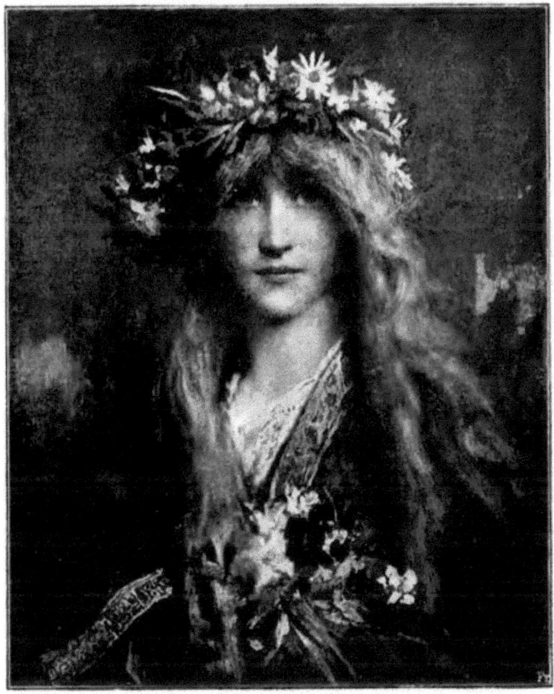

Élie Delaunay. Ophelia.

braungrüne und graue Massen vom dunkeln Himmel und von
dunkeln Bergzügen ab.

Die Wandlung zum Kellerstil, die das Orientbild durchmachte, zeigen die Werke Alfred Dehodencqs und des Benjamin-Constant. Auf den Bildern Dehodencqs führen braune
Zigeunerinnen in rotem und grünem Kostüm vor nächtlich verfinstertem Himmel ihre arabischen Tänze auf, oder es sitzen
Araber in bunten, hellbeleuchteten Gewändern in einer dunkeln

Opiumkneipe zusammen, in die von oben eine gelbe Lichtsäule fällt. Auf den Bildern Benjamin-Constants wälzen sich
auf Tigerfellen und auf bunten Teppichen die braunen
bronzenen Körper junger Odalisken. Aus einer Vase steigt
als dicke Säule der Qualm von Räucherkerzen empor. Zur
Seite steht ein Eunuch in goldgesticktem Gewand. Alles ist
düster; nur auf eine Brustwarze, auf ein Metallkästchen, einen
Degengriff fällt, man weiss nicht woher, ein grelles Schlaglicht. Noch kürzlich hat er die Königin Viktoria gemalt, wie
sie als indisches Idol in einer dunklen Moschee sitzt, gerade
so, dass das gelbliche aus einem kleinen Fenster einfallende
Licht das Diadem und das Scepter trifft.

Unter den Werken, die sonst moderne Stoffe behandelten,
fiel eine Darstellung Roussels auf, wie die Asche Napoleons I.
in den Invalidendom übertragen wird. Gherardo delle notti
in modernem Kostüm. Denn das Farbenproblem ist das gleiche
wie auf den Bildern dieses von Caravaggio stammenden
Holländers. Ort der Handlung eine dunkle Gruft mit Soldaten, auf deren bunte Uniformen feuerrotes Fackellicht fällt.
Die Pforte öffnet sich, und grelles Tageslicht dringt in das
Dunkel ein. In ähnlichem Sinne behandelt Bonhommé das
beliebte Motiv der Schmiede. Rauchgeschwärzte arbeitende
Menschen stehen in einem dunklen Raum, teils im Dunkel
verschwimmend, teils vom feurigen Licht des glühenden Ofens
getroffen. Carolus-Duran scheut man sich fast, in der Reihe
dieser kräftigen Meister zu nennen. Denn was er heute in
seinen Bildnissen leistet, machen die Photographen, machen
auch Sichel und Fritz August Kaulbach besser. Es gehört
kein Künstlertum dazu, einen Menschen vor einen blöden Vorhang zu stellen und ein paar seidene Kissen schillern zu lassen.
Und mit diesem protzenhaften Parvenustil der Anordnung verbindet sich eine puppenhafte Glätte der Mache. Nicht einmal den Chik hat er, über den sonst der kleinste Pariser Maler
verfügt. Die Hüte scheinen von Vorstadtmodistinnen zu
stammen, und die Geschmacklosigkeit der Roben schreit zum
Himmel. Doch bevor ihn das Publikum zu Grunde gerichtet,
war Duran ein sehr grosser Meister. Noch in seiner letzten

Zeit hat er zuweilen gute Mädchenakte gemalt, deren hell-
beleuchtetes Fleisch sich prächtig von tiefdunkelrotem oder
tiefschwarzem Vorhang abhebt. Und vor 40 Jahren trat er
mit der Kraft des Naturburschen in die Kunstwelt ein. Mächtige
Caravaggiomenschen leuchten in seinen ersten Bildnissen aus
dem Dunkel auf. Grell fällt das Licht auf die Stirnen und
auf die weissen Hem-
den. Die Stillleben-
elemente Caravaggios
sind ringsum ange-
häuft. Eine ganze
Galerie solcher Por-
träts hat er in dem
Riesenbilde „Der Er-
mordete" vereint, das
er 1865 in Rom malte.
Das düster Unheim-
liche, das die Spieler-
bilder Caravaggios
haben, ist über dieses
Werk gebreitet. Grosse
Leidenschaften und
grosse Gesten hat er
im gewaltigen Stil des
Neapolitaners geschil-
dert, viel urwüchsiger
und kräftiger, als es
Munkaksy in seinen er-
sten guten Werken that.

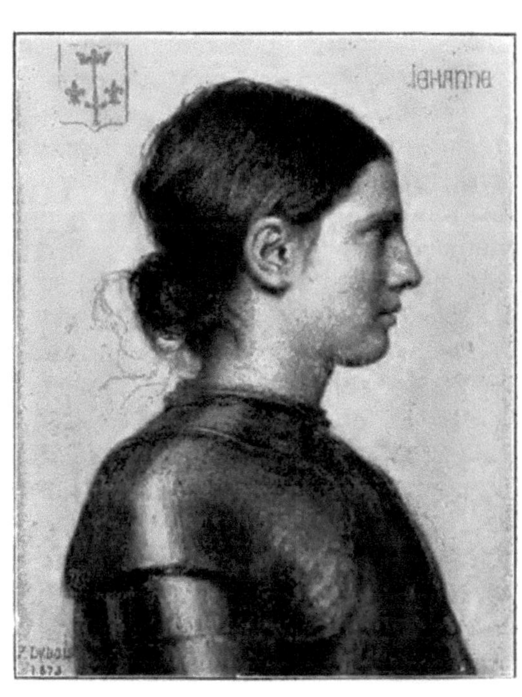

Paul Dubois. Jeanne d'Arc.

Die Wandlung, die das Stillleben durchmachte, wird durch
die Namen Saint-Jean, Desgoffe, Monginot, François Vernay
und Antoine Vollon illustriert. Saint-Jean, der von 1808 bis
1860 lebte, ging in seinen Blumenbildern noch nicht von
malerischen, sondern von romantischen Gedanken aus. Hinter
den Blumen erhebt sich das Gemäuer einer alten Ruine. Auf
einem verwitterten Kapitäl liegt ein von Würmern zernagter
schweinslederner Foliant. Sein Ausgangspunkt ist Ruinen-

sentimentalität, der romantische Gegensatz von Werden und
Vergehen, von Blühen und Welken. Man vermochte Bilder
nur zu goutieren, wenn beim Betrachten mittelalterliche Erinnerungen wach wurden. Die nächste Epoche brachte dann
gar keine Stillleben mehr hervor. Denn ein Zeitalter muss
malerisch fühlen, um sich an Bildern zu freuen. die nichts
als eine Zusammenstellung saftig üppiger Farben sind. Die
Louis Philippzeit aber kannte nur den Reiz der Novelle und
der Linie. Blaise Desgoffe als erster wagte wieder Stillleben
zu malen. Doch merkt man auch ihm noch an, dass seine
Jugend in eine zeichnerische Epoche fiel. Es fehlt seinen
Werken noch der grosse Zug. Was daraus spricht, ist weniger
die Freude an der Farbe als die Freude am tromp d'œil. Gold-
schmiedearbeiten, krystallene Vasen und venezianische Gläser,
silberne Pokale, damascierte Schwerter, kleine Büsten und
Elfenbeinkrüge, gemusterte Teppiche und fein profilierte
Rahmen stellt er zusammen, mehr weil ihn die genaue Wieder-
gabe der zeichnerischen Ornamente als das Schillern und
Leuchten der Dinge freut. Erst die folgenden sind Maler
schlechthin. Keine Ornamente werden mehr gezeichnet, sondern
saftig-farbige Dinge — Hasen, Kürbisse, Rettige, Rüben, Rehe
und Rebhühner — leuchten wollüstig aus dem Dunkel auf.
François Vernay malt Blumen und Früchte, stimmt Weintrauben, Birnen, Aepfel, Pfirsiche, Quitten zu altmeisterlich vornehmen Harmonien zusammen. Charles Monginot lässt
Muscheln, Fächer, Paletten, Helme, Hummern, Hühner und
Spiegeleier von dunkelm Hintergrund sich absetzen. Und der
bedeutendste der Gruppe, der Universalmensch des Stilllebens
ist Antoine Vollon. Blaue Weintrauben, grüne Melonen, rote
Pfirsiche und gelbe Quitten; das Schillern der Karpfen und
das matte Leuchten von Email und Fayencen; braune Krüge,
rote Kürbisse und hellgelbe Citronen; blaue Globen, weisse
Landkarten und rotgebundene Bücher; schwarze Kessel, rote
Hummern, grünes Gemüse und weisse Eier — alles hat er
mit gleicher Meisterschaft gemalt. Wunderbar ist, wie er die
leuchtendsten Farben auf einen Gesamtton stimmt, sei es, dass
ein dunkelroter Vorhang oder ein tiefschwarzer Hintergrund

das Leitmotiv abgiebt. Aber nicht nur breit und saftig sind
seine Bilder gemalt. Er ähnelt auch Leibl in der Feinheit,
wie er Gläser und Flaschen schillern und glitzern lässt. Und
in seinen Bildern aus alten Rüstkammern erreicht er zuweilen
einen fast romantischen Zauber. Wie hier die stählernen und
goldenen Harnische funkeln
und leuchten, wie ein tief-
dunkler sonorer Ton das Ganze
zusammenhält, das hat auch
bei uns zuweilen Trübner zu
malen gesucht, doch er wirkt
plump neben der vornehmen
Galerieschönheit Vollons.

Théodule Ribot nahm
ebenfalls von solchen Stillleben seinen Ausgang. Ein
Tiegel mit Spiegeleiern, ein
irdener Krug, eine blecherne
Schüssel und ein Rebhuhn ist
auf einem wunderbaren Bilde
des Luxembourg mit der Kraft
des alten Meisters gemalt.
Später begann er im Sinne
Aertsens oder des Michael
Sweerts auch Figuren in solche
Scenerien setzen. Die weissen
Schürzen von Köchen heben
in seinen Küchenstücken von
dunkeln Wänden sich ab.
Kupferne Kessel, irdene Krüge
und spiegelnde Weinflaschen
breiten sich ringsum aus.

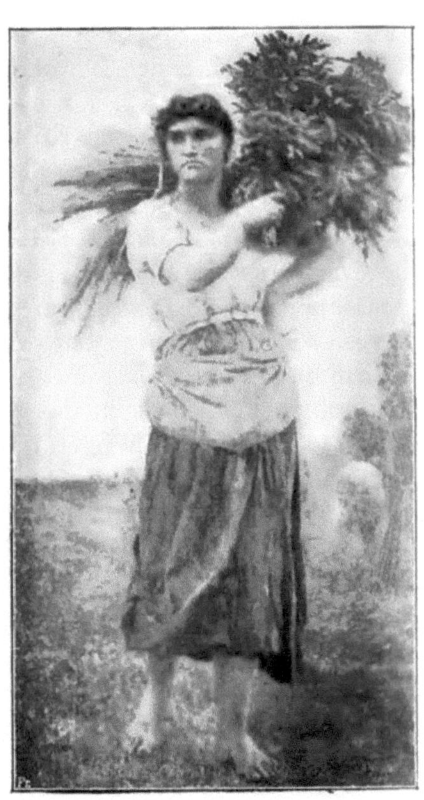

Jules Breton.   Aehrenträgerin.

Oder struppige wilde Burschen sitzen in einem normannischen
Cabaret wie in einer Spielhölle Caravaggios zusammen. Und
wie dieser Hökerinnen ebenso gern wie verwitterte Märtyrer
malte, ging auch Ribot von solchen Volksstücken zu religiösen
Darstellungen über. Er malte Christus unter den Schrift-

gelehrten nur deshalb, weil es ihn freute, für die Gestalten
der Pharisäer möglichst derbe alte Männer mit greisem Haar,
lederner Haut und festen Knochen als Modelle zu benutzen.
Er malte Sebastian und den guten Samariter, nur weil es ihn
freute, geschwollene Adern und Sehnen, mächtige, im Schmerz
sich krümmende Körper darzustellen. Seine Kreuzabnahme ist
wie bei den Meistern des 17. Jahrhunderts ein Nachtstück.
Rauhe im Dunkel sich bewegende Gestalten ahnt man mehr,
als man sie sieht. Nur auf einen grünlich bleichen, mit ge-
ronnenem Blut bedeckten Körper fällt wie durch eine Keller-
luke ein unheimliches grelles Licht. Ribot arbeitete bekanntlich,
um solche Wirkungen zu erzielen, in einer dunkeln Scheune
und stellte das Modell so, dass es von dem starken durch
die Dachluke einfallenden Licht wie von einem elektrischen
Strahlenbündel beleuchtet war. Sein Prinzip ist das des Brenn-
glases, der Blendlaterne oder des Leuchtturmes. Und diesem
Prinzip blieb er auch in seinen Marinen treu. Obwohl er Tages-
stimmungen malt, scheint das Meer in nächtlichem Dunkel zu
liegen. Nur ein paar Wogen glitzern, als ob ein ferner Leucht-
turm sein Licht auf sie werfe. In seinen Bildern lesender alter
Männer oder schreibender alter Frauen ist die Blendlaternen-
wirkung noch dadurch gesteigert, dass er die Lichtstrahlen
auf einem Stück Weiss, einer Zeitung oder einem Briefbogen
sammelt. Ihm folgend hat auch Louis Deschamps sehr kräftige
schwarz-braun-weisse Bilder im Sinne Riberas gemalt.

Velasquez.

Der Name Ribera, der schon öfter genannt wurde, weist zugleich auf ein anderes wichtiges Band hin, das die französische Malerei unterdessen geknüpft hatte: ich meine den Zusammenhang mit Spanien. Wie diese folgenreiche Verbindung zu stande kam, ist schwer zu sagen. Man kann darauf hinweisen, dass die Kunst rein logisch, nachdem sie das Studium der neapolitanischen Naturalisten beendet hatte, zu dem der altspanischen Meister übergehen musste. Man kann hinweisen darauf, dass Bonnat von der spanischen Grenze, aus Bayonne stammte; kann hinweisen darauf, dass eine spanische Gräfin auf dem Thron Frankreichs sass, und dass unter ihrer Leitung selbst die Mode einen spanischen Zug erhielt. Denn die Krinoline der Eugenienzeit ist nicht diejenige des Rokoko, sondern die der spanischen Königinnen. Der Fächer, der damals seine Auferstehung feiert, stammt aus Spanien. Kurz, Spanien wurde eine Zeitlang das Gelobte Land der Maler. Wie sie zu Beginn des Jahrhunderts nach Italien, dann nach dem Orient gepilgert waren, zogen sie jetzt über die Pyrenäen. In einer ganzen Reihe von Bildern werden Scenen aus dem spanischen Leben geschildert.

Von den Zigeunertänzen, die Alfred Dehodencq in Sevilla malte, war schon die Rede. Falguière, der grosse Bildhauer, hat nicht nur das machtvolle ganz Riberasche Werk „Kain und Abel" geschaffen, jenen nackten Hünen, der mit der Bürde eines anderen schweren Menschenkörpers beladen durch eine dunkle Felsenschlucht schreitet. Spanisch ist auch sein Bild „Eventail et poignard", jene Frau, die an dunkler Strassenecke

dem untreuen Liebhaber auflauert. Fächer und Dolche, Mantillen und Castagnetten, Stierkämpfer und Hidalgos bilden für
einige Jahre den Inhalt der französischen Kunst. Eugène Giraud
malt seinen „Tod des Toreador", sehr auf den stofflichen Effekt
hin, doch auch koloristisch wirksam. Denn das blaugoldene Gewand und der scharlachrote Mantel des Stierkämpfers bilden
neben den schwarzen Kleidern der Umstehenden einen blühend
leuchtenden Farbenfleck von bestrickendem Zauber. James
Bertrand malt Bravos, die an einer Strassenecke einem Cabal-
lero auflauern. Henri Regnault geht nach Spanien, will „die
echten Mauren wieder erstehen lassen, reich und gross, schreck-
lich und wollüstig zugleich" Und in seinen Bildern lebt viel
von orientalischem Fatalismus und von spanischer Ritterlichkeit, vom Glitzern der Alhambra und dem flimmernd schillernden Reiz orientalisch maurischer Gewebe. Ein ganzes Stück
altspanischer Geschichte taucht in der Erinnerung auf, wenn
man im Luxembourg vor dem Bild jenes maurischen Henkers
steht, der majestätisch und ruhig auf den blutigen Kopf herabblickt, den er mit blitzender Toledoklinge vom Rumpfe trennte.
In seinen Damenbildnissen ist viel von der chevaleresken
Schneidigkeit des Goya, in seinem Prim der ganze Stolz und
die ganze Ritterlichkeit des Südens. Maurische Bauwerke und
feurige Berberhengste, weisse Zelte und rotgekleidete Araber
hat er in anderen Bildern mit gewitterschwerem Himmel zu
distinguierten Harmonien zusammengestimmt. Noch L. Simons
Prozessionen, Ringkämpfe und Seiltänzer und Richon-Brunets
Scenen aus dem Sevillaner Volksleben gehören, obwohl später
gemalt, in diesen Bilderkreis. Selbst von den Landschaftern
wurden damals die Badeorte der Pyrenäen bevorzugt. Loubon
namentlich hat solche spanischen Landschaften gemalt. Den
Hintergrund bildet eine hochaufsteigende grünschwarze Wiese
und ein Stück dunkelblauer, von grellweissen Wolken durchzogener Himmel. Darauf sind als hellere Farbenpunkte ländliche Gehöfte, Schafe, Ziegen und Hunde gesetzt.

Diese spanischen Studien mussten aber auch auf die Farbenanschauung der Maler zurückwirken. Man bemerkt, wie die
Bilder allmählich heller werden, wie an die Stelle der dunkel-

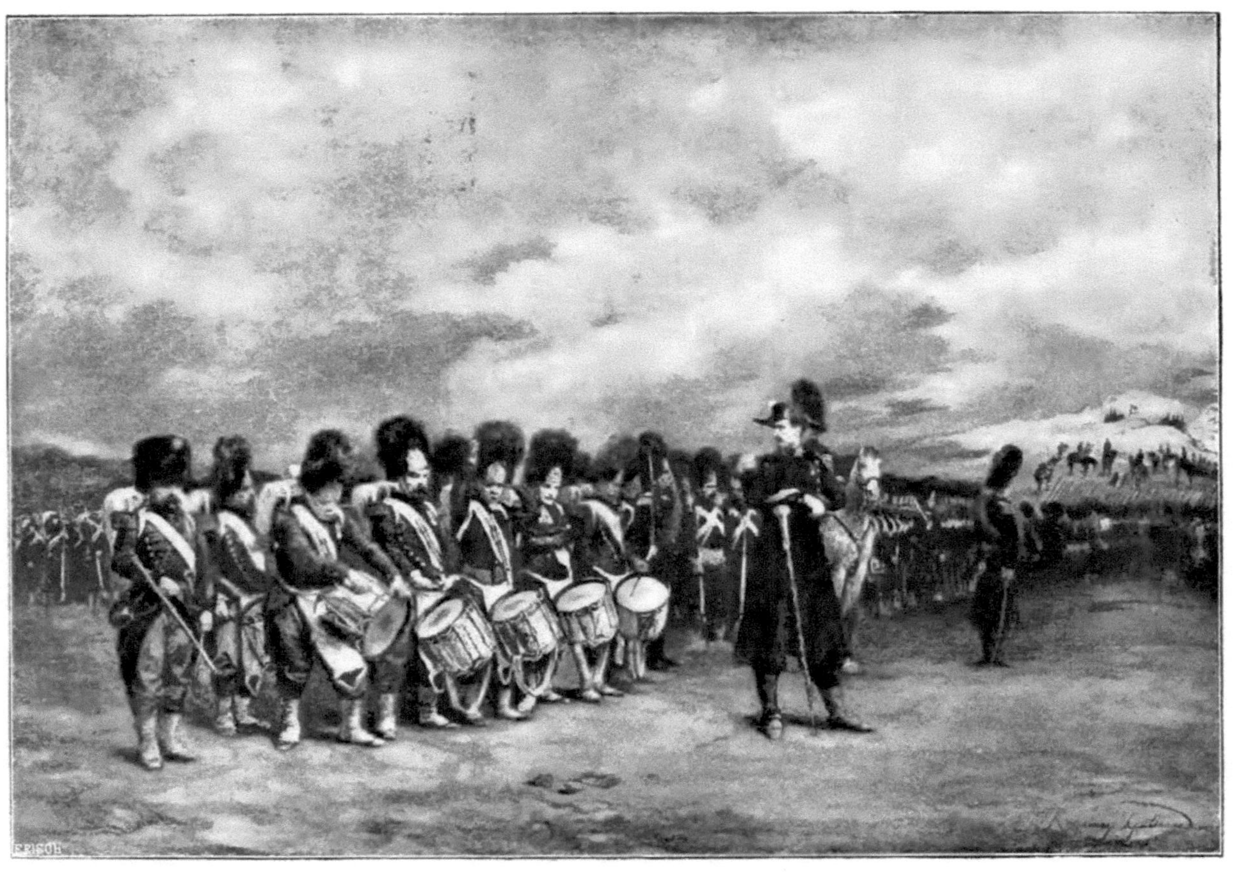

GUILLEAUME REGAMEY
DIE TROMMLER.

braunen Skala der Bolognesen und Neapolitaner allmählich
die grünweiss-grauschwarze Skala des Zurbaran und Velasquez
tritt. Wie beide Meister zeichnerisch auf Bonnat und Laurens
einwirkten, ist schon betont. Nunmehr wirken sie auch als
Koloristen. Und namentlich das Bekanntwerden des Velasquez
bedeutet einen Markstein in der Geschichte der französischen
Kunst. Vorher hatte man von Velasquez wenig gewusst. Nun
waren zahlreiche Maler im Museo del Prado gewesen. Die
Ausstellung von Manchester 1857 hatte auch die vielen in englischen Privatsammlungen befindlichen Werke des grossen
Spaniers bekannt gemacht. William Stirlings Velasquez-Bio-
graphie wurde von Brunet ins Französische übersetzt und von
W Bürger mit Katalog versehen. Arbeiten von Charles Blanc,
Théophile Gautier und Paul Lefort erschienen. 1860, zwei-
hundert Jahre nach seinem Tod, wurde ihm vor dem Louvre
ein Reitermonument errichtet. Einem Maler ein Reitermonument. Darin spricht sich aus, dass man auch den Geist dieser
ritterlichen Kunst erfasst hatte. Velasquez steht aber dem
Caravaggio und Ribera als der grosse Hellmaler gegenüber.
So hatte die Bekanntschaft mit ihm zur Folge, dass auch die
französischen Bilder nicht mehr auf die dunkelbraunen Töne
der Tenebrosi, sondern auf hell perlgraue Töne gestimmt wurden. Zahlreiche Werke, die in der Ausstellung hingen, waren
für diese Phase die bezeichnenden Dokumente.

Das erste Symptom einer Bekanntschaft mit Velasquez zeigt
ein Bild „La vigne" von Nanteuil. Denn obwohl es auf den
ersten Blick ganz bolognesisch anmutet, glaubt man doch schon
den Einfluss der Borrachos zu fühlen. Ein echter Nachfolger
des Velasquez ist dann Alphonse Legros, der grosse Radierer.
Er ist von allen denen, die zu Beginn der 60er Jahre in Spanien
ihre Anregungen erhielten, wohl die interessanteste Erscheinung. Mit einer Inquisitionsscene, dem „löblichen Widerruf",
hatte er sehr kraftvoll im Sinne Zurbarans begonnen. Dann
wirkten die Jagdbilder des Velasquez auf ihn ein. Alle seine
Bilder haben fortan jene grauweissgrünschwarzen Harmonien,
die schon in einigen Werken Courbets — den Demoiselles au
bord de la Seine   vorkamen. hier aber direkt auf das Studium

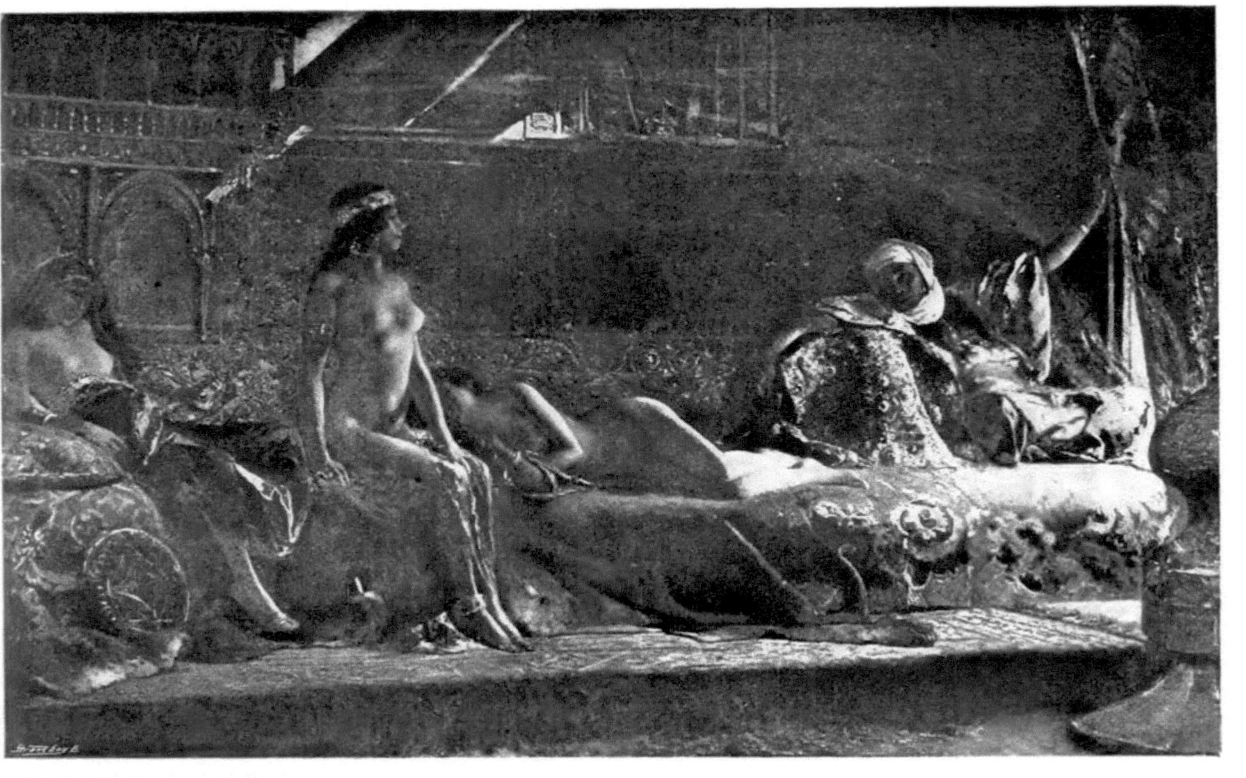

J. J. BENJAMIN-CONSTANT.
LES CHÉRIFAS.

des Velasquez zurückgehen. Das erste ganz spanisch wirkende Bild ist die „Femme dans un paysage" von 1860. Die Dame trägt Mantille und spanisches Kopftuch und hat in der einen Hand einen Rosenkranz, in der andern eine Blume, die sie mit der Steifheit einer spanischen Königin hält. Zu ihren Füssen liegen die schwarz-weiss-gelb gefleckten Doggen, die man aus den Jagdbildern des Velasquez kennt. Den Hintergrund bildet eine tiefgrüne Landschaft und ein hellgrauer Fluss. Dieselbe tiefgrüne Landschaft mit grauen Baumstämmen und einem ins Bläuliche spielenden grauen Himmel kehrt in dem Ex voto-Bilde von 1861 wieder. Vor einem schwarzgoldenen Kruzifix kniet eine Frauengruppe: vorn ein junges Mädchen in Weiss, dahinter alte Bäuerinnen in schwarzen Mantillen und weissen Hauben. Weisse Kerzen und weisse Gebetbücher haben sie in der Hand. Ein Stück modernes Volksleben ist wunderbar in den Velasquezton eingestimmt — wie es bei uns später Leibl in einigen seiner Jugendwerke that. Die „Femme assise au pied d'un arbre" von Frédéric Bazille ist ähnlich. Weiss und Schwarz, Grün und Grau sind wie bei Velasquez fast die einzigen Farben.

Bei Fantin-Latour zeigt sich der Zusammenhang noch deutlicher, da er sich mit Velasquez auf dessen eigenstem Gebiet begegnet. Fantin-Latour ist in seinen Werken sehr verschieden. In den Feerien, die er gerne malt, liebt er vaporose, gelbliche und rötliche Töne, wie sie ähnlich etwa Baroccio oder Parmeggianino haben. In seinen Bildnisgruppen aber taucht zum erstenmal jene Harmonie auf, die seitdem so häufig wiederkehrt: Eine perlgraue Wand, darauf in schmalem Rahmen eine hellblaue von weissem Passepartout umgebene Lithographie. Vorn an einer langen, mit weissem Tischtuch bedeckten Tafel eine Anzahl Herren. Auf der Tafel vielleicht Orangen, Aepfel, Karaffen und Tassen. Dieses Stillleben sowohl wie die schwarzen Kravatten, die schwarzen Röcke, die schwarzen Cylinder und die weissen Hemden der Herren sind mit der weissen Thür und der perlgrauen Wand auf jene vornehmen Accorde gestimmt, wie sie heute ähnlich wieder in den Bildern Hammershoys vorkommen. Hat er Damen darzustellen, so hält er an der näm-

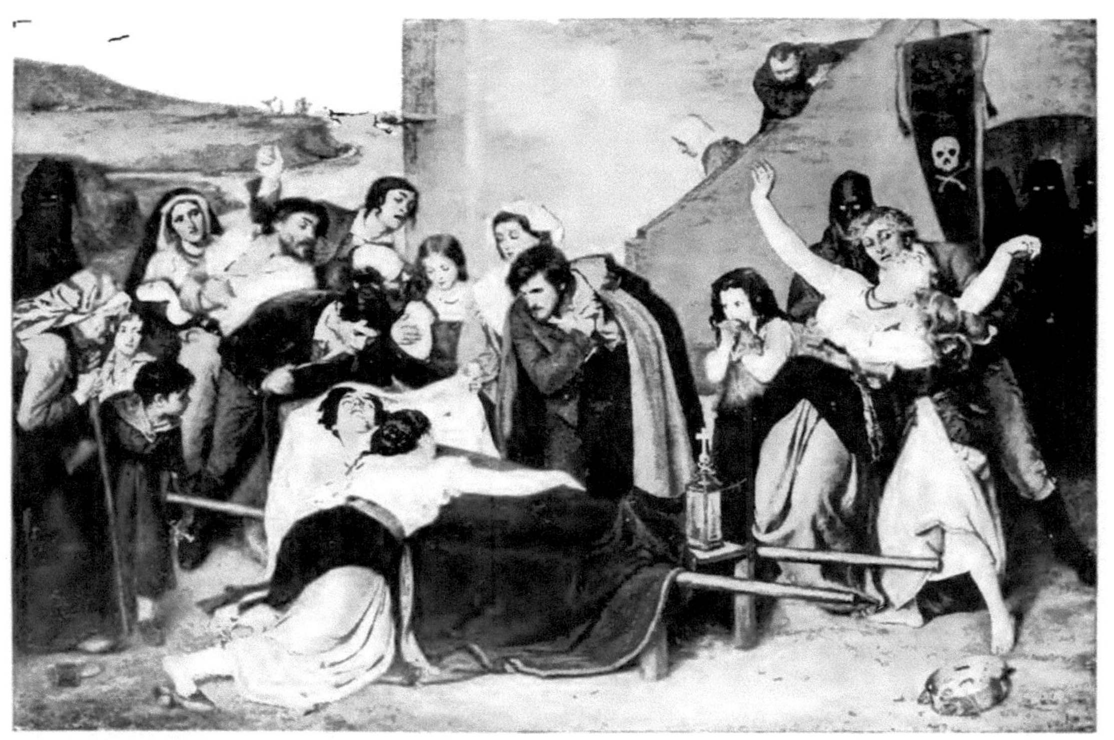

CAROLUS-DURAN.
DER ERMORDETE.

lichen Skala fest, indem er sie womöglich in Trauerkleidern
darstellt. Also der vollständige Gegensatz zu den Romantikern.
Damals glaubte man die moderne Kleidung wegen ihres Schwarz
vermeiden zu müssen. Jetzt sucht man das Schwarz einem
alten Meister zuliebe. Wenn ausser Velasquez auch die letzten
monochromen Regentenstücke des Frans Hals in Erinnerung
kommen, so ist das kein Widerspruch, da sie sich von den
Werken des Velasquez nur durch die Pinselführung, nicht durch
die Farbenanschauung unterscheiden. Fantin-Latour malt seine
Herren, wie Frans Hals die Vorsteher des Elisabethhospitales
malte, nur nicht in der improvisierenden pastosen Art dieses
Meisters, sondern in der verschmelzenden, hinhauchenden des
Velasquez. Er malt die Stilllebenelemente — das Brot, die
Früchte, die blauweissen Tassen — so kühl und sachlich, wie
es ähnlich Zurbaran in seinen Mönchsbildern that. Er ist ausserdem ein Psycholog von Ibsenschem Scharfblick, dessen Fa-
milienbilder, ohne dass sie es wollen, Dramen erzählen. Nach
einem frühen Bild, das in der Nähe hing, hat auch Félix
Valloton mit solchen monochromen perlgrauen Bildnissen begonnen.

Selbst die Landschaften wurden fortan auf diese Töne
gestimmt. Was im Porträt die perlgraue Wand, ist hier der
perlgraue Himmel. Man bemerkt die Wandlung zuerst bei
Harpignies. In seinen frühen Bildern ist er wie Rousseau ein
Verehrer schöner Bäume und malt sie mit porträtartiger Treue,
bald wenn das Mondlicht durch ihre Kronen rieselt, bald wenn
sie als dunkle majestätische Massen vom hellen Horizont sich
absetzen. In seinen späteren Werken geht er ganz bewusst
auf Velasquezsche Harmonien aus, stimmt Perlgrau, Hellblau
und Dunkelgrün ganz im Sinne des grossen Spaniers zusammen. Und auch die Landschaften von Lanoue und Paul
Guigou könnten aus einem Velasquezschen Jägerbilde geschnitten sein. Nicht mehr eine dunkelbraune, sondern eine
perlgraue Tonschönheit ist das Ziel der Maler.

Das neue Rokoko.

Noch von einer andern Seite erhielt dieser Zug zur Hellmalerei Nahrung. Auch das Rokoko, bisher verfehmt und gemieden, trat in den Studienkreis der französischen Maler ein.
Die Brüder Goncourt hatten durch ihr Werk „L'Art du dix-
huitième Siècle" ihnen wieder das Auge für diese graziöse Welt
geöffnet. Watteaus „Einschiffung nach der Insel der Cythere",
nach der die Schüler Davids mit Brotkugeln geschossen hatten,
hing als ein angestauntes Meisterwerk im Louvre. Und durch
die Schenkung der Sammlung La Caze hatte das Rokoko überhaupt endlich eine würdige Vertretung im Louvre gefunden.
Das Bekanntwerden dieser Sammlung, das war ein ähnliches
Ereignis, wie hundert Jahre vorher die Entdeckung Pompejis.
Man bemerkt, wie eine ganze Malergruppe stofflich und technisch dieser Zeit sich nähert. Watteau und Tiepolo, Chardin
und Fragonard werden studiert und geistreich transponiert.

Bei den Nachfolgern Chardins ist der Zusammenhang mit
den älteren Dunkelmalern noch am meisten aufrecht erhalten,
so wie Chardin selbst mehr als die andern Rokokomaler mit
den Holländern des 17. Jahrhunderts gemein hat. Cals malt
alte Grossmütter in weissem Kopftuch, wie sie mit ihren Enkel-
linnen inmitten einer reichen Stilllebenscenerie von irdenen
Krügen, Löffeln und Aepfeln sitzen. Auf den Bildern Gallands
sieht man kleine Mädchen in der Badewanne plätschern. Junge
Mütter in weisser Bluse und weisser Schürze sitzen daneben.
Auf der Etagère vor der grauen Wand stehen Töpfe und Krüge,
Kisten und Schachteln. Bonvin hatte anfangs im Sinne Zurbarans Nonnen und barmherzige Schwestern gemalt, die in

einsamen Klosterzellen vor Kruzifixen knieen. Später siedelte
er ebenfalls in dem Reiche Chardins, dem Reich der weissen
Häubchen und der weissen Schürzen, sich an, malte Köchinnen,
Rübenschälerinnen, Mädchen am Waschtrog, alte Frauen, die
einen irdenen Krug, eine blecherne Schüssel auf den Ofen
setzen. Wenn auf den Bildern der Name nicht stünde, würde
man Chardin sagen. Denn er hat alles — die Tischtücher, die
kupfernen Kessel, das blaugrüne Gemüse, die weissen Schürzen
und Hauben — mit demselben feinen Sinn für kühle Tonwerte
wiedergegeben. Auch das Stillleben machte unter Chardins
Einfluss eine Wandlung durch. Während Vollon seine Werke
in warmem goldigen Helldunkel, in saftig braunroten leuchtenden Farben hielt, sind in den Bildern der Folgenden kalte
Harmonien von Blau, Weiss und Gelb zusammengestellt, wie
sie bei den Holländern noch nicht, erst bei Chardin vorkommen.
G. Fouace hat kupferne Kessel, weisse Tassen und weissbraune
Häschen, E. Quost blauweisse Vasen und hellgelbe Hyazinthen,
weissblaue Porzellankannen und silbernes Besteck   also nur
kühle, nie saftige Dinge   zu diskreten tonigen Harmonien
angeordnet.

Bei den Orientmalern tritt der Zusammenhang mit dem
Rokoko weniger deutlich hervor als bei diesen Stilllebenmalern,
die einem Meister des 18. Jahrhunderts auch in der Stoffwahl
folgen. Immerhin ist es bezeichnend, dass Fromentin damals
der „Watteau des Orients" genannt wurde, dass man seine
Bilder als kokette Galanteriewaren bezeichnete und ihn mit
den Malern der galanten Feste verglich. Denn das ist die neue
Nüance, die durch ihn dem Orientbilde gegeben wurde. Auf
die lauten Fanfaren der Aelteren folgt die leise Koloratur. An
die Stelle der grossen Gegensätze von Licht und Schatten tritt
ein diskretes Grau, in das nur zarte gebrochene Töne — Hellrosa, Hellblau, Grün und Orange — hereinklingen. Auch grosses
Format und grosse Leidenschaften giebt es nicht mehr. Die
geschmeidigen, eleganten Figürchen unterscheiden sich von
den Orientalen Dehodencqs ebenso wie ein zierlicher Rokoko-
marquis von einem derben Proleten Caravaggios. Mit den
Malern der galanten Feste hat er auch die geistreiche Mache

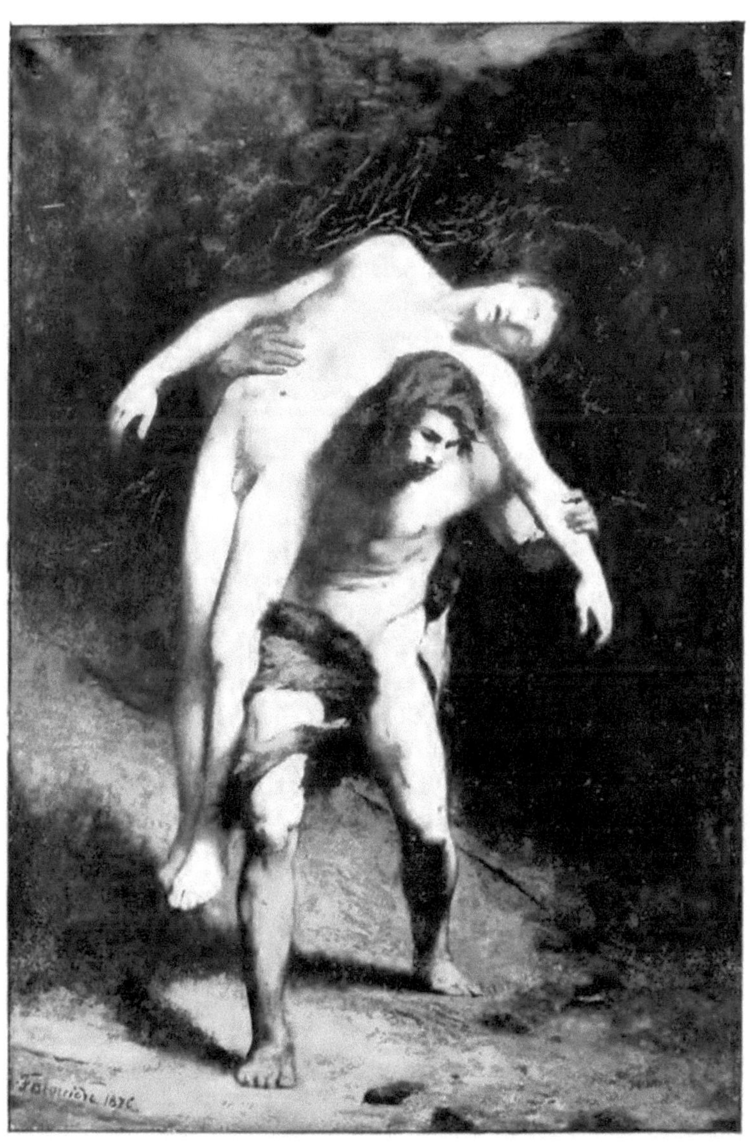

ALEXANDRE FALGUIÈRE.
KAIN UND ABEL.

gemein, jene Grazie, jenen Esprit des Pinsels, der nie platt die
Wirklichkeit abschildert, sondern spielend über den Dingen
schwebt, nur ihre Essenz, ihren Blütenduft in sich aufnimmt.
Wie er graue und blaue Zelte, schwarze Pferde und braune
Menschenkörper als feine Farbenflecke in eine graugrüne Land-
schaft setzt oder grauweisse Apfelschimmel, blaue Turbans und
grüne Schärpen auf helles Silbergrau stimmt, das hat nur in
Watteaus Werken seinesgleichen. Seine Herkunft aus dem
18. Jahrhundert wird auch noch durch andere Werke bestätigt.
Fromentin hat viel in Venedig gemalt: weisse Segel, die von
grauem Himmel sich absetzen; verwitterte Marmorpaläste, die
ihre Säulen und Loggien, ihre Arkaden und Balkons in den
Wellen spiegeln. Und man denkt an Canaletto, an Guardi.
Nur viel schöner als alles, was Canaletto malte, sind die Bilder.
Denn Fromentin, der feine aristokratische Geist, giebt keine
architektonischen Veduten. Er malt alle Erinnerungen, alle
Sehnsucht mit, die uns mit der meerumrauschten Venezia ver-
bindet. Seine Bilder verhalten sich zu denen Canalettos wie
Hugo von Hofmannsthals „Tod des Tizian" zu einer Beschrei-
bung des Baedeker.

Gustave Guillaumet unterscheidet sich von Fromentin dadurch, dass er nicht den Adel des Orients, keine stolzen, auf
feurigen Hengsten dahersprengenden Araber malte, sondern
arme Leute, die mit ihren Hunden vor der Thür ihrer Lehm-
hütte in der Sonne sitzen. Doch in der Anschauung ist der
Unterschied weniger gross als im Stoff. Mögen zerlumpte
Fellahkinder oder arbeitende Frauen dargestellt sein — auch
Guillaumet hat den Orient mit dem Auge Watteaus gesehen,
rote Figürchen wie bunte Blumen auf einen grauen Teppich
gesetzt. Die Bilder von Belly und Curzon sind weitere Beispiele
für dieses orientalische Rokoko. Und auf diese Töne wurden
fortan auch die anderen modernen Stoffe gestimmt. Ferdinand
Heilbuth ging in seinen Bildern junger Mädchen, die in weissem
Kleid, schwarzen Handschuhen und schwarzem Gürtel in einer
graugrünen Landschaft vor einem silbergrauen Flusse träumen,
von der strengen Harmonie der Velasquezzeit zu einem weiche-
ren Rokoko über. Boudin begann Scenen vom Strande der

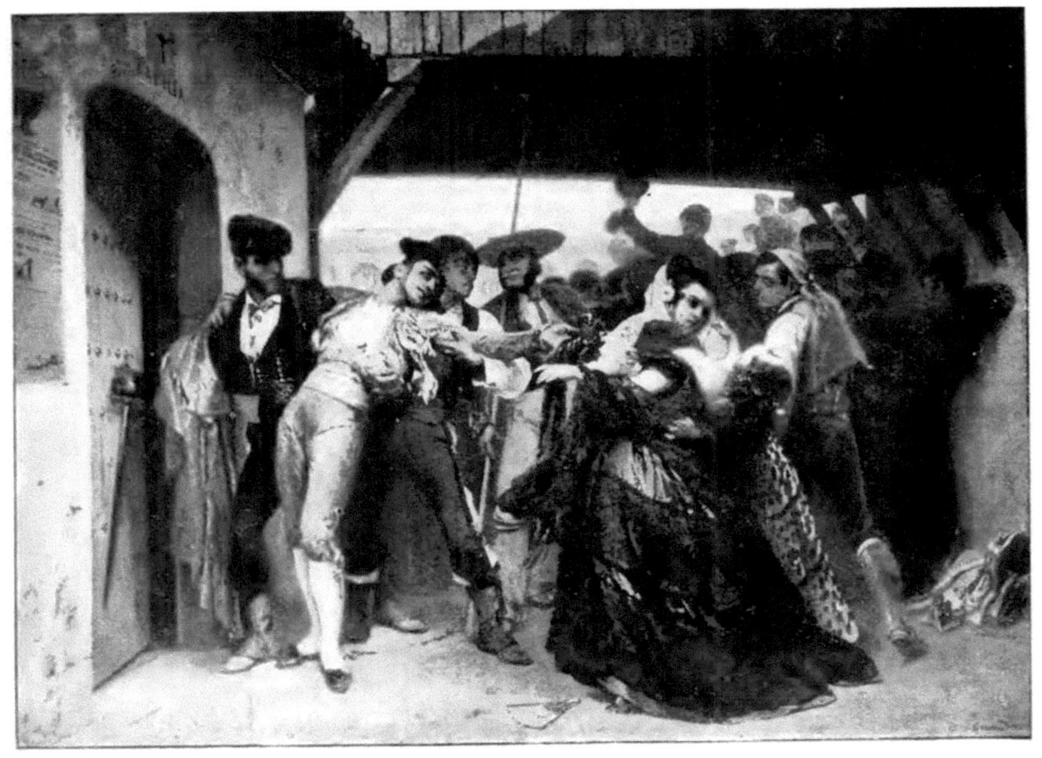

EUGÈNE GIRAUD.
LA DEVISA.

eleganten Seebäder zu malen. Vornehme Damen in jener Toilette der Eugenienzeit, die schon äusserlich dem Rokoko so ähnelt, promenieren wie bei Lancret und Pater in zarten, fein silbergrauen Landschaften.

Tiepolo war der Gott, zu dem die Dekorateure aufblickten. Selbst Aeltere, die es selbst nicht ahnten, näherten sich unbewusst dieser Zeit. So Baudry, der in seiner Magdalena einen Correggio zu malen glaubte und in Wahrheit einen Battoni schuf. Alle Deckenbilder des Hôtel de ville, die damals entstanden, sowohl die von Constant wie die von Lefebvre, sind auf Tiepolo gestimmt. Und die geistvollste Neuausgabe des grossen venezianischen Jongleurs liess Lenepveu erscheinen, von dem in der Ausstellung die Skizze für ein Plafondbild war, das er für den grossen Saal des Opernhauses malte. Tiepolo würde sich, wenn er sie sehen könnte, verwundert die Augen reiben, würde meinen, ein Bild des Würzburger oder Madrider Schlosses wäre gegen seinen Willen nach Paris gekommen.

Fragonard in den Stil der Napoleonzeit übersetzt bedeutet Chaplin. Gleich seinem grossen Vorgänger hat Chaplin das Verschiedenste gemalt. Als Dekorateur streute er spielend nach allen Seiten Schönheit und Grazie aus. In seinen Damenbildnissen war er neben Stevens, der als Belgier in der Ausstellung fehlte, der hauptsächlichste Interpret der Eleganz, hat die weiten Krinolinen und die grossen Strohhüte der Eugenienzeit, die heute so altmodisch wirken, mit demselben ultramodernen Chik gemalt wie Boldini die Moden von heute. Doch hauptsächlich denkt man, wenn sein Name genannt wird, an jene Werke, von denen die Kaiserin Eugenie sagte: „Herr Chaplin, ich bewundere Sie, Ihre Bilder sind nicht nur unanständig, sie sind mehr" Ganz so weit wie Fragonard konnte er nicht gehen. Es war doch ein Unterschied zwischen der Eugenienzeit und der Epoche der Dubarry. Aber seit Fragonard waren junge Mädchen, die von rosa Schleiern umwogt sich auf Betten oder auf Wolken wälzen, war wollüstiges Schmachten und interessante Müdigkeit, weiche in Träumen zerfliessende Sinnlichkeit nicht so fein gemalt worden. Seine ganze Kunst ist ein Wonnetraum. Selbst wenn ein junges Mädchen unschuldig mit ihrem Hünd-

chen oder Kätzchen spielt, ist sie wie bei Fragonard von lächeln-
den Eroten umschwebt. Auch in seiner farbigen Delikatesse
berührt er sich mit diesem alten Meister ebensosehr wie mit
den Bestrebungen der Allerjüngsten. Auf einem seiner Bilder,
das auf der Ausstellung war, bläst
ein junges Mädchen wie bei Ro-
tari schillernde Seifenblasen in
die Luft. Weiss ist sie gekleidet.
Eine weissblaue Schale hat sie
auf dem Schoss. Auf einem hellblauen Sessel sitzt sie. Es ist
alles wie auf dem Bild John
Alexanders. Nur nannte man
damals „Mädchen mit Seifenblasen“, was man heute als
„Harmonie weiss und blau“ be-
zeichnet.

So war die französische Malerei wieder an dem Punkte angelangt, wo sie damals war, als
der alte Fragonard seine im
ersten Saal befindlichen Werke
malte. Sie hat die Entwicklung,
wie sie hier geschildert ist, nicht
ganz so regelrecht durchlaufen.
Was der Historiker in Akte
trennt, fliesst im Leben unmerklich durcheinander. Deutlich erkennbar ist aber doch
der systematische Lehrkursus,
den sie durchmachte. Mit der

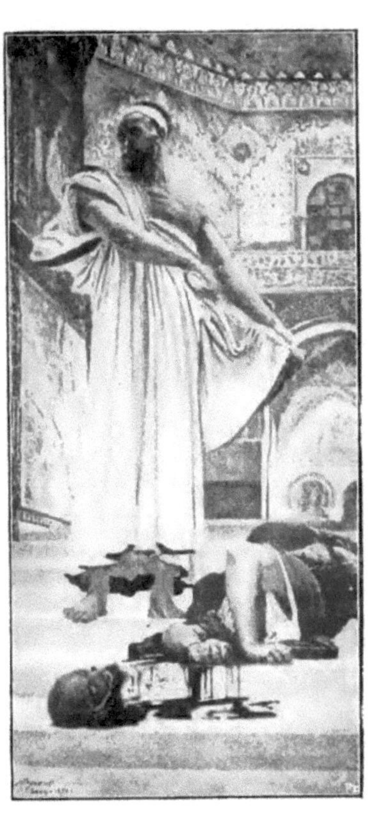

Henri Regnault.
Der maurische Henker.

Antike hatte man begonnen. Dann trat die Kunst des 15. und
16. Jahrhunderts in den Gesichtskreis ein. Von den Zeichnern
dieser Jahre ging man zu den Malern Leonardo, del Sarto,
Giorgione und Tizian über. Der neapolitanische Naturalismus
des Caravaggio und Ribera folgte. Von dieser Dunkelmalerei
gelangte man zur Graumalerei des Velasquez, von da zum

Rokoko. Alle Melodien der Vergangenheit hatte man gespielt, war auf allen Instrumenten zu Hause. Und doch war das Ziel des Weges noch nicht erreicht. Vollon hat einmal ein Bild gemalt, auf dem ein junger Mann alte Rüstungen betrachtet. Das ist symbolisch für die ganze Zeit. Aus der Rüstkammer der Vergangenheit hatte sich die Kunst die Waffen geholt, um die Natur zu meistern, hatte neue Dinge in altem Stile gesagt. Jetzt war die Grenze erreicht. Sollte ein weiterer Schritt geschehen, so musste man die Rüstung der Väter ausziehen und in eigenem Gewand erscheinen. Selbständige Naturanschauung musste das historische Empfinden ablösen.

Die Impressionisten.

Die Konstellation war also beim Auftreten Manets nicht ganz so, wie es bisher in den Geschichtswerken dargestellt wurde. Von einer Reaktion gegen die „braune Sauce" kann keine Rede sein. Denn einige arbeiteten schon in den perlgrauen Tönen des Velasquez, andere in der blassen Skala des Rokoko. Manet ist nur der Fortsetzer dieser Meister, wuchs organisch aus der älteren Kunst heraus. Seine frühen Bilder enthalten nichts, was nicht Legros, Fantin, selbst Courbet schon sagten. Er ist in Holland gewesen und hat die Werke des Frans Hals gesehen. Er ist in Spanien gewesen und malt spanische Volksstücke oder stimmt andere Themen auf die Töne der spanischen Meister.

Frans Hals kommt vor dem Porträt des Kupferstechers Belot in Erinnerung. Es hat die Unmittelbarkeit der Auffassung, die schneidige Mache und die braungraue Farbe, die man aus den letzten Werken des grossen Harlemers, etwa der Hille Bobbe oder dem Guitarrenspieler kennt. Sonst steht Velasquez hinter ihm, stellt ihm das Modell zurecht und führt ihm den Pinsel. Sein „Sänger Faure als Hamlet" sieht aus wie der Truhan Pablillos. Ganz in Schwarz, steht er vor perlgrauem Grund. Rosa und Weiss klingen in die kühle Harmonie herein. Sein „Fifre" wächst gleichfalls wie die Fürstenbildnisse des Velasquez aus dem Nichts, aus einem feinen Perlgrau heraus. Der Kupferstecher Marcelin Desboutin steht in schwarz vor einer braunschwarzen Wand. Einen weichen breiten schwarzen Filzhut hat er wie der Aesop des Velasquez auf dem Kopfe. Eine weisse Kravatte, ein gelblich weisser Tabakbeutel, den er in der Hand hält, und ein hinter ihm stehender hellbrauner Hund, der aus einer weissen Schale trinkt, bilden ausser dem Schwarzgrau die einzigen Farbenwerte. Die gleichen kühlen Töne, wie sie ähnlich schon Fantin gehabt hatte, zeigt das Porträt der Malerin Eva Gonzalès. Man sieht eine perlgraue Wand und einen hellblauen Teppich. Vor der Staffelei sitzt die Malerin in dekolletiertem weissen Kleid, die Arme nackt, eine schwarze Schärpe um die Taille. Ihren Fuss setzt sie auf einen rosaroten Schemel. Auf dem blauen Teppich liegt ein weisser Karton und eine weisse Rose. Jeder Ton — das Perlgrau und das Weiss, das Rosa, das Schwarz und das Hellblau — ist in der Absicht gewählt, möglichst genau die Velasquezharmonie zu treffen. Der „Toreador" ist geradezu eine freie Reproduktion des „toten Kriegers", den die Londoner Nationalgalerie von Velasquez besitzt, während die Grablegung Christi an ähnliche Bilder, etwa Alonso Canos, anklingt. Und wenn bei den anderen Werken wegen der Verschiedenheit der Stoffe der Zusammenhang weniger auffällig ist, so versteht man gleichwohl das Wort, das Courbet sagte, als er 1867 die Ausstellung Manets besuchte Lauter Spanier.

Das Hauptwerk dieser Ausstellung war das 1863 vollendete „Déjeuner sur l'herbe" Es steht in engstem Zusammenhang mit den Bildern, die kurz vorher Legros und Courbet gemalt hatten. Hier wie dort sieht man eine dunkelgrüne Landschaft und einen grauen Weiher. Vorn sitzen zwei Herren, deren Toilette — graue Hose, schwarzer Rock, rosa Kravatte und schwarzes Barett — sehr fein in die graugrüne Harmonie gestimmt ist. Weiter sind auf dem Bilde zwei Weiber. Die eine im Hemd plätschert in den Fluten, die andere sitzt nackt im Grase. Nicht golden, sondern silbern leuchten die Körper. Und Manet steigert die kühle Gesamtwirkung dadurch, dass er ringsum lauter kühle Farbenwerte ansammelt. Vorn links auf der Wiese liegt das hellblaue Kleid und der hellgelbe Strohhut des nackten Mädchens. Daneben sieht man einen hellgelben Korb, ein hellgelbes Brot und dunkelgelbe Pfirsiche. Inhaltlich wird man an das „ländliche Konzert" des Louvre erinnert. Die kühle Tonskala wirkt spanisch, so dass man das Ganze einen von Velasquez gemalten Giorgione nennen könnte. Ebenso spanisch und aus den nämlichen Farbenwerten zusammengesetzt ist das „Déjeuner dans l'atelier" Vorn am Tische lehnt ein junger Mann in gelbschwarzem Strohhut, gelblicher Hose

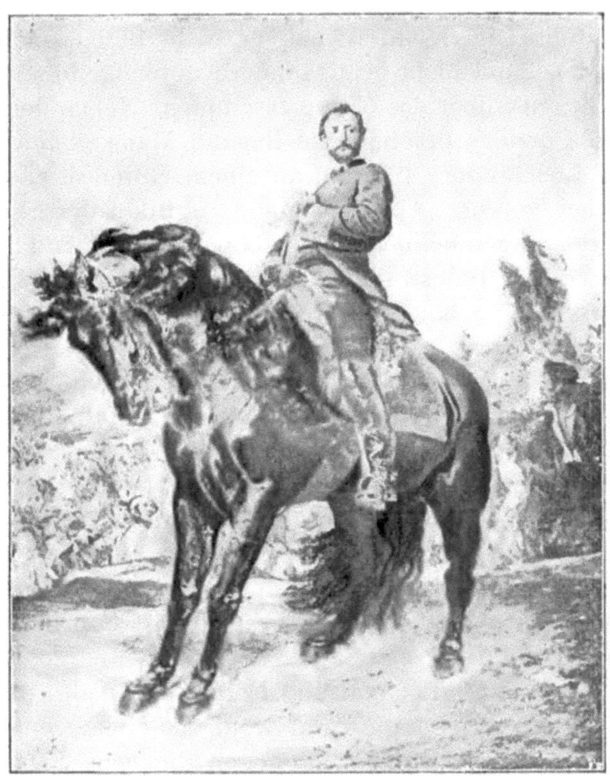

Henri Regnault.   General Prim.

und schwarzem Sammetjackett. Dahinter leuchtet ein weisses Tischtuch, von dem eine hellgelbe Citrone, eine blauweisse Dose und eine weisse Tasse in kaltem Glanze sich abheben. Dunkelgrüne Blattpflanzen, ein graues Rüstungsstück und eine perlgraue Wand, auf der ein weisser Kupferstich hängt, steigern noch die kühle Gesamtwirkung.

Andere Bilder zeigen, dass er ausser für Velasquez auch für Goya sich interessierte. Ein spanischer Guitarrero, eine echte Goyafigur, hebt auf dem Bilde von 1860 von der perlgrauen Wand des Velasquez sich ab. 1863 malt er ein Stiergefecht, ganz wie es Goya gemalt hätte. Nicht der helle spanische Himmel leuchtet über der Arena, sondern ein tiefdunkles Stück Braun. Die Schatten malt er nicht blau, sondern tiefschwarz, den Sand nicht grau, sondern dunkelgelb, stimmt auf Gold, nicht auf Silber das Ganze zusammen. Neben den Guitarreros und Corridas beschäftigen ihn die Majas. Seine „Angelina“ des Luxembourg blinzelt, an einem Gitter sitzend, hinter dem Fächer hervor. Auf einem andern Bilde der Sammlung Caillebotte schauen hellbekleidete Damen vom Balkon herunter. Woher er diese Balustraden und diese Fächer, ja die ganze Farbenanschauung hat, **weiss** jeder, der die Majabildnisse des Goya kennt. Seine „Erschiessung des Kaisers Maximilian“ würde er ebenfalls kaum gemalt haben, wenn nicht die „Salve“ Goyas ihn angeregt hätte. Selbst für die berühmte Olympia von 1865 scheint er die erste Anregung von Goya, von dem Porträt der Herzogin von Alba erhalten zu haben. Auf beiden Bildern hebt ein nackter Körper von dem Weiss eines Bettes sich ab. Nur ist Manet über das Stadium des Experimentes, über den Eindruck des Harten und Kreidigen nicht hinausgekommen. Alles wirkt flach und fest, so dass Courbet über die „Spielkarten“ Manets spottete.

Im übrigen versteht man die Entrüstung nicht, die einige der Werke hervorriefen. Es war wohl mehr eine Sittlichkeitsepidemie als eine Kundgebung gegen die neue Kunst. Das Publikum vermochte sich nicht vorzustellen, dass für einen artistisch empfindenden Menschen ein weisses Frauenhemd und ein nackter Frauenkörper reine Farbenwerte sein könnten, und hielt deshalb das Tête-à-tête der beiden unbekleideten Frauen mit den zwei bekleideten Herren, das es im „ländlichen Konzert“ bewunderte, im „Déjeuner sur l'herbe“ für eine unanständige Farce. Bei der Olympia nahm man vielleicht an der Eckigkeit der Pose Anstoss. Auch dieser Körper wurde als unanständig empfunden, weil Manet von allem cinquecentistischen Linien-

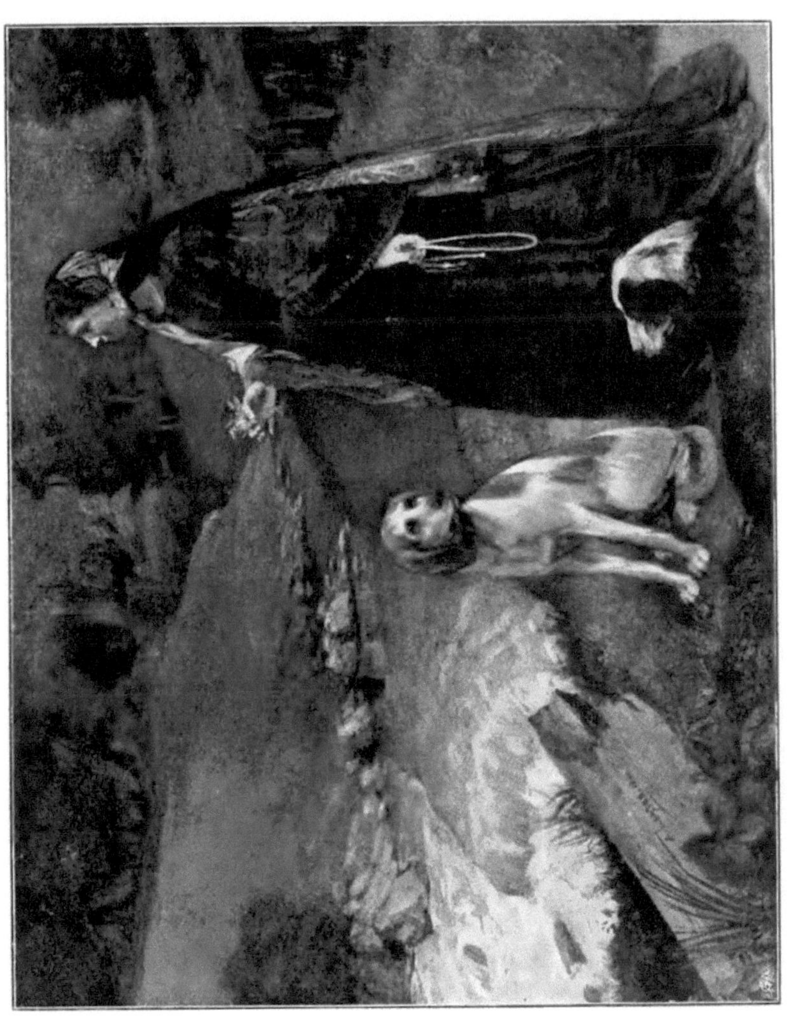

ALPHONSE LEGROS.
FRAU IN EINER LANDSCHAFT.

schwung, an den man durch Henners und Cabanels Werke
gewöhnt war, abgesehen und das Mädchen so natürlich, beinahe
so unbeholfen hingesetzt hatte, wie es etwa Cranach gethan
haben würde. Ausserdem war Manet hier in der Hellmalerei
noch weiter als früher gegangen. Schon im Déjeuner spielten
das weisse Tischtuch und das weisse Hemd die wichtigste Rolle.
Hier war das ganze Bild auf Weiss gestimmt. Das Weiss,
durch die Gegenüberstellung des schwarzen Kopfes der Negerin
noch in seiner grellen Wirkung gesteigert, war in so ungebrochener Kraft auf die Leinwand gesetzt, wie es selbst Velasquez
nicht gewagt hätte. Und dieses Weiss muss auf eine Zeit,
die gewöhnt war das meiste braun zu sehen, gewirkt haben,
wie ein rotes Tuch auf den Toro. Die Künstler schliesslich,
die Manets Bilder vom Salon zurückwiesen, mögen sich über
die fragmentarische Zeichnung geärgert haben. Und damit
ist wohl angegeben, wodurch allein Manets Werke aus dieser
Zeit sich von denen seiner Vorgänger unterscheiden.

Im Anfang seiner Laufbahn war er strenger Zeichner im
Sinne Courbets und Legros' gewesen, und die Bilder hatten
deshalb unbeanstandet die Jury des Salons passiert. In den
späteren hat er den schicksalschwersten Schritt gethan, den
ein Mensch thun kann, ist aus dem sicheren Besitze hinaus
in das Nichts gesprungen, hat — von allem, was er bei Couture
gelernt, sich freimachend — versucht, die Zeichnung aus den
Tönen heraus sich entwickeln zu lassen. An seinen Frauenköpfen wird das besonders deutlich. Auf den ersten Blick
wirken sie geistlos. Manet scheint sie absichtlich in unfertigem
Embryozustand gelassen zu haben. Man sieht nicht jene Modellierung, die man zu sehen gewohnt ist; nicht jene Augen,
an denen man deutlich die Wimpern, die Iris und Pupille
unterscheidet. Seine Bilder geben nur den farbigen Eindruck
wieder, den man von einer Dame hat, der man flüchtig auf
der Strasse begegnet. Da sieht man keine Linien, man sieht
nur Flächen ein Stück weiss, ein Stückchen rot, eine schwarze
Masse und zwei dunkle Punkte, wovon man weiss, dass es die
Wangen, die Lippen, das Haar und die Augen sind. Manet malt
nicht mehr das, was man durch Wissen weiss. Er malt lediglich

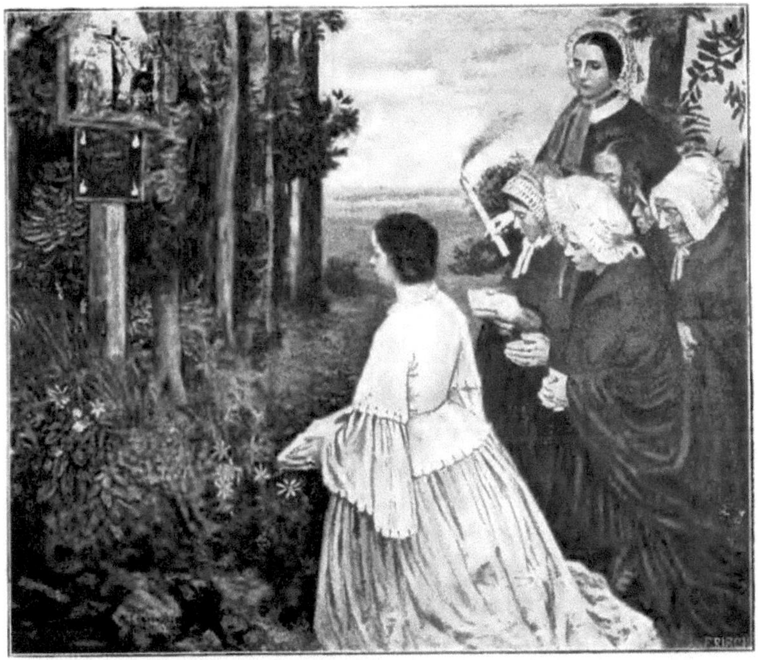

Alphonse Legros.   Das Votivbild.

das, was das Auge sieht. Das erste ist ihm nicht die Zeichnung,
die dann mit Farbe gefüllt wird. Die Form entwickelt sich aus
den Tonwerten heraus. Sein Hauptproblem ist, die Farbfläche
in ihre Bestandteile zu zerlegen, die einzelnen Töne farbig
abzustufen und zu nüancieren. In diesem Sinne ist er schon
„Impressionist“ und ist im Zurückdrängen des rein Zeichnerischen, im Betonen des farbigen Eindrucks noch weiter gegangen als Velasquez. Aber es ist in seinen Bildern doch nicht
das, was man Lichtmalerei nennt. Von jenem Zersetzen der
Farben durch das Licht, woran man hauptsächlich denkt, wenn
von Impressionismus gesprochen wird, ist in seinen älteren
Werken nicht die Rede. Die Einzelheiten ordnen sich noch
nicht dem Lichte unter, das sie beleuchtet, das ihre Farben
bestimmt und Dissonanzen in Harmonien auflöst.

Wodurch Manet dazu geführt wurde, diesen weiteren Schritt

zu thun — die alles belebende, alles durchdringende, alles harmonisierende Kraft des Lichtes zu entdecken, ist noch eine offene Frage. Es ist darauf hingewiesen worden, dass er vielleicht beeinflusst wurde durch Claude Monet, der, nur sieben Jahre jünger, unterdessen seine revolutionäre Thätigkeit begonnen hatte. Doch als geschichtliche Thatsache lässt sich das nicht beweisen. Die entgegenstehende Erzählung lautet, Manet sei 1870, kurz vor der Kriegserklärung, auf dem Lande bei seinem Freunde de Nittis zu Gast gewesen. Frau de Nittis mit ihrem Kinde habe auf der Wiese unter grünen Bäumen gesessen. Manet sei überrascht gewesen, was für flimmernde Flecke das Sonnenlicht auf dem Rasen, den Kleidern, den Gesichtern bildete. So sei die Sonne das grosse Problem seines Lebens geworden. Sein höchstes Ziel sei fortan gewesen, keine Lokaltöne mehr zu malen, sondern die Farben der Dinge so wiederzugeben, wie sie durch Sonne und Atmosphäre bestimmt werden. Und auf der Ausstellung sah man ein Bild, das wie die Ouverture zu dieser neuen Abteilung seines Werkes anmutete. „Portraits en plein air" hatte er es genannt. Eine junge Frau in weissem Kleide und weissschwarzem Hut sitzt auf graugrünem Grase. Ihr Knabe in blauem Anzug liegt an sie geschmiegt. Dahinter, in blauer Bluse und schwarzer Hose, arbeitet ein Gärtner. Es ist a u c h noch die Velasquezharmonie, aber alles Zeichnerische fehlt hier vollständig. Die Blumen des Hintergrundes sind als rote Flecken hingesetzt, die Gesichter der Personen erscheinen in der Nähe betrachtet nur als verschwimmende Massen. Erst wenn man wegtritt, fängt alles zu leben an, zu leuchten und zu flimmern. In flirrenden Aether sind Natur und Menschen gebadet. Alle Farbenflächen sind aufgelöst in einzelne Töne, und die Sonne, der grosse Kapellmeister bestimmt die Accorde. Jetzt versteht man das Entsetzen, das seine Bilder vor dreissig Jahren erregten. Jetzt empfindet man, dass er die Pforten der neuen Kunstanschauung aufschlug, die das nächste Menschenalter beherrschen sollte.

Manet war zu dieser Rolle, die Seele der impressionistischen Bewegung zu werden, durch seine ganze Vergangenheit berufen. Er war 1848 in die Marine eingetreten und hatte als

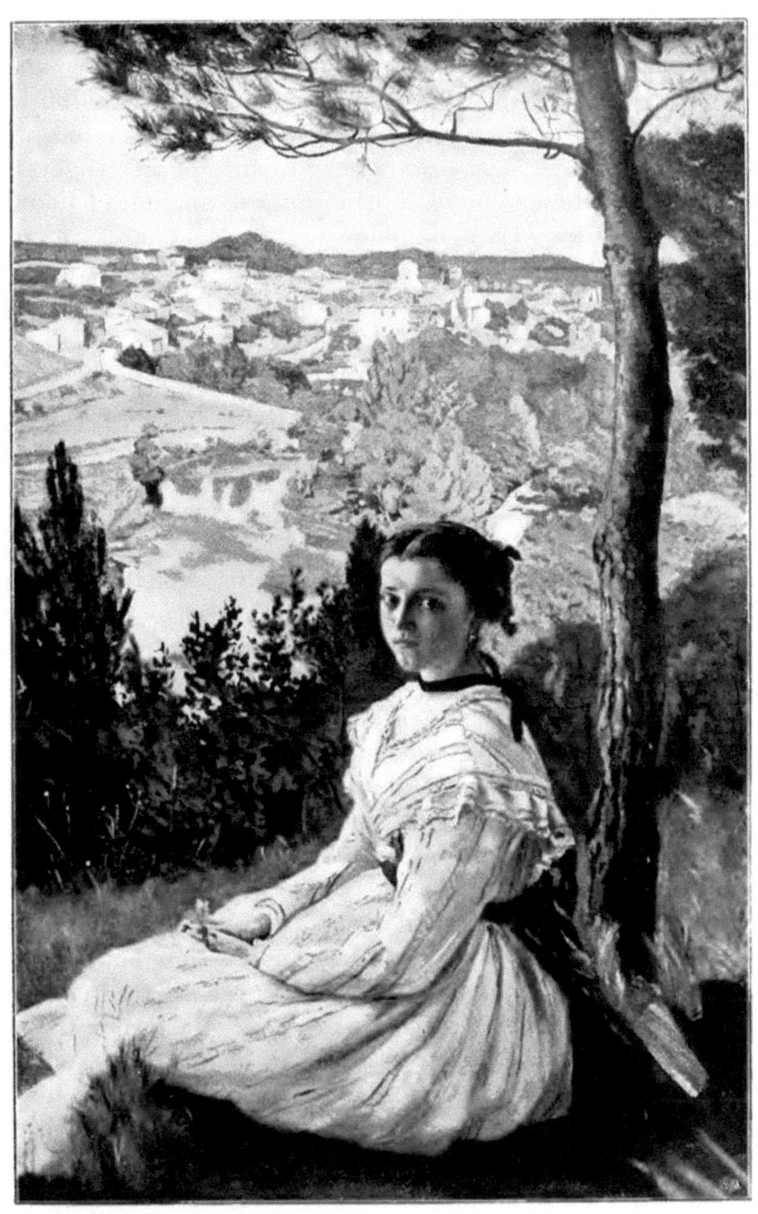

FRÉDÉRIC BAZILLE.
FRAU IN EINER LANDSCHAFT.

Seekadett eine Reise nach Rio de Janeiro gemacht. Schon diese Jugendeindrücke scheinen seine Zukunft bestimmt zu haben. Er beobachtete den leuchtenden Himmel, der unaufhörlich seine Farbe und seine Formen wechselnd, sich über ihm ausdehnte; betrachtete den gewaltigen Ozean, der in ewiger Bewegung und immer neuen Farbenspielen ihn umschaukelte. Er sah, dass diese Farben nichts mit denen gemein hatten, die er aus den Oelbildern kannte; sah, wie ganz anders Himmel und Erde aussehen, je nachdem sie im Sonnenlicht, in der Dämmerung oder in nächtlichem Dunkel liegen. Als er nach seiner Rückkehr die Werkstatt Coutures besuchte, konnte dessen Farbenanschauung ihm nichts mehr sagen. Schon als Matrose auf dem Schiffe trug er die neue Kunst im Kopf. Als Lehrling der Meister, die von allen Alten am meisten Impressionisten waren — des Frans Hals, Velasquez und Goya — schmiedete er sich die technischen Instrumente, um das auszudrücken, was er sagen wollte. Und nun nach langem Suchen wurde aus dem Schüler der Meister. In der kurzen Zeitspanne, die ihm das Schicksal noch beschied, schuf er all jene Bilder, die seinem Namen die Unsterblichkeit sichern. Neue Farben, neue Harmonien und Klänge offenbarte er. Durch prismatische Zerlegung der Farbenfläche lehrte er den Dingen Leuchtkraft zu geben. Gleichzeitig erweckte er das Gefühl für das πάντα ῥεῖ, lehrte die Dinge darstellen nicht als Einzelobjekte und in starrer Ruhe, sondern als Teile des Universums, im ewigen Fluss der Bewegung.

In der vorausgegangenen Epoche hatte die Eleganz des modernen Lebens noch wenige Interpreten gehabt, da diese Dinge schlecht in die altmeisterliche Tonskala passten. Namentlich für den Duft und das Froufrou des modernen Weibes fehlte der Sinn. Alte Männer und alte Frauen wurden von den Schülern Caravaggios bevorzugt. Manet trat in diese Lücke ein. Das Gros seiner Werke bilden Scenen aus dem eleganten Leben der Gegenwart aus den Cafés, den Theatern und Wettrennen. Vierzehn Bilder, bei Durand Ruel ausgestellt, erzählten vom Luxus und den Raffinements von Paris, von hellen Sommertagen und gaslichtdurchfluteten Soiréen. Da wo es am stärksten pulst, suchte er das Leben zu packen. Balkonscenen sah man und Kokotten im Restaurant, Momentaufnahmen aus dem Skating Rink und dem Bal de l'Opéra, die Déjeunerscene beim Vater Lathuille und die Buffetscene aus den Folies-Bergères. Da hatte er das Tageslicht, dort das künstliche Licht der Bühne oder des Caféhauses zu interpretieren gesucht. Und nicht dieses Licht nur, das ewig veränderlich die Dinge umwogt, suchte er wiederzugeben. Auch das Flüchtigste in Ausdruck und Bewegung hielt er fest. Gerade an dieser Klippe waren die englischen Präraffaeliten, die auch schon das Pleinairproblem berührt hatten, gescheitert. Da sie unvereinbare Dinge zu verschmelzen, dem Studium des Lichtes schärfste zeichnerische Präcision zu gesellen suchten, erreichten sie wohl Naturwahrheit im einzelnen, aber das Leben erschien in ihren Bildern erstarrt. Manet ist Meister darin, den Eindruck der Bewegung zu suggerieren. Wunderbar ist, wie er in dem „Bar der Folies-Bergères" vorn das Stillleben von Flaschen, Orangen und Rosen malt, dahinter das vom elektrischen Licht grell beleuchtete Mädchen, noch weiter hinten das von Menschen wimmelnde Promenoir. Die „Musik in den Tuilerien" zeigt einen von Menschen belebten sonnigen Platz. In der Nähe sieht man nur Farbenflecken, doch in richtigem Abstand fangen die Kleckse zu leben an. Menschen gehen und kommen, schieben sich in wogender Bewegung dahin. Das Bild „Die Barke" wirkt gar nicht wie ein Oelbild. Es ist, als blicke man aus dem Fenster in die Wirklichkeit hinaus: sehe einen Kahn auf den grauen Wogen eines Flusses schaukeln und zwei feine Silhouetten weich von der luftigen Atmosphäre sich absetzen. Viel trägt zu diesem suggestiven Eindruck auch die Behandlung der Schatten bei. Früher dunkel und tot, wirken sie in Manets Bildern durchsichtig, vibrierend, lebendig.

Aber nicht nur in Figurenbildern hat er die Prinzipien seiner Farbenanschauung niedergelegt. Fast noch lehrreicher sind jene andern, in denen er die t o t e Natur unter den Strahlen der Sonne aufleben und aufleuchten lässt. Es ist ihm gleichgültig, ob er einen Menschenkörper oder einen Bund Spargel zu malen hat. Er will nur zeigen, dass es in der Natur keine

einfarbigen Flächen giebt, sondern dass unter dem Einfluss
des Lichtes jedes Ding in tausend verschiedenen Tönen leuchtet.
Anfangs waren auch Manets Stillleben im Vollonstil gehalten.
Kupferne Kessel, Citronen, Karpfen, Hummern und Austern
stellte er zu saftigen Harmonien zusammen. Später tritt an die
Stelle des Saftigen das Duftige. Was vorher ölig wirkte, wirkt
jetzt frisch und leicht. Auch die t o t e n Dinge bekommen unter
den Sonnenstrahlen ein neues geheimnisvolles Leben. Namentlich die Blume, die bei den Früheren immer etwas Sauciges,
Schweres behalten hatte, ist bei Manet ein ätherisches Gebilde.
Wunderbar ist, wie er das Licht auf den Blättern von Thee-
rosen oder hochroten Centifolien spielen lässt. Ein erstaunliches Meisterwerk hatte er in den Spargeln geschaffen, die
man auf der Ausstellung sah. Denn hier ist das Grün und Gelb
der Stengel keine eintönige, leblose Fläche mehr. Alle Töne
sind zerlegt, alles flimmert und schimmert in den verschiedensten Farbenwerten. Und das Meer, das er in seiner Jugend
kennen gelernt, in seiner unendlichen Weite, seinem wechselnden Lichtleben wiederzugeben, war ganz besonders das Ziel
seines Strebens. Die Ausdrucksmittel des Impressionismus
liessen hier am besten sich erproben. Denn die See ist nie in
Ruhe. Immer kräuseln sich die Wellen. Beim leisesten Wind,
bei jedem Wechsel der Beleuchtung ändert sie ihr Gesicht.
Es gehört ein scharfes, auf Momentbilder gestimmtes Auge
dazu, solche Seestimmungen wahrzunehmen, eine sichere Hand,
sie in Farbenwerte umzusetzen. Und ein Vergleich mit Ribot
zeigt deutlich die Ueberlegenheit des jüngeren Meisters. Bei
Ribot ist alles ölig und schwer. Eine trübe schlammige Masse
scheinen die Schiffe zu durchfurchen. Bei Manet ist alles klar
und beweglich. Man glaubt einzutauchen in die Fluten, glaubt
dem Sonnenstrahl zu folgen, der von Woge zu Woge hüpft.
Sehr fein war auf der Ausstellung das Bild „Argenteuil" schaukelnde, sonnebespielte Barken, vorn eine Frau, die als rosa
Farbenfleck in die Landschaft gesetzt war. Und in anderen
Werken hatte das Studium des Lichtlebens wieder zu einer
zarten Tonschönheit geführt. Man denkt an Whistler vor jenen
Bildern, in denen man nichts als schwarze und weisse Segel

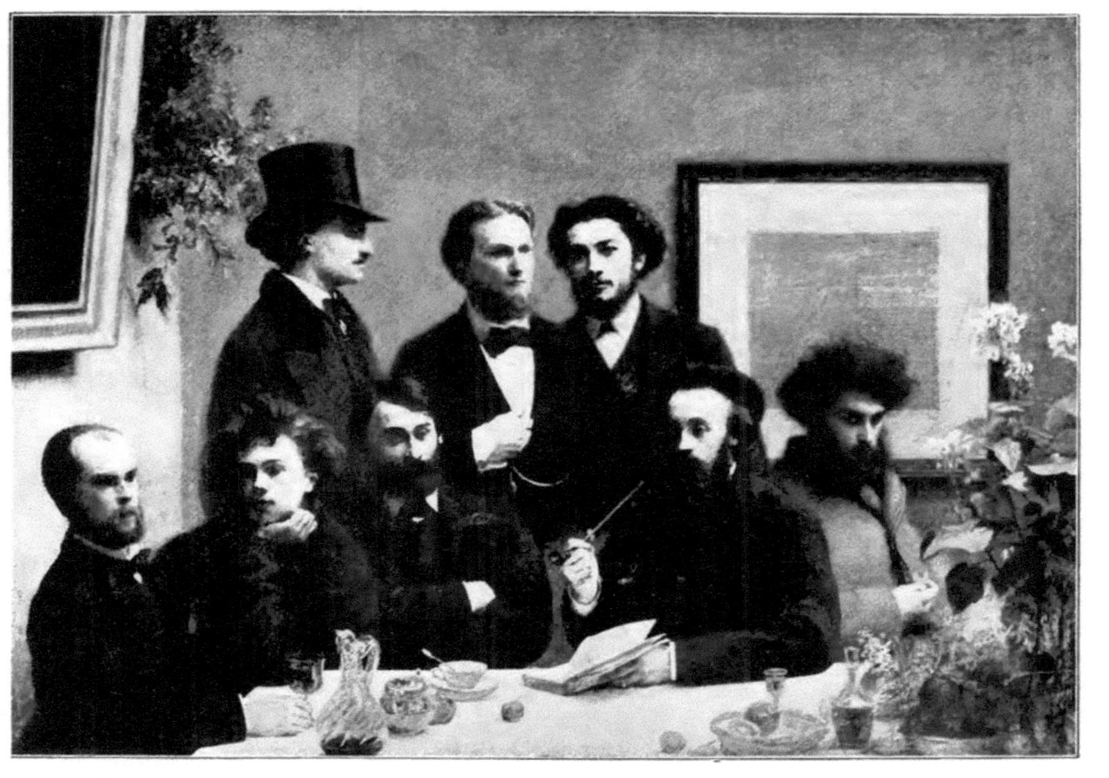

I. THÉODORE FANTIN-LATOUR.
„COIN DE TABLE."

sicht, die zum Teil durch den Rahmen abgeschnitten auf einer wogenden hellblauen Fläche schaukeln.

Hier ist die Frage zu streifen, welche Rolle die Japaner in diesem Entwicklungsprozess spielten. Ich glaube, gar keine, wenigstens eine geringere, als man früher annahm. Gewiss ist es seltsam, dass gerade damals Paris von den japanischen Farbendrucken überschwemmt wurde. Und es steht ausser Zweifel, dass die japanische Kunst später einen tiefgehenden Einfluss auf die europäische ausübte. Vom japanischen Farbendruck wurde der europäische Farbendruck befruchtet. Wohlklang im Nebeneinander von farbigen Flächen, Unterordnung der Farbe unter die dekorativen Zwecke, frei symphonische Gestaltung koloristischer Werte — diese Dinge haben die Plakatkünstler von den Japanern gelernt, und der Plakatstil wirkte wieder auf das Oelbild zurück. Der Impressionismus aber würde auch ohne die Japaner gekommen sein. Manet insbesondere wäre auch ohne Outamaro und Hokusai das geworden, was er ist. In der Farbenanschauung verdankt er ihnen nichts, und selbst die kompositionellen Freiheiten, die er sich zuweilen gestattet, konnte er von Goya lernen, der in einigen seiner Werke, wie dem erstaunlichen Hundekopf, der gespenstisch in eine Landschaft hereinragt, schon alle Konsequenzen aus dem japanischen Kompositionsprinzip gezogen hatte.

Erst Degas, der grosse Meister der aufgelösten Komposition, ist wohl ohne die Japaner undenkbar. Denn hier sind alle Schönheitsregeln, die bisher die europäische Kunst beherrscht hatten, auf den Kopf gestellt. Während Manet noch Wert auf geschlossene Bildwirkung legt, sind die Werke des Degas das Gegenteil jedes regelrecht architektonischen Aufbaus. In den gewagtesten Perspektiven, den kühnsten Ueberschneidungen, den unglaublichsten Verkürzungen ergeht er sich. Ausschnitte aus der Wirklichkeit, die man früher für unmöglich gehalten hätte, stellt er als Bilder hin. Und solche Kühnheiten wären wohl kaum gewagt worden, wenn sie nicht in einer aussereuropäischen Macht einen Rückhalt gehabt hätten.

Man feiert Degas bekanntlich als den Chronisten des Turf und der Oper. Er wurde — wie schon Manet — auf dieses

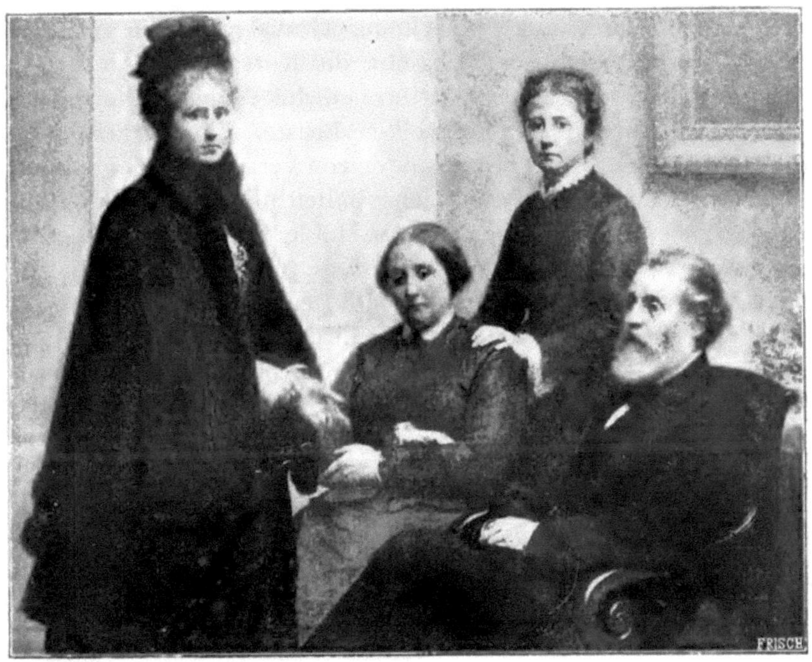

J. Th. Fantin-Latour.   Die Familie D . .

Gebiet geführt, weil gerade hier die schlagfertige Unmittelbarkeit in der Aufnahme und Uebertragung der Eindrücke das
Erste und Letzte ist. Die rasch wechselnden Beleuchtungseffekte
des Rampenlichtes galt es wiederzugeben. Es galt Bewegungen
von blitzschneller Geschwindigkeit festzuhalten. In der Meisterschaft, mit der er diese Aufgaben löste, ist er der Klassiker des
Impressionismus, und seine Werke können die hohe Schule
für denjenigen sein, der lernen will, Kunst wirklich als Kunst
zu geniessen. Denn hier fehlt a l l e s , was das Interesse des für
Form und Farbe nicht Empfänglichen erregen könnte. Nichts
Melodramatisches giebt es, nichts, was irgendwie durch den Inhalt fesselt. Jede Schönheit im herkömmlichen Sinn ist ver-
schmäht. Unglaublich sind die Stellungen, in denen er Frauen
zeichnet: wie sie in die Badewanne steigen, auf dem Boden
kauern, auf dem Bidet sitzen, sich an- und ausziehen, sich

waschen, einseifen und abtrocknen. Grausam ist die Art, wie
er alle Deformationen wiedergiebt, die Korsett und Alter dem
Körper aufprägen: die Schnürfurchen des Magens, die zusam-
mengedrückten Rippen, die welken Brüste. Eine bizarre Anatomie, nichts als ein Durcheinander von verrenkten Beinen und
verdrehten Körpern scheinen jene Ballettbilder zu enthalten, in
denen er die Erziehung der Elevin schildert. Denn auch kompo-
sitionell sind alle überkommenen Regeln von Abrundung und
Gleichmass verachtet. Da ragt ein Bein, dort ein Arm oder
ein Pferdekopf ins Bild herein, während der Rest der Figur
durch den Rahmen verdeckt wird. Und trotz oder wegen dieser
Dinge gehören die Werke des Degas für das gebildete Auge
zum Feinsten, was grosse Kunst erzeugte.

Zunächst bewundert man den Bewegungskünstler. Als einmal über **das** Radfahren der Damen eine Enquête gemacht
wurde, gab Hermann Bahr die Antwort: Ich liebe das Fahrrad,
denn es hat uns ermöglicht, Linien des weiblichen Körpers,
Schönheiten der Bewegung zu sehen, die wir früher nicht
ahnten. Dasselbe gilt von Degas. Er hat uns Bewegungen
gezeigt, deren aparte Schönheit vorher nicht gefühlt war, hat
allen seinen Gestalten gleichsam aus dem Hinterhalt auf-
gelauert, sie überrumpelt und in einem Moment fixiert, der
so meuchlings erhascht ist, dass Andere ihn überhaupt noch
nicht sahen. Kein Zeichner vorher hat die Bewegungen von
Jockeys und Pferden, von Sängerinnen und Tänzerinnen mit
solcher Unmittelbarkeit gegeben. Bei seinen Orchesterbildern
fühlt man, wie die Violinbogen über die Saiten sausen. Auf der
Ausstellung war ein Bild, das aus seinem gewöhnlichen Stoffkreis herausfiel. Das Bureau der Wollenspinnerei in New-
Orleans war dargestellt. Ein Herr, die Cigarette im Munde,
liest die Zeitung. Ein anderer lehnt am Fenster. Ein Kommis
blättert in den Büchern. Ein Kunde prüft die Wolle. Wie das
beobachtet und mit welcher Einfachheit es wiedergegeben ist,
fühlt man erst, wenn man etwa an Menzel denkt. Menzel
hätte allerhand geistreiche Pointen hinzugefügt, hätte alles ge-
sperrt drucken lassen, die Feinheit jedes Bewegungsmotivs noch
besonders unterstrichen und so aus dem Ganzen eine Karikatur

gemacht. Bei Degas ist es, als könne es gar nicht anders sein. In das ewig veränderliche, ewig wogende Leben glaubt man zu blicken. Ein Augenblick, der nur einmal war und nie wieder sein wird, ist mit einer Selbstverständlichkeit und Natürlichkeit festgehalten, als ob gar keine Kunst dazu gehöre das zu machen. Wie seine Büglerinnen eine Sekunde in der Arbeit inne halten, aufblicken und den Kopf wenden — das scheint eine Moment-photographie zu sein und ist doch das Werk eines ganz grossen Künstlers.

Denn man darf sich durch die „Natürlichkeit" der Bilder nicht täuschen lassen. Scheinbar Momentphotographien, sind sie in Wirklichkeit doch mit höchster Kunst komponiert. Ueber-all weiss er die suggestivsten Linien zu finden. Stets ist die Scene so abgeschnitten, dass es nichts Totes, nur „lebende Punkte" giebt. Durch sein erstaunliches Gefühl, die Dinge in den Raum zu setzen, hat er ganz neue Raumwerte geschaffen. Und eben-sosehr wie den Raumkünstler bewundert man den Maler. Degas als erster machte wieder das Pastell sich dienstbar, das seit den Tagen des Rokoko wenig geübt, namentlich in der saucigen Caravaggiozeit ganz vergessen war. Es dient ihm dazu, den Dingen alle ölige Schwere zu nehmen, Leichtes leicht und prickelnd zu sagen. Doch auch seine Oelbilder sind für das Malerauge das Non plus ultra. Der Akt erhielt durch ihn eine ganz neue Bedeutung. Während man früher einfache Fleischfarbe malte, malt Degas die tausend verschiedenen Nü-ancen, die das Spiel des Lichtes auf der Haut erzeugt. Wie er es versteht, die „Skizze zu wahren" stets in dem Momente aufzuhören, wo die künstlerische Absicht erreicht ist und das handwerkliche Fertigmachen beginnt; wie die Röckchen der Balletteusen duftig und weich sind; mit welch fabelhafter Meisterschaft er die tollsten Wirkungen künstlichen Lichtes festhält; wie er Dissonanzen sucht und durch einen blauen, grünen oder gelben Fleck, den er irgendwo wie zufällig an-bringt, das Widerstreitende in Harmonien auflöst das sind Dinge, die zu schildern das Wort versagt.

Rodin und Degas – die beiden allein dürfen wohl in einem Atem genannt werden. Beide haben wie einst Michelangelo

die kompliziertesten Bewegungen, die schroffsten Verrenkungen
der Glieder festgehalten, aus der reinen Freude am Bewegungs-
motiv ihre Werke geschaffen. Beide haben uns die Schönheit
von Bewegungen gezeigt, die wir früher für hässlich hielten.
haben uns gezeigt, wie reizvoll es ist, die direkte Handschrift
des Künstlers lesen, das Prickelnde der Skizze bewundern zu
dürfen. Beide haben die Ausdrucksmittel der Kunst um Schätze
bereichert, die anzuhäufen es früher ganzer Epochen bedurfte.

Auch Renoir hat die Bewegungen der Tänzerinnen, die
phantastische Anatomie des Balletts mit grosser Sicherheit
wiedergegeben, die gewagtesten Posen, die seltsamsten Extra-
vaganzen des Lichtes in schneidigen Augenblicksbildern festgehalten. Namentlich der Moulin de la galette ist ein Wunderwerk vibrierenden Lebens. Erstaunlich ist, wie die Bewegungen
der tanzenden Paare gemalt sind, wie das Licht auf den hellen
Kleidern, den Cylindern und gelben Strohhüten spielt. Doch
nahm er, wie es scheint, nicht von den Japanern, sondern vom
Rokoko seinen Ausgang. Wie Chaplin liebt er hellblaue Tassen
und hellgelbe Blumen. Wie dieser lässt er seine jungen Damen
mit Kätzchen spielen oder auf schwellenden Betten ruhen. Und
auch als Physiognomiker berührt er sich mit den Meistern des
Rokoko. Wie diese nicht auf würdige Posen Wert legten,
sondern den nervenerregenden Reiz zu haschen suchten, der
in dem Zucken eines Mundwinkels, dem spöttischen Blick eines
Auges, in einer niedlichen raschen Geste liegt, hat Renoir die
flüchtigsten Nüancen des Ausdrucks und der Bewegung wiedergegeben. Junge Augen, die uns zuzublinzeln scheinen und doch
im nächsten Moment ganz wo anders weilen, Blicke, die scheinbar uns nicht sehen und doch lauernd umkreisen, ironisches
Lächeln, kokettes Schmollen, den Moment zwischen Lachen und
Weinen, eine flüchtige Bewegung der Lippen   alles blitzschnell Kommende, blitzschnell Verschwindende   Dinge, an
die seit Fragonard sich keiner wagte   suchte er wieder festzuhalten. Gewöhnlich ist also in die Bildnisse irgendwelche
seelische Aktion gebracht. Die Personen werden in Momenten
dargestellt, wo ein von aussen kommender Eindruck sie zum
Aufblicken oder zu einer mechanischen Bewegung veranlasst.

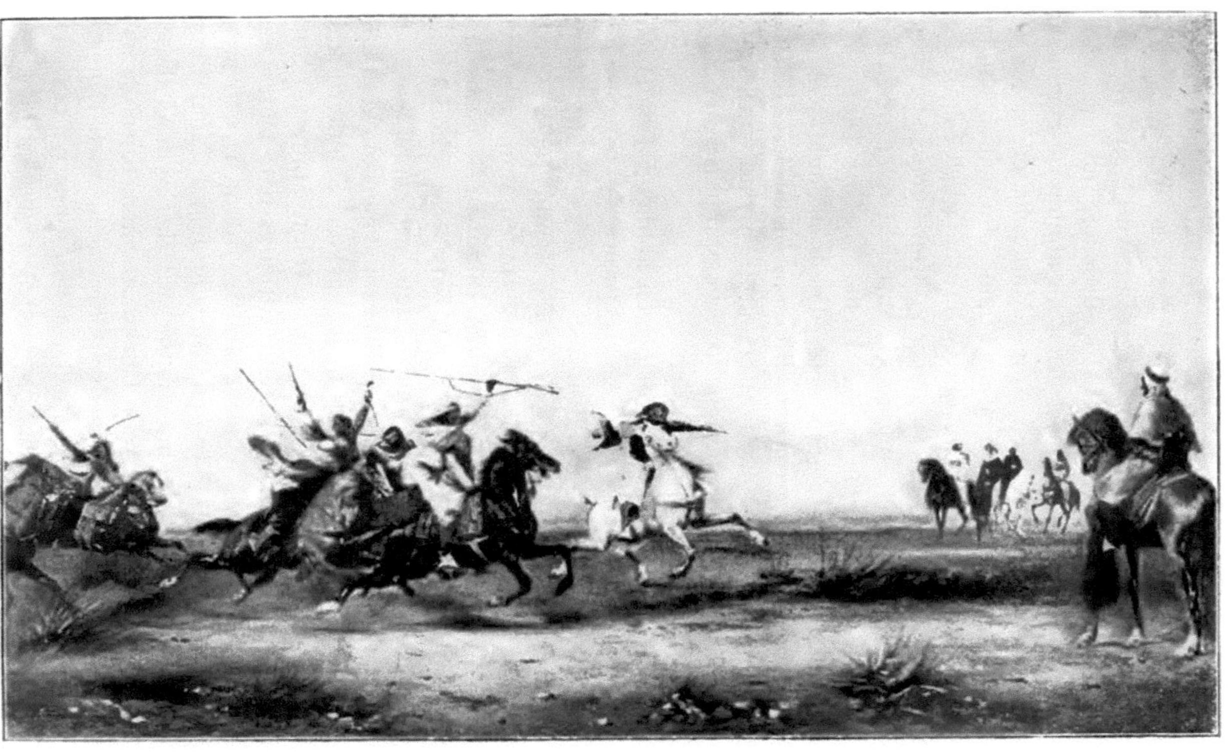

EUGÈNE FROMENTIN.
FANTASIA ARABE.

13*

Und wie Leonardo, als er die Mona Lisa malte, alle Mittel
anwendete, um „der Figur das starre Aussehen zu nehmen, das
von der Malerkunst oft Bildnissen aufgeprägt wird", sind Renoirs
Bildnisse meilenweit von starrer Modellwiedergabe fern. Die
Leute geben sich so unbewusst graziös, als ahnten sie gar nicht,
dass ein Malerauge auf ihnen ruhe. Man sehe etwa, wie in
dem Bild der „jungen Mädchen am Piano" die beiden Kinder
die Noten lesen und der Finger der Gehirnthätigkeit folgt. Man
sehe, wie er in seinen Theaterlogen jene Momente wiedergiebt,
wenn die Dame, plötzlich angeredet, aufblickt oder der Herr
mechanisch zum Opernglas greift. Helle exquisite Dinge, die
er ringsum anhäuft, steigern noch das prickelnde Rokoko-
froufrou seiner Bilder: duftige Blumen, blauweisse Kaffee-
tassen, seidene Kissen. Kokette Momentbilder sind von Renoir
an die Stelle der galvanisierten, feierlich repräsentierenden
Bildnisse von früher gesetzt worden.

Die Uebrigen des Kreises verfolgten ähnliche Tendenzen.
Dem Degas nahe steht John Lewis Brown — trotz seines
amerikanischen Namens Südfranzose   der lichtgebadete
Rennplätze, die Bewegungen der Pferde und Jockeys mit
grosser Meisterschaft malte. Zwei Schülerinnen Manets — Eva
Gonzalès und Berthe Morisot, malten Bildnisse — besonders
Theaterlogen —, die zwar nichts sagen, was nicht schon Manet
gesagt hatte, aber doch fein analysieren, wie das Licht der
elektrischen Lampen auf schwarzen Fräcken, Opernguckern und
weissen Binden, auf seidenen Roben, nackten Schultern und
gepuderten Wangen spielt. Victor Vignon folgte Manet als Still-
lebenmaler. Auch er malte nicht mehr saftige essbare Dinge, wie
sie Vollon geliebt hatte, sondern duftige Blumen, Citronen,
Gläser, Zuckerdosen und Tassen, die ein feines Licht überhaucht. Namentlich die Sonnenblume war das Symbol dieser
Zeit, die zur Sonne betete. Auch Chrysanthemen, Kornblumen,
Artischocken kehren häufig wieder. Man sucht nach Dingen,
die keine einfarbige grosse Masse darbieten, sondern aus vielen
feinen Gliedern bestehen, die, verschieden in der Farbe nüan-
ciert, sich duftig von einander abheben und, einer bestimmten

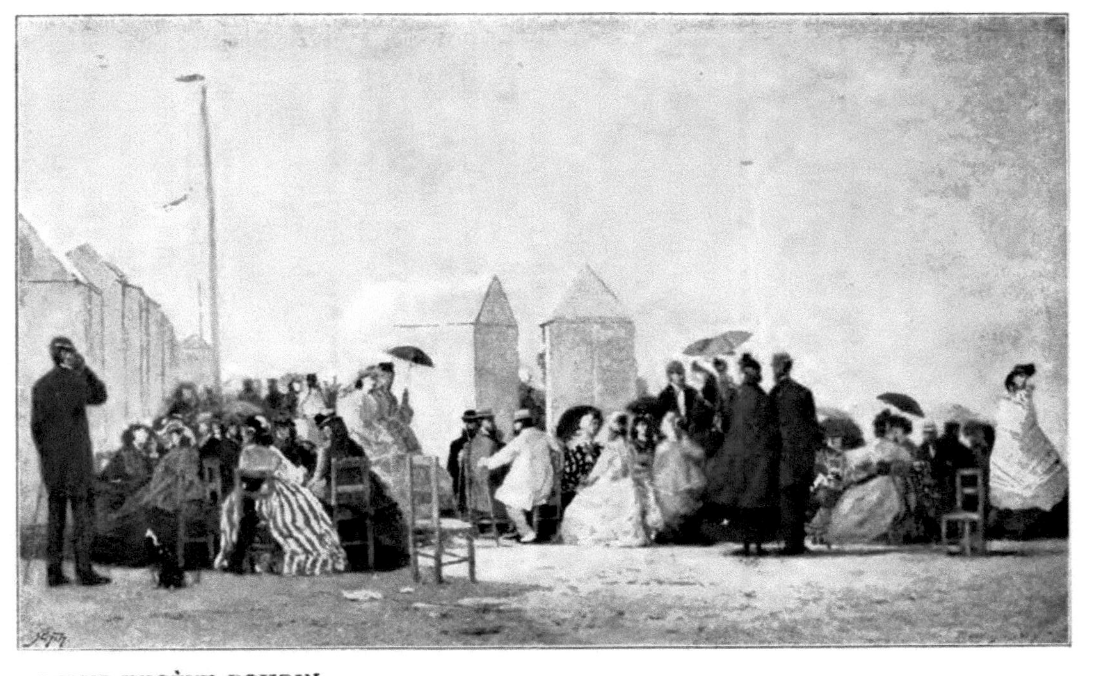

LOUIS EUGÈNE BOUDIN.
AM STRANDE VON TROUVILLE.

Lichteinwirkung ausgesetzt, in tausend verschiedenen Tönen
flimmern.

Für die Weiterentwicklung der Landschaftsmalerei wurde
folgenreich, dass die Impressionisten damals nach London
kamen. Durand-Ruel, ihr Geldmensch, stand vor dem Bankerott.
Er hatte jahrelang nur Bilder gekauft, die vorläufig auf der
Kunstbörse keinen Kurs hatten. So flüchtete er mit der ganzen
impressionistischen Bande nach England. Und hier lernten
sie Turner kennen, den grossen Feuerwerker, der zu Beginn
des Jahrhunderts als Landschafter soweit der Entwicklung
seiner Zeit vorausschritt, wie es in seinen Figurenbildern Goya
that. Was für die Fontainebleauer Constable gewesen war,
wurde für die Impressionisten Turner. Unter seiner Führung
that man in der Lichtmalerei den letzten entscheidenden Schritt.
Die unerhörtesten Kühnheiten, die so bald nicht gekommen
wären, schienen möglich, da man das Zeugnis eines alten
Meisters, eines Klassikers dafür anrufen konnte.

Die Landschaftsmalerei des Impressionismus steht also in
schroffstem Gegensatz zu der der vorausgegangenen neapolitanischen Epoche. Damals war alles dunkel. Dunkle Baumgruppen und dunkle Bergzüge erhoben sich, über denen sich
der Himmel, gleichfalls dunkel, kaum zu zeigen wagte. Ging
die Sonne unter, so stand sie schwer, wie eine glühende Eisen-
kugel über der Erde. Eine Lichtsäule, fast greifbar, fiel auf
düstere Felsen, während die anderen Partien des Bildes in
brauner Sauce schwammen. Jetzt liebt man nicht mehr die
Gegensätze der Beleuchtung, sondern die grosse Harmonie.
Suchte man damals durch aufsteigendes Gelände eine dunkle
Hintergrundwand zu schaffen, so ist jetzt alles flach. Hoch
und weit spannt sich der Himmel über der Erde aus, so leicht
und luftig, dass man die Aetherschwingungen zu fühlen, den
schwebenden Schritt der rosenfingerigen Eos zu sehen glaubt.
Ueberhaupt ist eigentlich nicht das Land, sondern der Himmel
die Hauptsache: jenes Nebelmeer, wo es nichts Festes und
Ruhiges, nur ewig wechselnde Bewegung giebt; das Reich der
Wolken, die in rosa-silbernem Glanz das Firmament durchziehen und rosa-silbern sich in Flüssen spiegeln. Vorn ist etwa,

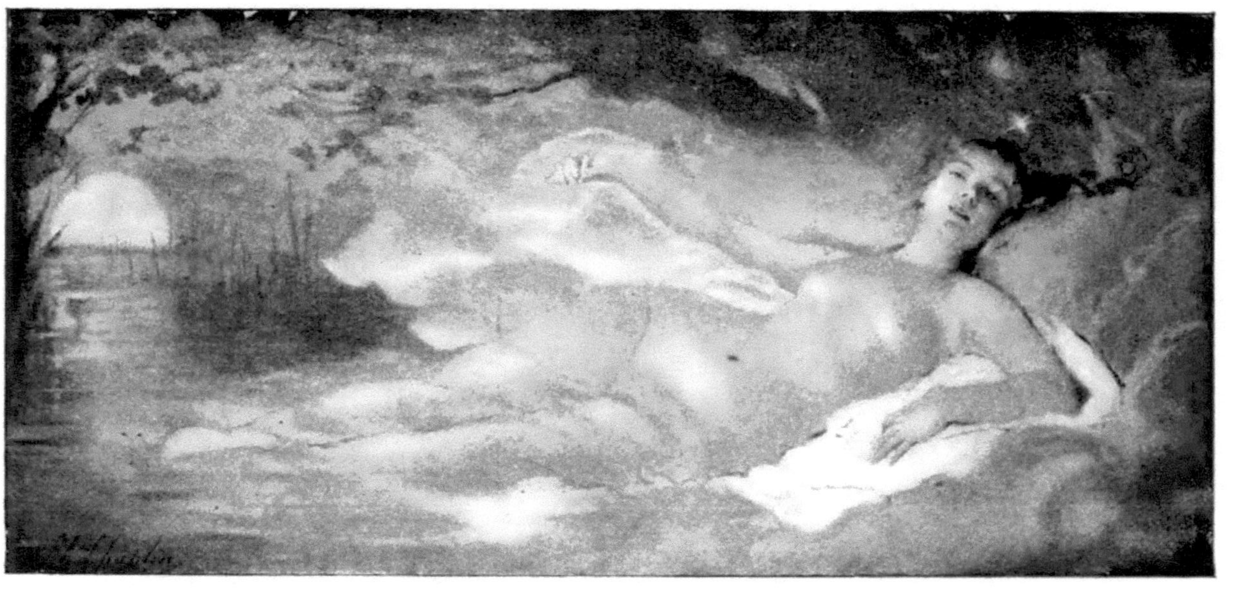

CHARLES CHAPLIN.
L'ÉTOILE.

leicht vorspringend, ein niedriger Berg oder, der Rand eines
Ufers. Dann wird das Auge über Wiesen und Felder ins
Unendliche hinaus geleitet. Selbst die Bäume dürfen weder
der Weiträumigkeit noch den Sonnenstrahlen ein Hindernis
sein. Also ist die Krone nicht mehr dichtbelaubt, sondern fast
entblättert. Je spärlicher sie ist, desto mehr Sonnenstrahlen
können hindurchfallen und auf dem hellgrauen Boden spielen.
Je schlanker und dünner die Stämme sind, desto mehr scheinen
sie sich im Winde zu wiegen. Und der Stamm ist auch deshalb besonders bevorzugt, weil er einen so feinen grauen Farbenfleck inmitten des hellen Gesamttons bildet. Die Krone wird
in der Regel mitten durchgeschnitten, da sie als dunkle Masse
in die helle Harmonie nicht passt.

Diese Art des Ausschneidens geht wieder auf den Einfluss
der Japaner zurück. Von ihnen lernte man, dass sich die Sug-
gestion höchster Weiträumigkeit erzielen lässt, wenn zuweilen
nur ein Segel, ein Ast in das Bild hereinragt oder eine Berg-
linie aus dem Nichts herauswächst. Von ihnen lernte man
auch, die heterogensten bunten Dinge   rote und grüne
Bäume, glühende Lampions, gelbe Mondsicheln, flimmernde
Sterne, die weissen und rosa Blüten des Frühlings, grellen
funkelnden Schnee – kühn und doch harmonisch neben einander setzen. Schneelandschaften – nicht trüb und traurig,
sondern frisch und glitzernd   waren überhaupt besonders
beliebt, da auf dem Weiss das Licht sich am besten zerlegen
lässt und die schlanken ihrer Kleidung beraubten Bäume so
fröstelnd in der dünnen Winterluft zittern.

Damit ist auch gekennzeichnet, wodurch sich die Impressionisten stofflich und technisch von ihren eigentlichen Vor-
gängern, den Fontainebleauern, unterscheiden. Die Fontainebleauer waren durch den Romantismus des Zeitalters zur Landschaftsmalerei geführt worden. Aus dem tosenden, Lärm, Staub
und Schmutz verbreitenden Leben der Grossstadt flüchteten
sie in die Einsamkeit der Wälder, aus der Kleinlichkeit des
Alltagslebens in eine unentweihte Natur, über der noch die
Grösse und der Glanz erster Schöpfungstage zu ruhen schien.
Durch Rousseaus Werke geht ein heroischer Zug. Er malte

uralte Felsblöcke, und jene mächtigen Baumriesen, die — das Gegenstück gleichsam zu den Giganten des Delacroix — sich wie gewaltige Uebermenschen gen Himmel recken. Dupré feiert das Tosen der Elemente. Corots feenhafte Bilder scheinen nicht auf Erden, sondern in einem fernen Elysium zu spielen. Diaz fährt wie ein Bergmann ein in den grünen Schacht des Waldes, wo die Aeste der Bäume über ihm zusammenschlagen und er nichts mehr hört, nichts mehr sieht von dem Leben da draussen. Den Winter malen sie selten, da er nicht in die dunkle Tonskala der Holländer passt. Nichts, was an den Industrialismus der Gegenwart erinnern könnte, keine Fabrikschlöte, keine Bahnschienen, auch keine Arbeiter; höchstens Bauern oder Hirten mit ihren Herden — auf die Urbeschäftigung des Menschen hindeutend — kommen in den Bildern vor. „Die Welt ist vollkommen überall, wo der Mensch nicht hinkommt mit seiner Qual", ist der Kehrreim aller ihrer Werke.

Die Impressionisten stehen, wie Manet, ihr Meister, mit beiden Füssen im Modernen. Hatte Manet die Poesie der Grossstadt entdeckt, so entdecken s i e die Poesie der Landschaft, die nicht dem Menschen fern ist, sondern ihm dienstbar: die Stätte seiner Arbeit und der Schauplatz seiner Freuden. All jene Dinge, die nach den Lehren der Romantiker die Natur entstellen, sind fast mehr gesucht als gemieden: Man malt Kanalanlagen und jene geradlinigen staubigen Chausséen, die mit dem Lineal gezogen, die Natur wie mit Mathematik überziehen, malt die Lokomotive, das glühäugige Ungetüm des Jahrhunderts, das fauchend und keuchend stille Wiesen durchquert, malt Häfen und Bauplätze, wo Gerüste von Häusern in die Luft starren, Taglöhner Steine fahren und Matrosen, mit schweren Säcken beladen, daherkommen. Oder Equipagen rollen durch den Park, junge Mädchen spielen Lawntennis. Die sonnige, von Menschen belebte, von Lichtern durchzuckte Natur ist an die Stelle der einsamen Waldnatur getreten. Und was in der Analyse dieses Lichtes geleistet wird, steht hoch über allem, was die Fontainebleauer konnten und wollten. Diese waren noch der Tradition der alten Holländer gefolgt, hatten vornehme Kabinettstücke geschaffen, auf bildmässige Wirkung und zeichnerische Ab-

rundung Wert gelegt. Die Japaner lehrten den pikanten Aus-
schnitt, lehrten, dass man jedes Ding auf unzählige Arten betrachten kann und dass jeden Augenblick der Eindruck wechselt. Lange vor Sonnenaufgang sieht man, und man sieht noch
in tiefster Nacht. Anders ist das gleiche Stück Erde im
Frühling, wenn ein blasser Himmel über keimendem Grün sich
wölbt; anders im Sommer, wenn die Sonne schwer über dem
Wasser brütet und die Blumen in tiefblauer Luft sich baden;
im Herbst, wenn die Bäume sich rot färben, die Novemberregen
beginnen und feuchter Nebel sich über der Erde lagert; im
Winter, wenn kalt und klar über eisigen Schneeflächen die
Sonne steht. Die Impressionisten versuchten die Unendlichkeit
dieser Lichtstimmungen darzuthun. Ihre Welt ist ein Sonnen-
land, ihr Reich der Himmel, unter dessen wechselndem Farben-
spiel die Erde ewig ihre Farben wechselt.

Claude Monet namentlich schreitet unter den Landschaftern
des 19. Jahrhunderts wie ein Phöbus Apollo, wie ein strahlender Lichtgott daher. Alles was Manet geschaffen hat, ist zahm
neben diesen Werken, in denen die Bewegungen der Sonnenstrahlen mit derselben Schlagfertigkeit festgehalten sind wie
in den Werken des Degas die der Tänzerinnen. Kaum eine
Erscheinungsform des Lichtes dürfte es geben, die nicht von
Monet gebucht wurde, und jeder Versuch seine Bilder zu be-
schreiben, wäre verlorene Liebesmühe, weil unsere Sprache viel
zu arm ist, so subtile Farbenwerte in Worte umzusetzen. Da
sind sonnedurchflutete Gebirgslandschaften, über denen rosa,
gelb, grünlich und hellblau der Himmel strahlt. Dort funkelt,
glitzert und leuchtet ein Bild ganz in Rosarot. Reflektoren
des Lichtes sind die vom Abendrot beleuchteten Türme und
Häuser eines Städtchens, die wieder bleichrötlich in den
Wogen eines Flusses sich spiegeln. Oder es flirrt und flimmert
das Meer in tausend silberweissen und graubläulichen Reflexen.
Er malt Stadtbahnbrücken und Bahnhofshallen, in die sprühend,
schnaubend, dampfend und leuchtend die Züge einfahren; malt
klatschrote, gelbe und blaue Tulpen, die in der Sonne sich
wiegen; Winterlandschaften, die ganz in malvenfarbenen und
violetten Tönen schimmern; rosarote Segel, die von Sonnen-

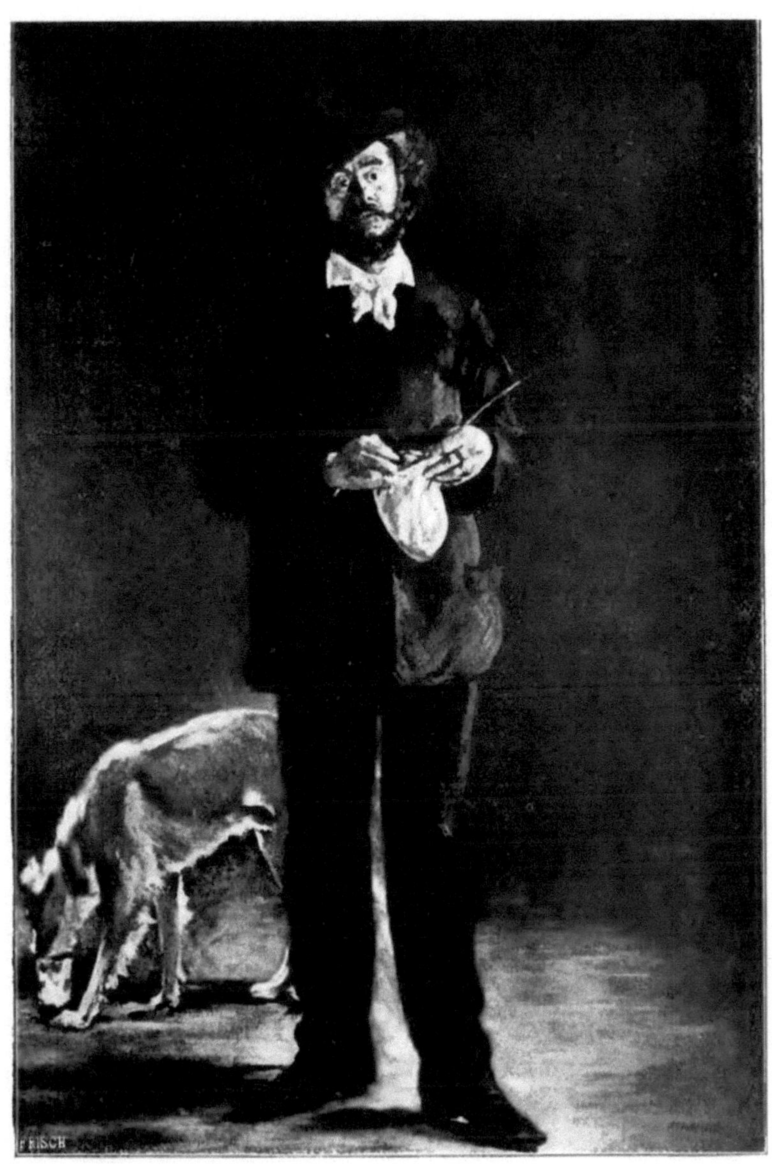

EDOUARD MANET.
BILDNIS DES KUPFERSTECHERS MARCELIN DESBOUTIN.

strahlen umzüngelt über hellblaue Seen gleiten. Oder er zeigt die seltsamen Farbeneffekte jener Wintertage, wenn eine Eisdecke schmilzt und die Sonne auf schmutzigen grauen Pfützen spielt.

Monet hat, um ein möglichst vollständiges Kompendium aller Lichtphänomene herauszugeben, fast die ganze Erde durchquert, hat in England und im Golf von Biscaia, in Algier und in Holland gearbeitet. Andererseits hat er aber auch — in dem Cyklus „Die Getreideschober" — gezeigt, dass ein paar Quadratmeter Feld für den Maler ausreichen, immer andere, immer neue Dinge zu sehen. Die Schober funkeln wie glitzernde Juwelen unter dem Kosen der aufgehenden Sonne, leuchten wie glühende Oefen im Lichte der Abendröte, werfen ihre blauen Schatten in die weisse Winterlandschaft hinaus, heben wie Phantome sich vom bleichen Nachthimmel ab. Wie Hokusai in den „Hundert Ansichten des Berges Fuji" hat Monet in einem Cyklus von fünfzehn Bildern berichtet, welche Veränderungen Jahreszeit, Tag und Stunde an dem nämlichen Stück Natur erzeugt. Indem er das zeichnerische Motiv nie wechseln lässt, kommentiert er um so deutlicher den Wechsel des Lichtes. Dabei sind seine technischen Ausdrucksmittel immer verschieden, stets der Wirkung angepasst, die er erzielen will. Zuweilen ganz zart, nur in feinen, verschwommenen, gebrochenen Tönen arbeitend, setzt er in anderen Fällen dicke leuchtende Farbenflecke nebeneinander, sucht durch Pointillieren und Stricheln seinen Bildern Fernwirkung und plastische Kraft zu geben. Von allen Meistern der Impressionistengruppe ist Monet wohl der kühnste Sucher, der glühendste Sonnenanbeter, der feinste Poet des Lichtes.

Oder ist es unrichtig, das Wort Poet zu brauchen? Der Gedanke an die Fontainebleauer muss daran hindern. Diese waren Lyriker, legten ihre Stimmungen in gemalten Gedichten nieder. Die Impressionisten sind Gelehrte. Nicht als Träumer, sondern als Forscher blicken sie in die Natur, suchen als die Chemiker der Landschaftsmalerei gelehrte Analysen des Lichtes zu geben und die Bestandteile der Sonnenstrahlen festzustellen. Es herrscht in ihren Werken jener klar berechnende mathema-

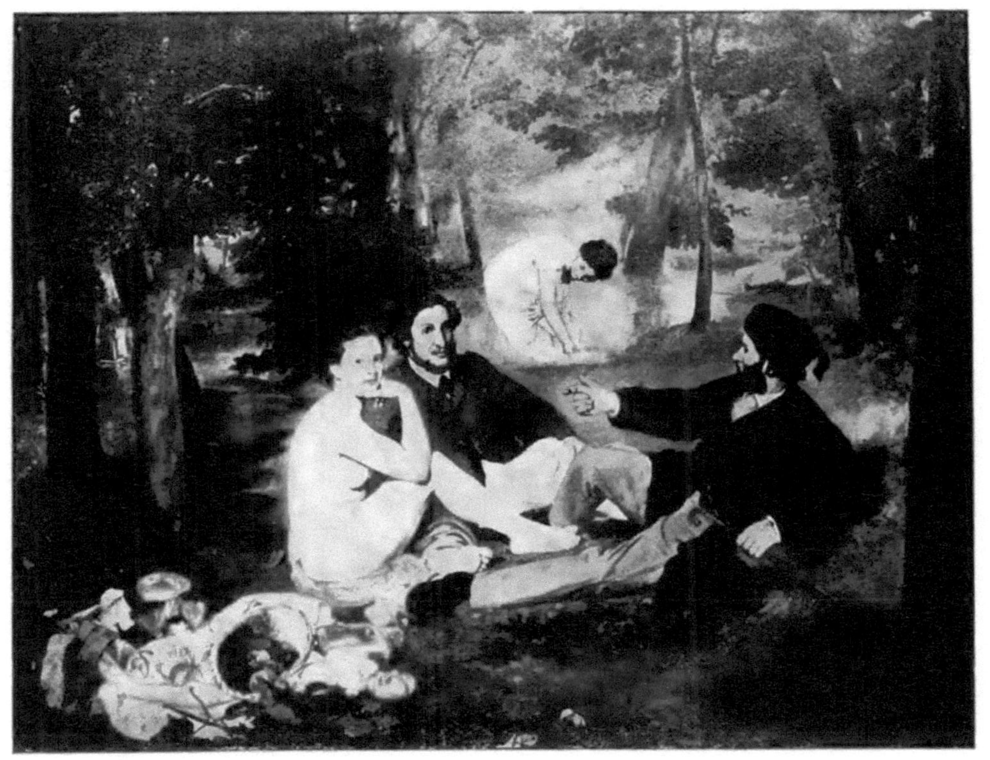

EDOUARD MANET.
LE DÉJEUNER SUR L'HERBE.

tische Geist, der überhaupt das Wesen des Franzosen zu sein scheint. Während der Weltausstellungszeit — man verzeihe das Gleichnis — habe ich die Buffetdame eines Boulevard-Restaurants beobachtet. Es grenzte ans Wunderbare, wie sie inmitten des Menschengewühls stets ihren ruhigen, klar rechnenden Verstand bewahrte, durch nichts sich verwirren, durch nichts sich ablenken und zerstreuen liess. Es war wunderbar, mit welch unfehlbarer Genauigkeit sie rechnete, mit welch automatenhafter Sicherheit sie sofort, ohne je sich im Schubfach zu irren, die herauszugebenden Münzen zur Hand hatte. Dieser kalte, rechnende, mathematische Geist, allem Träumen unzugänglich, allem Sentimentalen fremd, der Geist des Cogito ergo sum ist auch über das Kunstschaffen der Franzosen gebreitet. Mochte das Rokoko zur Abwechslung die Mathematik auf den Kopf stellen, indem es die Abweichung von der Regel zur Regel erhob, die typische Erscheinung der französischen Malerei bleibt Poussin, der wie ein Baumeister seine Bilder zimmerte, bei ihrer Anordnung geometrische Lehrsätze bewies. Und mögen Monet und Poussin die grössten Gegensätze darstellen, in diesem Punkte sind doch auch sie sich gleich. Es geht durch ihre Werke, obwohl die einen streng zeichnerisch, die anderen das Gegenteil alles Plastischen sind, dieselbe verstandesmässige Kälte, derselbe wissenschaftliche berechnende Zug. Wie für Degas der weibliche Körper lediglich eine geometrische Figur ist, mit spitzen und stumpfen Winkeln, führt auch Claude Monet alles auf Regeln, auf wissenschaftliche Werte zurück. Nicht mit den Augen des Poeten, kaum mit den Augen des Malers, sondern mit den Augen von Helmholtz und Brücke schaut er in die Natur. Er spaltet die Sonnenstrahlen, berechnet ihre Lichtwerte, sucht wissenschaftlich festzustellen, wie weit es möglich ist, die Leuchtkraft eines Bildes der Leuchtkraft des Sonnenlichtes anzunähern. Er ist eine lebendige Rechenmaschine, wie die Französin an der Kasse, nur dass er keine gewöhnlichen Ziffern, sondern Lichtwerte addiert.

Solche Rechenexempel sind etwas ganz Objektives. Wird kein Fehler gemacht, so müssen die gleichen Ziffern die gleiche Summe ergeben. Also müssen auch Bilder, die drei oder mehr

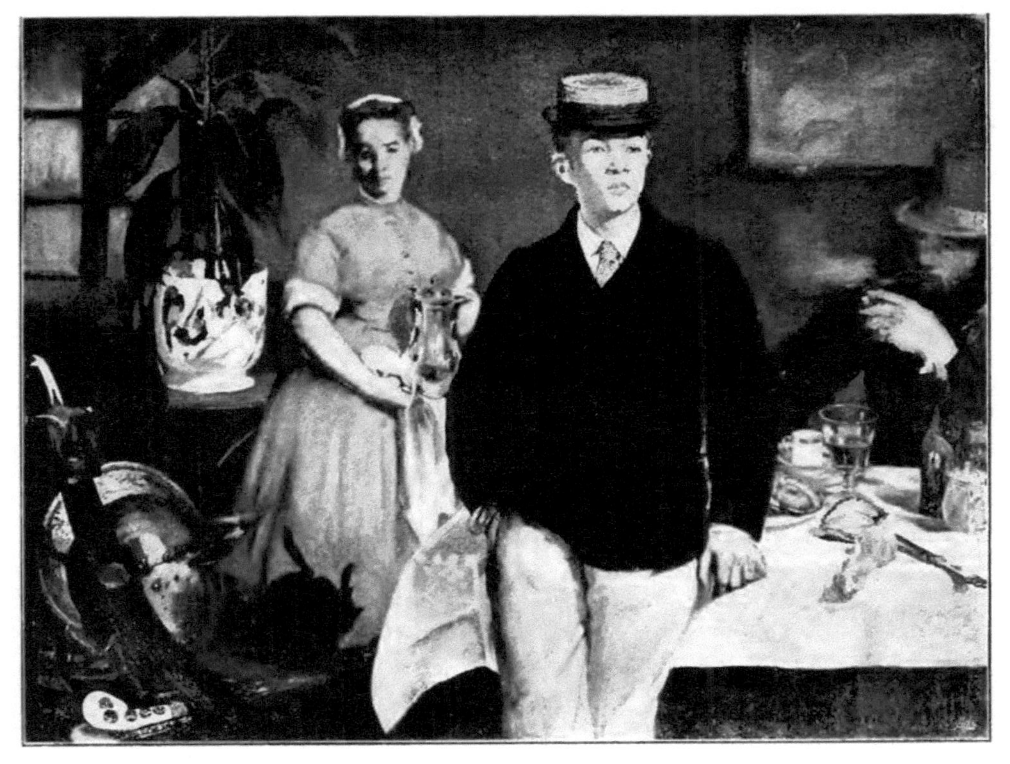

EDOUARD MANET.
„LE DÉJEUNER DANS L'ATELIER“.

impressionistische Maler unter gleichen Beleuchtungsverhältnissen anfertigen, sich ganz gleich sehen, da bei ihnen alle
psychischen Eigentümlichkeiten wegfallen, nur die objektive
Wissenschaft triumphiert. Ein Werk, das auf der Ausstellung
hing und Bilder von Monet, Sisley und Pissarro in einem
Rahmen vereinigte, war in dieser Hinsicht sehr lehrreich. Später
werden gewiss Doktordissertationen über die unterscheidenden
Merkmale der drei Meister geschrieben werden, und im Beginne
ihrer Thätigkeit sind sie auch auseinander zu halten. Sisley
hatte damals etwas Melancholisches, Trübes. Er malte einsame
Landstrassen, träg fliessende Wogen, gerade Chausséen, graue
Dorfgärten und überschwemmtes Gelände. Pissarro nahm als
Nachfolger Millets die Schilderung des Bauernlebens auf und
berichtete darüber unmittelbarer, treuer als es Millet in seiner
feierlich biblischen Art gethan. In grossen breiten Flächen
setzt er, wie bei uns Graf Kalckreuth, die Farben hin. Von einem
Lichtleben im Sinne Monets ist noch nicht die Rede. Aber
welcher Unterschied herrscht zwischen Pissarro, Sisley und
Monet später, als sie alle drei die Interpreten des zuckenden
vibrierenden Lichtes geworden waren? Ist es möglich, Sisley
und Pissarro auseinander zu halten, wenn sie jene Weideplätze
malen mit Kühen, deren braunes Fell nur da ist, um violette
Lichtstrahlen aufzufangen? Oder welcher Unterschied herrscht
zwischen den Schneelandschaften Pissarros und denen Le-
bourgs, über denen die Sonne ganz in den nämlichen orangefarbenen und fein silbernen Tönen leuchtet? Ich gestehe, dass
ich unfähig bin, die Differenzen zu sehen. Wie zwei mal zwei
vier ist, hat die Addition der gleichen Lichtwerte die gleichen
Bilder erzeugt.

Das ist die Achillesferse des Impressionismus. Die Per-
sönlichkeitsnote fehlt oft den Werken. Etwas Psychisches, das
zum Träumen einladet, entwickelt sich aus ihnen nicht. Die
Künstler selber sind wohl selten von der Schönheit eines An-
blicks ergriffen gewesen. Sie fragten sich nur, welcher Mittel
es bedürfe, um gewisse Lichtwerte in Tonwerte umzusetzen.
Und darum wird auch keine seelische Stimmung auf den Betrachter übertragen. Begeisterung erwecken ihre Bilder nicht.

Sie erwecken nur Staunen wegen der geschickt gelösten Probleme. Auch sonst wissen wir heute, dass die Kunstlehre des Impressionismus sehr einseitig war mit ihrer Verleugnung der Linie, ihrer ausschliesslichen Betonung des farbigen Stimmungsreizes. Es giebt andere Welten als die Welt spielender Sonnenstrahlen. Kunst ist noch mehr als „ein Stück Natur gesehen durch ein Temperament". Aber es liegt im Wesen jeder Kunstrevolution, dass sie einseitig eine besondere Seite der Natur hervorhebt, einseitig eine bestimmte Aufgabe stellt. An deren Lösung arbeiten eine Zeitlang die besten Kräfte, bis die nächste Generation ihre Truppen gerade auf den Punkt wirft, wo die Stellung der vorausgehenden am schwächsten war.

Die Impressionisten haben für die Kunstgeschichte des 19. Jahrhunderts die Bedeutung wie etwa Uccello oder Castagno für die florentinische des Quattrocento. Auch damals hatte ein neues Zeitalter neue Aufgaben zu lösen. Es waren die Ausdrucksmittel zu schaffen, die es der Malerei gestatteten, vom Symbolisch-Dekorativen zur vollen Illusionswirkung überzugehen. So traten Künstler auf, die — fast mehr Gelehrte als Maler — mit fanatischem Eifer sich der Lösung einzelner Probleme widmeten, in wenigen Werken, von denen jedes eine Eroberung bedeutete, die Resultate ihres Forschens niederlegten. Auch bei ihnen giebt es nichts Seelisches, nichts Verführerisches. Uccello denkt nicht an Stimmung, denkt kaum an Malerei. Denn die Aufgabe, die ihm das Schicksal gestellt hat, ist nur die Lösung perspektivischer Fragen. Und nur dieser einseitig wissenschaftliche Geist war fähig, all die rein technischen Aufgaben zu lösen, die das Jahrhundert stellte. Die folgenden Künstler — Gozzoli und Lippi, die es zu viel grösserem Ruhme brachten — thaten nichts anderes, als dass sie mit Hilfe der neuen, von den Forschern geschmiedeten Instrumente in angenehmer Weise den Publikumsbedarf deckten.

Eine ähnliche Mission wie Uccello und Domenico Veneziano erfüllten die Impressionisten. Mag immerhin das Pleinairproblem schon von einzelnen der alten Meister gestreift sein, so war doch, wie Philipp Otto Runge zu Beginn des Jahrhunderts schrieb, „Licht und Luft und bewegendes Leben noch von keinem als reine Erkenntnis in Wort und Gesetz ausgesprochen" Und gerade auf die Beobachtung des Licht- und Luftlebens drängte unsere ganze Epoche hin. Unser Leben ist heller geworden. Die Eroberungen der Technik haben uns neue Lichtwunder geschenkt, vor denen ein alter Meister sprachlos gestanden wäre. Auch in der Kunst mussten diese neuen Errungenschaften eines neuen Zeitalters ihren Ausdruck finden. Doch bisher trat das Jahrhundert unter dem Druck der auf ihm lastenden historischen Schichten an die Fragen noch nicht heran. Man glaubte die Ateliers verdunkeln, künstlich die Beleuchtungsverhältnisse herstellen zu müssen, unter denen die alten Meister arbeiteten, oder man beschränkte sich überhaupt auf das Variieren alter in den Museen bewahrter Bilder. Erst das alternde Jahrhundert führte aus, was zu Runges Tagen das jung ins Leben tretende sich wünschte. Ein Deutscher, wie so oft, hatte die erste Anregung gegeben. In Frankreich wurde das Problem gelöst. Gerade der kalte, klar berechnende Geist der Franzosen, ihre Fähigkeit, alles in Logik und Anschauung umzusetzen, ermöglichte ihnen die Grammatik und Syntax der neuen Farbenanschauung festzustellen, deren wissenschaftliches Gerüst dann von den anderen Nationen mit Empfindung beseelt wurde. Und die Impressionisten waren die grossen Eclaireurs, die Pfadfinder, denen die anderen folgten. Wie einst Uccello das Studium der Perspektive haben sie das Studium der Sonnenstrahlen wie einen heiligen Gottesdienst betrieben. Wie einst Uccello vergassen sie über der Fülle von Problemen, die sich neu vor ihnen aufthaten, vor lauter Wissenschaft fast die Kunst. Aber wie einst jene florentinischen Forscher legten sie auch das Fundament, auf dem überhaupt erst das Gebäude der modernen Malerei sich erheben konnte. Alles, was die nächsten Jahrzehnte bis zum Einsetzen der Linienkunst brachten, liegt in den Werken der Impressionisten beschlossen. Keine neuen Probleme wurden mehr aufgeworfen. Es war genug der Mühe, all die Anregungen zu verdauen, die in diesen Werken gegeben waren, genug der Anstrengung, als Gros der kühnen Avantgarde zu folgen, und Durand-Ruel irrte nicht, als er einst die unverkäuflichen Bilder kaufte. Die Meister, die sie schufen, werden als die Klassiker, als die Schöpfer der modernen Kunst verehrt werden. Hier ist der frische Gebirgsquell, der später nur zum trüben, träg fliessenden Strome wurde.

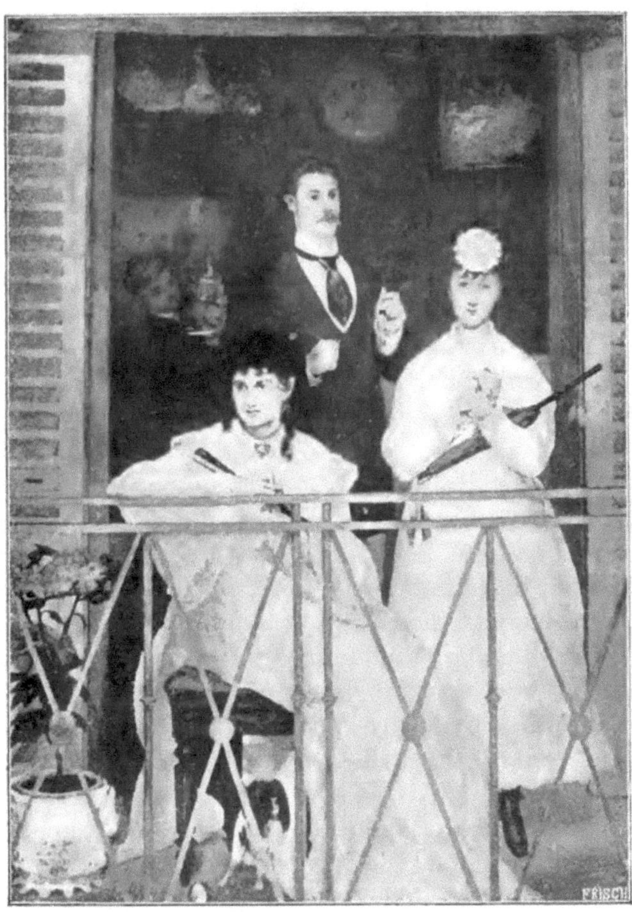

Edouard Manet. Der Balkon.

Man erkannte das deutlich, wenn man in der Ausstellung nach den Werken der Impressionisten die des Bastien-Lepage betrachtete. Bastien-Lepage hat den Ruhm, die neuen Prinzipien aus dem Experimentierungssaal in die Oeffentlichkeit, aus dem Salon der Refusierten und dem Salon Durand-Ruel in die offiziellen Ausstellungen eingeführt, dem Impressionismus die ersten Freunde in der Menge geworben zu haben. Und solcher Publikumserfolg wird stets mit unkünstlerischen Konzessionen erkauft. Gewiss ist in der Heuernte des Luxembourg der Glanz der Sonne, der Heugeruch und die Schwüle des Mittags, in seiner Kartoffelernte die blassbraun herbstliche Stimmung eines trüben Oktobertages sehr hübsch geschildert. Fein ist, wie er in der „kleinen Fauvette“ das arme hungrige Mädchen und die dürre fröstelnde Landschaft auf einen Accord stimmt, in der Jeanne d'Arc oder in L'amour au village die welken Reize einer bleichen Herbstlandschaft darstellt. Trotzdem halten seine Bilder der Zeit nicht stand. Er verhält sich zu Manet ähnlich wie Fagerolles zu Claude in „L'œuvre“, wie Murillo zu Zurbaran oder Breton zu Millet. Degas kennzeichnete ihn bissig aber richtig, als er ihn den Bouguereau des Naturalismus nannte. Schon sein berühmtes Erntebild erscheint matt neben den Werken der Impressionisten. Das Braun der Kleidung und das Braun des Bodens stimmt er geflissentlich so zusammen, dass die Verbindung mit der alten Braunmalerei gewahrt bleibt. Dem Kopf der Frau giebt er jene rundliche Schönheit, die das Rauhe salonfähig macht. Hier sowohl wie in der Fauvette und dem kleinen Angler von 1881 kokettiert er ein wenig mit dem Publikum, indem er nach dem Muster Guido Renis die Gestalten immer so stellt, dass sie den Betrachter ansehen. Vielleicht nicht zufällig ist, dass er so gern in England weilte. Denn die englische Vorliebe für blühende Apfelbäume, das ladylike Weiche der englischen Kunst musste seinem Temperament zusagen. Bastien-Lepage hat keine Rasse. Neben den männlichen Impressionisten wirkt er nur wie der Abkömmling einer weiblichen Seitenlinie der guten Malerei. Ueberall erfreut er durch eine Solidität, die an Trockenheit streift, durch jene Wohlerzogenheit, die das Parkett verlangt. Sein früher Tod und das Buch der Baskirtshef haben seinen Namen mit poetischem Nimbus umwoben. Aber die Bilder dieser jungen Russin sind fast kräftiger als die ihres Lehrers.

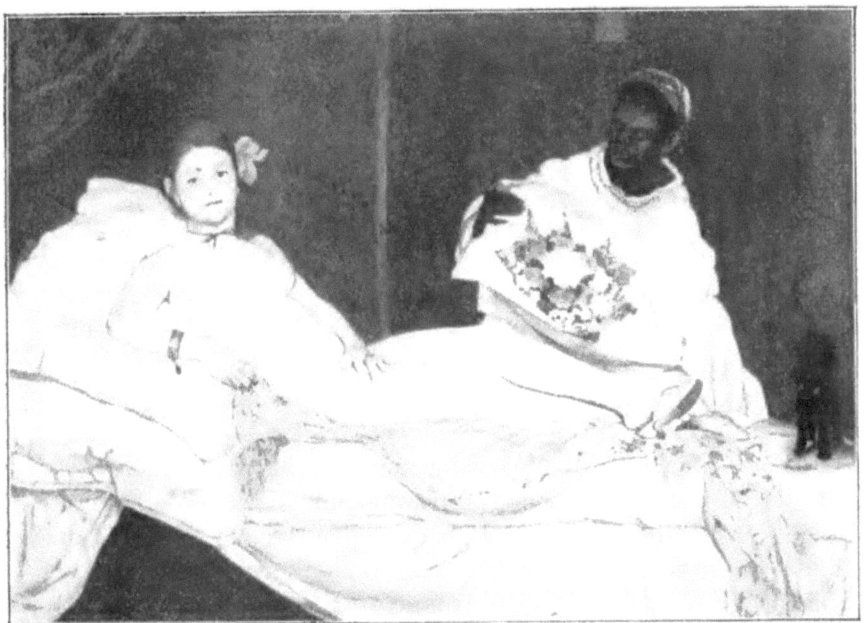

Edouard Manet. Olympia.

Sie erscheint als der Mann, er als das Weib. Mit Virginie
Demont-Breton ist er am ehesten zu vergleichen.

Mit Bastien-Lepage endete die Centennale. Nachdem man
neunundzwanzig Säle durchwandert hat, folgen noch fünfund-
zwanzig, die nun zeigen, wie die neue Kunst in die Breite geht.
Man konnte den „Bilderschlag" bekommen, eine so beängsti-
gende Masse bemalter Leinwand dehnte sich aus. Der Inhalt
war obendrein noch so wenig durch das Sieb der Geschichte
gegangen, dass demjenigen, der unvorbereitet in die Säle trat,
die Kunstentwicklung der letzten zehn Jahre als ein dunkles
Chaos erscheinen musste. Ich versuche das Bild so zu komponieren, wie es vielleicht auf der nächsten Weltausstellung,
wenn die Zeit ihre Arbeit gethan hat, sich darstellen wird.

Der Tag.

Die Weiterentwicklung war zunächst die, dass die Prinzipien des Impressionismus ganz Paris eroberten, dass allenthalben die dunklen Vorhänge aufgezogen wurden und die „Sonne Manets" in alle Werkstätten eindrang. Man bemerkt, wie die neue Farbenanschauung auf alles Denkbare projiziert wird, wie sämtliche Stoffe eine Umgestaltung im Sinne des Pleinair erhalten. Für die Schlachtenmalerei kommen hauptsächlich Aimé Morot und Edouard Detaille in Betracht. Die Bilder, vorher Nachtstücke im Sinne Salvator Rosas, sind nun hellgrau. Uniformen, Rüstungen, Fahnen, Helme, Gewehre und Säbel müssen in vollem grellem Sonnenlicht leuchten. Aimé Morot hat Kürassierattacken von grosser Verve gemalt. Edouard Detaille wurde der Horace Vernet der Republik. Die Leute bleiben vor seinen Bildern stehen, da sie Ereignisse, die sie erlebt haben, wie die Paraden zu Ehren des Kaisers Nikolaus, noch einmal im Stil der Illustrierten Zeitung vorgeführt sehen. Alles ist echt, sehr solid und protokollarisch genau, aber künstlerisch kaum besser als das, was Vernet einst mit mehr Theaterpathetik gemalt hatte. Eine ähnliche Veränderung zeigt die Geschichtsmalerei. Cormon hielt seinen „Kain" und seine Skythenbilder in grauem Pleinairton, ging von den ausfahrenden Gesten der älteren Zeit zu einer ruhigeren Haltung über. Rochegrosse glaubte modern zu sein, indem er blutrünstige Geschichten wie die Ermordung des Kaisers Geta mit Pleinaireffekten verbrämte, Dawant, indem er Scenen wie die „Aussendung eines Rettungsbootes" zu pointereichen Dramen im Sinne der Geschichtsmalerei verarbeitete. Litterarisch-mytho-

logische Themen wie der Sommernachtstraum und das Paris-
urteil wurden von Gervais im Sinne der Hellmalerei dargestellt.
Doch so lehrreich die Werke sind, weil sie darthun, wie schnell
auf der ganzen Linie der Sieg Manets entschieden war, zeigen
sie die neue Farbenanschauung doch nur in roher Umformung
und stehen überhaupt mit den Bestrebungen der modernen
Kunst in rein äusserlichem Zusammenhang. Die Hauptsache
ist, dass jetzt das moderne Leben in seinem ganzen Umfang
in die Ausstellungen eindringt, dass die Gegenwart ihre Rechte
geltend macht, die Kunst zum Spiegel ihres Zeitalters wird.

Vorher hatte man bei modernen Dingen eine vorsichtige
Auswahl treffen müssen. Nachdem man anfangs der bunten
Kostüme halber fast nur Scenen aus dem italienischen und
orientalischen Volksleben geschildert hatte, malte man später
nur Stoffe, die ohne allzugrossen Zwang auf die Töne der alten
Neapolitaner oder der alten Spanier sich stimmen liessen. Sobald man über diese Grenzen hinausging, ergab sich eine
Dissonanz zwischen Stoff und Stil. Und die Napoleonzeit hinter-
liess daher wenig, was von dem äusseren Leben des Zeitalters
Kunde giebt. Jetzt hat die Malerei einen neuen Stil gefunden
für neue Dinge. Der Bann der Galerien war gebrochen. Man
hatte endlich den Mut, dem eigenen Auge, dem eigenen Empfinden zu trauen, und alle Eindrücke erschienen, nachdem
man die Brille der alten Meister abgelegt hatte, so frisch, so
schön. Die Maler hatten ein erschauerndes Erstaunen vor der
Welt, „der grossen, herrlichen Welt, die man nie auskennt"
Manet hatte sie gelehrt, ganz neue Reize zu sehen, an denen sie
vorher achtlos vorbeigingen. So wird jetzt das Gefühl für die
Schönheit der Welt ihre Muse. Es erwacht wie in den Tagen
Ulrichs von Hutten die Empfindung, es sei eine Lust zu leben.
Statt des Zeitlosen feiern sie die Gegenwart, gehen daran, den
ganzen Inhalt ihres Zeitalters in Farben- und Lichtwerte um-
zusetzen.

Anfangs überwogen die derben grobhändigen Stoffe. Der
Prolet schien der herrschende Genius der Kunst geworden. Man
malt in lebensgrossen Bildern Bauern, die mit Schaufel und
Rechen auf dem Acker stehen; Schnitter, die in glühender

Mittagshitze das Kornfeld mähen; Strassenarbeiter, die sich den
Schweiss von der Stirne wischen oder nach des Tages Last
müde nach Hause gehen; arme Leute, die sich vor der Thür
einer Volksküche zusammendrängen; Hökerinnen, die neben
ihrem Gemüse auf dem Markte sitzen; Blinde, die an der
Strassenecke um Almosen betteln; Bergleute, die in früher
Morgenstunde sich vor dem Schacht versammeln; Matrosen
und Seeleute, die auf dem Schiffe arbeiten oder mit dem Anker
auf der Schulter durch die Fluten waten; Wäscherinnen, die
am Strande bei der Arbeit knieen; Holzsammlerinnen, die
schwer beladen mit Bündeln durch den winterlichen Wald
daherschreiten; Fuhrleute, die peitschenknallend neben ihrem
Lastwagen gehen: alte Spitzenklöpplerinnen, die auf der Bank
vor der Hausthür bei der Arbeit sitzen; alte Männer, die im
Garten des Armenhauses die Pfeife rauchen; Fabrikräume mit
schnurrenden Rädern und arbeitenden Menschen, die Markthallen und Hafenplätze mit ihrem geschäftigen Treiben. Und
kein Zweifel ist, dass ein Zusammenhang zwischen diesen Stoffen
und der politischen Wandlung besteht, die sich seit 1870 vollzogen hatte. Frankreich war Republik. Der alte Yvon hat
1871 ein Bild gemalt, das als Ausdruck der neuen Zeitstimmung
gelten kann: einen Cäsar, der, von verwundeten Soldaten be-
gleitet, als Verderber des Vaterlandes dahinzieht. In diesem
jungen demokratischen Frankreich musste der arbeitende
Mensch mehr als bisher in den Vordergrund treten. Die Kunst
musste kundgeben, dass aus der koketten Lutetia, der Insel
Cythere der Eugenienzeit eine Stadt des Ringens und der Arbeit
geworden war. Doch dass ähnliche Bilder auch in Deutschland und den übrigen Ländern gemalt wurden, zeigt, wie vorsichtig man mit solchen kulturgeschichtlichen Deutungen sein
muss. Eher liesse sich das Stoffgebiet aus der Reaktion gegen
die vorhergegangene Kunstrichtung erklären. Nachdem die
Historienmaler so lange nur mit Elitemenschen oder den Göttern
des Olymp verkehrt, wendeten die Folgenden sich dem Herden-
menschen, den Armen und Namenlosen zu. Nachdem man sich
abgesehen hatte am Pathos und an den grossen Leidenschaften,
die von der Caravaggiogruppe gefeiert worden waren, schilderte

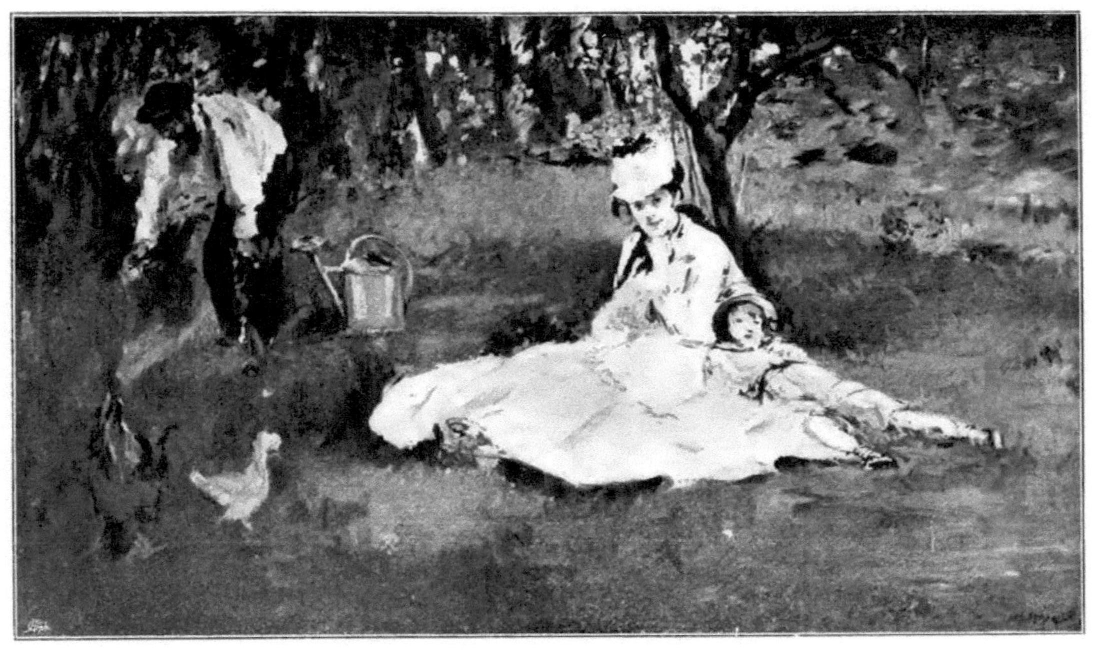

EDOUARD MANET.
PORTRAITS EN PLEIN AIR.

man einfache Leute in der einfachen Thätigkeit ihres Berufes. Doch schliesslich ergaben sich die Stoffe aus rein technischen Gründen. Die neue Kunst war nicht nur eine Reaktion des Modernen gegen die Vergangenheit, auch — und in erster Linie eine Reaktion des Hellen gegen das Dunkle. Nachdem man so lange nur braun gemalt, wollte man das Pleinair erproben. Helles klares Tageslicht sollte an die Stelle des Galerietons treten. Die Vorbedingung war, dass die Scene im Freien spielte. Und so wurde man zunächst auf den Arbeiter, auf den Bauer geführt.

Die Sonne sollte scheinen. Also liebte man Wiesen, die in sengender Mittagshitze brüten; das Strassenpflaster, das in glühender Luft vibriert, leuchtet und flimmert; Alleen und Lauben, wo das Sonnenlicht durch die Baumkronen fällt und grelle weisse Flecken auf dem sandigen Boden bildet. Die Werke sollten hell sein. Es sollten Dinge da sein, auf denen das Licht leicht sich zerlegen liess. Darum suchte man alles Weisse mit demselben Eifer, mit dem man früher alles Dunkle gesucht hatte. Man lässt alte Herren im Grünen frühstücken, weil es so hübsch ist, wie das Licht auf dem weissen Tischtuch spielt; malt die Wäscherinnen nur wegen des weissen Linnens; die Arbeit in den Hafenplätzen nur, weil die hellgrauen Warenballen so fein in der weichen hellgrauen Atmosphäre stehen; Scenen aus chirurgischen Kliniken nur deshalb, weil die hellen Mauern, die weissen Betttücher und die weissen Schürzen der operierenden Aerzte in den Accord des Pleinair so gut stimmen; Hospitäler nur, weil die Krankenbetten in so feiner weisser Eintönigkeit sich hinziehen und die Gesichter der kranken Menschen so bleich sind; Altmännerhäuser nur, weil die weissen Zipfelmützen der alten Männer so gut von dem Grün des Gartens sich abheben. Schildert man die Menge, die in den Kunstausstellungen sich drängt, so bilden den Schauplatz nie die Gemäldesäle, sondern die Säle der Plastik, da das Weiss der Marmorfiguren am besten in die koloristische Skala passt. Aus demselben Grunde liebt man die Bildhaueratellers und die weissgekleideten Figuren der Firmlinge. Oder man lässt Bäuerinnen auf dem Kirchhof vor dem Grabe ihres Mannes beten. Dass

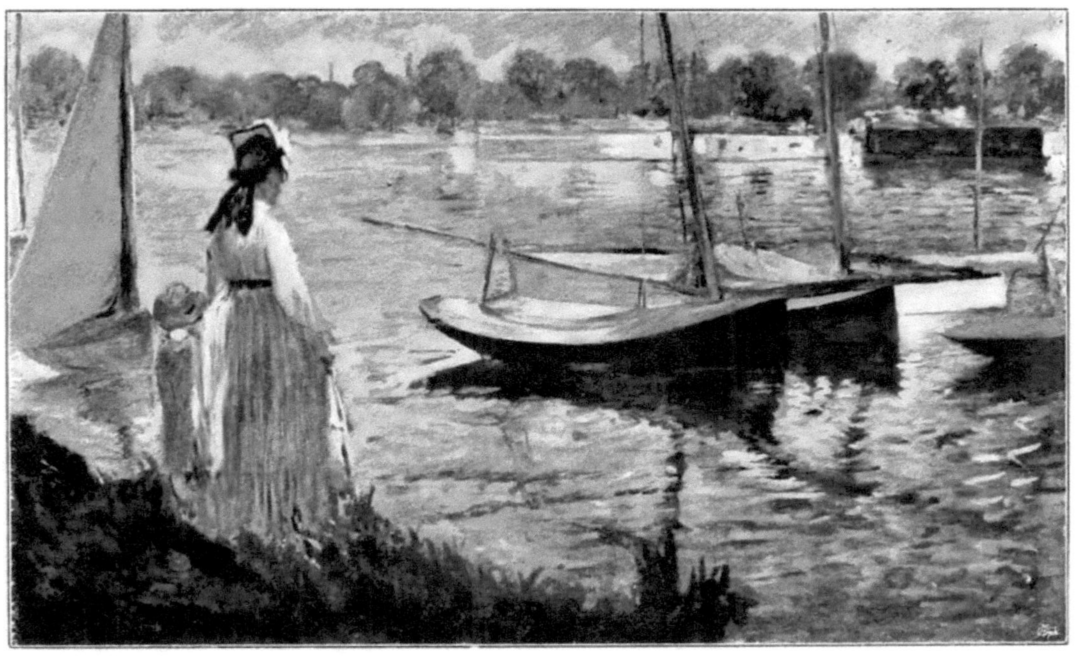

EDOUARD MANET.
ARGENTEUIL.

die Wahl des Stoffes durch keinen sentimentalen Gedanken sondern lediglich durch die Vorliebe für das Weiss bestimmt wurde, zeigt der Umstand, dass der Kirchhof von Schnee bedeckt ist und den Hintergrund schneebedeckte Dächer bilden. Und mitten unter diese ernsten Gestalten mischt sich, auch nur des Weiss wegen, der Pierrot. Es taucht als die erste Gestalt, die der Kunst dazu dient, vom Proletentum zum eleganten Leben überzugehen, das junge Mädchen auf. Ihre graziöse Figur in dem weissen Kleide hat artistisch auch nur den Wert, wie in den Déjeunerbildern das weisse Tischtuch oder in den Wäscherinnenbildern das weisse Linnen. Nur wenige typische Erscheinungen mögen als Paradigmen für das Gesagte dienen.

Von den vielen, die vor 20 Jahren als kühne, wagemutige junge Männer auf den Schauplatz traten, ist wohl Raffaelli am meisten auf der alten Höhe geblieben. Er steht den Impressionisten am nächsten, sowohl in seiner prickelnden nervösen Art wie in seiner stolzen Verachtung aller genrehaften Züge. Mit Schilderungen aus dem Weichbild von Paris begann er. Er war der Entdecker jener armen arbeitenden Natur, die sich im Umkreis der Grossstadt ausdehnt: mit rauchgeschwärztem Himmel, staubigem gelbem Grün und eintönigen schnurgeraden Chausséen, die sich trostlos am Horizont verlieren. Und in diese Natur setzte er die Menschen, die dort leben, arme Leute, halb Dörfler, halb Städter. Da hockt ein Krämer vor der Hausthür, dort eilt ein Hausierer übers Feld oder der Grossvater führt in der Mittagsstunde sein Enkelkind am Graben entlang. Rings erheben sich entblätterte Bäume, qualmige Fabrikschlöte und die Wasserleitungs- und Gaswerke, die den Riesenkrater von Paris speisen. Auch Altmännerhäuser und die Gestalten des nächtlichen Paris hat er damals gemalt und war ein wunderbarer Charakteristiker in der Art, wie er diese lichtscheuen, grotesk unheimlichen Typen festhielt. Geistvoll, von vibrierender Lebendigkeit als Maler, versuchte er zugleich einen gewissen Milletschen Rhythmus in seine Werke zu bringen. So in den „Forgerons buvant“, wo die dreimalige Wiederholung derselben Bewegung dazu dienen soll, die feierliche Wirkung von Millets Aehrenleserinnen zu erzielen. Später

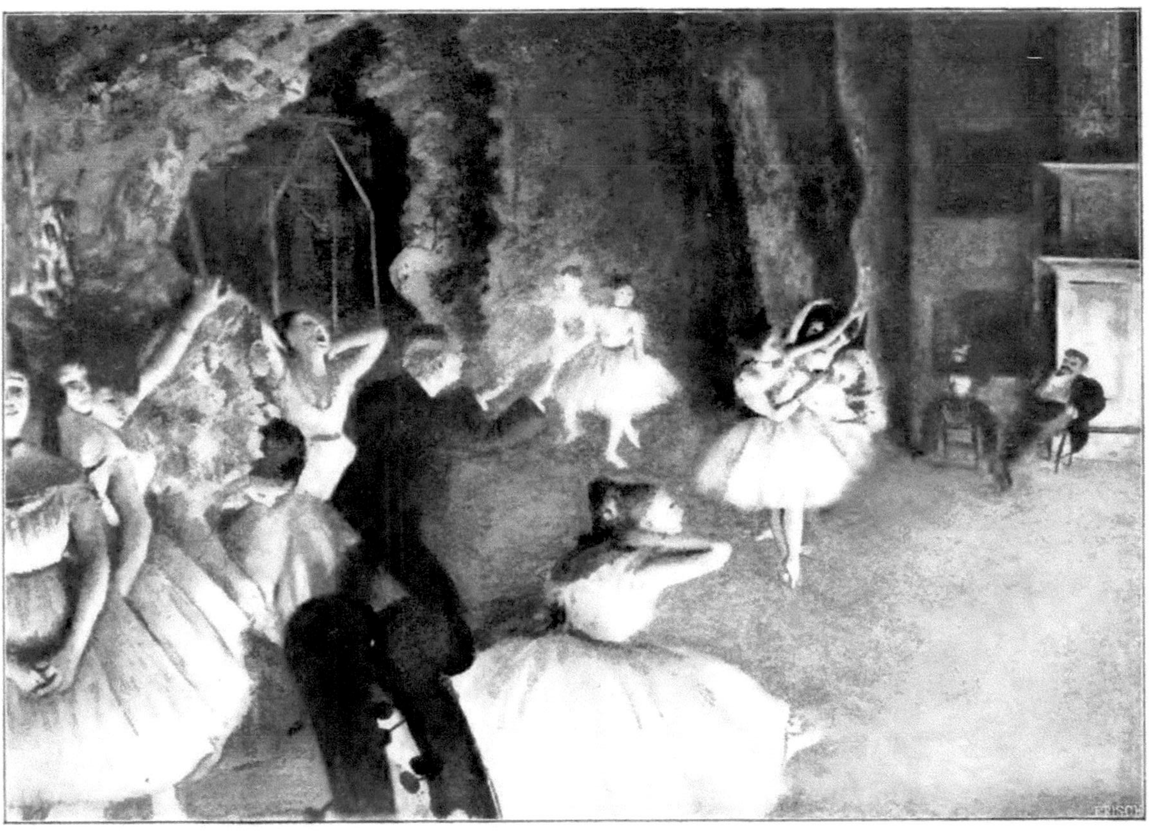

EDGAR DEGAS.
BALLETPROBE.

ging er zu anderen Dingen über. Er malte Pariser Strassenpartien, die Boulevards, die Place de la Concorde, die Champs
Elysées. Man sieht elegante Damen, Karossen, Kürassier-
schwadronen, das ganze sich dahinschiebende rauschende Leben
der Grossstadt. Nur an der Farbenstimmung seiner älteren
Werke hält er auch jetzt noch fest. Wie in seinen Bildern aus
dem Leben der armen Leute weisse Hemdärmel eine besondere
Rolle spielten und die Scenen fast immer in winterliche Landschaften verlegt waren, so heben hier die Figürchen fast immer
von einer weissen Schneefläche und von hellen Gebäuden sich
ab. Wegen derselben Harmonie liebte er die Bildhauerwerkstätten. Künstler in weissem Leinwandkittel arbeiten inmitten
weisser Gipsabgüsse und weisser Marmorblöcke in einem hell-
getünchten Raum. Und auf den nämlichen Accord sind seine
Damenbildnisse und seine Stillleben gestimmt. Entweder er
lässt die Damen in weissem Nachtkleid vor einer weissen Wand
an einem weissen Bette lehnen und einen Kornblumenstrauss
ordnen, oder sie sitzen in Weiss vor einer weissen Wand auf
einem weissblauen Fauteuil. Oder Sträusse — lediglich weisse
und blaue Blumen — stehen in einer weissblauen Vase vor
weissem Hintergrund. Harmonien von blau und weiss oder
von schwarz und weiss sind fast seine sämtlichen Werke.

Roll war anfangs als der reisige Werkmeister des Naturalismus berühmt. Er malte den Strassenarbeiter von Paris, wollte,
wie Zola als Schriftsteller, in einem Bildercyklus das sociale
Leben der Gegenwart darstellen den Streik, den Krieg, die
Arbeit. Eine breite handfeste Mache entsprach den derben,
plebejischen Stoffen. Ausserdem machten ihn seine riesigen
Tierbilder bekannt. Was früher „Europa" hiess, nannte man jetzt
„Mädchen mit Stier" Er malte junge Weiberkörper und gewaltige Ochsen, nur um die Haut und das Fell in allen Strahlen
der Sonne leuchten zu lassen. „Es sollte stehen, im Anfang
war die Kraft" schien das Leitmotiv aller seiner Werke. Und
mit derselben Kraft wusste er später auch offizielle Aufträge
zu erledigen. Er schuf Wandbilder für das Hôtel de ville,
in denen er das zeitgenössische Leben monumental zu gestalten
suchte. Er lieferte Bilder für Versailles, in denen er die Feier-

lichkeiten schilderte, die sich unter Carnot vollzogen: öde Dinge, die er aber stets vom Bilderbogenstil zum Niveau des Kunstwerks erhob. Und erstaunlich ist die Sicherheit, mit der dieser Vertreter des Proletariernaturalismus heute auch die Plastik und das Pastell beherrscht. In seinen Büsten meistert er den Marmor, als wäre er nicht harter Stein sondern weiches, in der Hand zu knetendes Material. In seinen weiblichen Akten nutzt er souverän die Wirkungen der Pastelltechnik aus, um den nackten Körpern alles Oelige fernzuhalten, das Vibrieren und die Weichheit, die ganze Morbidezza des Fleisches zu geben.

Dagegen fiel Lhermitte auf der Ausstellung ab. Früher wurde er wegen seiner robusten Derbheit in Gegensatz zu Bastien-Lepage gestellt. Während dieser, weich und empfindsam, lieber die Schwachen als die Starken, seltener Männer als Greise, Kinder und Frauen malte, hätte Lhermitte den Bauer in seiner ganzen Rustizität gezeigt. Weniger lyrisch als Bastien, selbst ein Bauernsohn, der in seiner Jugend auf dem Acker arbeitete, hätte er von den Arbeiten des Feldes, die die Hände schwielig, das Gesicht braun machen, in nüchterner Sachlichkeit, in grossem epischen Stil erzählt. Heute lässt sich diese Charakteristik nicht mehr halten. Denn Lhermitte kommt selten über das Modell hinaus. Statt die Scenen mit zu erleben, sieht man nur gute Oelbilder. Obendrein behalten seine Werke etwas Gemachtes, Gestelltes. Die Leute sind angeordnet in Gruppen, die mehr den Regeln der Historienmalerei als dem Leben entsprechen. Die genrehaften Züge sind nicht vermieden. Die Farbe bleibt öldruckmässig und tot. Auch sein Versuch, die Phantasiewelt in die Wirklichkeitswelt hereinragen zu lassen, wie er es in dem Bilde la mort et le bûcheron that, ist wenig geglückt. Die beiden Elemente gehen nicht ineinander auf. Nicht den Tod malt er, sondern sein Atelierskelett, das er mit weissem Mantel behängte. Dem Besitzstand der französischen Malerei hat er nichts Neues hinzugefügt.

Edouard Dantan wurde zuerst durch seine Bildhauerwerkstätten berühmt. Es war sehr fein, wie hier das graue silberige Licht auf weissem Marmor und hellen Menschenkörpern spielte.

Später hat er Zwielichteffekte — Licht, das durch ein Hintergrundsfenster einfallend auf einem Tisch, auf Tellern, Tassen, Gläsern, Flaschen und kupfernen Kesseln spielt, — auch Dunkelstimmungen — Laternenlicht, das plötzlich ein Zimmer durchflutet — mit gleicher Meisterschaft geschildert. Was für Dantan die weissen Marmorblöcke, waren für Gervex weisse Krankenbetten. Er hat anfangs Klinikenbilder im Sinne der Rembrandtschen „Anatomie" gemalt: Chirurgen in weissen Jacken, die um einen hellen Mädchenkörper versammelt sind. Später führte er in die Redaktionsräume der Pariser Journale und in die Säle der Ausstellungen, suchte in den Riesenbildern, die er für Versailles zu malen hatte, auch Haupt- und Staatsaktionen der Republik in sachlich protokollarischem Stile festzuhalten. Dasselbe that Brouillet, der die „Sitzung der Pariser Akademie der Wissenschaften zu Ehren des Kaisers Nikolaus" in einer kolorierten Riesenphotographie festhielt. Wie beide nicht über eine gewisse Trockenheit hinauskommen, spuken bei andern alte genrehafte Gelüste nach. Jean Béraud hat die Logen der Theater, die nackten Schultern von Tänzerinnen, die Geheimnisse des Café Anglais, das Treiben in Montecarlo und die Rampen der Caféconcerts zu zahlreichen Bildern verarbeitet, denen er romanhafte Pointen beifügte. Friant zeigte Leichenbegängnisse mit trauernden Witwen und gelben Totenkränzen, Mädchen, die einen armen Bettler beschenken, und junge Mütter, die ihr Kind dem Findelhaus übergeben. Weniger seine Künstlerschaft als der sentimental-melodramatische Inhalt der Bilder warb ihm Freunde.

Das junge Mädchen in weissem Kleide fand seinen Verherrlicher in Aublet. Was Heilbuth in der strengen Farbenharmonie des Velasquez gesagt hatte, wurde von Aublet mehr ins Duftige übersetzt. Junge Mädchen in hellem Kleid, die am Piano sitzen, am Strand des Seebades promenieren, Rosen pflücken oder durch grünes Gebüsch träumerisch sinnend dahinwandeln, hat er liebenswürdig, freilich im Sinn einer rasselosen, ein wenig kitschigen Schönheit gemalt. Verwandt mit ihm ist Raphael Collin. Nur dass bei ihm die jungen Mädchen nicht immer in hellem Kleid, sondern auch in Fleischfarbe erscheinen. Auf grünen Wiesen lagern sie oder tanzen am Strande. Man könnte an Henner denken. Doch haben die Körper nichts venezianisch Klassisches mehr. Sie haben die langen Taillen, die das Sportkostüm; die elastischen Beine, die das Radfahren den Damen giebt. Die Landschaften leuchten nicht in venezianischem Blau, sondern in hellem Grün. Der Himmel lugt nicht dunkelblauschwarz hernieder, sondern die Mädchenkörper wie die Landschaft sind in hellen weissen Aether gebadet. Aehnliche Strandscenen wurden von Duez dargestellt: Damen und Kinder, die in grossem Strohhut und hellem Kleid auf der Terrasse eines Seebades sitzen. Der grauweisse Sand, die weissen Bademäntel und der graue Himmel bestimmen koloristisch die Skala.

Die gleichen Gesichtspunkte sind für die Bildnisse massgebend. Auch hier überwiegt das Pleinairbild. Die Personen heben von dem Grün eines Gartens sich ab. Und selbst wenn weniger eng der Zusammenhang mit dem Bauern- und Arbeiterbild gewahrt ist, sucht man doch immer den Werktagscharakter der Persönlichkeit zu treffen, malt unter Vermeidung alles schmückenden Beiwerks die Leute im gewöhnlichen Tageslicht und in ihrer gewöhnlichen Umgebung: den Gelehrten im Studierzimmer neben seinen Büchern, den Maler im Atelier, den Schriftsteller an seinem Arbeitstisch. Mit der Charakteranalyse sind auch bei solchen Interieurbildern gewöhnlich Luftprobleme verbunden. Die Figuren sind so gesetzt, dass sich das volle Licht auf ihren Kopf ergiesst. Hinter ihnen blickt man durch ein Fenster in ein sonnegebadetes Stück Landschaft hinaus. Die Maler stellen sich gern dar, wie sie den Probedruck einer Radierung prüfen. Wie einst Jan van Eyck den Hohlspiegel verwendete, um die Reflexe glitzernder Dinge darzustellen, hat hier das Papierblatt, durch das die verschwommenen Konturen einer Zeichnung schimmern, die Aufgabe, die alles durchdringende Gewalt, die durchscheinende Kraft des Lichtes zu zeigen. Die Damen erscheinen natürlich am liebsten in Weiss. Ein Strauss weisser Bauernblumen steht daneben. Man liebt diese weissen Kleider und diese weissen

Blumen aus dem gleichen Grunde wie den weissen Schnee: weil man sich freut, nach so langer Braunmalerei endlich wieder helle Dinge malen zu dürfen. Im übrigen ist auch bei den Damenbildnissen in erster Linie auf schlichte Einfachheit, auf Unmittelbarkeit im Ausdruck und posenlose Natürlichkeit Wert gelegt. Die Werke Emile Blanches sind für den Porträtgeschmack jener Jahre wohl die bezeichnendsten Dokumente.

Einen ähnlichen Charakter zeigt die Landschaft, die ja überhaupt im modernen Kunstschaffen eine so tonangebende Rolle spielt, dass sie von der Figurenmalerei kaum zu trennen ist. Die kahle monotone Ebene und das kreidige Tageslicht, das Aermliche, Alltägliche ist bevorzugt. Die Armeleutmalerei brachte die enterbten Gegenden in Mode. Man malt die Monotonie geradliniger Wege, den fahlen Reiz der dürren bestaubten Disteln, die am Rain der Chausséen blühen; malt Kartoffelstauden und Kohlrabi, teils weil sie so plebejische Pflanzen sind, teils weil ihr Grün unter den Strahlen der Sonne so fein ins Bläuliche schillert; malt Schneelandschaften, weil sie ärmlich und weiss sind, malt nicht mehr vollbelaubte, sondern herbstliche Bäume, weil es so hübsch ist, wie durch die entlaubten Kronen die Sonnenstrahlen rieseln und Flecken auf dem Boden bilden. Oder man häuft, um möglichst hell zu wirken, möglichst viel helle Dinge in den Bildern an — weisse Häuser und weisse Feldblumen, weisse Schimmel und hellsandige Aecker. Als die hauptsächlichsten Interpreten dieser Werktagsnatur, die in stimmungslosem, grauem Tageslicht daliegt, sind Damoye und Barau zu nennen. Damoye zeigt weite Ebenen, graue öde Dünen und graue Wiesen, über denen in eintönigem Grau ein weiter Himmel sich ausdehnt. Baraus Werke sind gleichfalls einfache Harmonien in grau. Er ist der Poet der Oktoberstimmungen, der Schilderer einer fahlen absterbenden Natur. Gerade Wege und entfärbten herbstlichen Rasen, entlaubte Bäume und staubige Gärtchen, schmutzige Pfützen und ärmliche Dörfchen, alles in ein trübes, regnerisch mürrisches Grau gehüllt, hat er mit asketischer Wahrheitsliebe geschildert.

Die Ekstasen des Lichtes.

Was weiter erfolgte, ist durch die Worte Zolas gekennzeichnet: „Der Naturalismus hängt nicht ab von der Wahl des Vorwurfs. Die ganze Gesellschaft ist seine Domäne, vom Salon bis zur Kneipe. Nur die Dummköpfe machen ihn zu einer Rhetorik der Gosse. Wir verlangen für uns die ganze Welt." Hatte es anfangs geschienen, als fühle die Kunst sich nur wohl, wenn sie in Holzschuhen inmitten von Krautäckern sich bewegte, so streifte sie nach wenigen Jahren den Bauernkittel und die Arbeiterbluse ab. Das Feine trat ergänzend zum Derben, das Aparte zum Alltäglichen. Erst war der Naturalismus von überschüssiger Kraft. Bezeichnend für die ganze Bewegung sind jene Riesenbilder mit üppigen jungen Weibern, die sich mit Stieren auf fetten, im Sonnenlicht gebadeten Wiesen tummeln. Jetzt bekommt er etwas Ueberfeinertes, Zartes. Auf die Proletarierbilder folgen Darstellungen aus der vornehmen Gesellschaft. Man führt in die Theater und Salons, in das Gewirr der Fastnachtsbälle, in die Magazine, Kasinos und Boudoirs. Hand in Hand damit ging eine Verringerung des Massstabes. Anfangs in Riesenformat gehalten, nähern sich jetzt die Bilder dem eleganten Kabinettstück.

Doch so nahe es läge, auf die ähnliche Wandlung hinzuweisen, die sich gleichzeitig in der Litteratur vollzog, als auf Zola Prevost und Maupassant folgten, so findet in der Hauptsache doch auch diesmal sowohl das veränderte Stoffgebiet wie das veränderte Format in rein künstlerisch technischen Gründen die Erklärung. Das lebensgrosse Format der Bilder war lediglich im Wettstreit mit den riesigen, in Ausstellungen

noch immer überwiegenden Werken der Historienmalerei gewählt worden. Da nach der älteren Aesthetik nur historischen
Gestalten das grosse Format gestattet war, musste zunächst
in Kraftproben bewiesen werden, dass auch moderne Stoffe
dieses Format vertrügen. Doch später, nachdem die Historienmalerei sich ausgelebt hatte, war das nicht mehr bindend. Die
Kunst konnte, indem sie das Format verringerte, in ein engeres
Verhältnis zum Leben treten. Zur Veränderung des Stoffgebietes aber wurde man geführt, weil das ganze Programm
der Lichtmalerei, wie es Manet aufgestellt hatte, noch lange
nicht erledigt war. Fast nur Freilichtbilder hatte man bis-
jetzt geschaffen, hatte lediglich der einfachen Sprache der Sonne
gelauscht. Doch es giebt auch Lichtwunder, die überhaupt
noch kein alter Meister sah. Dinge, die erst wir, die Söhne
des 19. Jahrhunderts schauen. Als unsere Grosseltern lebten,
gab es nur Kerzen und Oellampen. Jetzt haben wir Gas und
elektrisches Licht. Zauberisch ist es, wenn dieses künstliche
Licht mit dem Tageslicht, der Dämmerung kämpft; zauberisch,
wenn bunte Lampenschirme ihr prismatisch gebrochenes Licht
auf die Dinge werfen. Malen wir die koloristischen Reize, die
wir den technischen Eroberungen unseres Jahrhunderts danken.
Feiern wir die Farbenwunder einer neuen Zeit. Von diesem
Gedanken ausgehend wurde man zum Interieurbild und zur
Schilderung der vornehmen Welt ebenso natürlich geführt wie
früher durch die Freiluftmalerei zum Bauern- und Arbeiterbild. Auf das Pleinair folgte der Luminismus. Der Serpentin-
tanz: die Beobachtung der Dinge unter dem Einfluss wechselnden künstlichen Lichtes wurde für einige Jahre das Thema
der Bilder.

Man malte also das flimmernde Licht der Magazine, das
rot, silbern und golden die Nacht durchzuckt; malte den Rauch
der Eisenbahnen, den das Licht der Laternen in ein feuriges
Wolkenmeer verwandelt; Strassenpartien in jener unent-
schiedenen Stimmung, wenn das flackernde Licht des Gases
den blauen Dunstschleier der Dämmerung durchbricht; nächtliche Gärten, in denen das Licht japanischer Lampions in
zitternd rötlichen Tönen die Gestalten eleganter Backfische

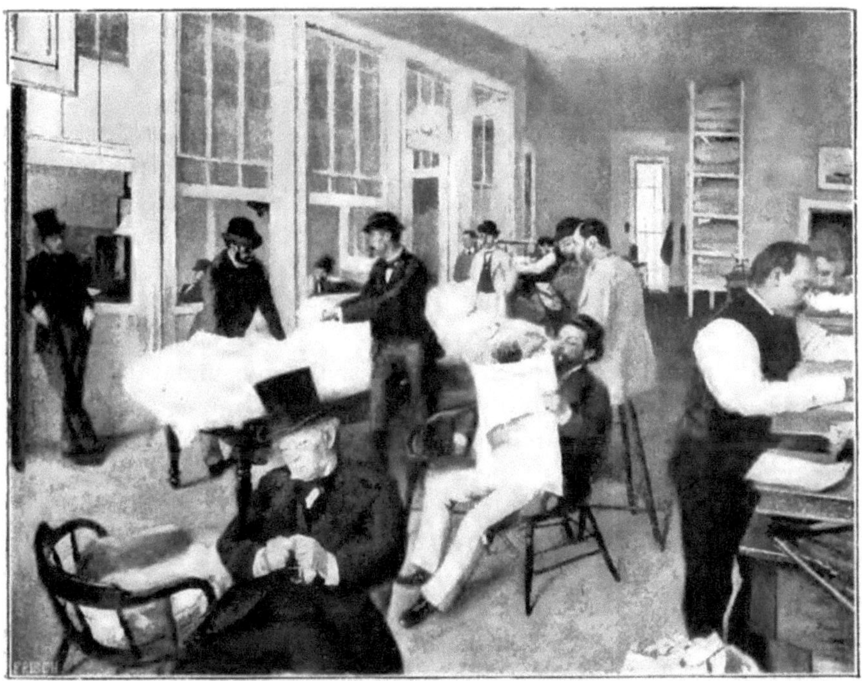

Edgar Degas. Eine Baumwoll-Faktorei in New-Orleans.

umspielt. In Interieurbildern sucht man die subtilsten Beleuchtungseffekte, die apartesten Farbengruppierungen festzuhalten. Rötlicher Feuerschein fällt auf blasse Blumen. Kron-
leuchter- und Kerzenlicht überstrahlt den sanften Schein der
Lampe. Besonders beliebt ist die Stunde des Abendessens,
wenn die buntbeschirmte Lampe über farbige Tischtücher,
Tassen, Theetöpfe und Karaffen schillernd funkelndes Licht
ergiesst. Oder junge Damen sitzen in elektrisch beleuchtetem
Zimmer am Piano, über das noch rotbeschirmte Kerzen ein
weiches, träumerisches Licht werfen; oder sie stehen am Kamin
und sind beschäftigt rosaroten Flieder und gelbe Hyazinthen
zum Strausse zu ordnen, die im Schein der Gasflammen in
allen Farben schillern; oder Herren in Frack und Damen
in grosser Toilette sitzen beim Souper in kerzenlichtdurch-
flutetem Saale. Der nackte Körper, vorher nur gemalt, wenn

es sich um Badescenen im Freien handelte, wird jetzt ebenfalls den Wirkungen des verschiedensten künstlichen Lichtes ausgesetzt.

Auch bei den Bildnissen handelt es sich fast immer um solche Beleuchtungsstudien, und wenn mehr Damenbildnisse als Herrenporträts vorkommen, so erklärt sich das teils aus der Vorliebe für das Subtile, teils daraus, dass die seidenen Roben der Damen bessere Lichtleiter sind als das stumpfe dunkle Tuch der Herrentracht. Auf den derb natürlichen Porträtstil von früher folgt die Richtung auf das Exquisite und Feine, die Vorliebe für aparte Farbenzusammenstellungen und raffinierte aussergewöhnliche Lichteffekte. Die Damen träumen etwa an einem Weiher, über dem die zitternden Strahlen der Abendsonne liegen, und dieses Licht spielt wieder in tausend Reflexen auf dem Kleid der Dame. Oder sie stehen, voll beleuchtet vom elektrischen Lüster, im Salon neben der buntbeschirmten Lampe. Das Licht überströmt mit hellem Glanz die Figur, strahlt auf den Armen, hüpft über das Haar, glitzert auf den Perlen und Rubinen, schillert in tausend Farben auf dem seidenen Kleid. Rings sind noch andere Dinge — seidene Kissen und feine Karaffen, Tassen, Blumensträusse und Vasen — angebracht, die geeignet sind, Lichtstrahlen aufzufangen und zurückzuwerfen.

Auch in der Landschaftsmalerei spielt fortan das künstliche Licht eine besondere Rolle. Man malt Feuerwerkserscheinungen: wenn Raketen in die Lüfte sprühen und als feiner Goldregen leise zerstieben; Leuchttürme, deren rötliches Licht auf buntbewimpelten Schiffen spielt; elektrisches Glühlicht, dessen scharfe Strahlen mit der dunstigen Abendröte kämpfen. Handelt es sich nicht um künstliche Beleuchtungseffekte, so sind wenigstens aussergewöhnliche Phänomene aufgesucht. Statt der gewöhnlichen Tagesbeleuchtung malt man die Capricen des Lichtes Regenbogen, die in grünlich-rötlich-gelbem Glanze über einer Ebene strahlen; Tulpen und Hyazinthen, die unter den Strahlen der aufgehenden Sonne flackern und leuchten; Felsen, die rosarot unter den Strahlen der Abendsonne flimmern; Apfelbäume, deren weissrötlicher

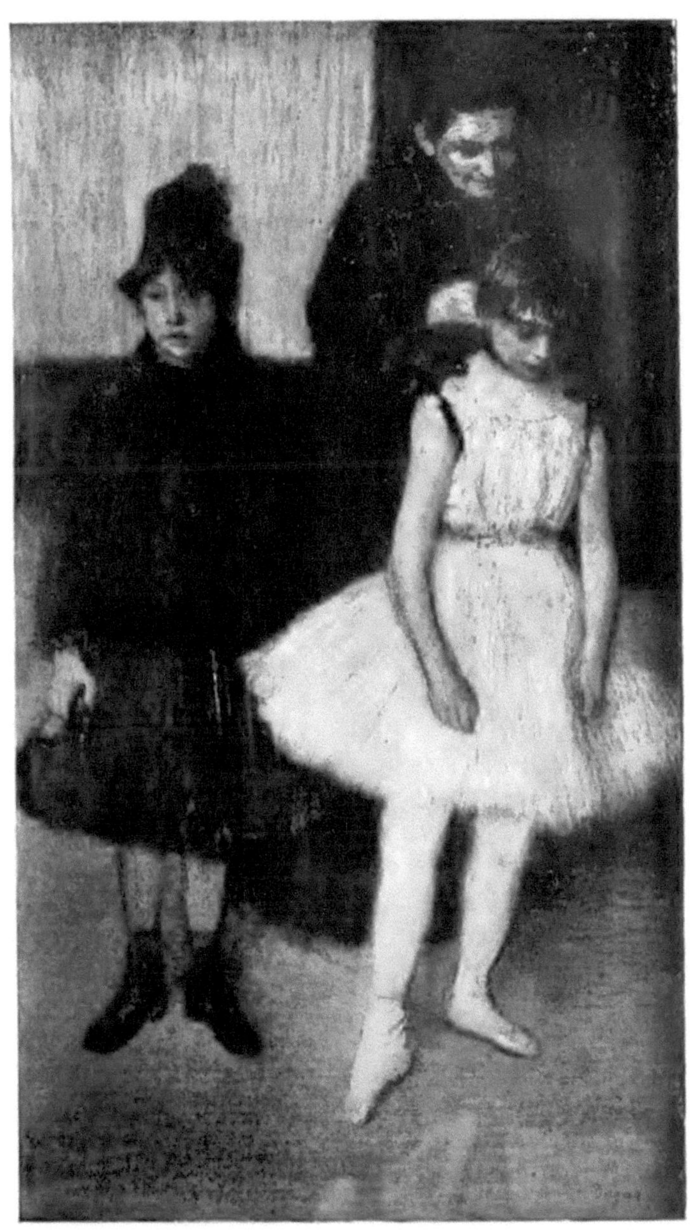

EDGAR DEGAS.
DIE FAMILIE MANTE.

Blütenschmuck zart mit dem wolkenlosen hellblauen Aether verschwimmt; das Abendrot, das nicht knallig sondern fein citrongelb sich über duftige, ganz in Dämmer zerrinnende Landschaften breitet; die Sonne, die von dunkelblauen Wolken verschleiert orangerot über einem Meerspiegel steht. Auch das Meer ist anders als früher. Damals waren die Werke einfache blauweisse Harmonien. Man malte das Schäumen und Rollen der Wogen, nur um flüchtige Bewegungen festzuhalten. Jetzt gleicht der Meerspiegel der seidenen Robe einer schönen Frau. Von der grollenden Majestät des Ozeans merkt man nichts. Er leuchtet und schillert kokett in blauen, grasgrünen und violetten Tönen. Millionen phosphorescierender Funken entsprühen ihm, und darin spiegeln sich noch die rosaroten Wolken des Himmels.

Der Norden Frankreichs ist für solche Studien wenig geeignet, er ist trüb, grau und neblig. Auch die Menschen selber in ihren stumpffarbigen Kleidern passen nicht in die Skala des Luminismus. Das derbe schmutzige Leben sagt der Richtung auf das Exquisite nicht zu. In Algier und Tunis brennt die Sonne viel heisser. Hier ist alles trunken von Licht. Die bunten orangegelben und scharlachroten Gewänder gleissen und funkeln. So wurde der Orient, den man eine Zeitlang vergessen hatte, abermals neu entdeckt. War er für die Künstler der Caravaggiozeit ein düsterer Keller gewesen, so ist er jetzt ein Kaleidoskop, in dem alles orangegelb und rosa, bläulich und grünlich leuchtet. Beliebt ist auch die goldene Sonne Venedigs. Es war so schön, vergoldete, von grünlicher Patina überzogene Kirchenkuppeln unter den Strahlen der untergehenden Sonne in allen Farben schillern und glitzern zu lassen.

Besnard ist für diese Epoche wohl die typische Erscheinung. Bei seinem ersten Auftreten wurde er vielleicht überschätzt, weil man ihn früher als seine Vorgänger kennen lernte. Heute wissen wir, wie viel er den Impressionisten dankt. Spanische Tänzerinnen hat Manet, die Bewegungen der Pferde hat Degas, das Zucken einer Lippe und den Glanz eines Auges hat Renoir besser gemalt. Besnard that nichts, als dass er den herben Stil dieser Anreger mit einem angenehmen

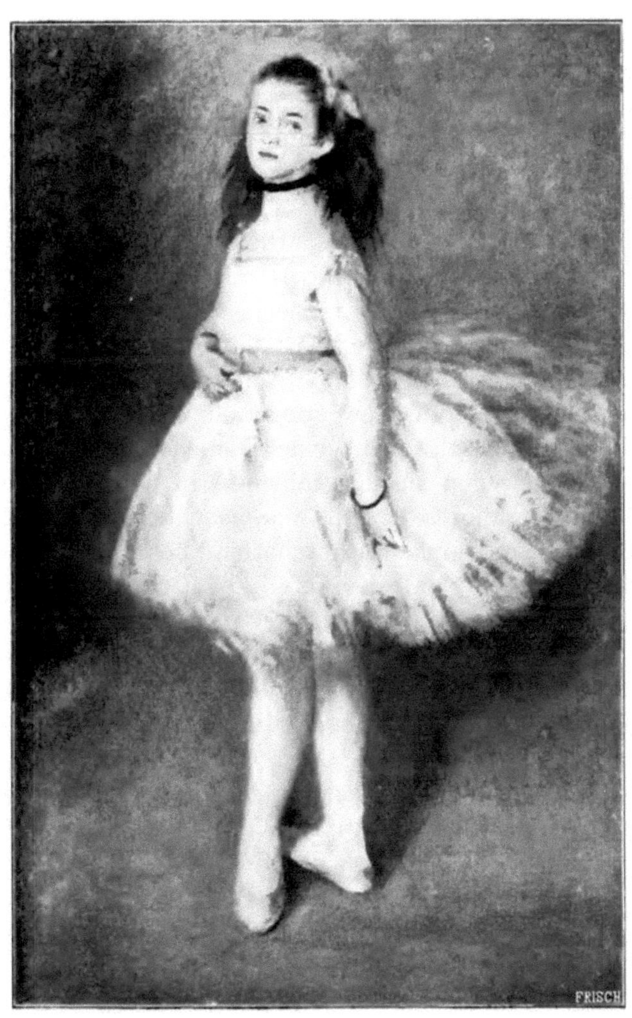

AUGUSTE RENOIR.
TÄNZERIN.

Publikumsparfum besprengte. Trotzdem bleibt er ein grosser, ein sehr feiner Meister, der nicht nur der Menge zu gefallen, auch den Künstler zu befriedigen weiss. Wunderbar ist, wie in seinen Damenporträts die seidenen Kleider schillern; sehr fein, wie er eine orangegelbe Robe und eine blaue Wand, eine rosarote Robe und eine tiefgrüne Baumgruppe, ein weisses Fauteuil und einen braunen Handschuh, einen blausilbernen Paravent und gelbweisse Blumen zusammenstimmt, wie er das Licht auf den Köpfen spielen lässt und irgendwo eine Rose, eine Lilie als aparten duftigen Farbenfleck anbringt. Namentlich das Porträt der Yvette Guilbert mit dem brandroten Haar, dem rosa Kleid und den paar Flecken Blau, die er im Grün des Hintergrundes anbringt, ist in seiner koloristischen Pikanterie das Werk eines echten Malers. Erstaunlich ist auch sein Sinn für die schöne Bewegung und die feine Geste. Wie ätherische Gebilde schweben seine Damen dahin; mit unsagbarer Grazie bewegen sie den feinen Arm und den zierlichen Fuss. Er und Boldini haben die hauptsächlichsten Dokumente der modernen Frauenmalerei geschaffen bei Boldini das kalte Weib, halb Amazone, halb Kokotte. „Tout ce que vous voudrez mais pas ça“ Bei Besnard mehr der Typus der Inutile Beauté: die v o r n e h m e Frau in ihrer unverstandenen, leidenden, schmerzvollen Schönheit. Und mit derselben Sicherheit wie die Bewegungen der Damen giebt er die Bewegungen der Pferde — nicht jener plebejischen Lastgäule, wie sie die vorausgegangene Epoche liebte, sondern nervöser, blaublütig edler Geschöpfe. Namentlich das Bild der beiden arabischen Hengste ist eine künstlerische Momentaufnahme von erstaunlicher Grösse. Da lebt und vibriert alles. Jeder Nerv zuckt. Rosarot, gelblich. grünlich, bläulich und weiss huscht das Licht über die Landschaft und über den Körper der Tiere. In seinen Bildern aus dem Orient malt er das Ritterliche des arabischen Lebens, das siedende, flimmernde, flirrende Licht, das über den Strassen Algiers zittert. Das Rokokoelement des Fromentin kehrt wieder, nur ist alles noch prickelnder, noch vibrierender geworden. In seinen Bildern aus den spanischen Tingltangls hat er die zuckenden Bewegungen der spanischen Tänzerinnen

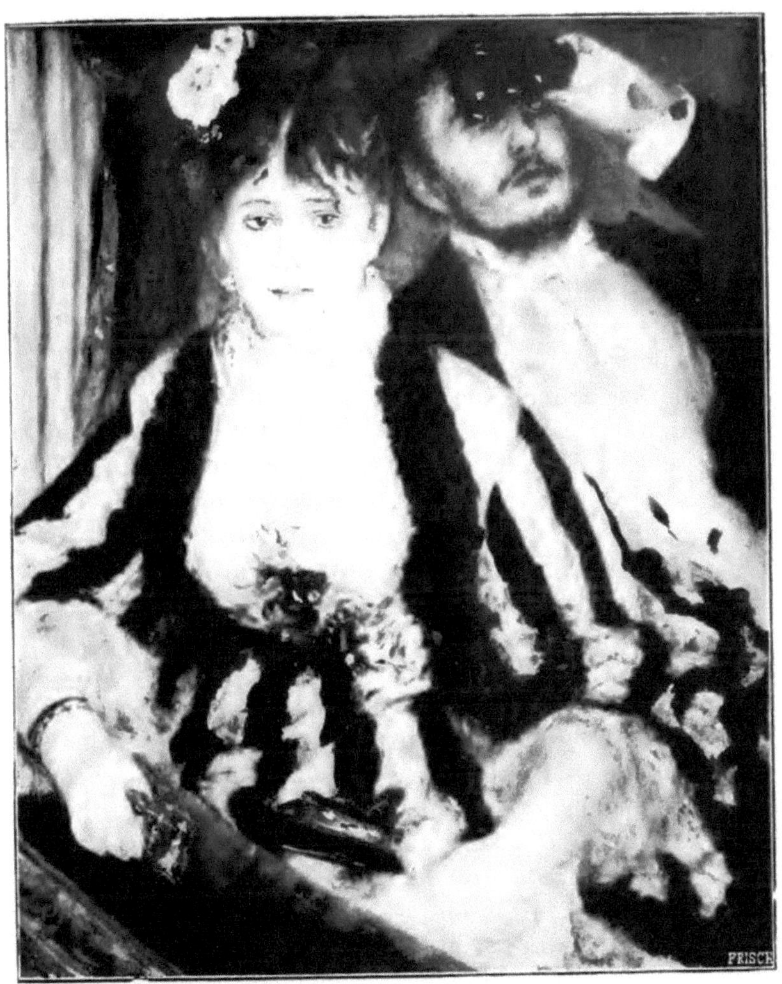

AUGUSTE RENOIR.
IN DER LOGE.

mit sprühendem Esprit fixiert. Man bemerkt hier, wie das Programm der Impressionisten immer massgebender für die Maler wurde. Bastien-Lepage und Roll hatten mehr die ruhigen, langsamen, gewöhnlichen Bewegungen festgehalten. Besnard geht nach Sevilla, weil man nirgends so aparte, schneidige, blitzschnelle Bewegungen wie bei den spanischen Tänzen sieht. Feines elektrisches Licht, in alle Farben getaucht, überflutet die Bühne, während der Zuschauerraum in schummerigem Halbdunkel bleibt. Auch seine Akte sind Meisterwerke in der Art, wie er das Nackte unter der Einwirkung des verschiedensten Lichtes studiert. Für Ingres der Kanon schöner Form, ist für Besnard der weibliche Körper ein Schlachtfeld, auf dem das Tageslicht mit dem des Kaminfeuers und der Lampe kämpft. Auf seine Deckenbilder im Hôtel de ville übertrug er die gleichen Prinzipien. Die Astronomie, die Elektrizität und andere allegorische Dinge waren darzustellen. Aber nichts Gelehrtes giebt es, nichts Philologisches. Der Himmel thut sich auf. Goldene und silberne Sterne flimmern. Funken sprühen und zerstieben. Weiber in orangefarbenen, grünen und hellblauen Kleidern schweben durch den lichtdurchflossenen Aether daher. Es ist der erste Versuch, auch die Monumentalmalerei auf rein koloristische Basis zu stellen, Allegorisches zur reinen Farbenvision zu machen.

Ausser den Werken Besnards sind die Damenbildnisse Ernest Laurents und Ferdinand Humberts für diese ästhetische Phase der französischen Kunst bezeichnend. Auch sie haben weisse, hellgelbe und hellblaue Seidenkleider mit perlgrauem oder rosarotem Hintergrund auf sehr zarte Tonleitern gestimmt. Damen in hellgrauem Pelzmantel und rosafarbenem Kleid stehen etwa in dunkelgrünem Buschwerk vor orangefarbenen Lampions oder sitzen in Ballrobe in der Nähe einer buntbeschirmten Lampe, die auf dem Weiss der Seide feine flackernde Lichtbilder erzeugt. Ein Strauss mit aparten weissen, lila und hellblauen Blumen steigert die blumengleiche Grazie der Bilder. Rosset-Granger hat ebenfalls solche Lampenlichtstudien sehr fein gemalt, und seine rosigen Landschaften kommentieren zugleich die Wandlung, die das Naturempfinden unter dem Zeichen des Luminismus durchmachte.

Hatte man anfangs die Werktagsnatur und die gewöhnliche graue Tagesstimmung geliebt, so sucht man jetzt die Natur da, wo sie exquisit ist, wo das Licht in den höchsten Tonlagen singt und wie der Regen der Danae den Aether durchrieselt. Die Landschaften, in der Caravaggioepoche dunkel, dann in der Zeit der Hellmalerei einförmig hellgrau, flimmern und glitzern jetzt in den verschiedensten Tönen. Auch das Grün, das die vorhergehende Periode geliebt hatte, erscheint zu vulgär. Rosige, azurblaue, orangegelbe Farben sind bevorzugt. Um sie zu finden, verlässt man die ärmlichen, schmutzigen Dörfer des französischen Nordens und geht — wie Cosimo d'Albo in der Gioconda d'Annunzios — nach dem Süden. Girardot malt in Tanger, wo der Himmel so rosig über weissen Steinmassen und blauen Meereswogen strahlt. Nozal siedelt sich im Golf von Biscaia an, wo die Städte, in rosigen Aether getaucht, in orangenen und citrongelben Farben leuchten und der Himmel in so seltsamen Tönen, da blau rötlich, dort bleichgrünlich flimmert. Montenard geht nach dem Mittelländischen Meer und der Provence. Himmel, Felsen, Ruinen, Bäume und Felder sind von zitterndem weiss-rosa-rotem Licht überhaucht. Alles, was an die Werktagsarbeit des Menschen erinnern könnte, bleibt fern. In einem Feenland weilt man, wo nur die Sonne herrscht, lauscht pochenden Herzens den Ekstasen des Lichtes.

Alle diese Bilder sind in zarten, gebrochenen Tönen gehalten. Sie sind so zart, dass sie ihre dekorative Wirkung verloren haben, von weitem betrachtet wie ein gelblich-rosa-rotes Chaos erscheinen. So erhob sich die Frage, ob man auf andere Weise gleich starke oder noch stärkere Lichteffekte erzielen und den Bildern gleichwohl eine dekorative Fernwirkung geben könnte. Hier setzten die Neo-impressionisten oder Pointillisten ein. Von dem Gedanken ausgehend, dass das herkömmliche Mischen der Farben doch nur Palettentöne erzeugen, die volle Intensität des Lichtes nicht wiedergeben könne, begannen sie die reinen Urfarben in Flecken und Pünktchen auf die Leinwand zu setzen und überliessen es dem Auge des Betrachters,

selber die Mischung vorzunehmen. Dass sich mit Hilfe dieses
Vocabulars nur wenig sagen lässt und das Umsetzen der Anschauung in rein berechnende Wissenschaft ein wenig künst-
lerisches Prinzip ist, steht ausser Zweifel. Immerhin haben sie
das Ziel, das sie auf ihrem beschränkten Gebiet erstrebten, erreicht. Gepatzt oder gemauert, fast wie Reliefs oder Mosaiken
sehen die Bilder Seurats, Signacs, Anquetins und des Belgiers
Rysselberghe in der Nähe aus. Tritt man weiter hinweg, so
vereinigen sich die Farbenkleckse zu grossen mächtigen Formen.
Plastisch deutlich tritt alles hervor. Der Meeresspiegel glitzert,
die Blätter funkeln, der Himmel leuchtet. Intensiver Helligkeit gesellt sich eine grosse klare Gesamtwirkung.

Ueberhaupt wurde das Arbeiten mit vollen ungebrochenen
Farben beliebt. Hatte man anfangs alles auf Grau gestimmt,
dann ganz zarte zitternde, lichte oder schummerige Töne bevorzugt, so kommen jetzt die Verehrer der reinen Farbe. Volle
rote, gelbe, grüne und blaue Farben sollen in ungebrochener,
sprühender Leuchtkraft rauschen. Und das bedingte naturgemäss wieder eine Verschiebung des Stoffgebietes. Man
musste das moderne Leben da suchen, wo es am buntesten,
am farbigsten ist. Malt man jetzt Ausstellungen, so sind es
nicht die Skulpturengalerien, sondern die Bildersäle, weil die
bunten leuchtenden Bilder einen so schönen farbigen Hintergrund abgeben. Oder man zeigt Seiltänzerbuden und Prozessionen mit dem bunten Flitterkostüm der Harlekins, mit
Baldachinen und Standarten. Selbst die Landschaft wird in
dieser Zeit der Farbigkeit wieder so behandelt, dass der Himmel
zurücktritt. Man giebt den Blick über hoch aufsteigendes Gelände, wo in bunten Streifen die allerleuchtendsten Blumen,
gelbe Lupinen, blaue Hyazinthen, rote Tulpen oder klatschrote
Mohnblumen nebeneinander wachsen. Oder man malt Blumen-
märkte, besonders die von Nizza, wo rosarote, feuerrote, dunkelrote, gelbe, weisse und blaue Blüten ihre Farben und Düfte
durcheinander mischen. Bei den Stillleben ist ebenfalls alles
Farblose, alles Kühle vermieden. Die Sonne fällt voll auf üppig
farbenprächtige, in tropischer Hitze glühende Blumen. Die

Werke Firmin-Girards sind für diese Phase wohl die bezeichnendsten Paradigmen.

Genährt wurde diese Freude an der reinen Farbe noch dadurch, dass damals Aquarell und Pastell, der Farbenholzschnitt,

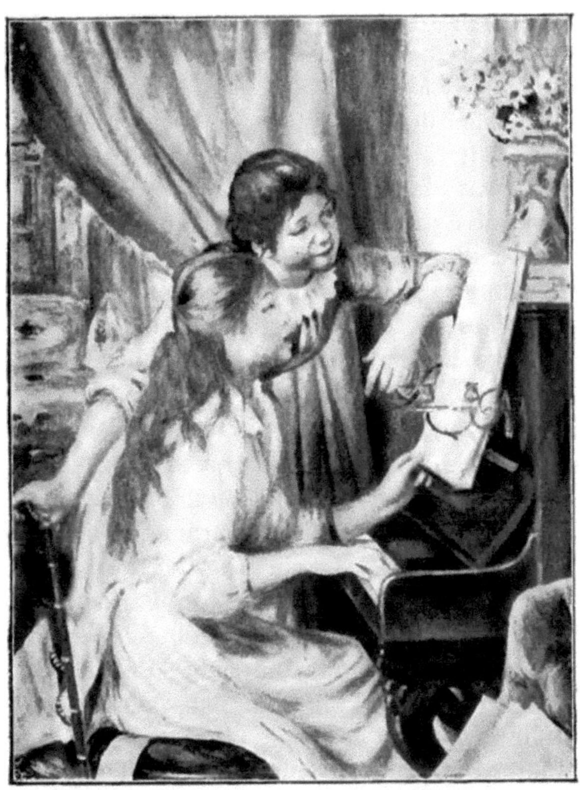

Auguste Renoir. Junge Mädchen am Klavier.

die farbige Radierung und die farbige Lithographie zu immer grösserer Bedeutung gelangten. Bisher war die Graphik nur das Dienstmädchen im grossen Reiche der Kunst gewesen. Man hatte sie zu ödem Frondienst verdammt, zur geistlosen Reproduktion ganz anders gearteter, in anderer Technik geschaffener Werke. Jetzt waren Eindrücke zu buchen, zu deren

Fixierung die Oeltechnik viel zu langsam und schwerfällig war. In einer nervösen sensitiven Zeit, der das altmodische Glück, Zeit zu haben, abhanden gekommen, musste auch die Kunst ihren Telegrammstil sich bilden. So trat das Aquarell, das Pastell hervor, die dem Künstler gestatteten, sich viel unmittelbarer, viel leichter als im Oelbild auszusprechen, und die vor diesem den weiteren Vorzug hatten, dass man den Duft der Dinge, ihre leuchtenden Farben, ihre vibrierende Bewegung noch viel reiner als in der Oeltechnik wiedergeben konnte, die immer etwas Materielles, Sauciges behält. Den graphischen Künsten aber war damit ein ungeahntes Schaffensgebiet eröffnet. Sie wurden zu einer Ausdrucksfähigkeit entwickelt, die ihnen gestattete, die prickelnde Handschrift des Künstlers ganz unverfälscht, ohne jeden Abzug in treuem Facsimile wiederzugeben. Was auf diesem Gebiete geleistet wurde, kann hier nicht geschildert werden. Genug, dass die Erzeugnisse der Graphik die Quintessenz moderner Nervenkunst sind. Von Chéret, Steinlen und Toulouse-Lautrec wurde das moderne Plakat geschaffen — der erste Versuch, die Kunst aus den Museen und den Zimmern der Reichen in das Leben des Volkes, in das wogende Gewühl der Strasse zu tragen. Jeanniot, Jourdain, Legrand, Lepère, Lunois, Maurin, Ranft, Robida, Villon zeichneten jene Blätter, in denen das ganze Pariser Leben atmet und pulst, mit allem Flimmer der Uebercivilisation, mit all' seinen raffinierten Genüssen. Man sieht Masken und Dominos sich in buntem Gewühl dahinschieben, halbnackte Kokotten, von Spitzenunterröcken umwogt, den Cancan tanzen, sieht nackte Schultern und Arme und üppige Frauenbusen unter den Strahlen des Rampenlichtes in allen Farben erglühen. Oder nackte Modelle huschen durchs Atelier. Frauen träumen am Meere, sausen auf dem Fahrrad dahin, rudern auf kleinen Weihern. Die Rennen und die Klubs, die Freuden der Separatzimmer und das Wagengewühl des Bois de Boulogne, die Geheimnisse der Boudoirs und das wogende Strassenleben, Ueberzieher, Monocles und rote Fräcke, seidene Strümpfe und hochrote Jupons, Stiergefechte und spanische Tingltangls, der Sport und die Liebe — alles ist in diesen Blättern festgehalten in einem Stil, in dem die ganze Nervosität und das ganze Brio, die ganze feine Genussfreudigkeit des französischen Temperaments lebt. Und welche delikaten Genüsse werden dem Auge geboten. Der eine arbeitet in bleichen Rokokotönen in zarten Harmonien, von mattem Gelb und lichtem Blau, von Hellrosa, Helllila und erloschenem Grün. Der andere setzt die vollsten widersprechendsten Farben kühn nebeneinander und harmonisiert sie durch einen Mittelton zu jauchzenden Accorden. Nirgends giebt es vulgäre Buntheit, nichts Grelles und Schweres. Braune Spiegelrahmen, rote Lampenschirme, gelbe Kleider, blaue Wände, grüne Teppiche, rosa Pantöffelchen und nackte Weiberkörper klingen zu jubelnden Harmonien zusammen. Die ganze Kunst Japans in ihrem Esprit, ihrem sanften Schmelz, ihrer lichten, schmeichelnden, tönenden Farbe — hier ist sie lebendig, nicht nachgeahmt, sondern frei transponiert von grossen selbständigen Meistern.

Dämmerung und Nacht.

So beherrschte man die Sonnensprache, sowohl die Grammatik wie die Syntax. Man hatte anfangs die gewöhnliche graue Tagesbeleuchtung geliebt, war dann den Capricen, den Exaltationen des Lichtes nachgegangen, war von zarten gebrochenen Tönen zu vollen leuchtenden sprühenden Farben gelangt. Jetzt kommt der Moment, wo das Auge weh thut. Aus der Helligkeit hinweg sehnte man sich nach der Dämmerung, nach dem Dunkel. Auf die Sonnenanbeter, auf die „lichthungrigen Leute“ folgen die „Mondsüchtigen“ Statt des grellen Sonnenlichtes wird die harmonie du soir gefeiert, jene „heure exquise“, von der Verlaine so oft singt, wenn sich die weichen Schatten des Abends über die Erde breiten. Anfangs sind noch Effekte der double lumière beliebt. Das Mondlicht geht etwa in silbernem Glanze auf, während die Landschaft noch in den rötlichen Strahlen der Abendsonne schimmert. Oder einsame Weiher schillern blau, weiss und orangegelb unter den Strahlen der untergehenden Sonne und des aufgehenden Mondes. Später tritt die Sonne aber ganz zurück. Das Mondlicht allein breitet seinen silbernen Glanz über rötliche Dächer und blaue Weiher. Sterne flimmern silbern am abendlichen Himmel. Windmühlen und strohgedeckte Bauernhäuser liegen still in nächtlichem Schweigen da. Nur aus einem Fenster schimmert das weiche Licht einer Oellampe und huscht ängstlich über die einsamen Fluren. Soweit man die Motive nicht in Frankreich fand, suchte man sie jetzt im Norden. England wurde wegen seines Nebels beliebt. Auch nistete man sich, da das Leben des Tages nicht zum Mondlicht passt, jetzt gern in einsamen, stillen, verfallenen

Städten ein, besonders in „Bruges la morte", wo nur die Vergangenheit, nicht die Gegenwart lebt.

Cazin ist der älteste der Gruppe. Er hat nie die Sonne, nie den Tag, nie den blauen Himmel gemalt. Sein Gestirn ist der Mond, der silbern über einer Landschaft aufgeht, und noch mehr liebt er die Sterne, die wie feine silberne Glühwürmchen am dunkelblauen Firmamente stehen. Die Schatten des Abends liegen über einem schlafenden Dörfchen. Nur durch ein paar Fenster schimmern die Lampen. Oder der Blitz zuckt wie ein silberweisser elektrischer Funke durch den schwarzgrauen Aether. Etwas Geheimnisvolles, Verzaubertes ist über seine Landschaften gebreitet, diese armen Gegenden mit den grauen Sandwegen und den hungrigen gelben Disteln. Und Cazin steigert die Wirkung in raffinierter Weise dadurch, dass er seine Bilder fast nur unter Glas zeigt, wodurch die Spiegelung des Lichtes noch feiner gemacht, die Deutlichkeit der Dinge noch mehr gemildert wird. Dieses Geheimnisvolle, das bei ihm die Erde hat, der mystische Schleier, der über alles sich breitet, ermöglicht ihm dann auch, in diese Natur nicht Menschen der Gegenwart, sondern solche der Bibel zu setzen: Judith etwa, die im Dämmer des Abends nach der Burg des Holofernes schreitet, Joseph und Maria, die auf ihrem Gang nach Bethlehem das Licht eines Bauernhauses schimmern sehen, Hagar, die in düsterer Einsamkeit sich weinend von Ismael trennt. Es ist jene biblische Landschaftsmalerei, die schon bei Corot begann und in einigen Stimmungsbildern Uhdes ihre Fortsetzung fand.

Fast noch feiner, fast noch zarter ist René Billotte. Auch er erwartet uns, wenn der Abend anfängt, und erzählt mit leiser vibrierender Stimme von jener Stunde, wenn der Mond vorsichtig seine ersten zitternden Silberstreifen über graugrüne Wiesen, über stille Häfen oder über einsame, in blauender Dämmerung liegende Küsten wirft. Etwas vom zarten, zitternden Silberklang der Geige ist über alle seine Werke gebreitet, mag der Mond als ätherische orangegelbe Scheibe am blaugrauen Himmel stehen und elegisch in einem stillen Flusse sich spiegeln, oder mag er silbern hinter Wolken hervorblinken, die noch in den rötlichen Strahlen der Abendsonne schwimmen. Pointelin ist ein weiterer Maler dieser hellgrauen Abendstunden, in denen die Natur selbst sich in zarte Florschleier hüllt. Binet malt Herbstlandschaften mit grauen Wegen und abgefallenen Blättern, auf denen das bleiche silberne Mondlicht spielt; Meslé stille Dörfchen mit einsamen Häusern, aus deren Fenstern ein paar Lichter schimmern. Lavieille nennt seine Bilder „La nuit" Sie sind so dunkel wie diejenigen, die in der Caravaggiozeit Emile Breton malte, nur nicht mehr auf sauciges Braun, sondern auf durchsichtiges Blau gestimmt. Malt man die Sonne noch, so ist es nicht mehr das Mittagslicht, nur der weiche müde Glanz des erlöschenden Abendrotes. Adrien Demont singt — wie früher Jules Breton und später Dettmann bei uns — wieder das Lied von der goldenen Abendsonne. Nur hebt sich nicht mehr, wie bei Breton, ein dunkelroter Ballon von einer gelben Farbenschicht ab, sondern weich durchrieseln die Strahlen der Abendröte den dämmerig nächtlichen Aether. Henri Thiérot lässt im Schatten des Abends junge Mädchen in stillen Weihern baden und das Licht der erlöschenden Sonne auf den jugendlichen Körpern spielen.

Gleich feine diskrete Lichteffekte werden fortan in den Interieurbildern gesucht. Die Harmonien Whistlers beginnen zu wirken. Nicht mehr das volle, sondern das durchgesiebte Licht, nicht mehr die flüchtigen Erscheinungen, sondern die grosse Ruhe des atmosphärischen Lebens malt man. Keine pikanten Capricen, keine flirrenden Farben giebt es. Auf das Sprühende, Leuchtende des Luminismus folgt eine vornehme koloristische Enthaltsamkeit, das Streben nach einer einfachen stillen Tonschönheit, in der fast ausschliesslich kühle schwarzgraue und silberweisse Werte vorherrschen. Die Fenster der Zimmer stehen nicht mehr offen, sondern sind mit hellen Gardinen verhängt. Durch Musselinvorhänge wird das Licht gedämpft, so dass es alles Grelle verliert, weich, fein und harmonisch wird. Infolge dieser Bestrebungen erfährt auch der Stoffkreis eine Umwandlung. Da man nicht mehr das Flackernde, Bewegte, sondern das Stille, Ruhige liebt, sind nur Gestalten brauchbar, die etwas Weltfernes haben, die still in den Bewe-

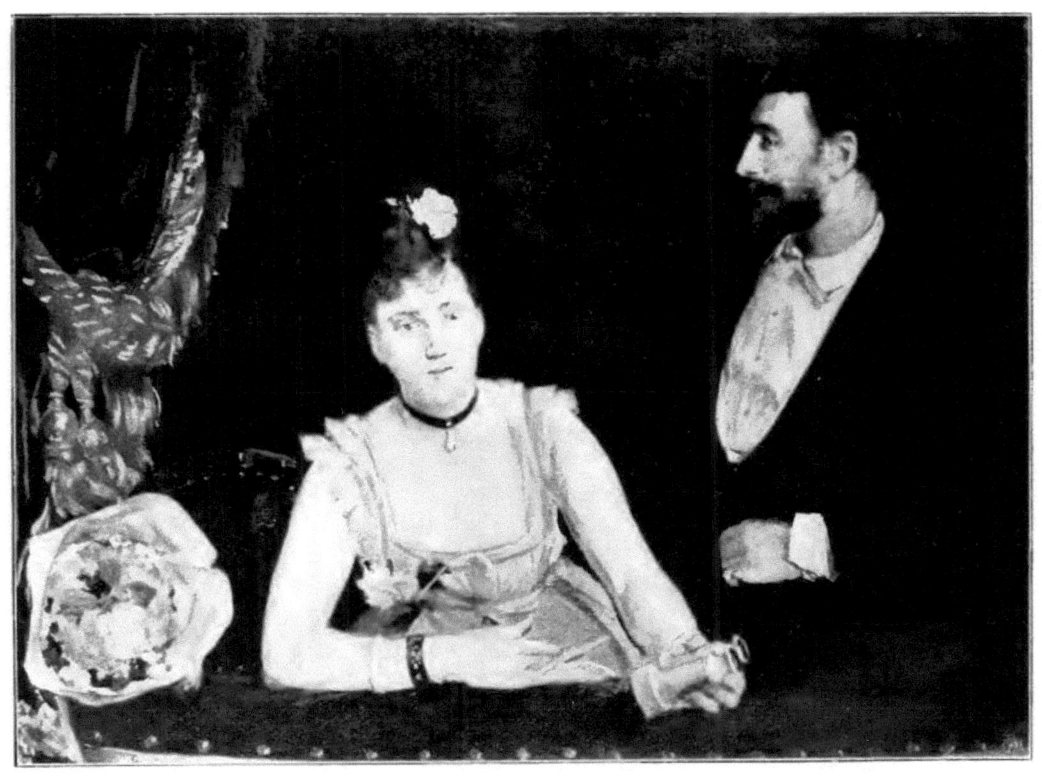

EVA GONZALÈS.
IN DER LOGE.

gungen sind, ruhig in den Linien, einfach in der Farbe. Also treten die Mönche und Nonnen, die Beguinen und barmherzigen Schwestern hervor. Es werden Kircheninterieurs beliebt, da sie von so feinem träumerischen, gleichsam „alten" Licht durchwogt sind. Priester in schwarzen und weissen Kutten schreiten vor einer hellgrauen Kirchenwand in feierlicher Prozession dahin. Firmlinge in Weiss, von einer Nonne in Blau geführt, gehen mit brennenden Kerzen durch eine halbdunkle Kirche. Bauern knien in einer Kapelle, in die durch trübe Glasfenster ein schummeriges Licht fällt, vor einem Altar, auf dem feierliche Wachskerzen brennen. Die anderen Themen aus dem modernen Leben werden gewissermassen auf das Kircheninterieur zugeschnitten. Giebt es keine schwarzen und weissen Kutten, so giebt es doch weder in der Kleidung noch in der Zimmerdekoration etwas Buntes. Ausschliesslich schwarz oder weiss gekleidet, heben sich die Gestalten von einfachen, perlgrauen Wänden ab. Ganz wie bei Velasquez. Nur dass der Eindruck des Luftigen noch mehr erzielt wird und in der Dekomposition sich der Einfluss der Japaner verrät. Alte Frauen in Schwarz, ein weisses Buch auf dem Knie, sitzen in stillem Zimmer. Menschen in Schwarz stehen vor einem weissen Totenbett, auf das ein paar Kerzen feine citrongelbe Strahlen werfen. Selbst in den Bildnissen ist jedes Froufrou der Toilette vermieden. Die Kleidung wirkt einfach und zeitlos. Entweder sind die schwarzen oder weissen Figuren vor eine weisse Thür, vor eine graue Wand gestellt. Oder man lässt, um die Abstufungen des graudämmerigen Lichtes zu markieren, aus dem helleren noch in ein dunkleres Zimmer blicken.

Die Zahl dieser Farbenneurastheniker ist überaus gross. Emile Renard hat Kircheninterieurs gemalt, durch deren grosse halbverhängte Fenster ein fein abgetöntes Licht hereinrieselt. Auf einer Wendeltreppe schreiten Nonnen, die brennende Laterne in der Hand, langsam in die Gruft der Kirche herab. Auf den Bildern Jean Geoffroys blickt man ebenfalls in das schwarzgraue Licht schummeriger Kirchen und sieht wie durch einen hellgrauen Flor arme Leute vor dem Altar beten. Paul Thomas führt in stille Zimmer mit perlgrauen Wänden. Durch den

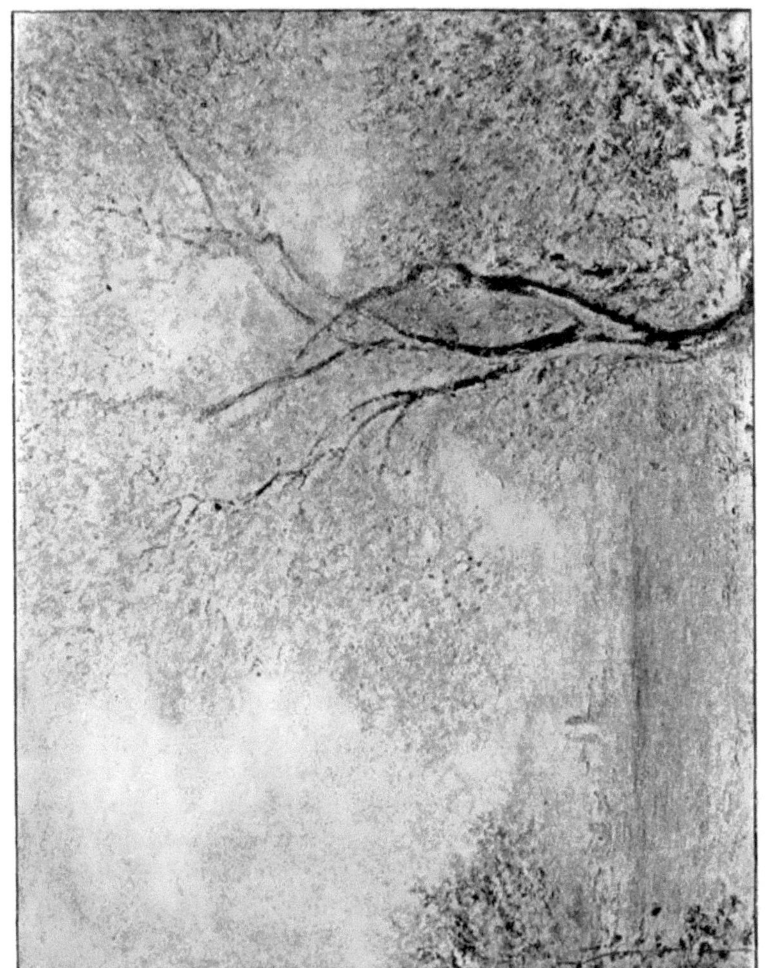

CLAUDE MONET.
ANTIBES.

Musselinvorhang des Fensters fällt ein weiches bleiches Licht auf ernste Gestalten: kleine Mädchen in Weiss, die von schwarzen Nonnen zur Firmung geschmückt werden. Léon Delachaux wirkt wie ein moderner Pieter de Hooch. Er malt wie dieser das feine abgetönte Licht, das durch verhängte Fenster in stille Stuben und auf stille Menschen flutet. Nur ist es nicht golden, sondern silbergrau bleichgrün. Fast ohne Farben sind auch die Bilder Eugène Lomonts gemalt: junge Mädchen, die von träumerischem Licht umwogt, am Spiegel stehen oder bei der Näharbeit sitzen. Ein zartes Citrongelb klingt als einziger Farbenhauch in die schwarzweisse Harmonie herein. René Princet lässt Herren in Schwarz und Mädchen in Grau vor einer weissen Wand Domino spielen. Auf das Schwarz-weiss der Dominosteine ist das ganze Bild angelegt. Auf einem andern tanzen junge Mädchen. Doch nicht im Lichterglanz schwimmt der Saal. Fledermausstimmung ist darüber gebreitet. Wie durch einen Florschleier sieht man weisse Kleider und schwarze Handschuhe. Das kühle Rosa einer Schärpe ist der einzige Farbenfleck. Auf dieselbe diskrete Tonschönheit sind die verschwommenen Mädchenakte Albert Bréautés gestimmt. Und besonders deutlich zeigen die Blumenstücke Henri Dumonts, welche Farbenscheu auf die Farbenfreude gefolgt war. Keine bunten Blumen, keine Rosen oder Hyazinthen giebt es. Es giebt nur weisse Orchideen und schwarze Nelken, die man undeutlich wie durch nächtlichen Schleier sieht.

Hier setzt dann überhaupt die Dunkelmalerei ein. Nachdem man das Licht durch einen hellen Vorhang durchgesiebt, sieht man es jetzt durch einen schwarzen. Man kommt wieder da an, wo in der vorausgegangenen Epoche Théodule Ribot war. Nur mit einem sehr grossen Unterschied. In Ribots Bildern fiel eine ölige Lichtsäule schwer und materiell auf Figuren, deren unbeleuchtete Partien in saucigem Braun verschwammen. Die neue Dunkelmalerei ging aus der Schule des Pleinairismus hervor. Sie kennt nur ein durchsichtiges, luftiges Dunkel, ein Dunkel, in dem es webt, lebt und atmet. Traumhaft, wie aus Nebelschleiern schimmern die Gestalten hindurch, so wie man

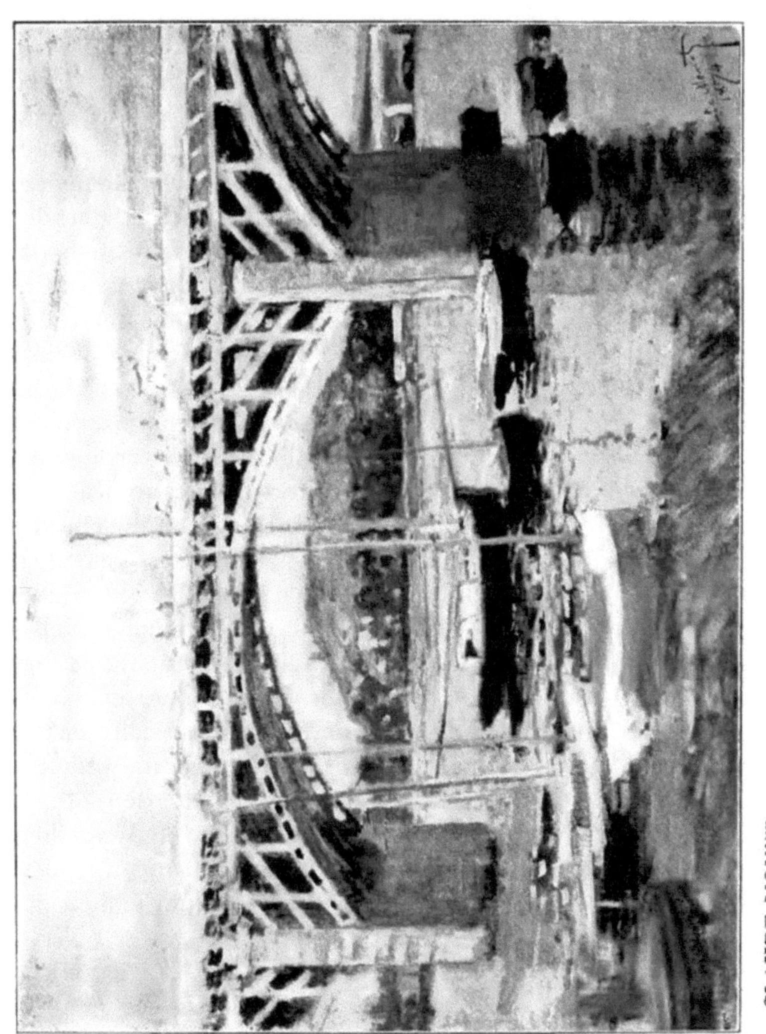

CLAUDE MONET.
DIE BRÜCKE BEI ARGENTEUIL.

sie sieht, wenn man geblendet vom Licht plötzlich in weichgraue Dämmerung schaut.

Eugène Carrière ist der Klassiker dieser Flormalerei. Ich weiss nicht, ob er eine schwarze Brille beim Malen trägt, aber seine Bilder wirken, als sei immer ein schwarzgrauer Vorhang zwischen ihn und das Modell gespannt. Manchmal ist die Dunkelheit motiviert. Er malt ein Theater so, wie man es sieht, wenn das vom Bühnenlicht ermüdete Auge in den Zuschauerraum blickt. Er malt einen Kruzifixus so, wie man das Bild in dem Momente sehen würde, wo man aus dem grellen Licht der Strasse in die heilige Nacht der Kirche tritt. Doch auch da, wo er von jeder Motivierung absieht, wo seine Farbenanschauung Manier zu sein scheint, bleibt er ein sehr grosser, sehr exquisiter Künstler. Seine vaporose, verschwommene Kunst ist eine Kunst für Aestheten, die alles Laute, selbst laute Farbe nervös macht. In kreidiger Tagesbeleuchtung schmerzt leicht das Auge. Prickelndes Feuerwerk und blendenden Kerzenglanz kann man nicht immer vertragen. Aber weichgraue Dämmerung, die alles Grelle dämpft, alles Bunte, Deutliche in schwarzgraue Massen auflöst, beruhigt die Nerven. Auch der gemeinen Wirklichkeit ist man entrückt. Die Dinge haben alles Materielle, die brutale Erdenschwere verloren. Von aschgrauem Nebel umwogt, scheinen sie Phantome, still, fein und ernst. So hat Carrière junge Mütter gemalt, die ihr Kind umhalsen. Man sieht kaum die Formen, man sieht nur Lippen, die sich geisterhaft aufeinander pressen, und junge Augen, die in weichem Glanze uns anschauen. So hat er Bildnisse gemalt: den kahlen Satyrschädel des Verlaine, die Büste Rodins, den weichen Christuskopf Alphonse Daudets. Und keine beängstigenden Doppelgänger der Natur stehen in greifbarer Körperlichkeit da. Etwas Uebersinnliches, die Ahnung einer unbekannten Welt, aus der die Gestalten herkommen, umfängt uns. Er hat nicht den Körper, sondern den Geist der grossen Männer gemalt, das spiritualisierte, von allen Schlacken des Irdischen gereinigte Bild, das man sich macht von ihnen, wenn man die Augen schliesst und über ihre Schöpfungen nachdenkt.

Im Programme Manets waren diese Tendenzen noch nicht

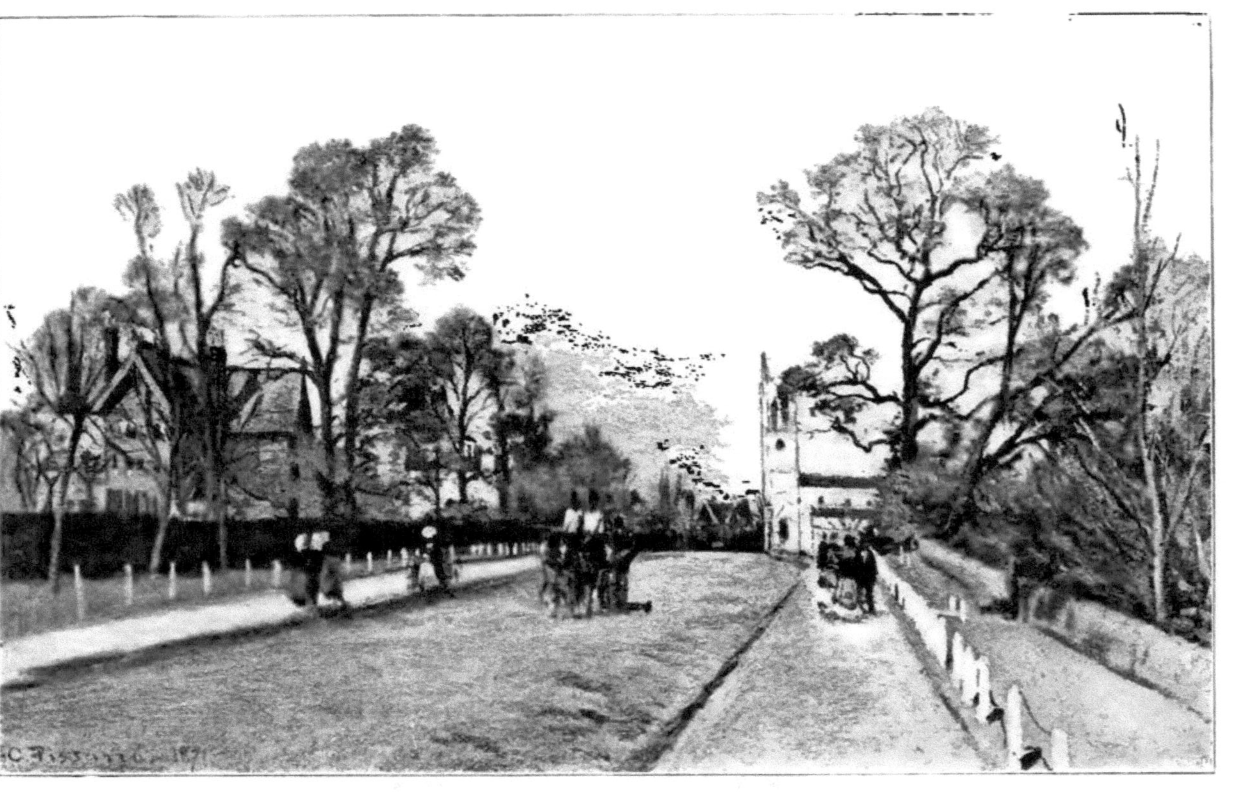

CAMILLE PISSARRO.
EINE STRASSE IN SYDENHAM.

enthalten. Und Cottets Werke sind weitere Paradigmen dafür, wie der Naturalismus immer mehr sein ursprüngliches Aussehen änderte. Alle Phasen der neuen Kunst sind hier noch einmal durchlaufen. Mit farbensprühenden Bildern aus Aegypten und mit leuchtenden Seestücken begann er. Er lässt Schiffe mit brandroten Segeln über Meere gleiten, die in feurigem Abendrot schwimmen. Dann suchte er in der Heimat nach Scenen, die einen ähnlich vollen funkelnden Kolorismus gestatteten. In seinem grossen Bild „Le Jour de la Saint-Jean" zieht eine Prozession daher, der Sonne entgegen. Volles Licht ergiesst sich über karmoisinrote, hellrote oder orangegelbe Standarten, über die weissen Kleider und die weissen Hauben der Mädchen, die scharlachroten Gewänder der Chorknaben, die weissen Baldachine und die goldenen Monstranzen, die goldgestickten Mützen und die harten Gesichter der Bäuerinnen. Es ist ein Triumph der reinen Farbe. Doch die nächsten Werke, die ihn besonders berühmt gemacht, haben nichts mehr von dieser flackernden Buntheit, von diesem hellen Licht. Es sind diejenigen, in denen er Land und Leute der Bretagne — beklemmende, das Herz zuschnürende Dinge — in düsteren Trauertönen schildert. Seeleute sind etwa beim Scheine des Wachtfeuers um die Leiche eines Ertrunkenen geschart, oder Bäuerinnen halten die Nachtwache bei einem toten Kinde. Nur um Nachtstücke handelt es sich; doch so dunkel die Nacht ist, sie ist doch durchsichtig; so grell die Flammen leuchten, ihr Glanz ist nicht ölig. Und neu gegenüber Carrière ist, wie klar und deutlich in seinen späteren Bildern die Linien das kompositionelle Gefüge markieren. Sie ist monumental, die blinde Alte, die in heroischer Bewegung, mit dem Stock sich vorwärtstastend, dahinschreitet. Sie haben Milletsche Grösse, die drei schwarzgekleideten alten Weiber, die mit verweinten Augen neben einander hocken. „Trauer" lautet die Unterschrift. Also nicht um die Figuren handelt es sich. Etwas Typisches, ein abstrakter Begriff soll symbolisiert werden. Und das nächste Werk, das „Abschiedsessen" mutet in seiner Triptychonform wie ein Altarbild an. Wie man ehedem in der Geschichtsmalerei einen Ersatz für die in unserer glaubenslosen Zeit nicht mehr

mögliche religiöse Malerei gefunden zu haben glaubte, den
Kultus des Genius als Ersatz für den Gotteskult empfahl, so
wird hier der Versuch gemacht, die Elemente des modernen
Lebens zum Sakralbild zu gestalten. Das eine Flügelbild des
Werkes zeigt Fischer, die unter unheilschwangerem Himmel
das stürmische Meer durchqueren; das andere Frauen, die
sorgenvoll über die Fluten spähen. Auf dem Mittelbild sind
Fischer beim Abendessen dargestellt. Beim „Abendmahl"
möchte man schreiben. Denn Cottet hat sich eng an die Komposition des Leonardoschen Cenacolo gehalten. Ganz gerade,
vor einem grossen Fenster, steht wie auf dem Mailänder Bilde
der lange Tisch. Dreizehn ist die Zahl der Personen. Die Oellampe, die ihr weiches Licht über die Scene giesst, ähnelt
von weitem der Taube des Heiligen Geistes. Es ist über das
Bild etwas Biblisch-feierliches gebreitet, das Cottet unter Anschluss an das Werk eines alten Klassikers zu erreichen suchte.

Und wie hier eine stilistische Veränderung auffällt, bemerkt
man in anderen Werken eine Verschiebung des Stoffgebietes.
In den ersten Jahren des Naturalismus waren fast ausschliesslich Stoffe aus der Gegenwart behandelt worden. Alles Metaphysische war verdächtig, ein Noli me tangere, das man scheu
umging. Bilder wie die Jeanne d'Arc des Bastien-Lepage sind
seltene Ausnahmen. Jetzt war allmählich der Wirklichkeitsdurst
gestillt. Hatte man anfangs die Fenster weit der Aussenwelt
geöffnet, so zog man jetzt einen hellgrauen Vorhang vor. Aus
dem grellen Licht des Tages flüchtete man in stille dämmerige
Stuben oder in die Nacht der Kirchen. Statt der Figuren des
modernen Lebens traten die mehr zeitlosen Gestalten der
Mönche und Nonnen in den Vordergrund. So war man auf
dem besten Wege, überhaupt wieder zu metaphysischen Stoffen
überzugehen. Da man das Dunkel der Beleuchtung liebte,
liebte man auch das Dunkel der Vergangenheit, kam vom
Stimmungselement der alten Kirchen auch wieder zum Stimmungselement der Legenden. Die Gestalten der Bibel, in die
Formen des modernen Naturalismus gekleidet, hielten ihren
Einzug in die Kunst. „Ich behaupte nicht, dass man nur All-
tägliches malen kann. Aber wenn man Vergangenes malt, soll

man es menschlich darstellen, entsprechend dem, was man um
sich sieht: in der Umgebung seines Landes, mit den Menschen,
die man vor Augen hat, als hätte sich das alte Drama gestern
Abend ereignet" So hatte Bastien-Lepage geschrieben, als er
1879 seine Johanna malte. Und durch diese Projizierung in
die Gegenwart schien die Möglichkeit geschaffen, auch den
biblischen Stoffen neues Leben zu verleihen. In Deutschland
machte Uhde den Anfang, der schon 1884 seinen „Christus
in der Dorfschule" ausstellte. In Frankreich erschien Lhermitte
1892 mit seinem „Ami des humbles", einer Diefenbachfigur,
die unerwartet in die Stube eines Oberförsters tritt. Gleichzeitig
brachte Béraud seine Kreuzigung auf dem Montmartre, das
Eccehomo und die büssende Magdalena, die im Café anglais
unter Assistenz junger pariser Litteraten die Fusswaschscene
aus dem Oberammergauer Passionsspiel aufführt. Blanche und
viele andere folgten, und wenn man in Deutschland ihre Werke
nur als Parodien der Uhde'schen gelten lässt, so ist dieses Urteil
wohl vom Patriotismus gefärbt. Denn der Begriff „Lauterkeit"
gehört zu den Imponderabilien, mit denen die Kunstgeschichte
wenig anfangen kann. Genug, dass dieses biblische Salonstück
in Frankreich sehr kurzlebig war. Hatte man anfangs die Be-
ziehung der biblischen Bilder zum modernen Zeitgemälde dadurch betont, dass man den Figuren moderne Gewänder an-
zog, so entfernen sich die nächsten Werke noch einen Schritt
weiter vom modernen Leben. Die Bibelmalerei ist geblieben,
aber der Zusammenhang mit der Gegenwart ist aufgegeben.
Die modernen Gewänder sind wieder durch die ersetzt, die von
den alten Meistern den biblischen Gestalten geschneidert
wurden.

Dagnan-Bouveret besonders hat auf diesem Gebiete seine
Lorbeeren gepflückt. Er hatte gleich anfangs, als noch der Naturalismus en vogue war, einer gewissen biblischen Richtung
gehuldigt. Seine „Bretonnes au Pardon" sind ein Pleinairbild,
aber so feierlich, als ob man den Klang der Kirchenglocken
höre. Die Figuren haben etwas ernst Stilisiertes in ihren
strengen Linien und ihren herben schwarzweissen Gewändern.
Anderen Werken, wie den „Wäscherinnen der Bretagne" hatte

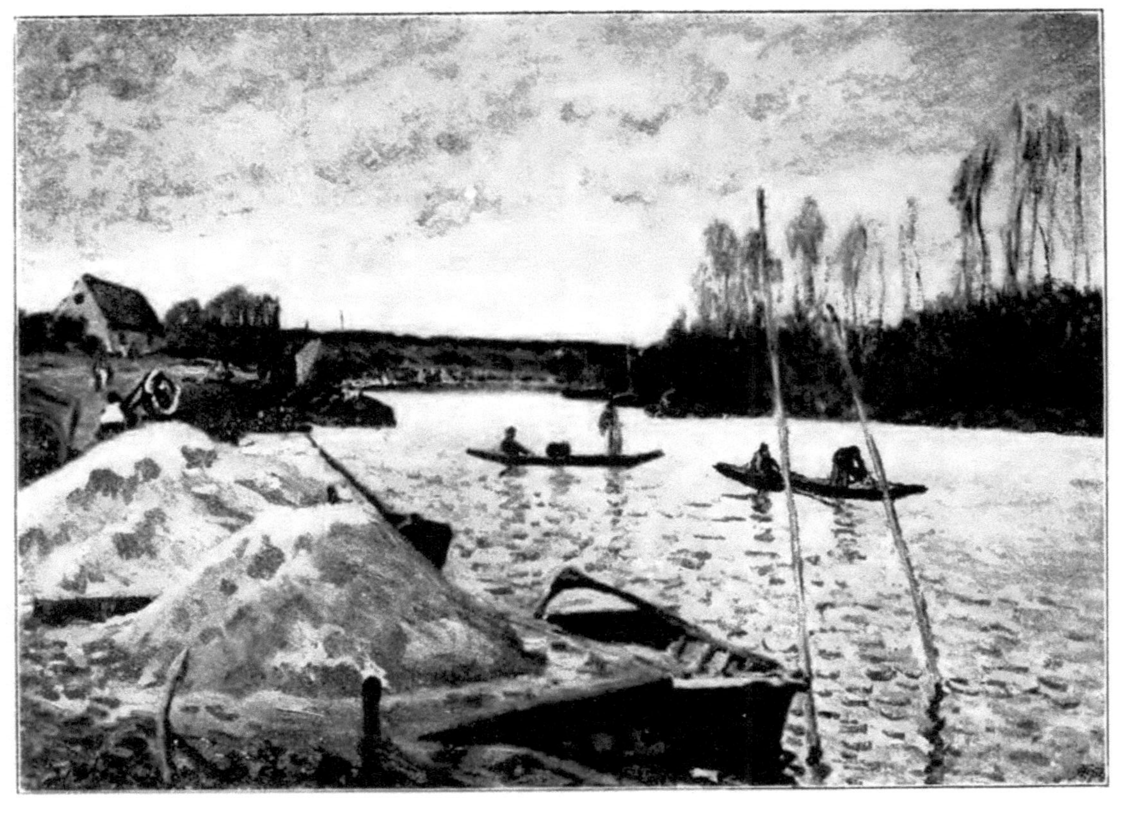

ALFRED SISLEY.
DIE SEINE BEI PORTMARLY

er durch grünlich bleiches Licht einen mystischen Anstrich zu
geben gesucht. Später ging er ganz ins Biblisch-mystische über.
Seine Madonna mit dem Kinde gewann ihm viel Verehrer, weil
das feine Gesicht von so zartem Lichte umspielt war. Und Licht-
visionen sind auch seine übrigen Werke. Das Licht, für die
Impressionisten nur eine physische Kraft, ist für Dagnan ein
Mittel, metaphysische Wirkungen zu erzielen. Es ist sehr
hübsch, wie auf dem Abendmahl ein mystisch-feierlicher
Glanz die Halle durchflutet, die Köpfe der Apostel umspielt und auf der Gestalt des Heilandes sich sammelt, so
dass er wie eine Lichterscheinung wirkt, die sich verdichtet
hat und wieder in Nebel zerfliessen kann. Auch in das
Auge hat Dagnan einen gewinnenden mystischen Reiz gelegt.
Ein anderes Bild, die Madonna als consolatrix afflictorum,
gleicht einem modernen Raffaellino del Garbo. Die niedlichen
musizierenden Engelchen sind modern und scheinen doch aus
dem Bild eines Quattrocentisten zu stammen. Das Licht ist
diesmal nicht gelb, sondern grünlich bleich. Man denkt an den
Titel eines mittelalterlichen Buches „Grüne Träume" Doch
trotz dieser feinen Qualitäten, die Dagnan unleugbar hat, ist
bezeichnend, dass er der Lieblingsmaler des Publikums ist.
Vor den Bildern Manets hörte ich einen norddeutschen Landsmann sagen: Na, mit diesem Geschmier macht man in Frankreich so 'nen Rummel. Vor Dagnans Werken heisst es: O wie süss.
Ja, Dagnan ist süss, er ist zu süss, er ist fast düsseldorfisch
verzuckert. Seine Sentimentalität will gefallen, seine Religio-
sität ist affektiert. Wo man Kraft erwartet, giebt er Goldschnittlyrik. Ein Schielen nach dem Schönen im trivialen Sinn, die
Schönheit der Gartenlaube ist ihm nicht fremd. Man kann
nicht sagen, dass er Kitsch malt, aber seine Bilder stehen
an der Grenze, wo das Kunstwerk aufhört und der Kitsch beginnt. Typisch sind die Werke nur deshalb, weil sie das lang-
same Ermatten des Naturalismus zeigen. Nachdem seine
grossen Aufgaben gelöst sind, dankt er ab, hat schon den Anschluss an jene andere Bewegung gesucht, die sich unterdessen
vollzogen hatte.

Die alten Götter.

Jede Entwicklung bewegt sich in Gegensätzen. Auf die Geschichtsmaler, die ihr Ziel darin sahen, die Vergangenheit aufzuerwecken, waren diejenigen gefolgt, die das zeitgenössische Leben verherrlichten. Kunst bedeutete ihnen eine Apotheose der schönen Gegenwart. Wie das moderne Gesellschaftsstück das Theater beherrschte, wie der Roman, nachdem er historisch gewesen, sich dem Zeitgenössischen zuwandte, pulste in den Ausstellungen das Leben unserer Zeit, das in allen seinen Aeusserungen zum weiten Beobachtungsfeld geworden war. Doch trotz alles Schönen, das sie geschaffen hatte, konnte diese weltfrohe Kunst nicht Ausdruck für das gesamte Wesen der Gegenwart bleiben. Es waren andere Ansprüche da, die auch Befriedigung heischten. Denn sind Sonne und Mond, Elektrizität und Gas wirklich die Gottheiten unserer Zeit? Ist unser Innenleben eine illustrierte Zeitung? Leben wir nur auf dem armen Stück Erde, wohin der Zufall uns stellte, oder tragen wir eine „zweite Heimat" in uns? Die Impressionisten gaben auf diese Frage noch keine Antwort. Die documents humains, die sie gesammelt hatten, waren rein äusserlicher Natur. Sie hielten sich an die Gegenstände, fassten nur sinnlich wahrnehmbare Eindrücke mit raschem scharfem Blicke auf. Das Leben in den Bildern stimmte mit dem Leben ausserhalb der Bilder überein. Und darum erfüllten diese Bilder nicht die Wünsche derer, denen es nicht genug war das, was das Auge sieht, wahr interpretiert zu sehen, sondern die sich nach einer anderen, über die Natur hinausgehenden Schönheit sehnten.

Noch ein anderer Wunsch kam hinzu. Neben der Welt des farbigen Stimmungsreizes giebt es ein Reich der edlen Linie. Allein durch den Rhythmus der Form, durch die Musik der Linien lässt sich das Höchste, das Erhabenste aussprechen. Diese „heilige Schönheit der Linien" hatte man seit einem Menschenalter nicht mehr geniessen dürfen. Denn der Impressionismus leugnete den Umriss. Alles war aufgelöst in flimmerndes Licht. Selbst für die Schönheit der reinen Farbe hatte diese neue, nur mit Lichtproblemen beschäftigte Kunst wenig Sinn. Alle Farben waren vom Licht zersetzt. So ergab sich als Reaktion eine stilisierende Bewegung. Linie und farbige Fläche verlangten wieder ihr Recht. Es erwachte das Heimweh nach dem Reiche der schönen Form und der schönen ruhigen Farbe. Es erwachte das Heimweh nach der Schönheit überhaupt, nach jener selbstsicheren, von grosser Kultur getragenen Schönheit, wie sie in den Werken der alten Meister beschlossen liegt. Schon der Naturalismus suchte in gewissem Sinne diesen neuen Bedürfnissen Rechnung zu tragen. Er verleugnete sich selber, als er von modernen Stoffen wieder zur Behandlung biblischer Scenen schritt. Und er wich ab von seinem ursprünglichen Programm, als er anfing, immer mehr die Linie und die reine Farbe zu betonen. Erst war die Plakatkunst gekommen und hatte den Blick wieder auf die Expressivkraft der Linie und die Schönheit der farbigen Fläche, auf grosse klare Gesamtwirkung gelenkt. Nachdem anfangs dem Lichte Farbe und Zeichnung geopfert worden waren, lehrte die Plakatkunst volle ungebrochene Farben in grossen Flächen symphonisch nebeneinanderstellen und durch mächtige Linien auseinanderhalten. Ebenso trug der Pointillismus, wenn auch indirekt, der Sehnsucht nach der Linie Rechnung, indem er der Licht-, Luft- und Sonnenmalerei dekorative Fernwirkung und plastische Klarheit zu geben suchte. Auch die Dämmerungsmalerei wies, indem sie alles Einzelne unterdrückte, wieder auf den Reiz der breiten Masse und der ruhigen Silhouette hin. An die Stelle des intim Gesehenen trat das gross Gesehene. Nicht mehr die kleinen Capricen des Lichtes beobachtete man, sondern lauschte nur seiner elementaren Sprache. Nicht mehr als eine

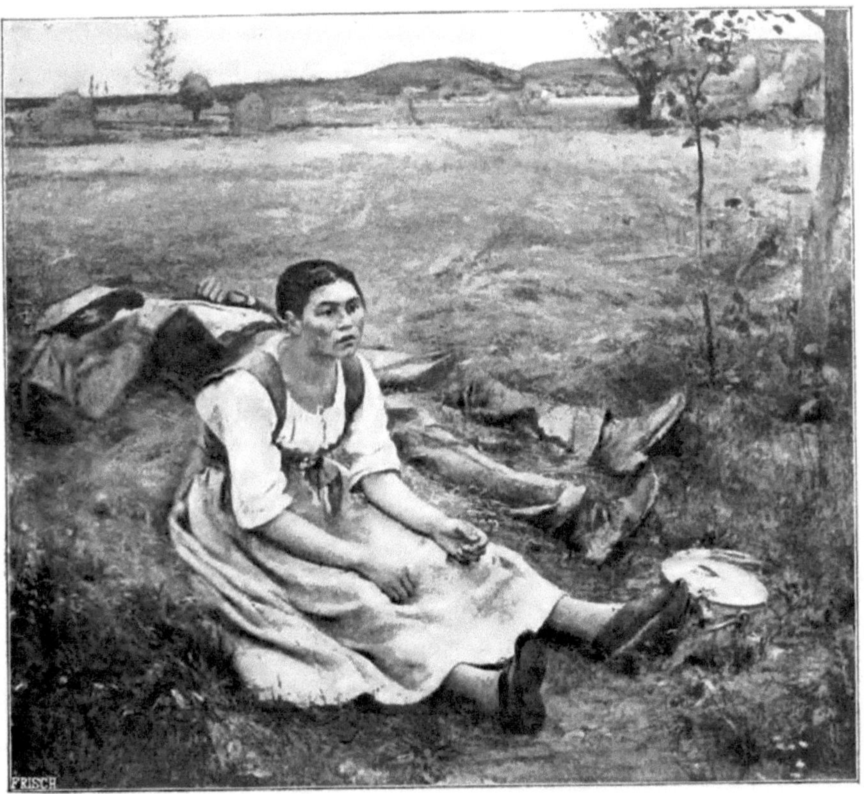

Jules Bastien-Lepage. Die Heuernte.

Zusammensetzung leuchtender Punkte sah man die Figuren, sondern nur noch als ausdrucksvolle Silhouetten. Und schliesslich war man auf diesem Wege zur Form noch weiter gegangen. Lediglich Bauernbilder hatte Millet gemalt. Das, was er anstrebte — aus den Elementen des modernen Lebens Erhabenes zu machen —, hatte, durch die koloristische Bewegung unterbrochen, keine weitere Ausbildung gefunden. Hier liess sich wieder einsetzen, und das scheint der Gedanke Cottets gewesen zu sein, als er seinen letzten Seemannsbildern eine so feierlich sakrale Wirkung gab. Bezeichnend ist sogar, dass die Aktmalerei wieder mehr hervortrat. In den ersten Jahren des Naturalismus hatte man, sehr rationalistisch gestimmt, das Nackte höchstens gemalt, wenn es sachlich motiviert werden konnte. Man stellte Buben dar, die im hellen Sonnenlicht im Flusse baden, weil das Bad für den modernen Menschen der einzige Anlass ist, ohne Kostüm zu erscheinen. Der Luminismus hatte auf diese Motivierung verzichtet. Es wurden wieder weibliche Akte gemalt, weil es reizte, das Spiel des Lichtes auf dem nackten Körper zu beobachten. Und später, nachdem der Menschenleib so lange nur Träger von Lichtstrahlen gewesen war, trat er auch wieder als Form- und Linienproblem in den Vordergrund. Doch alle diese Dinge sind nebensächlich. Nicht von den Jungen ging die Bewegung aus. Was in erster Linie die veränderte Marschroute der Kunst veranlasste, war, dass aus den Tagen der Romantik noch ein paar Meister herüberragten, die, in erdenfernen Schönheitswelten heimisch, zugleich Stilisten der Linie, weit mehr als alle Jüngeren die Pygmalionssehnsucht der modernen Seele stillten.

Der eine, Gustave Moreau, ist, wie bei uns Hans von Marées, erst nach seinem Tode weiteren Kreisen bekannt geworden. Er war reich, hatte nicht für seinen Unterhalt zu sorgen. Er teilte ausserdem mit dem grossen Meister von Vinci die Eigenschaft, dass es eine Qual für ihn war ein Bild fertig zu machen. Sobald das, was seinem Geiste vorschwebte, die erste feste Form erhalten hatte, liess er die Leinwand stehen und nahm eine andere in Angriff. Vermöge dieses leonardesken Zuges war er nicht der Mann für Ausstellungen und Kunsthändler. Wie Turner verkaufte er nichts, arbeitete nur für sich selbst, trat lediglich Leuten, die ihm nahe standen, wie Charles Hayem und Charles Ephrussi, einige seiner Sachen ab. So hatten die Aussenstehenden eine sehr schwache Vorstellung von seiner Kunst. Im Original bekannt war eigentlich nur das Bild des Luxembourg: jenes thracische Mädchen, das in stiller Trauer Haupt und Lyra des Orpheus von den Ufern des Erebos daherbringt. Einiges andere kannte man aus Reproduktionen der Gazette des Beaux-Arts und aus den Beschreibungen Karl Huysmans' Ebenso unzugänglich wie als Künstler war er als Mensch. Er lebte nur seinen Träumen, hatte mit seinem Freunde Henri Rupp sich vollständig abgeschlossen von der

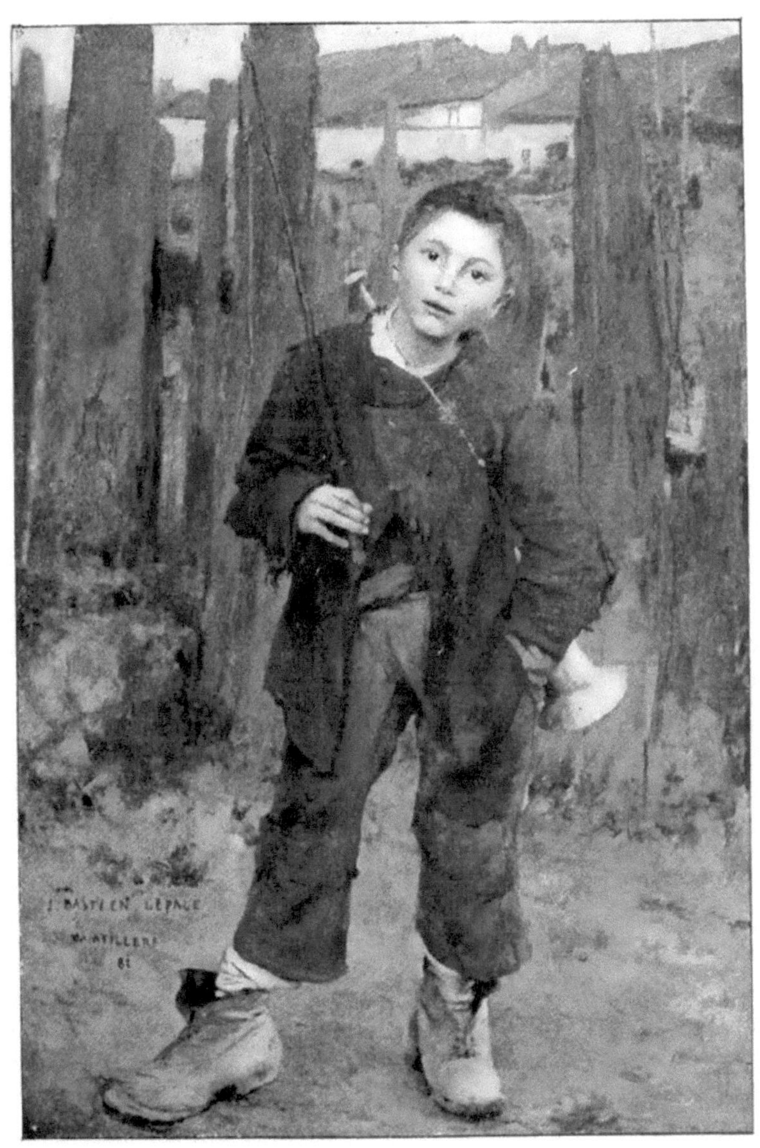

JULES BASTIEN-LEPAGE.
„PAS MÊCHE."

Welt. Obwohl er 1888 noch an der Ecole des Beaux-Arts der Nachfolger Elie Delaunays wurde, hatten in sein Haus kaum seine Schüler Zutritt. Man munkelte von einer geheimnisvollen Werkstatt, in der es aussehen sollte wie in einem Juwelenladen, von einem Berge Sesam, der sich nur auf Zauberwort öffne und wo inmitten glitzernder Dinge ein alter Sonderling hause. Erst nach dem Tode des Meisters trat seine Kunst in helleres Licht. Charles Hayem schenkte die Aquarellsammlung, die er erworben hatte, dem Luxembourg. Moreau selber hatte sein Haus, seine Bilder und seine Studien — im ganzen 797 Gemälde, 23 Kartons, 349 Aquarelle und 7000 Zeichnungen — dem Staate vermacht, und seitdem ist dieses Moreau-Museum — von Henri Rupp geordnet und verwaltet — einer der stärksten Kunsteindrücke, die Paris bietet.

Ich vergesse den Tag nicht, als ich es zum erstenmal betrat. Schon die Lage — rue La Rochefoucauld 14 — ist für das Wesen des Mannes bezeichnend. Denn diese Strasse ist mitten in Paris, da, wo man vom Boulevard des Italiens an dem griechischen Tempel der Notre Dame de Lorette vorbei zum Montmartre hinaufgeht. Aber sie ist doch so einsam, als ob man plötzlich fern von allem Leben der Gegenwart sei. Keine Läden giebt es, keine Menschen sieht man. Ernste Häuser, wie in den engen Strassen Pisas, erheben sich. Das Haus von George Frederick Watts in London liegt ähnlich abseits von allem Strassengewühl. Auch das stille schwarze Haus Baudelaires auf der Ile Saint-Louis kommt in Erinnerung. Mit dichten weissen Vorhängen sind Thür und Fenster verhüllt, so dass auch das wenige Leben, das rings in der Strasse herrscht, dem Blicke entzogen wird. Man drückt auf eine Klinke und hört einen leisen vibrierenden Ton. Ein alter Diener öffnet, der aussieht wie ein Mensch aus einer andern Zeit. Obwohl die Besuchsstunden des Museums in der neuesten Auflage des Baedeker verzeichnet sind, giebt es gar keine Fremden. Man ist ganz allein. Und schreitet man die Treppe zu der stillen Werkstatt hinauf, so kennt man auch die Kunst des seltsamen Meisters diese Kunst, die so durchtränkt ist von allen Raffinements der Grossstadt und trotzdem die eines einsamen Men-

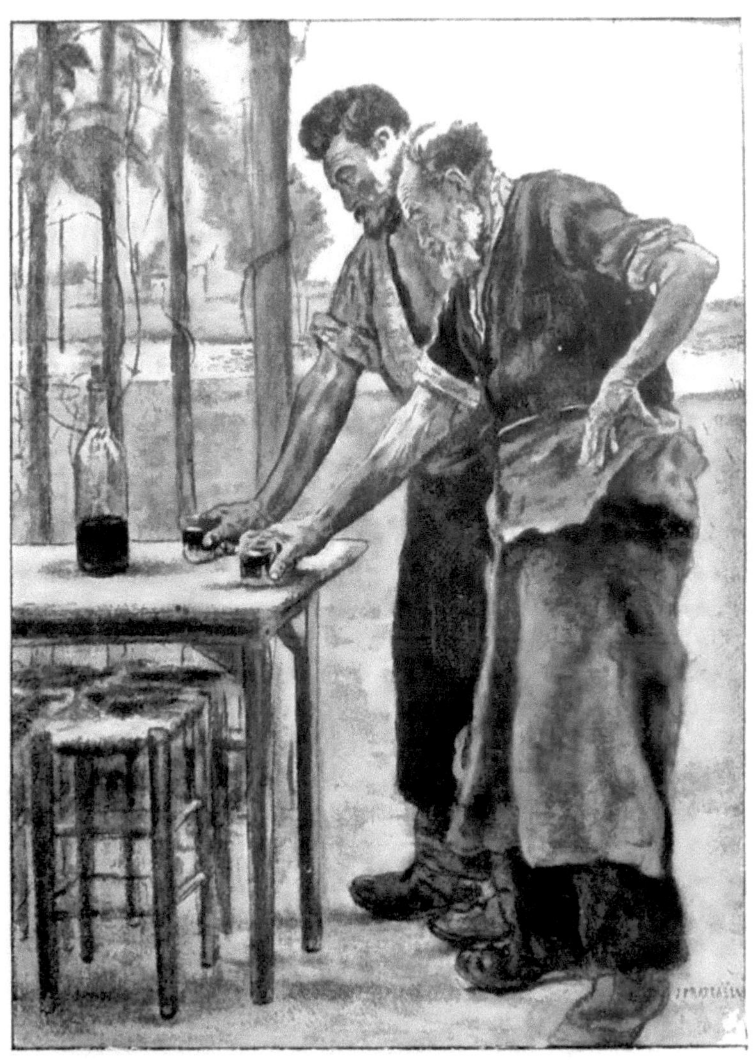

J. F. RAFFAELLI.
LES FORGERONS BUVANT.

schen ist, der vom plebejischen Alltagsleben seiner Zeit nichts
weiss.

Zunächst glaubt man sich in eines der Bergschlösser Ludwigs II. versetzt, in das Haus eines Kranken, der sehr aparten,
sehr perversen Gefühlen frönt. Namentlich einige Porträts
junger Männer sind für Moreau so bezeichnend, wie für Michelangelo der „Raub des Ganymed" Doch dieser Eindruck bleibt
nicht der einzige. Das ungeheure Lebenswerk, das sich ringsum ausbreitet, muss abhalten, Moreau lediglich für einen Wol-
lüstling, für einen Liebhaber der fleurs du mal zu halten. Er
war zugleich ein gewaltiger, nie rastender Arbeiter, ein Geist
von der Art der Brüder Goncourt, bei dem ein raffiniertes
Nervenleben sich mit klar schaffendem Verstande, die Ima-
gination des Poeten mit unermüdlichem Sammlerfleisse verband. Charakteristisch dafür sind die Notizblätter, die Moreaus
Freund, Monsieur Rupp, mir zeigte. Moreaus Mutter war taub.
Um ihr deutlich zu machen, was ein Bild, das ihm vorschwebte,
bedeuten sollte, schrieb Moreau den Gedanken auf lose Blätter
auf. Und er ist ciseliert, gemeisselt, wie die Verse Victor Hugos.
Auch seinen Schülern gegenüber soll er gern über die Träumer
gespottet haben, die schöne Ideen hätten und nicht zugleich
die klare plastische Form, um sie auszudrücken. Erst der
formgewordene Traum sei das Kunstwerk. Für die Art aber,
wie er diese Formensprache sich aneignete, liefern nicht nur
die Bilder lehrreiche Paradigmen. Noch interessanter sind die
Zeichnungen, da sie direkten Einblick in die Werkstatt seines
Geistes geben.

Ich habe Schriftsteller gekannt, die grosse Kollektaneen
hatten, Zeitungsausschnitte von allem sammelten, was jemals
Wert für sie haben konnte; Schriftsteller, die nur mit dem
Bleistift in der Hand Bücher lasen, die bedeutungsvollen Stellen
herausschrieben und die Zettel systematisch in Kästen ordneten.
Ich habe selbst schon vorgehabt, mit dem Bleistift in der Hand
Grimms Deutsches Wörterbuch durchzulesen, um mir einen
Thesaurus vocabulorum anzueignen für all' die feinen Nüancen,
die der Kunsthistoriker bei der Analyse von Bildern ausdrücken
muss und nicht ausdrücken kann, wenn ihm die Worte nicht

so sicher zur Hand sind wie dem Maler die Farben auf der Palette. Ueber eine solche künstlerische Zettelsammlung verfügte Moreau. Seine Wohnung ist ein Zauberschloss. Bilder hängen an den Wänden. Man glaubt, dahinter ist Mauer, und plötzlich drückt man auf einen Knopf, da thuen riesige Schränke sich auf, gefüllt mit Mappen. In den Sälen stehen Drehschränke, gefüllt mit Zeichnungen. Das war das Arbeitsmaterial Moreaus. Er hat so ziemlich alles kopiert, was die alten Meister Schönes geschaffen haben. Pompejanische Vasen und Wandgemälde, mittelalterliche Miniaturen, Figuren von Gozzoli, Mantegna und Signorelli, von Leonardo, Pontormo, Sodoma, Broncino, Michelangelo und Moretto, selbst von Cranach und Altdorfer kommen vor. Es giebt Landschaften von Memling, den Ferraresen und Dürer. Anderes scheint aus Fayencen, aus alten Zeichnungen, Holzschnitten und Kupferstichen kopiert. Besser — nicht kopiert. Denn das ist der Unterschied. Moreau sammelte keine Reproduktionen, er griff aus einem grossen alten Bild eine einzige Figur, ein einziges Stück Landschaft heraus, das eine verwandte Saite in seiner Seele anschlug. Er übersetzte die Bilder nicht sachlich, wie die Photographie oder der Linienkupferstich es thut, er gab das wieder, was ihm selbst daran lieb war, malte das, was w i r in die alten Meister legen, das, was wir suchen in der Renaissance und so oft nicht finden. Eine grosse Kopie nach dem Bilde des Carpaccio, wie St. Georg den Drachen tötet, ist dafür besonders bezeichnend. Obwohl sie äusserlich dem Originale gleicht, steht sie uns näher als dieses, weil Moreau keine Reproduktion des alten Meisters sondern unsere V o r s t e l l u n g e n von Carpaccio malte. Ebenso ist es mit seinen Skizzen. Irgend eine Figur in einem alten Bild hat ihn gefesselt. Schon dass er gerade sie und keine andere herausgreift, ist eine That seines persönlichen Geschmacks. Indem er sie kopiert, wird sie weiter verändert, bekommt ein ganz neues, nervös gesteigertes Leben. Und dieses Studienmaterial ist für ihn dasselbe wie für den Schriftsteller seine Zettelsammlung. Er benutzt die alten Meister als Konversationslexikon. Sobald eine neue Idee ihm kommt, steht

ihm sofort die klassische Form zu Gebote, in der er sie ausspricht.

Moreaus Bilder setzen sich demnach fast ausschliesslich
aus entlehnten Formen zusammen, und es wäre Stoff für eine
Doktordissertation nachzuweisen, woher er all diese entlegenen
heterogenen Dinge nahm. In allererster Linie kommt die
persische Kunst in Frage. Es ist seltsam, wir haben an allen
Universitäten Lehrstühle für altorientalische Sprachen. Auch
zahlreiche Bücher über persische Kunst liegen vor. Gleichwohl
bleibt alles tot, weil die Herren die Werke nicht mit modernen
Augen betrachteten. Wer die persischen Säle des Louvre durch-
schreitet und vor den Originalen steht, hält überhaupt die ganze
Kunstentwicklung, die sich seitdem vollzogen hat, für Deca-
dence, die Griechen für Anfertiger niedlicher Boudoirarbeiten
und die Meister der Renaissance für kleinlich. Eine so unsäg-
liche Grösse liegt in diesen Werken. Man sieht in einem kleinen
Modell rekonstruiert den Palast des Artaxerxes in Susa, und wie
Spielsachen erscheinen dagegen die Alhambra oder die Kathedrale von Cordova. Denn das Kapitäl einer einzigen Säule
ist fast haushoch. Was bei den Griechen das Akanthusblatt
ist, sind hier mächtige Stiere. Man fühlt, in diesen Sälen
von Susa und Persepolis haben Leute gewohnt, deren Leidenschaften riesengross waren. Hier ist der Schauplatz der Feste
des Heliogabalus, hier der Ort des Menetekel Upharsin. Allein
in den Kacheln und ornamentalen Dingen, in den Greifen —
und Sphinxfiguren, die in starr hieratischen Linien an die Wände
gezeichnet sind, ist — nur tausendmal grösser und tausendmal
schöner — das ganze Dekorationsprinzip der Moderne enthalten. Auch phönicische Büsten sieht man im Louvre, die
über alles hinausgehen, was Spätere Dämonisches schufen. Ich
denke hauptsächlich an ein Frauenporträt mit grausamem grossen
Kinn, toten Lippen, einer Halskette, die aus Vogelkrallen besteht, und Augen, die tiefer, unergründlicher sind als alles,
was in den Werken Leonardos und des Bartholomaeusmeisters,
in denen von Khnopff oder Toorop vorkommt. Moreau ist
der erste, auf den diese Dinge wirkten. Er brachte uns die

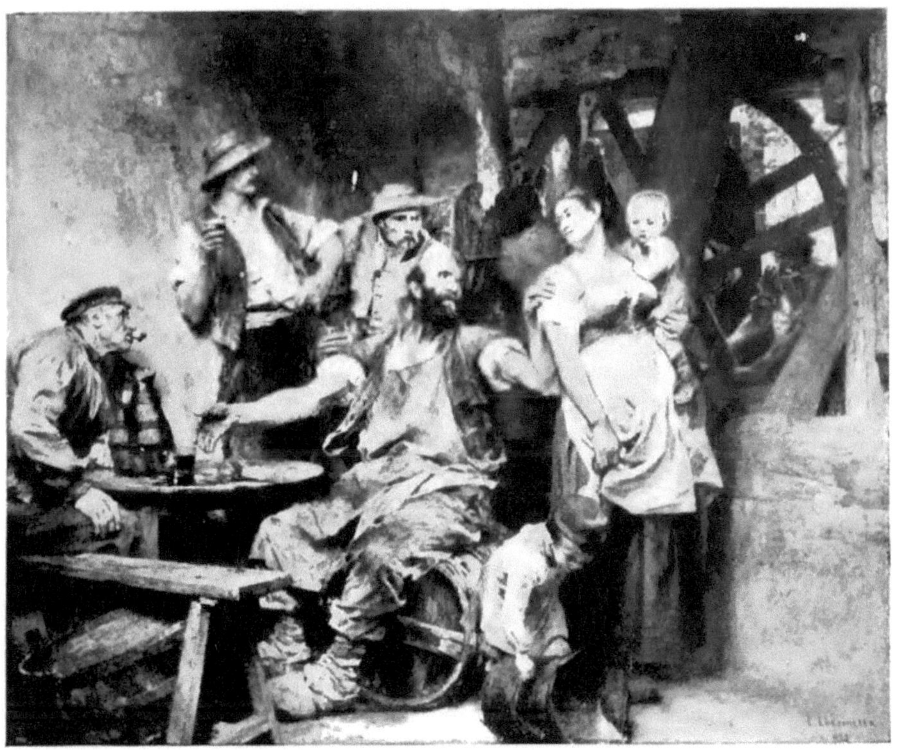

Léon Lhermitte. Le Vin.

persisch-phönicische Kunst nahe, indem er ihre unheimliche
Modernität zeigte.

Weiter erkennt man die Elemente, die aus der ägyptischen
und griechisch-römischen Antike stammen. Mit der Decadence-
schönheit namentlich verband ihn eine wahlverwandte
Stimmung. Er liebte die pompejanischen Mosaiken und die
spätgriechischen Cameen, liebte die Bildhauer der Hadrianischen
Kaiserzeit, die in strenge archaische Formen die Empfindungen
ihrer eigenen raffinierten Epoche legten, aus schwarzem und
weissem Marmor, aus Gold und Juwelen hieratisch feierliche
Idole zusammensetzten. Die Byzantiner nicht minder zogen ihn
an, jene ernsten, von Goldgrund umflossenen, musivischen
Heiligen, die starr und düster, wie steinerne Gesetzestafeln von

den Wänden alter Basiliken niederstarren. Von den Quattrocentisten wurde Carlo Crivelli sein Ideal, der venezianische Verfallzeitler, der am Schlusse des 15. Jahrhunderts die barbarische Feierlichkeit des Byzantinismus herauf beschwor. Ihm entnahm er die goldstrotzende Pracht funkelnder Ornamente, all die glitzernden Edelsteine und kalt leuchtenden Geschmeide. Die Ferraresen gaben ihm die Freude an smaragdgrünen, scharlachroten und goldig flimmernden Gewändern, den Geschmack an kostbaren, kunstvoll aufgebauten Thronen, die auf Krystallsäulen ruhen, mit vergoldeten Broncereliefen, mit Engelstatuetten und schillernden Mosaiken überreich verziert sind. Doch auch Vasenmalereien und orientalische Miniaturen verwendete er. In den architektonischen Hintergründen seiner Bilder überbietet er alles, was an phantastisch prunkvollen Entwürfen im Geist byzantinischer und maurischer Baumeister lebte. Selbst die landschaftlichen Scenerien stammen nicht aus der Wirklichkeit. Leonardos Felsgrotten und Mantegnas Steinbrüche, die blühenden Auen Benozzo Gozzolis und die zittrigen Bäumchen Peruginos, grüne Seen, dunkelblaue Himmel und purpurne Berge vereinen sich zu neuen Formationen — ungeheuerlich, manieriert, unmöglich, wenn man an die Wirklichkeit denkt, und doch der natürliche Wohnplatz der Wesen, die Moreaus Phantasie erträumt.

Auch diese Sehnsuchtsträume Moreaus sind nicht original. Die selbstschöpferische Genialität Böcklins, dem sich Natureindrücke sofort in Gedanken und Bilder umsetzen, ist ihm gänzlich fremd. Bei einigen Skizzen hat man das Gefühl, als ob sie Farbenvisionen seien, als hätte das zufällige Nebeneinander schöner Palettentöne, als hätte ein Schmetterlingsflügel oder das kaleidoskopische Flimmern glitzernder, unter dem Mikroskop betrachteter Minerale dem Maler die erste Idee gegeben. Doch das sind Ausnahmen. Im Grunde seines Wesens war Moreau ein Büchermensch. Seine Bibliothek war ebenso umfangreich wie seine Sammlung von Zeichnungen. Baudelaire natürlich war seine Bibel, und durch das Paradis artificiel wurde er auf die indische Litteratur gelenkt. Flauberts Salambo gehörte weiter zu seinen bevorzugten Büchern. Die antike Mythologie

muss er beherrscht haben wie der gelehrteste Philologe. Diesen
Schriftstellern, nicht dem Leben und nicht der Natur dankt er
die Anregung seiner Werke. Und er verfuhr bei der Lektüre
gerade so wie beim Kopieren der alten Meister. Das heisst, er
las die alten Poeten, wie der Kunsthistoriker seine Quellen-
schriftsteller lesen sollte. Alles Indifferente, rein Erzählende
blieb für ihn tot. Um die sachliche Bearbeitung eines Mythus
war es ihm nie zu thun. Nur die psychologische Seite reizte
ihn. Nur das, was ewig jung ist an den alten Legenden, nur
was direkt zu uns spricht, zog ihn an. Und zu ihm, dem Kranken,
sprach das Kranke, oder besser dasjenige, was wir kleine
Epigonen, weil es so riesengross ist, als krank und pervers
empfinden.

Es ist überaus schwer, den Inhalt seiner Bilder zu kenn-
zeichnen. Alle Civilisationen geben sich Stelldichein. Den
Legenden aller Zeiten und Völker hat er die Stoffe entnommen.
Zunächst könnte man einen Cyklus umgrenzen mit der Ueber-
schrift „Der Dichter" Er, der sich selber als unverstandenen
Seher fühlt, malt Orpheus, der von der Maenade beklagt wird;
Hesiod, den die Musen durch Attikas Ebenen geleiten;
Tyrtaeus, der die hellenischen Krieger zum Kampfe anfeuert;
den persischen Dichter Sadi, wie er in den Gärten von Mosul
und Damaskus daherwandelt. Er zeigt den Seher auf juwelen-
behängtem Rosse von einer knieenden Menge verehrt; zeigt
ihn in meergrüner Grotte zu einer Sirene sprechend; zeigt ihn,
wie er entseelt an dem Halse eines Centauren hängt oder wie
der Tod an ihn herantritt, während er dem Gesang der Nereiden
lauscht. Doch die eigentliche Domäne Moreaus ist der Bilderkreis „Das Weib" Mag er in den geheimnisvollen Dämmer
der Gynaeceen oder in die Paläste des Herodes; in die Zauber-
gärten Bagdads oder in die Kirchen des Mittelalters führen —
das Weib ist immer die mysteriöse Kraft der Verderbtheit und
Versuchung, die Dienerin des Satan, der Geist des Bösen. Gift-
blumen pflückt er, sammelt die perversen Legenden aller Jahrhunderte, feiert die Liebe als blutvergiessende männermordende
Macht. Leda, Europa, Delila, Medea, die Töchter des Thestius,
Galatea, Messalina, Pasiphae, Ariadne, Lucrezia, Dejanira,

Semele, die Sphinx, Andromeda, Eva, Judith, Circe, Susanna, Omphale, Cleopatra, die Sirenen, Sappho lauten die Unterschriften seiner hauptsächlichsten Werke. Oder es reizen ihn die Sagen von Orestes und Oedipus, von Narcissus und Endymion, vom Minotaurus und von Ganymed, von Hercules und der Hydra, von Odysseus und den Sirenen, von Prometheus und den Okeaniden. Geschlechtliche Anomalien, Blutschande, Lustmord, Sodomie bilden gewöhnlich den Hintergrund seiner Werke. Zuweilen sieht er auch vom mythologischen Titel ab und nennt seine Bilder nur: Genie du mal, La fleur mystique, Démon tentateur, Tentation, La Luxure, La fée aux griffons. Selbst in den Legenden des neuen Testamentes entdeckt er solche erotische Züge. Namentlich seine Auffassung der Kreuzigung ist dafür Zeugnis. Sie ist vielleicht wirksamer als all die Tausende von Bildern, die dieses Thema behandelten. Denn Moreau malt weder die Schächer noch den Heiland. Er malt nur eine dunkle Landschaft mit drei Kreuzen, die leer in die Luft starren, davor ein Weib, das nicht klagt, nur wie wahnsinnig, von hysterischem Schmerz verzerrt, vor sich hinbrütet. Jene apokryphe Version, die Jesus nicht als Sohn sondern als „Seelenbräutigam" Marias fasst, hat durch Moreau eine noch perversere Deutung erfahren.

Und zwei Gestalten sind die eigentlichen Herrscherinnen dieses Bilderkreises, kehren in immer neuen Varianten wieder. In Helena ist ihm das dämonische Weib der hellenischen Antike, in Salome das des antiken Orients verkörpert. Helena, in dem bekanntesten Werke, zeigt er, wie sie gleichgültig, gefühllos über Leichen dahinschreitet, ein apathisches Werkzeug in der Hand des Fatums, das ein Weib nur schuf, um Blut und Verderben über die Völker zu bringen. Die Salomebilder wurden besonders durch Huysmans berühmt. „Er wünschte Gemälde, heisst es in A rebours, welche zarte und köstliche Phantasieen alter Zeit und klassischer Verderbtheit darstellten, Gemälde, die sein Nervensystem durch hysterische Sensationen erschüttern sollten. Vor Moreaus Salome sass er oft träumend. Ein Thron, dem Hochaltar einer Kathedrale gleich, steht unter gewaltigen Wölbungen, die aus niedrigen Säulen emporwachsen, glasiert

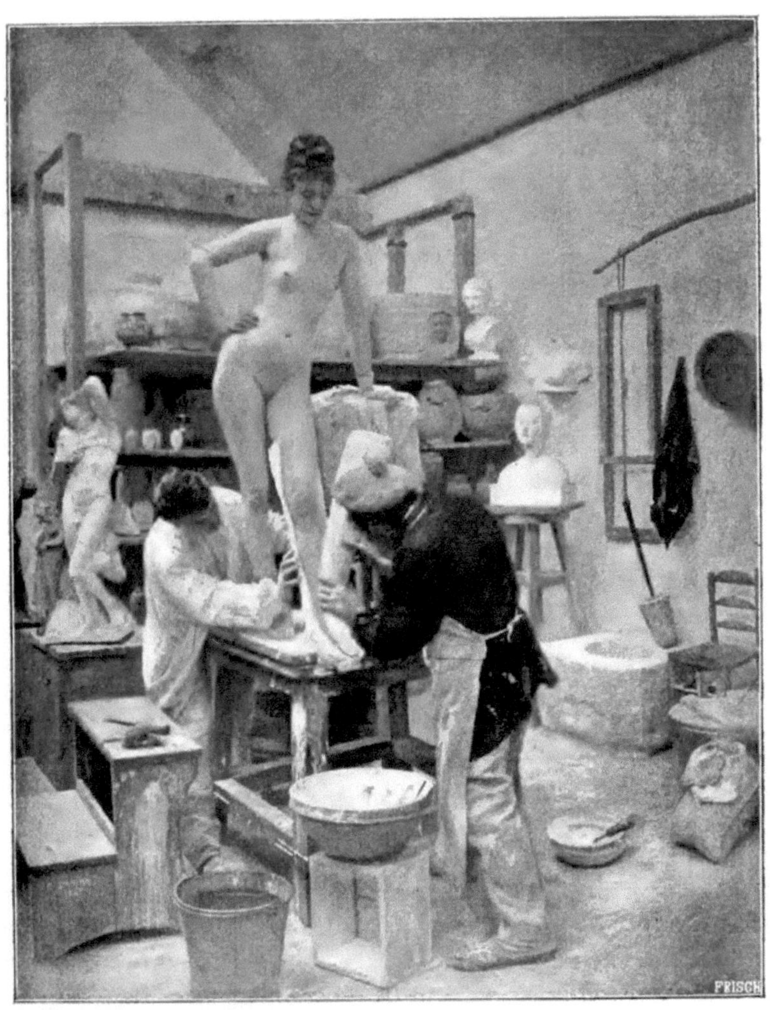

EDOUARD DANTAN.
GIPSABGUSS NACH DER NATUR.

mit bunten Ziegeln, in Mosaik gefasst und mit Lasursteinen und Sardonyxen eingelegt. In der Mitte des Tabernakels, das den Altar überragt, sitzt der Tetrarch Herodes, auf dem Kopfe die Tiara, die Beine emporgezogen und die Hände auf die Kniee gestemmt. Seine Haut ist gelb wie Pergament, alterszerstört und voller Falten. Sein langer weisser Bart wallt wie eine Wolke über das Edelgestein, mit dem sein aus Goldstoff gefertigtes Gewand besäet ist. Um diese unbewegliche Statue, die in der eigentümlichen Stellung des Hindu-Gottes wie erstarrt dasitzt, brennen Spezereien, leichte Rauchwölkchen verbreitend, glitzern Edelsteine von der Decke des Thronhimmels hernieder. Und in dieser heissen, von Wohlgerüchen geschwängerten Luft steht Salome, eine Lotosblume in der Hand. Langsam nähert sie sich auf den Fussspitzen, nach den Klängen einer Guitarre, deren Saiten eine auf dem Boden hockende Frau schlägt. Das Gesicht andächtig, feierlich, beginnt sie fast erhaben ihren wollüstigen Tanz, der die schlummernden Sinne des alten Herodes wecken soll. Ihr Busen wogt, und bei der Berührung der im Kreise wirbelnden Halskette richten sich ihre Brüste in die Höhe. Auf der jungen Haut blitzen die Diamanten. Ihre Armbänder, ihre Gürtel, ihre Ringe werfen strahlende Funken über ihr prunkhaftes, mit Perlen besäetes, gold- und silberbesticktes Gewand. Es ist ein zarter Panzer aus feiner Goldarbeit, an den Maschen mit Edelsteinen verziert, deren Feuer sich schlangenartig kreuzt über der matten theerosenfarbigen Haut: glänzende Insekten gleichsam mit strahlenden Flügeldecken, die einen rot marmoriert, die anderen hochgelb punktiert, diese stahlblau gefleckt, jene pfauengrün getigert. Weder Matthäus, noch Marcus noch Lucas verbreiten sich über den berauschenden Zauber, über die moralische Versunkenheit dieser Tänzerin. Sie bleibt verwischt, geheimnisvoll und verloren in dem fernen Nebel der Jahrhunderte, unfassbar den realen alltäglichen Geistern, spröde gegenüber dem Maler des Fleisches, Rubens, der sie in eine flandrische Schlächtersfrau verwandelte; unverständlich allen Schriftstellern, die niemals die aufregende Begeisterung der Tänzerin, die raffinierte Geistesgrösse der Mörderin darstellten. Erst in Moreaus Werk hat diese übermenschliche, seltsame Salome Gestalt gewonnen. Sie ist nicht nur die Tänzerin, die durch wollüstige Windungen ihrer Hüften einem geschwächten Greise den Schrei frivoler Begier entlockt, sich den Willen eines Königs durch die Bewegungen ihres Leibes und das Zittern ihrer Schenkel unterwirft. Sie wird unter Moreaus Händen das Symbol der Wollust, die Göttin der unsterblichen Hysterie. — Das Aquarell „Die Erscheinung" wirkt noch aufregender. Auf diesem Gemälde erhebt sich der Palast des Herodes auf schlanken, regenbogenfarbigen Säulen wie eine Alhambra, aus maurischen Kacheln wie mit silbernem Mörtel und goldenem Cement zusammengefügt. Arabesken gehen von Lasursteinen aus und schlängeln sich um glitzernde Kuppeln. Mit Perlmutter sind die Friese eingelegt. Hier ist der Mord vollzogen. Der Henker steht unbeweglich, die Hände auf den Knauf seines langen blutüberströmten Schwertes gestützt. Doch das abgeschlagene Haupt des Heiligen hat sich von der Schüssel erhoben. Fahl, den bleichen Mund offen, den Hals carmoisinrot, triefend von Blut, schwebt es in der Luft. Ein musivischer Heiligenschein umgiebt den Kopf und wirft seine Lichtstrahlen über die Säulenhalle. Fest, durchbohrend, heftet sich der Blick der gläsernen Augäpfel auf die Tänzerin. Diese stösst mit einer Gebärde des Entsetzens die schreckliche Vision zurück. Sie ist fast nackt. In der Aufregung des Tanzes haben sich die Kleider gelöst, die Goldstoffe sind herabgefallen. Nur noch mit dem Goldschmuck und den durchsichtigen Juwelen ist sie behangen. Mit weit geöffneten Augen, die Hand krampfhaft auf den Busen gepresst, starrt sie die Erscheinung an, den schrecklichen Kopf, der — für sie allein sichtbar, immer noch strahlt, immer noch blutet, kleine purpurne Perlen an den Spitzen des Bartes und Haares ansetzend. Der Tetrarch aber, etwas vorgebeugt, die Hände auf den Knieen, sitzt keuchend da, wahnsinnig bethört durch die Nacktheit dieses jungen, von wild aufregenden Wohlgerüchen, von Weihrauch und Myrrhen umdufteten Körpers."

Nach dieser Beschreibung des grossen Schriftstellers scheut man sich fast, ein weiteres Wort über Moreau zu sagen. Die ganze Perversität, der ganze Opiumtaumel dieser Kunst ist hier umschrieben. Zugleich deuten Huysmans' Sätze das an, was einen weiteren Grundzug Moreaus bildet: seine eisige dämonische Kälte. Moreaus Werke gleichen Mineralen oder glitzernden Erzeugnissen der Goldschmiedekunst. Er liebt kalte schillernde Steine und funkelnde metallische Pracht. Mitren, Juwelen, alte Schilde, perlenbestickte Gewänder, indische Weihrauchampeln, goldene Monstranzen, krystallene Felsgrotten und marmorne Throne, deren Armlehne die Statue der Diana von Ephesos bildet; dicke, plastisch aufgesetzte byzantinische Heiligenscheine, Baldachine von Gold oder von rotem Marmor, blaue mit seltsamen Widderköpfen gekrönte Porphyrsäulen, römische Adler und exotische, metallisch schillernde Vögel — das sind die Hauptelemente seiner Bilder. Smaragde und Rubinen, Topase und Amethysten flimmern in kaltem Glanz. Malt er Lichterscheinungen, so sind sie von dickem, goldenem Strahlenkranz umgeben. Selbst die Vegetation hat etwas Metallisches. Wie er die Erde visieziert, den Boden blosslegt, um das nackte Gestein zu zeigen, scheinen die Pflanzen und Bäume aus buntem Glas zu bestehen. Selbst die Greifen und Drachen, die Schmetterlinge und roten Vögel, die er so gerne malt, gleichen nicht wirklichen Geschöpfen. Sie scheinen aus glitzerndem Stahl zu sein. Alles Kalte, Steinerne, schillernd Seelenlose zog ihn an. Nicht auf Leinwand oder Holz, sondern in Email oder auf Porzellan sind seine meisten Bilder gemalt. Und diesem Material entspricht die Empfindung.

Moreau hatte in seiner Jugend viel von dem romantischen Griechentum seines Lehrers Chassériau. Man sieht in seinen Bildern dieselben müden Frauenleiber, die gleichen weichen Bewegungen und melancholischen Augen. Auch in manchen seiner späteren Werke wie dem thracischen Mädchen lebt eine sanfte elegische Träumerei. Er fühlte das, was Hermann Bahr in seinem Aufsatz „Unter Statuen" so fein als das Wesen der Antike kennzeichnet, er fühlte ihre „schmerzgeborene Schönheit" Ueber anderen Werken, wie dem Tod des David, liegt eine müde Opiumstimmung, über anderen etwas von der schmerzvollen Sinnlichkeit Siegfrieds und Tristans. Aber im

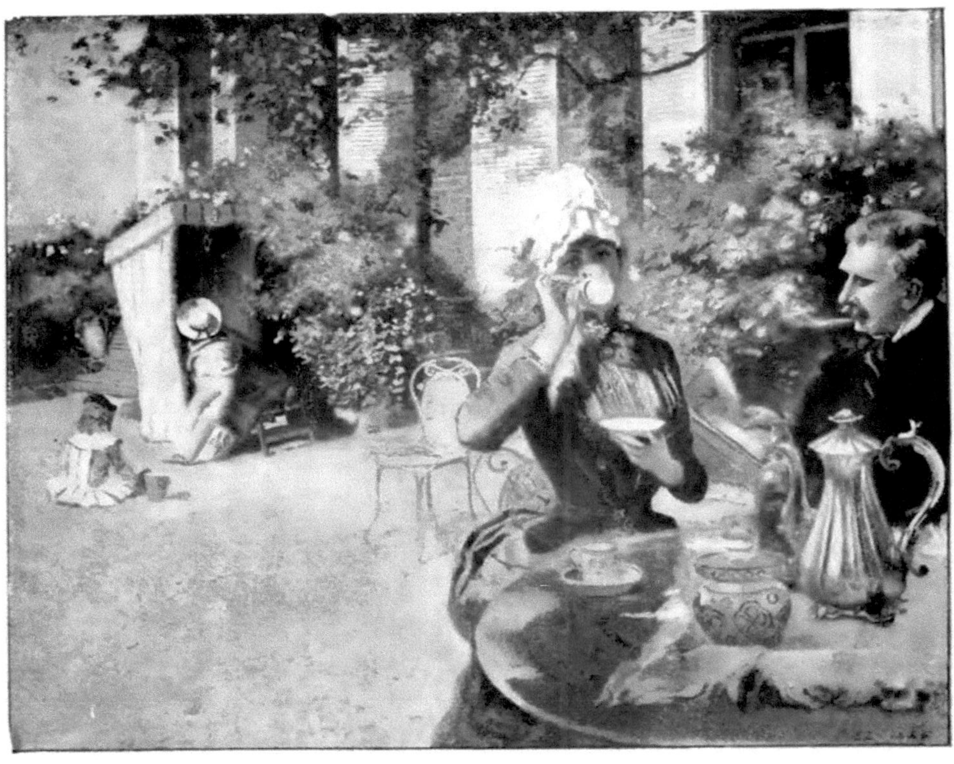

ERNEST DUEZ.
DAS FRÜHSTÜCK AUF DER TERRASSE.

allgemeinen bleibt er doch reiner Formenmensch. Hieratisch starr sind seine Linien, metallisch streng ist die Form. Etwas Grausames hat er, wenn er die tiefsten Gefühle ausdrückt, die zartesten Legenden behandelt, nur weil an der ganzen Sache die schöne Linie ihn reizt. Etwas Grausames hat er, wenn er den Zug der heiligen drei Könige schildert, nur um glitzernde metallische Dinge aufzuhäufen; etwas Grausames, wenn er die Musen und Apollo oder den Argonautenzug malt, nur um persische Stiere, einen Mantegnesken Pegasus oder Ferraresische Felshöhlen anzubringen. Das unterscheidet ihn geistig von allen, die wir heute neben ihm als die grössten verehren. Böcklin reisst durch die ganze Skala der Empfindungen fort. Burne-Jones ist der melancholische englische Aesthet. Moreau wie Monet bleibt als Landsmann Poussins stets kalt, spielt kaltblütig mit allen Empfindungen des Herzens, setzt rein mathematisch seine Bilder zusammen. Einen Mosaicisten möchte man ihn nennen. Er hat für die Darstellung der apartesten Dinge, die er bei den alten Schriftstellern las, die feinsten Steinchen verwendet, die die alten Meister geschliffen hatten. Er hat sie zusammengesetzt fast animalisch, rein aus der Freude am glitzernd-gleissenden Glanz. Und das gerade, dass ihm die schmerzgeborene Schönheit von einst nur ein Flitter war, unsere graue Welt zu vergolden, macht ihn zu einem so einzigen, seltsam modernen Meister.

Puvis de Chavannes ist auf den ersten Blick das gerade Gegenteil Moreaus. Bei Moreau das Allerraffinierteste, hier das Allereinfachste; dort in der Farbe der grösste Prunk, hier die grösste Enthaltsamkeit; dort perverser Hautgout, die satanische Macht der Sünde; hier ein goldenes Zeitalter, in dem es keine Begierde und keinen Sündenfall giebt, sondern der Mensch, in seligem Einssein mit der Natur, ein kindlich harmloses Dasein lebt. Worin sie sich berühren, ist die Liniensprache; bei beiden giebt es keine ausfahrenden Gesten, keine wilden Bewegungen; bei beiden herrscht dieselbe starre hieratische Ruhe. Einem Geschlecht, das nur noch der Musik der Farbe gelauscht, öffneten sie wieder das Auge für den Rhythmus der edlen Linie.

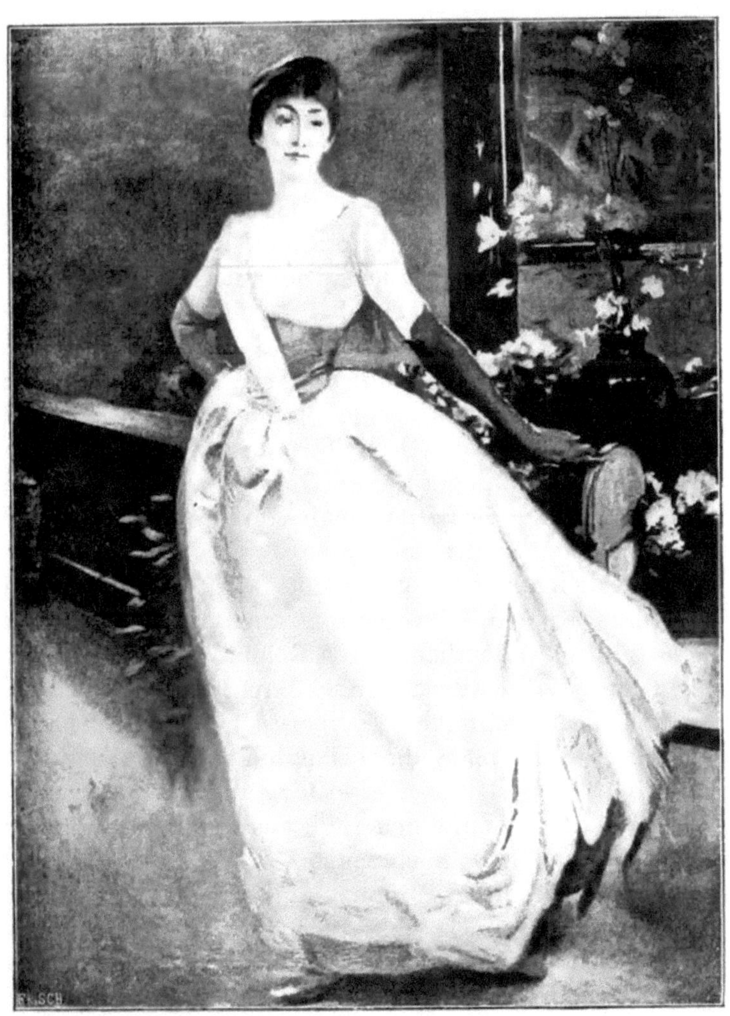

PAUL ALBERT BESNARD.
BILDNIS.

Früher hatte ich versucht, den Stil des Puvis de Chavannes
aus der Reaktion gegen den Romantismus zu erklären. „Je hais
le mouvement qui déplace les lignes, et jamais je ne ris et
jamais je ne pleure." In diesem Vers Baudelaires ist das Programm all der jungen Künstler, die in den 40er Jahren bei
Couture arbeiteten, auch das unseres Feuerbach, enthalten.
Das Temperierte, Aktionslose war der natürliche Rückschlag
gegen die gigantische Leidenschaft, das überschäumende Pathos
der Romantiker. Auf den Lärm folgte die Stille. Und wie
das Aktionslose lag das „Dekolorieren" in der Luft. Corots
feines Silbergrau begann seine Anziehungskraft auf die Vertreter der „grossen Malerei" zu üben. Ueber den Kanal waren
Bilder von George Frederick Watts gekommen, deren zarter
Grisaillenton nicht unbemerkt blieb. So setzte Puvis den warmen
saftigen Tönen Coutures seine kühle Monochromie, den
schnaubenden Helden des Romantismus seine bewegungslos
ernsten Gestalten entgegen. Auf .Delacroix, den fou furieux
folgte der fou tranquille; auf die Meister des prangenden Kolorismus folgte der peintre de carême.

Doch vielleicht ist es gar nicht nötig, eine solche Erklärung heranzuziehen. Man braucht nur das Pantheon zu be-
treten, so fühlt man deutlich, durch welche Erwägungen Puvis
zu seinem Stil geführt wurde. Dieser Bau Soufflots ist bekanntlich im reinsten griechischen Tempelstil gehalten, und in den
70er Jahren begann man, die bis dahin weissen Wände mit
Bildern schmücken, zu lassen. Das Ergebnis war fürchterlich.
So gut die Bilder im einzelnen sind, passen sie weder zu dem
hellenischen Tempelstil, noch entsprechen sie den Prinzipien
dekorativer Wandmalerei. Bonnat malt das Martyrium eines
Heiligen, der nach seinem abgeschlagenen Kopfe greift, ganz
im Stil jener schwarzen Oelbilder, in denen er Caravaggio imi-
tierte. Cabanels Scenen aus dem Leben des heiligen Ludwig
sind Pilotysche Historienbilder, nur statt von Goldrahmen von
Marmorsäulen eingefasst. Lenepveu erzählt die Geschichte der
Jeanne d'Arc sehr hübsch, so wie sie Tiepolo etwa an der Decke
des Würzburger Schlosses gemalt haben würde, setzt aus
flatternden Fahnen und bauschigen Engelerscheinungen, aus

Baldachinen und Genien ein lustiges Rokokopotpourri zusammen. Joseph Blanc benutzt das ihm gegebene Thema — das Gelübde Chlodwigs in der Schlacht bei Tolbiac — um ein Bild im Sinne der Constantinschlacht des Giulio Romano zu malen,

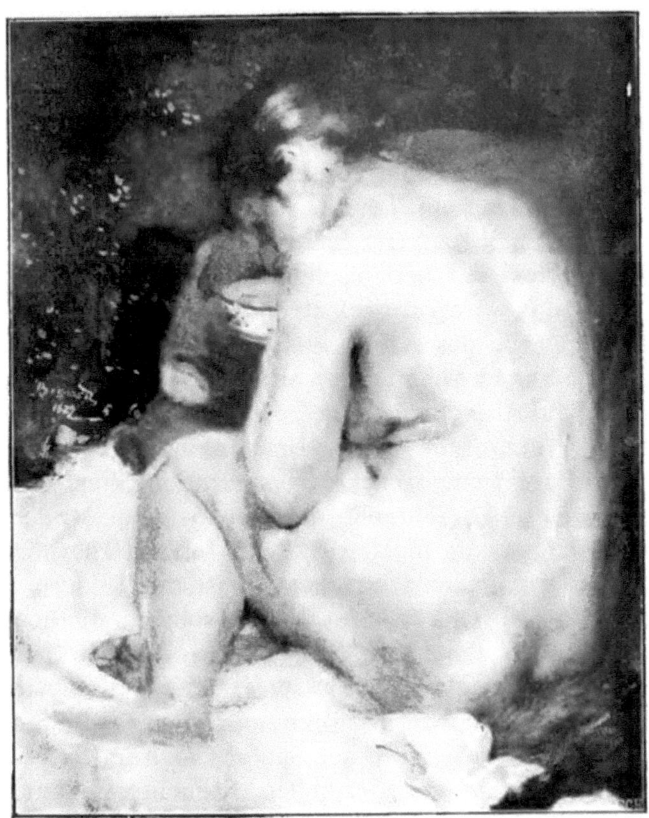

Paul Albert Besnard.   Femme se chauffant.

mit viel Pferden und viel himmlischen Erscheinungen, die direkt aus dem Vatikane stammen. Die Bilder Henry Lévys aus dem Leben Karls d. Gr. glaubt man ebenfalls schon im Vatikan und im Louvre gesehen zu haben. Es ist ein Ragout aus Raffael und Baroccio. Selbst das vaporose Helldunkel Baroccios, in

einer dunkeln weihrauchdurchfluteten Barockkirche am Platz,
ist unter gänzlicher Nichtbeachtung der Beleuchtungsverhältnisse imitiert. Laurens hat den Tod der heiligen Geneviève und
die Wunder, die sie auf ihrem Krankenbette that, sehr kraftvoll im Stil seiner spanischen Historienbilder dargestellt. In
Maillots Scenen aus dem Leben Karls VIII. wimmelt es von
Rattenfängern und Dudelsackbläsern, von Ablassverkäufern,
Narren, Quacksalbern und züchtigen Patriziertöchtern, ganz als
ob er einen Stich des Lucas van Leyden als Vorlage benutzt
hätte. Kurz, das Pantheon war auf dem besten Wege, ein
illustriertes Bilderbuch, ein monumentales Werk über Kostüm-
kunde, ein Kompendium der Kunstgeschichte zu werden.

Man muss sich denken: es ist eine weisse Marmorkirche,
ein lichtdurchflossener hellenischer Tempel. In früheren Jahr-
hunderten — das wäre ganz selbstverständlich gewesen — hätte
der Maler im Stile des Architekten gearbeitet. Denn Raffael,
als er den Vatikan schmückte, arbeitete im Renaissancestil,
Lebrun bei der Ausschmückung von Versailles im Barockstil,
Tiepolo im Würzburger Schloss im Rokokostil. Unser Jahrhundert, das auf seine stilechte Restauration alter Bauten so
stolz ist, hat es fertig gebracht, den Popanz einer Monumental-
kunst zu erzeugen, die in älteren Zeiten etwas Unerhörtes gewesen wäre. Ein hellenischer Tempel ist mit Bildern im Re-
naissance-, Barock- und Rokokostil oder solchen, die überhaupt
keinen Stil haben, dekoriert, Bildern, die in ihrer kleinlichen
illustrativen Haltung weder zu der ernsten Feierlichkeit des
Tempelstils passen, noch in ihren ausladenden Bewegungen
zu der starren Liniensprache der Säulen, noch in ihrer Dunkelheit und öligen Schwere zu der hellen Beleuchtung, dem feinen,
graubleichen Licht, das den Raum durchflutet. Also empfindet
man die Werke nur als unangenehme Unterbrechung der hellen
Mauerflächen. Sie sind ein trauriges Dokument dafür, wie zer-
splittert im 19. Jahrhundert die Künste waren. Noch weniger
lösen sie die Aufgabe, die Stimmung, die der Bau selber erzeugt, zu steigern und ausklingen zu lassen. Das Gefühl, mit
dem man das Pantheon betritt, ist das der Ehrfurcht, der
Feierlichkeit, des Erschauerns. Man streift den Staub der

Strasse von den Füssen, nimmt den Hut ab. Man ist still.
Denn man glaubt die Fittiche des Todesengels zu hören, fühlt
sich vom Hauch des Genius umwittert. Die Maler aber, denen
die Wände überwiesen wurden, haben die Taktlosigkeit, zu
schreien und zu lärmen. Ueber den Särgen der grossen Toten
ihres Landes gebärden sie sich, als ob sie in einer Volks-
versammlung wären, wo jeder Redner, um sich Gehör zu
schaffen, den andern an lautem plebejischen Pathos überbieten
muss.

Puvis als erster empfand wieder, dass es taktlos ist, auf
Gräbern zu lärmen. Er ist still. Keine Bewegungen werden
gemacht, keine lauten Worte gewechselt. Er fühlte die Heilig-
keit des Ortes. Und er fühlte auch wieder — als erster nach
einer langen Zeit monumentaler Stillosigkeit —, dass der Maler
bei der Dekoration eines Gebäudes nicht in irgend einem willkürlich gewählten Stil arbeiten dürfe, sondern nur der Hand-
langer des Architekten zu sein hätte. Die Bilder folgen genau
der Formen- und Liniensprache des Gebäudes. Da ziehen weiss-
gekleidete Mädchen mit Kerzen daher, und sie sehen aus wie
Säulen. Selbst die Gewandfalten, konkav und lotrecht, gleichen
den Kannelierungen eines Säulenschaftes. Oder es ragen ganz
geradlinig Kastelle auf. Es erheben sich ganz geradlinig die
Segel von Schiffen. Und nicht nur diese massgebenden Linien
der Komposition folgen eng den Linien des Gebäudes. Zu
diesen Säulen und zu diesen geradlinigen Menschen konnten
auch keine runden Laubbäume passen. Darum giebt es bei
Puvis nur Baumstämme, die senkrecht wie Säulen aus der
Landschaft aufragen. Die Armbewegungen seiner Figuren
stimmen genau zu der Bewegung der Bogen und Gesimse,
die sich über die Säulen spannen. Ja, das kleinste Stück Beiwerk ist so gewählt, dass es den Eindruck des Lotrechten und
Monumentalen steigert. Nichts Rundes, keine bizarren Formen
giebt es. Man sieht steifhalsige Schwäne, sieht nur ruhige,
steil aufsteigende Krüge und Vasen, in denen steil aufsteigende
Pflanzen, etwa Linienstengel, stehen — ähnliche Dinge, wie sie
in Burne-Jones' Bildern vorkommen, der als Dekorateur
gotischer Kirchen, als Maler schmaler, steil aufsteigender

Glasfenster zum gleichen Kompositionsprinzip geführt wurde. Und wie die Linien genau den Linien des Gebäudes folgen, schmiegen sich die Farben den Beleuchtungsverhältnissen des Pantheon an. Gleich dem ganzen Innern des Tempels scheinen die Bilder selbst von feinem grauen Licht durchzittert. Alle kleinlichen Beleuchtungseffekte, alle Capricen der Sonnenstrahlen sind vermieden. Kaum dass einmal der Mond sein stilles Licht über die ruhigen Fluten eines Flusses wirft.

Die Wirkung, die Puvis durch diesen Anschluss an die Architektur erreicht, ist erstaunlich. Es lässt sich nicht schildern, mit welcher Freude das Auge von den Säulen zu diesen ernsten Gestalten gleitet, die selbst ganz geradlinig wie Säulen dastehen. Es lässt sich nicht schildern, wie feierlich diese zeitlosen Gewänder, diese ruhigen Bewegungen, diese bleichgrauen Farben wirken. Man glaubt sich in ein homerisches Zeitalter versetzt oder in die Tempel von Paestum, glaubt sich fern von der Welt, vom rauschenden Leben der Grossstadt, meint die Luft zu atmen, die in den Tagen des Phidias über der Erde wehte. Und namentlich — es kommt zum Bewusstsein, dass hier ein neues Prinzip formuliert ist. Eigentlich war es die Geschichte vom Ei des Columbus. Aber gerade solche selbstverständlichen Dinge führt nur das Genie zum Siege. Vorher waren Architektur und Malerei ihre eigenen Wege gegangen. Das 19. Jahrhundert hatte lauter Einzelkünste hervorgebracht, die, getrennt voneinander, mehr oder weniger blühten. Puvis that nichts anderes, als dass er seinen Stil dem gegebenen Stil des Bauwerkes anpasste, zeichnerisch, indem er seine Bilder lotrecht aufbaute, koloristisch, indem er sie hell hielt. So wies er als erster wieder auf den Begriff des Gesamtkunstwerkes hin. Indem er den Maler unter den Architekten stellte, schuf er wieder jene Einheitlichkeit der Künste, wie sie in allen g r o s s e n Epochen der Vergangenheit war. Indem er sein Schaffen dekorativen Gesichtspunkten unterordnete, der monumentalen Wirkung die Naturwahrheit opferte, ergriff er im Kern die Aufgabe raumschmückender Kunst, wies wieder hin auf eine Wahrheit, die seit Giotto vergessen war dass es gar nicht im Wesen der Wandmalerei

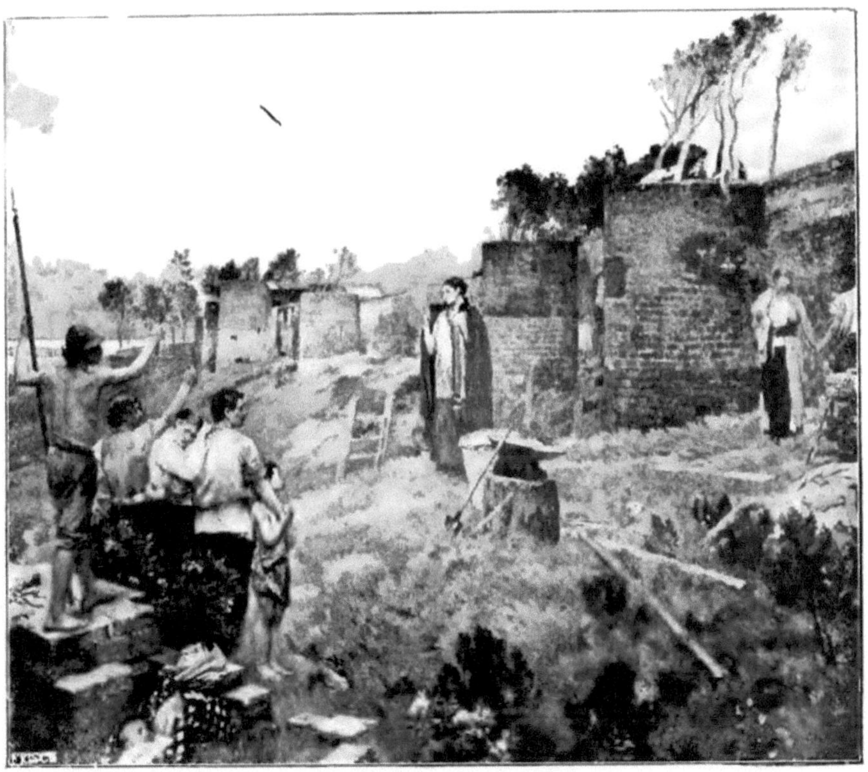

Jean Charles Cazin. Judith.

liegt, naturalistische Wirkungen in Form und Farbe zu er-
streben, sondern dass sie nur dann ihren Zweck erfüllt, wenn sie
in den Grenzen rein schmückender Flächendekoration sich hält.

Was von den Pantheon-Fresken gilt, gilt von allen seinen
Werken. Noch 1861, als er das Treppenhaus des Museums
von Amiens dekorierte, war er sich über seine Ziele nicht klar,
hatte lebhafte Farbenwirkungen im Sinne des Oelbildes, no-
vellistisch-sentimentale Reize im Sinne der Historienmaler erstrebt. Aber nachdem ihm der Tempelstil des Pantheon seinen
eigenen Tempelstil geschenkt hatte, ging er ruhig und zielbewusst seinen Weg. In Marseille, Poitiers und Lyon, im Pariser Rathaus und der neuen Sorbonne künden umfangreiche
Dekorationen seinen Ruhm. Und stets ist er der „fou tranquille",

stets der „peintre de carême“ Keine Gesten giebt es, keinen
lärmenden Prunk, keine prosaische Didaktik. Ruhige Haine
und ernste Auen, stille frohe Menschen darin, die nichts thun
und nichts denken, nur Gesten der Landschaft sind: schlanke
Epheben, die kerzengerade an einem schlanken Baumstamm
lehnen, junge Mädchen, die so rund die Arme über dem Kopf
ausbreiten, wie ein Bogen über eine Säule sich spannt — das
sind die einfachen Elemente seiner Kunst. Nicht die Antike
ist es und nicht das Christentum. Es ist ein arkadisches sa-
turnisches Zeitalter, das keinen Glockenschlag kennt. Puvis
denkt nicht daran, sich auf dem Wege der Philologie in ein
vergangenes Zeitalter zu versetzen, durch bestimmte Kostüme
sich binden zu lassen. Prähistorische Elemente mischen sich mit
modernen. Besonders kehren oft jene faltigen, ruhig fallenden
Mäntel wieder, in die schon Millet seine Bäuerinnen hüllte.
Das erhöht noch die Märchenstimmung der Werke. Alles wirkt
zeitlos, wie ein Tag ohne Anfang und Ende. Das Typische der
Gestalten, ihre stille Ruhe, die Vermeidung jäher Wendungen
und starker Kontraste — es dient dazu in eine ferne Welt zu
entrücken, wo es keine Leidenschaften, keine Not, keine Arbeit
giebt. Auch das Blasse seiner Malerei wirkt zu diesem Eindruck mit. Während die Früheren die Effekte gleissender Oelmalerei auf das Wandbild übertrugen, ist bei Puvis die ganze
Welt von einem matten, grünlich blassen Licht durchflutet,
das den Gestalten alles Körperliche, Materielle nimmt, sie zu
Traumgestalten, zu Schemen macht. Doch im Grunde geht die
feierliche Wirkung seiner Bilder auf die Getragenheit seines
Linienstils zurück.

Es ist schwer auseinanderzusetzen, weshalb wir im Brausen
des Sturmes zürnende, im Flüstern der Lüfte freundlich
grüssende Geister vernehmen, weshalb man in dumpfer grau-
gelber Luft ein unheimliches Brüten fühlt, oder die Begriffe
Sonnenschein und Heiterkeit, weite Ferne und Sehnsucht sich
decken. Noch schwerer lässt sich psychologisch begründen,
weshalb das Gradlinige in uns das Gefühl der Feierlichkeit
erzeugt. Aber Thatsache ist, dass wir diese Empfindung bei
Puvis ebenso sehr wie vor Böcklins Heiligem Haine haben.

Als Kompositionskünstler ist er einer der grössten des Jahrhunderts. Nach einer langen Zeit linienauflösender Malerei hat er als erster wieder gezeigt, welche unendliche Stimmungskraft eine einzige gerade Linie umschliessen kann. Es ist statuarischer oder architektonischer Geist, der in seinen Werken waltet. Der

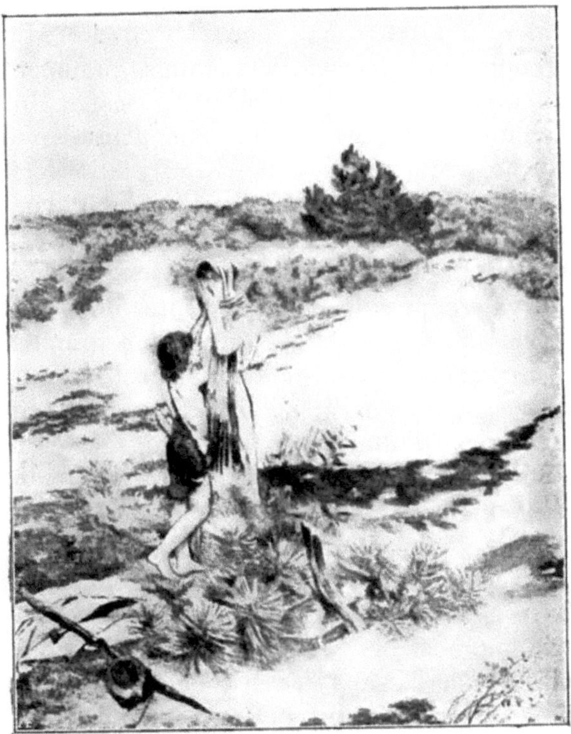

Jean Charles Cazin. Ismaël.

Aufbau, das rhythmische Abwägen der Massen, die plastische Schönheit der Bewegungen ist ihm das erste. Allein durch Concordanz der Linien, durch die Wiederkehr gleicher Takte erreicht er die beabsichtigte Stimmung. Keine Figur ist um ihrer selbst willen da, sie ist nur der Teil einer grossen Harmonie. Keine individuell gebildeten Köpfe giebt es, denn auch hier darf kein kleinliches Detail den grossen Fluss der Linie hindern. Selbst die Landschaft tritt nicht selbständig

auf, sondern ist nur die harmonische Begleitung zur Melodie
der Figuren. Darum hält er sie in den einfachsten Formen.
Ein paar lotrechte Baumstämme, ein ganz gradliniger Fluss,
die horizontalen Linienzüge einer weiten Ebene sind gewöhnlich alles. Aber in der Art, wie diese begleitenden Linien
zu den Hauptlinien der Körper gestimmt sind, wie er die Bewegungen der Landschaft mit den Gesten der Menschen in
Einklang bringt, liegt feinste Berechnung. Bäume und Land
und Wasser und Felsen fügen sich willig seiner Hand, haben
auf ihr Eigenleben verzichtet, um nur dem Rhythmus, der
Linienharmonie, dem monumentalen Konstruktionsgefüge seiner
Bilder zu dienen. Je weniger Figuren diese Bilder enthalten,
desto suggestiver, desto feierlicher sind sie. Besonders jenes
Alterswerk des Pantheon, das die heilige Genoveva darstellt, wie
sie in stiller Sternennacht von der Zinne ihres Klosters auf
das schlafende Paris herabblickt, gehört im grandiosen Ernst
seiner Liniensprache zu den hehrsten Kunstwerken der Erde.
Nicht minder erstaunlich ist, mit welcher Sicherheit er jedes-
mal die Welt erschafft, die zu dem Stimmungsgehalt des Themas
und dem Stil des Gebäudes passt. In der „christlichen Vision“
malt er schlanke Cypressen, und sofort denkt man an spitz
aufsteigende gotische Dome. Ein kleines Detail war aus-
reichend, den Geist des Mittelalters heraufzubeschwören. In
der „antiken Vision“ entsteigt dem blauen Meer ein schimmern-
des Eiland. Sofort ist der Eindruck erweckt, so müsse in Hel-
las' schönheitdurchglänzten Tagen die Erde gewesen sein. In
dem Bilde des Hôtel de ville dehnt sich trüb und grau eine
winterliche Landschaft aus. Das Licht von Laternen flimmert.
Schlanke hochaufgeschossene Gestalten in engen Tricots
schreiten zwischen dünnen, kerzengrad aufsteigenden Bäumen
daher. Wieder denkt man sofort an die nordische Weihnachts-
zeit und an gotische Bauhütten, an jene Tage, als das Paris
von heute noch das „alte Paris“ war, das wir auf der Ausstellung sahen. Nichts Trauliches giebt es in seinen Bildern,
nichts Schmeichelndes. Gleich Giotto sieht er nur Linien. Aber
die Sprache dieser Linien ist so feierlich ernst, dass schon
aus ihr eine sonntäglich vorweltliche Stimmung sich entwickelt.

Der Sieg der Linie.

Die Weiterentwicklung der französischen Malerei war die,
dass der Einfluss Manets mehr und mehr zurücktrat und statt
seiner Moreau und Puvis de Chavannes die Leitsterne wurden.
Puvis de Chavannes hatte eine neue Liniensprache geschaffen.
Er hatte das Zeitliche ins Zeitlose übersetzt, dem Modernen
Ewigkeitswerte zu geben gesucht. Schon in einem seiner
Jugendwerke, einem Dorfbrand, glichen die herbeieilenden
Feuerwehrleute antiken Kriegern. Und eine ganz neue feierliche
Schönheit war in seinem lotrechten Kompositionsprinzip ent-
halten. Nach diesen beiden Seiten wirkte er anregend. Es be-
ginnt fortan in den Bildern die senkrechte Linie zu herrschen.
Der Tracht wird etwas Zeitloses, den Bewegungen ruhige Feier-
lichkeit gegeben. Alle Capricen des Lichtes müssen hinter der
ernsten Liniensprache zurücktreten.

Gustav Moreau hatte wieder auf all die Schönheiten hingewiesen, die in den Werken der alten Meister beschlossen
liegen. Diese waren lange für den modernen Künstler ein
drückendes Joch gewesen. Wie sie ihm einerseits dazu verhalfen,
koloristisch die hohe Schule zu absolvieren, hinderten sie ihn
andererseits, seinem eigenen Auge, seiner eigenen Individualität
zu trauen. Aber es ist ein Unterschied, ob man die alten Meister
kopiert oder als feinsinniger Amateur ihren Blumengarten durchwandert. Moreau hatte die alten Meister, die in der Zeit des
Impressionismus vergessen waren, wieder nahe gebracht, indem er sie mit modernem Auge betrachtete. Sein ganzes
Schaffen war ein Geniessen der Schönheiten alter Kunst. So
fangen jetzt auch die Jüngeren an, das Leben durch das Medium

der Kunst zu sehen. Ein ganz neues Renaissanceempfinden erwacht. Gestalten, selbst des modernen Lebens, werden in den Stil der alten Meister transponiert, besonders in den des Quattrocento, der in seiner schlanken Geradlinigkeit dem von Puvis beherrschten Geschmacke zusagte. Aber nicht nur stilistisch, auch stofflich hatte Moreau ein grosses Gebiet erschlossen. Das Weib als Herrscherin des Weltalls und als Dienerin des Teufels kehrt jetzt in unzähligen Bildern wieder.

Sonst ist es sehr schwer, das Stoffgebiet zu umgrenzen. Man kann wohl sagen, dass Richard Wagner, dessen Einfluss zuerst bei Fantin-Latour sich ankündigte, jetzt immer mehr auf Frankreich zu wirken beginnt. Man verfolgt auch, dass Stimmungen, die wir aus Maeterlinck und d'Annunzio kennen, immer häufiger in den Bildern vorkommen. Doch das ist kein direkter Einfluss. Es geht darauf zurück, dass überhaupt jetzt die moderne Seele versucht, sich in den Bildern zu manifestieren. Die vorausgegangene Epoche hatte nur die Aeusserlichkeiten des modernen Lebens geschildert. Man dachte noch immer mit Courbet, die Phantasie sei Lüge und die sichtbare greifbare Wirklichkeit die einzige Muse. Jetzt sucht die Kunst für die neuen Empfindungen, die unsere Zeit gebracht hat, den sinnlichen Ausdruck zu prägen. Die moderne Seele mit all ihren Sehnsuchtsträumen und all ihren Angstgefühlen erwacht. Aber diese moderne Seele — wer definiert sie? So kraus die Gedanken sind, die unsere Träume durchziehen, so kraus und ungreifbar und schwer zu ordnen sind die Stoffe und die Ausdrucksweisen der Bilder.

War vorher der Künstler Interpret der Natur, so fühlt er sich jetzt als freier Schöpfer. Der Wahrheit von früher, an der man sich sattgesehen hatte, wird mit Absicht eine von der landläufigen Wahrheit abweichende Schönheit gegenübergestellt. Löste der Impressionismus alle Linien auf, so ist die Form jetzt wieder oberstes Ziel der Kunst. Den Capricen der Linie geht man mit derselben Begeisterung wie früher den Capricen des Lichtes nach — dermassen, dass die Umrisse, die früher ganz verschwammen, jetzt oft eine Stilisierung ins Heraldisch-Ornamentale erhalten. War man damals stolz, sich

von den Alten befreit zu haben, so flüchtet man jetzt gern zu
den Primitiven zurück, sucht in die strengen Formen früherer
Epochen die Empfindungen dieses neuen Jahrhunderts zu legen.
Auf die Selfmademans, die eine neue Ausdrucksweise schufen
für neue Dinge, folgen die Aestheten, denen die alte Kunst
das Leben bedeutet und die durch Anschluss an diese alte
Kunst den Stil für die Behandlung des Modernen zu finden
suchen. War die Farbe vorher durch das Licht bestimmt
worden, so ist sie jetzt wieder frei. Bald ist sie voll und
leuchtend, bald bleich oder schummerig abgetönt. Stets aber
ist sie durch zeichnerische Straffheit gezähmt, stets ordnet sie,
so selbstherrlich sie daherzufluthen scheint, dekorativen Zwecken
sich unter. Denn das hauptsächlich wurde durch das Ein-
greifen des Puvis de Chavannes bewirkt, dass jetzt die Einzelkünste zur Gesamtkunst zusammenstreben. Nicht mehr das
„Bild an sich" steht im Vordergrund. Erst der Raum ist das
Kunstwerk, das Bild darin nur dekoratives Element.

In der Freskomalerei, Puvis' eigenstem Gebiete, zeigt sich
natürlich sein Einfluss am deutlichsten. So lange die Historienmalerei herrschte, wurden auch für Wandbilder vorzugsweise
historische Stoffe gewählt und in den Farben der Oelmalerei
vorgetragen. Dann in den Tagen des Naturalismus machten
einige — Roll und Georges Bertrand im Hôtel de ville, Besnard
in der Ecole de Pharmacie — den Versuch, Scenen aus dem zeitgenössischen Leben für dekorative Zwecke zu verwenden. Jener
Vorschlag, den Manet dem Pariser Magistrat gemacht hatte:
er wolle den ganzen „Ventre de Paris", Markthallen, Bahnhöfe,
Corsos und öffentliche Gärten für die Säle des Rathauses
malen, gelangte zur Durchführung. Heute geht man von dem
Gesichtspunkt aus, dass das Auge in Wandbildern nicht noch
einmal dasselbe zu sehen wünscht, was ihm das Leben schon
zeigt, dass es weniger Zweck solcher Werke sei, die Welt zu
spiegeln als uns der Welt entrücken. Feierlich stimmen, mit
dekorativen Harmonien wie ernste Musik den Raum durchtönen,
ist die einzige Aufgabe der Bilder. Jeder erzählende Inhalt
fehlt, da alles, was den Verstand beschäftigt, den Traum zerstört. Menschen, von Bäumen beschattet, nackt oder in zeitlosen Gewändern, ruhen auf grünem Rasen. Jünglinge spiegeln

sich in der Quelle. Göttinnen schweben leise zur Erde hernieder. Alle unruhigen Beleuchtungseffekte, alle lebhafteren Farben sind vermieden. Nur die Formensprache, der rhythmische Wechsel lotrechter und wagerechter Linien soll den Werken ihre sacramentale Stimmung geben. Henri Martins Bild „Litteratur und Musik" im Hôtel de ville und Ferdinand Humberts Werke im Pantheon sind wohl die bezeichnendsten Leistungen.

Und während die Fresken früher in dem Stil gehalten waren, der die Oelmalerei beherrschte, wirkt jetzt der Freskostil auf das Oelbild zurück. Auch dafür liefert Henri Martin die besten Paradigmen. Es wäre zwecklos, litterarisch begründen zu wollen, auf welchem Wege er zu seinem hauptsächlichsten Stoffgebiet, der Welt der Troubadours und der provençalischen Liebeshöfe gelangte. Mag immerhin ein Zusammenhang mit Burne-Jones und Swinburne vorliegen — eigentlich liebt er diese Gestalten nur, weil sie so spiritualisiert sind, so schlank und dünn wie gotische Strebepfeiler. Eng anliegende Tricots oder ganz gerade fallende, bis zu den Füssen reichende Mäntel, hohe Baretts und spitze Hauben, die wie Zuckerhüte auf dem Kopfe sitzen, dazu die Schüchternheit der Bewegungen, das Fehlen aller breiten Gesten, das zimperliche Anliegen der Arme am Körper — das passt zu dem lotrechten Kompositionsprinzip des Puvis de Chavannes und zu den schlanken, kerzengrad aufsteigenden Bäumen, die fast immer den Hintergrund der Scenen bilden. „Apparition de Clémence Isaure aux troubadours" — das heisst in die Kompositionssprache des Künstlers übersetzt: schlank aufsteigende Baumstämme erheben sich, eine zarte Frauengestalt schwebt ganz perpendikulär, ohne die Arme zu bewegen, in der Luft; ein paar Gestalten, fleischlos, mit scharfgeschnittenem Profil, in dem kerzengrad fallenden Dantekostüm, stehen wie Pfeiler darunter und blicken, ohne die Arme zu erheben, empor. Ein anderes Bild nennt er „Sérénité." Linde Frühlingswinde haben sich zu weiblichen Gestalten verdichtet, die in weissen Florgewändern, die Lyra im Arm, durch die Wälder wallen. Hier ist der kompositionelle Gedanke zur Abwechslung der, den Puvis in seinen Lyoner Fresken gebracht

hatte, dass die Gestalten nicht lotrecht stehen, sondern scharfe
rechte Winkel mit den spitz aufsteigenden Baumstämmen
bilden. Das Bild „Dryade" zeigt ein junges Mädchen, das
im Walde stehend mit meergrünen Augen uns anstarrt, das
Bild „Tristesse" ein Mädchen, das in abendlicher Landschaft

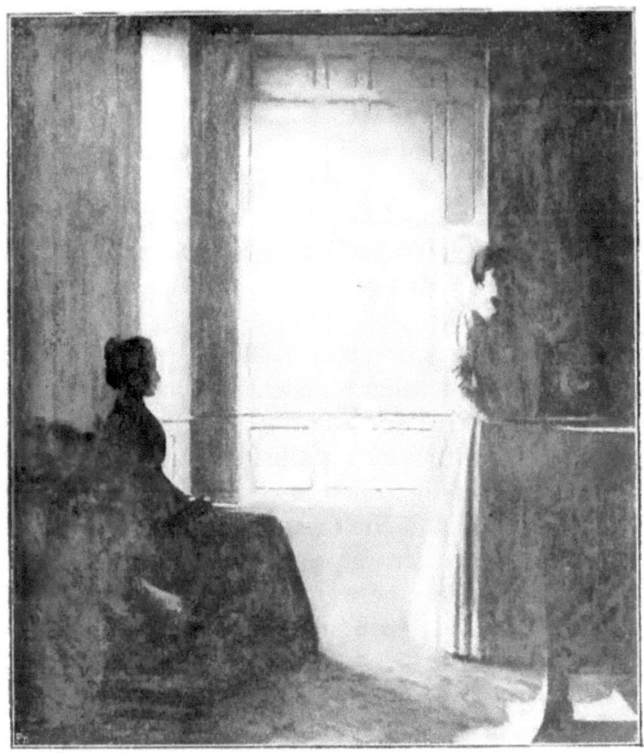

Eugène Lomont. Das Lied.

träumt. Auch hier handelt es sich immer darum, dass in einen
„heiligen Hain", den ein feines aetherisches Licht durchrieselt,
eine ruhige Figur gesetzt ist, in jener starren Frontalstellung,
durch die schon die Byzantiner den Eindruck des Feierlichen
zu erzielen suchten. Der klaren Liniensprache ordnet sich die
malerische Technik unter. Keine zarten verschwommenen Töne

giebt es. Martin strichelt und tüpfelt, setzt ungebrochene leuchtende Farben in Flecken nebeneinander, hat sich, um dem Oelbild Freskowirkung zu geben, eine Art Mosaikstil zurechtgemacht, der viel mit dem gemein hat, dessen Segantini sich bediente, um das Flirren dünner Alpenluft auszudrücken und den Gestalten doch die feste Silhouette zu wahren. Und wie er sich in allen diesen Dingen mit Puvis de Chavannes berührt, führt er in dem Bilde „Vers l'abîme" den Moreauschen Gedanken von der verderbenden Allgewalt des Weibes weiter. Diese junge Frau mit der Harlekinskleidung und den Fledermausflügeln, die so spöttisch lachend dahinschreitet und der alle folgen — Alte und Junge, Könige und Bettler — ein Faschingstotentanz, ein Karnevalsleichenzug — das ist die Tochter der triumphierenden Kokotte Coutures, die Schwester der Helena Gustave Moreaus, die lebendig gewordene „Rote Mühle", die das Leben zermahlt.

Die Monumentalfigur einer Kokotte stand über der Eingangspforte der Ausstellung gleichsam als Inkarnation von Paris. Die ganze Luft war während der Ausstellungszeit mit Sinnlichkeit geladen. Wenig Stilisierung ist nötig, und das moderne Weib verwandelt sich in die männermoderne Sphinx, in Salome, die kindlich lächelnd abgeschlagene Köpfe betrachtet. Rops, der Herrscher dieses Gebietes, war als geborener Belgier in der französischen Abteilung nicht vertreten. Aber Willette war da, der zarte melancholische Willette, dessen Blätter so unschuldig scheinen und doch so grausig sind. Etwas von La glu, dem fürchterlichen Liede vom Mutterherzen, das Yvette Guilbert in so schaurigen Tönen singt, ist über seine Pierrotscenen gebreitet. Und wunderbar in seiner thränenschimmernden Wehmut, fein auch in den zarten silbernen Tönen war das Oelbild „la veuve du Pierrot", das er auf der Ausstellung hatte: das süsse Mädel, das so zärtlich an den armen Pierrot denkt, den sie mordete, und der kleine Pierrot, der noch nicht ahnt, dass er auch wieder nur der Pantin eines süssen lieben Mädels sein wird. Jean Vebers Bilder gehören — zum Teil wenigstens — gleichfalls in diesen Kreis. Er hat das Verschiedenste gemalt, lässt die alten Feengeschichten auf-

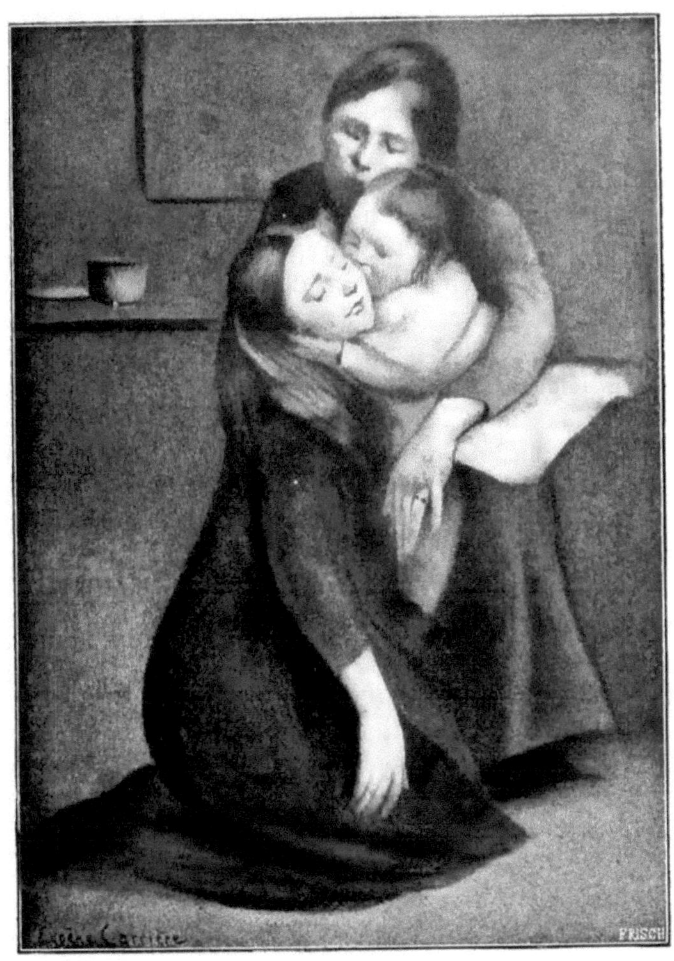

EUGÈNE CARRIÈRE.
„INTIMITÉ“.

leben, hat in seinem Bilde „L'or" — den Krüppeln, die um ein Goldstück kämpfen — ein Werk von der grausigen Phantastik des alten Brueghel geschaffen, der nächst den Quattrocentisten wegen seiner scharf stilisierenden Linien ein Lieblingsmaler der Modernen ist. Aber sein Hauptwerk auf der Ausstellung war der „Homme aux poupées": der Don Juan, den sein Puppenspiel zur rückenmarklosen Puppe gemacht hat, während neben ihm, unverwüstlich und unzerstörbar, ein Bild der Kraft und des Lebens, das Weib liegt. Und während hier dem Stoff, dem Anekdotischen noch die Hauptrolle zufällt, erreicht Maurin in seinen Lithographien durch die Farbe allein die dämonische Wirkung. Ruhig, doch männermordend schaut seine Sphinx ins Weite. Mager und doch zäh, von satanischer Kraft beseelt, ist der Körper. Ganz ruhig scheint die Lage und ist doch zugleich die des Tigers, der im nächsten Moment auf sein Opfer sich stürzt. Die Farbe steigert dann noch die unheimliche Wirkung. Dieses Brandrot, das wie feurige Flammen die Gestalt umloht, wirkt wie die Glut der Hölle, wie das verzehrende Feuer der Sünde.

Ueberhaupt sind die graphischen Künste jetzt von noch grösserer Bedeutung als früher. Boten sie damals Extrakte des modernen Lebens in flüchtig geistvollen Momentaufnahmen dar, so sind sie heute das Prisma, in dem am farbigsten die Ausstrahlungen der modernen Seele sich brechen. Das Krauseste, Dunkelste, alles, was in unserm Empfinden ein halbes Traumleben führt — hier nimmt es Form an. Die geheimsten Wallungen unseres Geistes — von diesem Spiegel werden sie aufgefangen. Auch die Möglichkeit, hier noch mehr als im Oelbild zu stilisieren, noch weit mehr als dort die Linien reden und musizieren zu lassen, lenkte die feinsten Künstler auf dieses Gebiet. Grasset steht unter ihnen in erster Reihe, hat mit wollüstigem Schauer alle Schönheiten der Linie ausgekostet. Erstaunlich ist, wie er Sonnenblumen und perverse Orchideen, Schlinggewächse, weisse Blüten und phantastische Zweige stilisiert. Das Frauenhaar ist ihm eine Quelle immer neuer Inspirationen. Bald wallt es ruhig wie die Wogen eines mächtigen Stromes. Bald bäumt es sich empor oder umringelt,

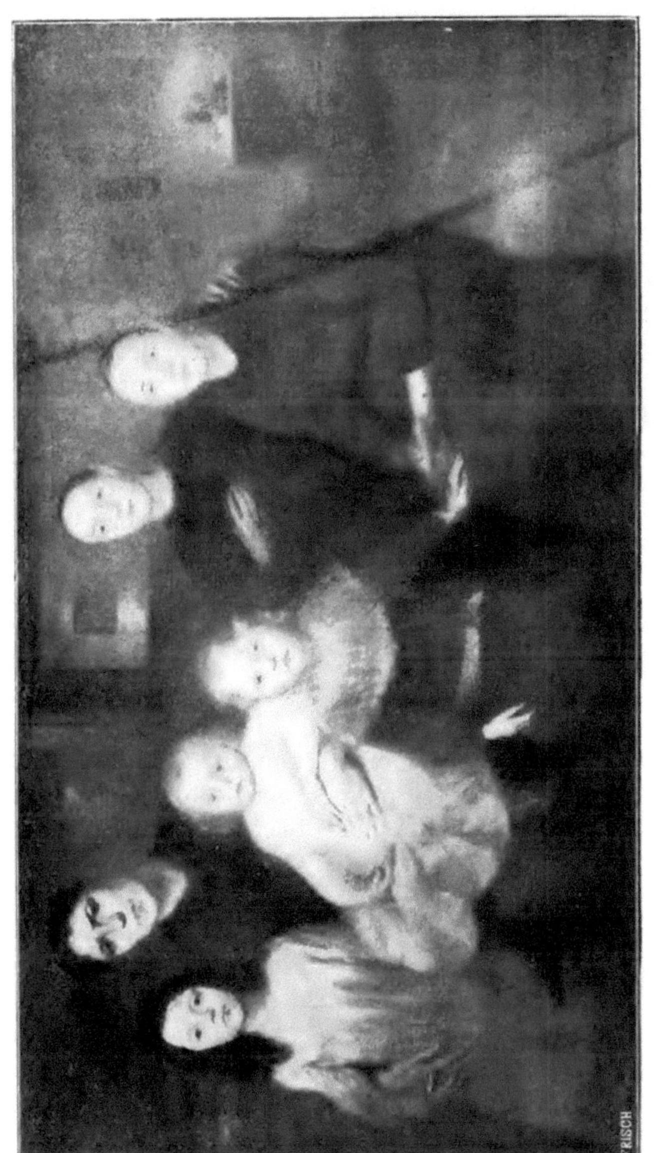

ÉUGÈNE CARRIÈRE.

DIE FAMILIE.

gleich Schlangen und Nattern, das Haupt. Ueberirdische Ruhe, Angst und Grausen weiss er — wie Toorop — durch die ornamentalen Linien das Haares auszudrücken. In andern Fällen nimmt er vom Luminismus seinen Ausgang, zeichnet die Sonne als leuchtenden Ritter, der in strahlender Rüstung über einem mittelalterlichen Städtchen steht. Wie Moreau hat er, um solche Dinge auszudrücken, alle Stile der Vergangenheit zu freier Verwendung sich angeeignet. Satanisch in dem unheimlichen Morphiumblatt, gleicht er einem Primitiven in der Art, wie er den weiblichen Körper studiert. Seraphisch holdselig wie ein mittelalterlicher Glasmaler wirkt er in seinen Plakaten. In den Briefmarken, die er für die Schweiz entwarf, lieferte er den Beweis, dass selbst solche Dinge, die wir in Deutschland nur als Ausgeburten der Geschmacklosigkeit uns vorstellen können, den Stil hoher Kunst vertragen. Und das, was wir hineinlegen in die blonden Engelköpfe des Melozzo da Forli oder in die Lilien Botticellis, hat Grasset wohl am raffiniertesten ausgedrückt.

An Verwandlungsfähigkeit übertrifft ihn noch Boutet de Monvel; ein Abenteurer der Linie, der mit den Stilen aller Zeiten und Zonen wie mit goldenen Bällen spielt. In seinem grossen Bild der Jeanne d'Arc klingt alles zusammen. Man denkt an Lucas von Leyden und an Pisanello, an mittelalterliche Miniaturen und an Crivelli. Denn der Pinsel genügt ihm nicht. Er setzt die Muster der Gewänder plastisch auf, mischt die Malerei mit dem Relief, um neue bizarre Wirkungen zu erzielen. Und wie er hier ganz Linienkünstler ist, in seiner Vorliebe für das Lotrechte sich der Puvisgruppe einordnet, erscheint er als Farbenpoet in dem zarten Bilde, auf dem die Wogen des Meeres sich zu den Gestalten zierlicher Nixlein verdichtet haben. Seine Zeichnungen aber scheinen gar nicht das Werk eines einzelnen zu sein, so verschieden sind die Stile, die sich hier Stelldichein geben. Wird ein Werk über die Kindertrachten vom Beginn des Jahrhunderts verlangt, so tritt er als Biedermaier, als japanischer Biedermaier auf. Den Illustrationen zu einem Buch über die Jungfrau von Orléans giebt er den Charakter mittelalterlicher Miniaturen, versetzt mit pri-

mitiven Farben und primitiven Linien in eine phantastisch aben-
teuerliche Ritterwelt. Seine Blätter für Kinderbilderbücher
scheinen aus dem Zeichenheft des kleinen Moritz zu stammen.

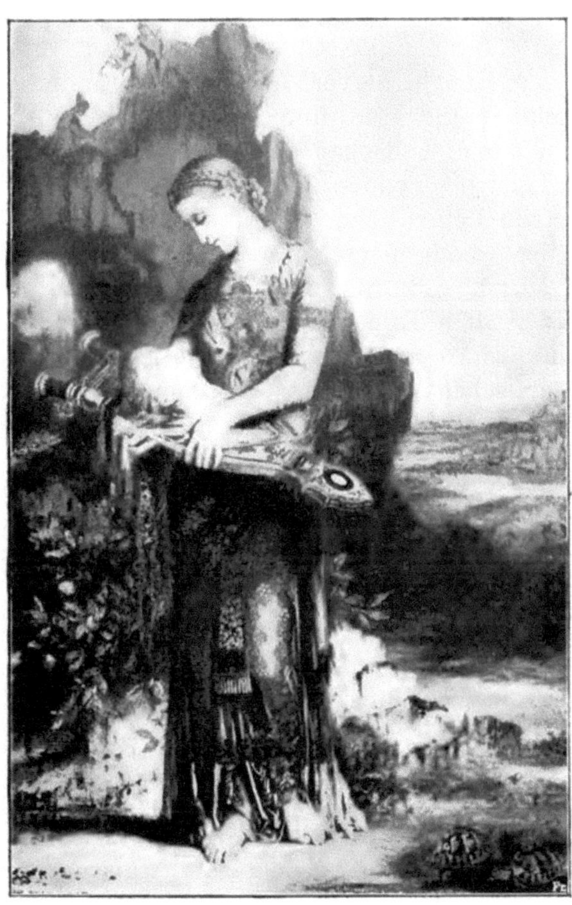

Gustave Moreau.   Der Tod des Orpheus.

Dann arbeitet er wieder in einem seltsamen Spielkartenstil oder
in der Art etruskischer Vasenbilder. Streng assyrisch-ägyptisch
in seiner Salome — jenem unheimlichen Blatt mit den vier
Tigern, die ganz parallel ihre 16 Beine bewegen, — weiss

er in der Nicolauslegende oder in der Geschichte vom Müller und dem Esel ganz wunderbar den Schwindschen Märchenstil zu treffen. Proteusartig taucht er in den verschiedensten Masken auf, bewegt sich im Gewand Ludwig Richters mit derselben Sicherheit wie in dem Outamaros. Viele, die aus ästhetischer Gourmandise auf alte Formen zurückgriffen, brachte unsere Epoche hervor. Doch als Verwandlungskünstler, als lächelnder Jongleur ist Monvel einzig in seiner Art.

Und hält man Umschau unter den übrigen, so zeigt sich immer die gleiche Tendenz. Während vorher das Bild aus dem modernen Leben geherrscht und selbst alte Stoffe in den Formen des modernen Naturalismus behandelt wurden, herrschen jetzt alte Stoffe vor, und das moderne Leben wird im Sinne der alten Kunst stilisiert. Und zwar wird der Stil ausser vom Fresko namentlich vom altdeutschen Holzschnitt und vom gotischen Glasfenster bestimmt. Alles wird aufgesucht, was heraldische, starre und geschwungene Linien ermöglicht. Man liebt Fische und Krebse, Heiligenscheine, die als zackige Strahlenkränze das Haupt umgeben, wogendes Frauenhaar und wallende Pferdemähnen, Hutbänder, die in kapriziösem Linienspiel das Gesicht umrahmen, Blumenstengel, die ganz lotrecht aus der Landschaft aufwachsen, schlanke Kerzen und schmale, gerad aufsteigende gotische Häuser, Felsen, die in scharfen horizontalen Linien sich hinlagern, Aehren und das verschnörkelte Geäst der Bäume. Selbst der menschliche Körper wird nach dem Prinzip des Baumstammes stilisiert, als ob die Arme und Beine Ranken und Aeste wären. Die Gräser auf der Wiese werden dazu benutzt, steil aufsteigende feine Linien zu erzielen. Die Meereswogen setzen — wie die Damencoiffuren — sich ganz aus gewundenen Linien zusammen. Die Umrisse der Gestalten sind so dick wie die Bleiränder der gotischen Glasfenster. Auch die Vorliebe für die Triptychonform geht auf das Streben zurück, die Höhenrichtung und das architektonische Gerüst möglichst scharf zu betonen.

Louis Picard, ein Dagnanschüler, hat provençalische Legenden sehr fein, etwa im Sinne des Burne-Jones, gemalt und

setzt auch in seinen Bildnissen blaue und grüne, schwarze und
gelbe Farben voll und ungebrochen im Sinne der Präraffaeliten
zusammen. Lévy-Dhurmer mutet an wie ein neuer Memling.
Es ist sehr hübsch, wie er das Porträt einer Bäuerin mit ihrem

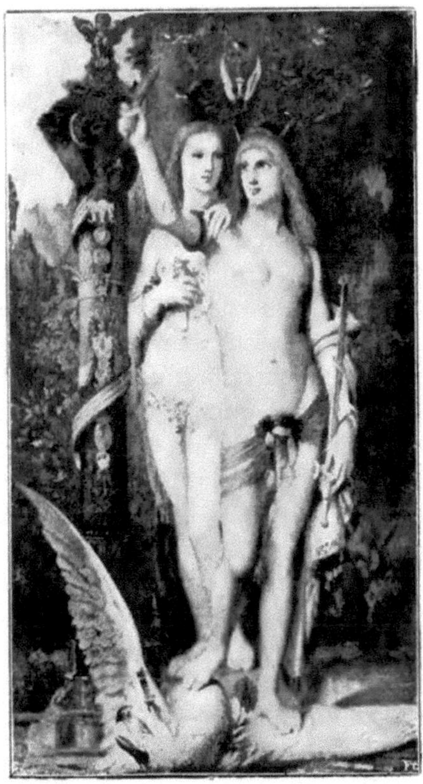

Gustave Moreau. Jason.

Töchterchen durch goldenen, plastisch gehöhten Heiligenschein
zur Madonna stilisiert; sehr geschickt, wie er durch die eckige
Frontalstellung die altmeisterlich fromme Wirkung steigert.
Der jung verstorbene Ary Renan, der durch seinen Grossvater
Ary Scheffer ein wenig mit dem Germanentum zusammenhängt,
malte wie Böcklin die Wesen, die auf dem Grunde des Meeres

hausen, und hat in anderen Bildern, wie der „sterbenden Sappho", den geschwungenen Vivianentypus und die verästelten Weissdornhecken des Burne-Jones fein ins Französische übersetzt. In Marcel Béronneau, einem Moreauschüler, hat d'Annunzio einen Verehrer. Er malt Nixen, die wie die kleine Sirenetta aussehen, und Ateliers mit Quattrocentobüsten, wo die Scene zwischen Silvia und der Gioconda spielen könnte. Die vielen Bilder des Drachentöters Sanct Georg, wie sie unter anderen der Bonnatschüler Georges Bergès und der Detailleschüler Henri Cain gemalt haben, sind zum Teil wohl auf wagnerische Siegfriedstimmung, zum Teil wieder darauf zurückzuführen, dass sich ein stilisiertes Ungeheuer anbringen und als Hintergrund eine Waldlandschaft mit lotrecht aufsteigenden Bäumen verwenden liess. Carlos Schwabe war als Schweizer nicht vertreten. Aber hübsche Bibelbilder im Sinne des Evangile de l'enfant hatte Elisabeth Sonrel ausgestellt; ganz fiesolesk in der Anschauung, botticellesk in all den Kerzen, Lilien und sonstigen gerad aufsteigenden, schlanken Dingen, die sie neben den Figuren anhäuft, um die lotrechte Wirkung zu steigern. Dass das Format der Bilder jetzt gewöhnlich hoch und schmal ist, hängt ebenfalls mit dieser Vorliebe fürs Lotrechte zusammen.

Die Porträtmalerei machte naturgemäss eine ähnliche Wandlung durch. Sie unterscheidet sich von der der vorausgegangenen Epoche dadurch, dass an die Stelle der Lichtexperimente und der Dämmerungsstimmungen jetzt stilisierende Feierlichkeit tritt: Frontalstellung und lotrechte Linie. Das Bild will keine Momentaufnahme mehr sein, sucht keine flüchtigen — seelischen oder körperlichen — Bewegungen zu erhaschen. Es stellt die Leute in festgemauerter, hieratischer Ruhe dar, sucht die bleibenden Linien festzuhalten, das Veränderliche auf Ewigkeitswerte zurückzuführen. In anderen Fällen ist auch starre Profilstellung gewählt, weil hierbei die Linien am schärfsten sind. Wie im einen Fall an mittelalterliche Mosaiken, denkt man im andern an jenen Porträtstil, der von Piero della Francesca bis auf Botticelli die Kunst beherrschte. Denn auch in der Wahl des einfarbig lackblauen oder ornamentierten

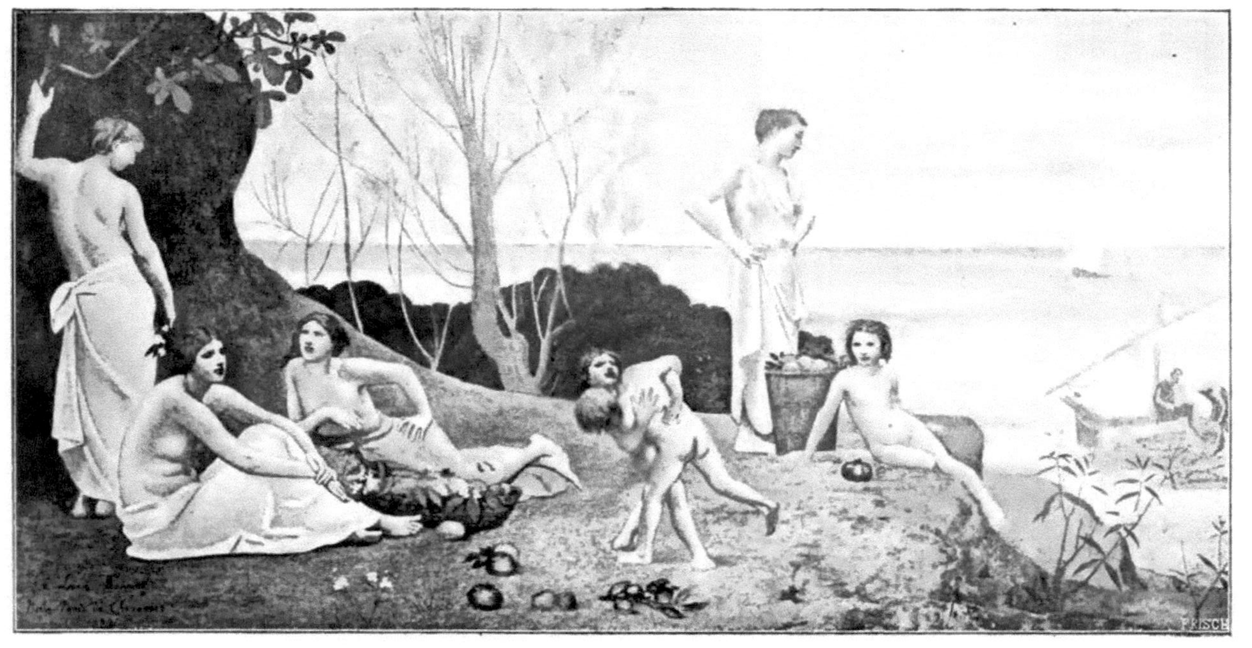

PIERRE PUVIS DE CHAVANNES.
DETAIL AUS: INTER ARTES ET NATURAM.

Hintergrundes ist der Gleichklang mit den Werken dieser Quattrocentisten erstrebt. Granié malt z. B. das Porträt der Schauspielerin Moreno ganz im Stil des Domenico Veniziano und sucht gleichzeitig in das Auge und in die zitternden nervösen Hände etwas von der unheimlichen Wirkung zu bringen, die Leonardo in dem Frauenkopf der Liechtensteingalerie und in der Mona Lisa erreichte. Emile Motte nennt sein Selbstporträt „Etude autopsychique" Ganz en face gestellt, blickt er aus müden traurigen Augen, in denen der ganze Schopenhauer zu liegen scheint. Die Haare sind wie eine Dornenkrone stilisiert. Statt der Geissel, die auf den alten Eccehomodarstellungen Christus trägt, hält er eine Distel in der Hand.

Weniger eng an die Primitiven ist der Anschluss bei Aman-Jean. Auch er lässt gern wie Pisanello die Köpfe seiner jungen Mädchen von einer lackartigen Fläche oder einem fein ornamentierten Vorhang sich absetzen. Aber er hat nicht die zeichnerische Strenge, das subtil Spitzpinselige dieses alten Meisters. Alles ist körperlos, hingehaucht, verschleiert. Man möchte sagen, die Dämmerungsmalerei Carrières hat sich mit dem Linienstil der alten Meister verbunden. Oft scheint Botticelli hinter ihm zu stehen. Von ihm hat er die Vorliebe für graziöse Magerkeit und für die aparte Eckigkeit der Bewegung. Dann kommt wieder Correggio in Erinnerung. Wie die Engel, die dieser im Kloster von Parma malte, blicken die jungen Damen Aman-Jeans aus den Oeffnungen einer Weinlaube hervor. Oder man denkt an den englischen Aesthetizismus, an Rossetti und Greiffenhagen. Aber er ist noch mehr Farbenneurastheniker als diese. Auf einen dunkeln grauschwarzen Ton, in den nur leise ein zartes Rosa, ein zartes Blau hereinklingt, sind alle seine Werke gestimmt. Wie durch einen schwarzgrauen Florschleier sieht er die Gestalten, damit die Bildnisse nur den Duft, die Essenz der Wirklichkeit aushauchen.

Das Non-plus-ultra stilisierender Linienkunst sind die Porträts Gandaras. Er und Helleu sind in ihren Zeichnungen und Radierungen wohl die suggestivsten Künstler. Schon das ist ja bezeichnend, dass jetzt mehr als früher der Schwarzweissstil wieder kommt, der dem Auge gestattet, ohne alle Farbe aus-

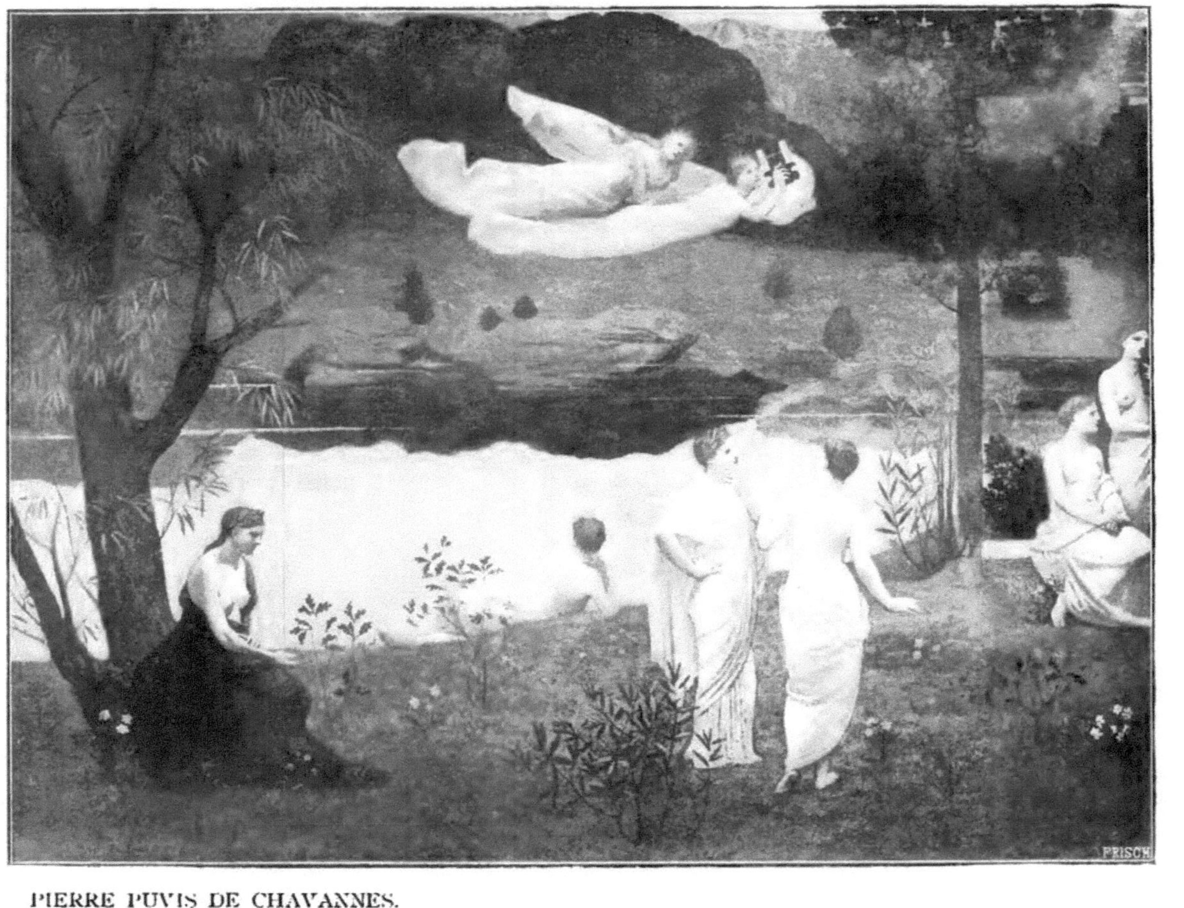

PIERRE PUVIS DE CHAVANNES.
DETAIL AUS DEM BOIS SACRÉ.

schliesslich Linienmusik zu geniessen. Und Gandara hat sich
in seinen gemalten Bildnissen dermassen auf schwarzgraue
Monochromie beschränkt, dass auch hier lediglich die Linie
spricht. Man bemerkt vor diesen Werken deutlich, wie der
Stil eines grossen Künstlers auf die Mode, selbst auf die Körper-
form bestimmend einwirken kann. Denn es ist kein Zweifel,
dass das Korsett Sylphide, das die Hüften wegschnürt und
dem weiblichen Körper etwas schlank Ephebenhaftes giebt,
auf die Kunst des Puvis de Chavannes zurückgeht. Die schlank
aufwachsenden Damen, die wir im Leben sehen, und die schlank
aufsteigenden Bäume in den Bildern Puvis' sind Kinder derselben Geschmacksphase. Nie sind also die Damen Gandaras
sitzend dargestellt. Nie malt er Brustbilder oder Kniestücke.
Es wird immer die ganze Figur gegeben, und zwar gewöhnlich
in Untensicht, wodurch die Länge des Körpers noch gesteigert
erscheint. Und dieser Körper ist dünn wie ein Streichholz. Die
Arme sind dünn wie Ranken. Jede Bewegung in die Breite
scheint ihnen versagt. In dem Streben nach Höhenentwicklung
und geradliniger Schlankheit ist man wieder da angelangt, wo
die Aegypter und Assyrer oder die Griechen in jener Epoche
waren, als der Apollo von Tenea entstand. Aus dem Körper
des modernen Weibes ist ein ornamentales Motiv geworden.

Was von der Landschaftsmalerei zu erwarten ist, ergiebt
sich nach dem Gesagten von selbst. Man wird etwa in einen
„heiligen Hain" geführt, wo zwischen schlanken Baumstämmen
dem heiligen Hubertus der Hirsch erscheint oder der heilige
Martin sein Gewand mit dem Bettler teilt. Denn diese Themen
bieten Gelegenheit zu allem, woran heute das Künstlerauge sich
freut. Ein Hirsch kann gezeichnet werden, dessen zackiges
Geweih ein zackiger Strahlenkranz umfliesst und der ganz starr
auf vier dünnen lotrecht aufwachsenden Beinen dasteht. Ein
Mensch kann gezeichnet werden in dünnen Tricots und mit
altertümlich trecentistischem Heiligenschein; ein Ritter, der in
scharfem rechtem Winkel starr und kerzengerade wie der Colleoni des Verrocchio auf dem Pferde sitzt. Selbst die Baumstämme werden nach dem Prinzip des Glasfensters in Linien-
komplexe zerlegt. Man verfährt so, als hätte man nur Glasstücke

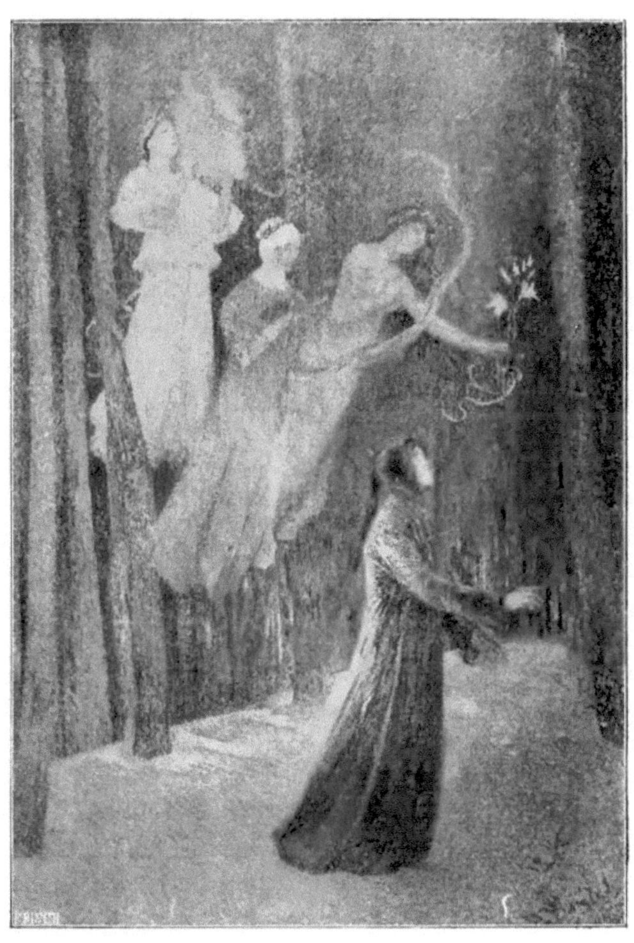

HENRI MARTIN.
INSPIRATION.

zur Verfügung gehabt, die durch Bleiränder zu verbinden waren. Ausser den gotischen kommen auch hellenische Motive vor: kleine Rundtempel, deren schlanke Säulen sich lotrecht aus einer weiten Ebene erheben. In allen Bildern herrschen starke Flächen und Linien. Die Wolken, früher ätherische Gebilde, geben Anlass zu ornamentaler Stilisierung. Das Gelände ist keine einfache beleuchtete Ebene mehr. Es ist von Buchten und Thalsenkungen durchfurcht, weil sie auch Gelegenheit zu stilisierenden Linien geben. Zäune, Bäume und vorgebaute Mauern müssen die linearen Abstufungen markieren. Pierre Lagarde und René Ménard hatten in der Ausstellung feine Beispiele für diese neue stilisierende Landschaftsmalerei.

Doch einen klaren Ueberblick zu geben ist unmöglich, weil die Kunst selbst noch nicht zur Klarheit über das, was sie heute will, gelangt ist. Vor zehn Jahren war ihr Kurs ein ganz bestimmter. Je mehr man sich der Gegenwart nähert, desto schwerer ist es, eine Auswahl zu treffen und die Einzelnen zu charakterisieren. Zu mannigfache Strömungen mischen und kreuzen sich, als dass man im Stande wäre das Ziel zu erkennen. Und die Uebersicht wird noch dadurch erschwert, dass sich neuerdings in ganz beängstigender Anzahl unter die echten Kunstwerke solche mischen, die nur Altes in glatter Umformung wiederholen. Was im Beginn der „neuidealistischen" Strömung vorauszusehen war, ist eingetreten. Jede Kunstrichtung, die über die Natur hinausgehen will, birgt Gefahren, da sich unter die Auserwählten sofort falsche Apostel drängen, auch solche, die nur zu guten Prosaarbeiten berufen sind, zu dichten anfangen. Was in dieser Hinsicht heute geleistet wird, ist unglaublich. Zahllose mythologische Sachen zeigen jenen Theaterstil, den die Verehrer Hermann Hendrichs lieben. Zahllose Musen träumen in abendlichen Hainen, von Puvis de Chavannes erzeugt, doch im Bouguereauschen Töchterpensionat erzogen. Christus muss bei allen Gelegenheiten den Menschen erscheinen. Unfeine Geister wie Rochegrosse benutzen ihr riesiges Können, um statt bluttriefender Historien nun theatralische Allegorien im Sinne des Wiertz oder Lambeaux in die Welt zu setzen. Und selbst da, wo man nicht transcendental kommt, sondern

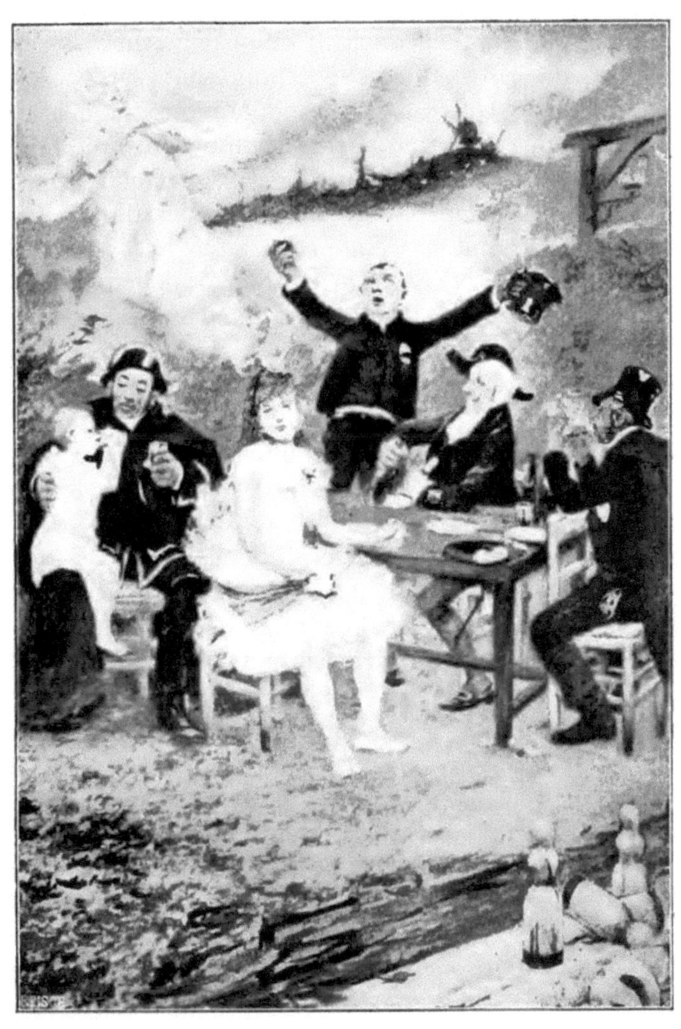

LÉON ADOLPHE WILLETTE.
„LA VEUVE DE PIERROT."

die Wirklichkeit malt, herrscht Epigonentum. Teils werden impressionistische Bohnen noch in dünnstem Aufguss serviert. Was die Grossen ernst und erschöpfend gesagt, wird durch fade Parfümierung dem Geschmack des Publikums angepasst. Andernteils kam eine roh litterarische Richtung auf, die im Sinne Walter Firles durch melodramatische Effekte zu fesseln sucht. Witwen müssen auf dem Grabe ihres Mannes ohnmächtig zusammensinken oder mit verweinten Augen im herbstlichen Wald neben ihrem Töchterchen sitzen; junge Mädchen müssen am Totenbett ihres Liebsten beten oder mit dem Augenaufschlag der Niobe einen Kuss auf die Lippen ihres Babys drücken. Es wird sehr viel getrauert, viel geherzt und geschluchzt. Poetische Unterschriften, nach dem Muster der Engländer beigefügt, sollen den weinerlich-sentimentalen Zauber steigern. Und Bilder der Art werden nicht nur von solchen gemalt, die in bequemem Schlendrian von den Coupons ihres Ruhmes zehren. Auch ein grosser Teil der Jugend ist nicht jung, geht nicht vorwärts, sondern bedient sich fertiger Clichés, um angenehme Publikumskunst hervorzubringen.

Die Völker haben wie der Einzelne Zeiten der Kraft, wo alle Muskeln gespannt sind, keine Aufgabe zu schwer dünkt. Dann Zeiten des Alters, der Müdigkeit, der Erschöpfung. Frankreich ist spät in die Kunstentwicklung Europas eingetreten. Es war noch stumm in jenen Jahren, als die Niederlande und Deutschland, Italien und Spanien der Welt ihre Genien schenkten. Und es wird vielleicht wieder stumm sein in hundert Jahren, wird auf der nächsten Centennarausstellung einem der jungen Völker, die heute barbarisch in die Kunstwelt eintraten, die Führung in künstlerischen Dingen überlassen haben. Seniles Rückwärtsschauen, thatlose Ermattung wird auf den grossen Kräfteverbrauch gefolgt sein. Doch in das 19. Jahrhundert warfen diese Alterssymptome noch wenig Schatten voraus. Es ist für die Franzosen noch die Zeit besten Mannesalters gewesen. Sie hätten gar nicht nötig gehabt, die Fremden, die sie zu Gaste sahen, so unhöflich in die Ecke zu drücken. Selbst wenn sie ihnen grösseren Raum gewährt und sich selber mehr eingeschränkt hätten, wäre der Beweis nicht misslungen, dass

Frankreich während des 19. Jahrhunderts das führende Land in allen Kunstfragen war, dass alle Probleme, die das Jahr-

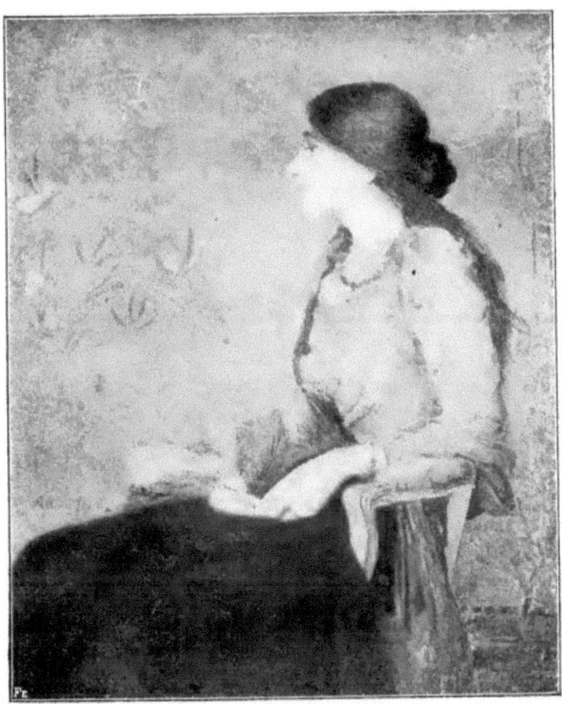

Edmond Aman-Jean. Studie.

hundert stellte, hier ihre klassische Lösung erhielten, dass es anderwärts wohl Persönlichkeiten grössten Kalibers gab, doch nur in Frankreich eine Kunst, die so folgerichtig und zielbewusst wie ein historisches Drama sich entwickelte.

Künstlerverzeichnis. *)

---

*) Die fett gedruckten Zahlen hinter den Namen geben die Seiten an, auf denen Abbildungen von Werken der betreffenden Künstler zu finden sind.